KB059512

인간의 사회적 존재 의미

지구촌 시대의 평화와 삶의 방식

소광희 지음

문예출판사

머리말

인간은 누구나 부모의 자식으로 태어나 가정이라는 사회 안에서 자란다. 사회를 떠나서 살 수 있는 사람은 아무도 없다. 인간은 사회적 동물이다. 사람은 주위에 아무도 없으면 두려움을 느낀다. 그럴 때 어린이는 울지도 못하고 시퍼렇게 질린다. 이 점이 동물과 다르다. 인간이 사회적 동물임을 실증하는 예는 이것으로 족하다.

사회는 갑자기 하늘에서 떨어지는 것이 아니라 역사를 이루면서 지속해오는 조직이다. 사회라는 말 속에는 역사성이 함축되어 있다. 이 양자는 떼어서 생각할 수 없는 개념이어서 정확하게 말하면 사회는 역사적 사회이고 역사는 사회의 역사다. 그런 사회에 대한 존재론적 성찰을 나는 줄여서 사회 존재론이라고 한다. 이것을 '인간의 사회적 존재 의미'라고 풀어서 책의 제목으로 삼았다. 나의 사회 존재론은 인간다운 삶이 보장되는 사회에 대한 기본 구상이다.

사회 속에 사는 인간은 본질적으로는 서로 협력하고 도와야 한다. 사람은 일상적 삶 속에서 자기 자신에 대해 가장 많이 마음을 쓰지만 동시에 남도 배려한다. 배려에는 사랑과 함께 경쟁도 있다. 사랑하는 사람끼리는 어울리지만, 자기가 살기 위해 개인으로든 집단으로든 남과 경쟁하고 더러는 싸우곤 해서 평화스러운 날이 드물다. 그리하여 실제 사회는 생존 경쟁으로 얼룩져 있다. 그러나 공정한 경쟁은 발전을 촉진한다.

사회는 피투적(被投的) 세인이 사는 세상이며 세인이 형성하는 삶의 영역이다. 세인은 평균적 대중이다. 대중 속의 자아는 익명적으로 산다. 말하자면 그는 자기를 상실한 채 개성 없는 대중의 한 분자로 산다. 대중 사회란 자기 상실의 사회인 셈이다. 현대 민주주의는 이 평균적 대중이 지배하는 정치 체제다. 그런 대중은 세상일에 관심도 많고 모르는 것이 거의 없을 정도로 아는 것도 많다. 그 대중의 앎이 얼마나 정확한가 하는 것은 차원이 다른 문제다. 매일같이 홍수처럼 쏟아지는 정보와 뉴스로 인해 세인은 어쩔 수 없이 세상일에 대해 유식자가 되어 있다. 사회에 관한 서술은 뻔히 알려져 있는, 그러나 부정확한 그 앎에 대한 반성이기도 하다.

그러나 사회를 퇴락한 세인의 사회로만 보면, 그곳이 인생을 성취시키기도 하고 패배시키기도 하는 터전이라는 사회의 진면목이 드러나지 않는다. 사회를 세인의 사회로만 보면 독단적 유아론에 빠질 위험이 있다. 설령 사회가 세인이 지배하는, 진리를 은폐하는 면을 가지고 있다고 하더라도 우리는 그곳을 떠나서 살 수 없다는 것을 알아야 한다. 사회가 혼탁하다면 우리는 적극적으로 사회를 정화할 의무를 가져야 한다.

오늘날처럼 하루가 다르게 변하는 시대에 2천 년도 훨씬 더 지난 옛날 사람들이 뇌까리던 이상 사회 이야기를 하고 공산권이 소멸된 마당에 마르크스 이야기를 해서 무엇하겠느냐고 책망할 수도 있다. 사실 어제 일은 이미 옛날 일이 된 듯한 감이 없지 않을 만큼 세상은 급하게 바뀌어가고 있다. 오늘의 시공 개념에는 시간의 지속성과 공간의 연장성이 없어지고 말았다. 그 점에서 이 저술은 시대에 뒤떨어진 것이기도 하다. 그러나 철학은 오늘의 문제에만 매달릴 수는 없다. 철학은 어제와 오늘을 총체적으로 성찰함으로써 내일을 위한 어떤 시사를 발견할 수 있겠기 때문이다. 나는 과거를 정리함에 있어 자질구레한 논의들은 대담하게 생략하고 나의 주제에 맞추어 거시적으로 지난 일들을 성찰하고자 한다. 특히 자유와 평등을 논하는 자리에서는 그 문제를 고작 몇 쪽의 서술로 줄이려니 내가 생각해도 무모한 것 같다.

현대는 지구촌 시대이고 그곳에 사는 사람들을 신유목민이라고도 한다. 젊은이들이 살아갈 세상은 그곳이다. 나는 현대의 우리가 사는 모습과 방식을 살펴보고, 지구촌의 풍물도를 그려보고자 한다.

이를 위해 나는 이 저술에서 새 시대의 인류 평화를 위해서 무엇을 어떻게 해야 하는지를 모색하고자 한다. 나는 먼저 이상적 사회 모델과 비교적 실현 가능한 공동체 형태를 역사 속에서 찾아 구상의 발제 자료로 삼고, 그것을 실현하고자 애쓴 노력들을 소개할 것이며, 또한 그 실현이 불가능한 현실적 원인과 이유를 살펴보고자 한다. 그리고 현실적으로 우리 삶을 질서 있게 운영하기 위해 필요한 행위 규범의 철학적 근거도 검토할 것이다.

이어서 나는 현대 사회의 갈등 요인을 간추려서 그 현상과 이론적 배경을 살펴보고, 동시에 현대 문명 자체가 안고 있는 문제에 대해 서술할 것이다. 이렇게 해서 새로운 시대의 문명 형태와 우리가 지향하는 사회의 존재 방식을 가능한 한 소상하게 구상하고자 한다. 마지막에 붙인 보유는 우리가 구상하는 사회를 건설하기 위해 여러 종교가 기여한 것을 검토하기 위한 것이다. 이렇게 함으로써 현대 문명의 위기는 무엇이며, 이를 극복하기 위해 우리의 사유가 지향해야 할 점이 어디인가를 천명하고자 한다.

2012년 7월
著者 적다

| 차례 |

보유: 세계 평화를 위한 종교의 기여

1장

이상 사회를
찾아서

어느 시대 어느 사회에서나 사람들은 대개 자기 삶이 불행하다고 생각한다. 그리고 그 원인이 그의 현실을 둘러싼 사회의 부조리와 불안전성에 있다고 한탄하고 이상 사회를 그리기 마련이다. 특히 인간의 삶을 공동체 차원에서 성찰하는 사람이라면 그 공동체의 이상적 형태를 모색하지 않을 수 없다. 그 이상 사회는 미래적 현세나 사후 세계에 설정되기 마련이다. 그것을 사후 세계에 설정하는 것은 종교인의 일이지만, 현세에서 구상하는 것은 사상가의 몫이다.

사람들은 누구나 내일의 삶이 오늘보다 낫기를 바란다. 삶이 고달프고 사회가 어지러울수록 그런 생각은 더욱 절실해진다. 이러한 절실함이 희망의 원적지요, 고난을 극복하는 원동력의 발원지다. 인간은 희망을 먹고 사는 존재다. 희망은 미래에 대한 구상이다. 그러면서 다른 한편으로 인간은 그 이상 사회의 모델이 과거에 있다고 믿고 그것을 그리워한다. 과거는 회고를 통해 미화되기 마련이다.

I. 이상 사회에 대한 구상들

나는 먼저 동서의 역사 속에서 이상 사회의 몇 가지 유형을 찾아보고자 한다. 이는 우리의 구상을 위한 발제로서, 말하자면 이상적 사회 형태를 구상하기 위해 그 모델을 설정하려는 것이다.

1. 고대 중국의 이상 사회

동양인이 구상한 이상 사회에는 유가적인 것과 도가적인 것이 있다.

A. 유교 전통의 이상: 대동 사회

동양에서는 먼 옛날부터 대동 사회를 이상 사회로 보았다. 대동에 대한 최초의 기록은 《예기(禮記)》의 예운(禮運) 편 9장에 나와 있다. 거기에는 다음과 같은 기록이 있다.

옛날 연말에 만신에게 제사 드리는 사제(蜡祭)에 참여한 공자가 제례를 마치고 전망대에 나와 처연하게 노나라를 탄식하고 있는데 언언(言偃)이라는 이가 곁에 있다가 무엇을 그렇게 한탄하시느냐고 물었다. 공자가 말하길 "대도의 행함이니, 내가 3대의 성현[1]에게는 미치지 못하지만 그 시대의 도를 행할 뜻은 가지고 있다"라고 하면서 그 대도의 내용을 아래와 같이 설명했다. 그런즉 대동사상은 공자의 입을 통해 전해진 것이다.

대도가 행해지던 시대에는 천하를 공공의 것으로 보았다. 따라서 어질고 유능한 자를 찾아 정치를 맡겨 신의를 강명하고 화목하는 길을 닦았다. 그러므로 사람들이 자기 어버이만을 존중하지 않고 다른 사람의 어버이도 친애하며, 자기 자식만을 사랑하지 않고 다른 사람의 자식도 애호했다. 늙은 이로 하여금 안락하게 그 수명을 마칠 수 있게 했고, 젊은이는 그 힘을 발휘하여 일할 수 있게 했고, 어린이는 건전하게 자라날 수 있게 했고, 환과 고독과 병든 이도 모두 충분히 그 몸을 보양할 수 있게 했다.

남자에게는 직분이 있고 여자는 시집갈 곳이 있게 했다. 재화는 개발

---

1 삼대(三代)란 하(夏)·은(殷)·주(周)의 시대를 말하며, 그때의 성현이란 우(禹), 탕(湯), 문왕(文王), 무왕(武王), 성왕(成王), 주공(周公) 등을 가리킨다.

되지 않고 땅에 버려지는 것을 싫어하지만 반드시 자기 자신만을 위하여 사장(私藏)하지 않았으며, 힘은 그 몸에서 나오지 않는 것을 싫어하지만 반드시 자기 한 몸만을 위하여 쓰지 않았다. 그러므로 간특한 계략과 모략이 폐색되어 일어나지 못하고 도절난적(盜竊亂賊)이 발생하지 않았다. 그리하여 사람들은 대문을 잠그지 않고 편안하게 살 수 있었으니 이것을 대동의 세상이라고 한다.

대동 사회를 위한 구상에는 두 가지가 속한다. (1) 권력은 만일을 위해 공정하게 운용되어야 하고 현명한 이를 찾아 정치를 맡겨서 신의를 강명하게 하여 노인을 존중하고 어린이를 사랑하며 가난하고 병든 이를 고루 보살피고 젊은이가 모두 취업할 수 있게 한다. (2) 경제를 개발하되 재물을 자기만을 위해 사용하지 않고 공정하게 이용하게 한다. 요새 말로 하면 이것은 국가권력의 공정성, 경제 개발, 환과고독의 국가 관리, 부녀자 보호, 사회 안정 등 복지의 보장이다. 특히 환과고독과 병든 자에 대한 고려는 이상 사회에 대한 여러 구상 중 오직 이 대동사상에만 있다. 그것은 유교가 고대의 농촌 씨족 사회를 묘판으로 한 사상으로서 그만큼 경로사상이 강했음을 함축한다.

유교가 농촌 씨족 사회의 산물이라는 정황은 많은 곳에서 발견된다. 《서경(書經)》의 첫머리에 있는 요전(堯典)에 따르면 요임금은 오제(五帝)의 한 사람인 제곡(帝嚳)의 아들로 임금이 되었다가 그 자리를 순임금에게 양위한 제왕이다. 요전에는 그가 "큰 덕을 밝혀[수신] 구족(九族)을 친하게 하니 구족이 이미 화목하고[제가], 백성을 고루 밝힌즉 백성이 덕을 밝힌지라[치국], 만방(萬邦)을 고르게 하니 여민(黎民)들이 변하여 평화를 이루었다[평천하]"[2]고 적혀 있다. 이것은 유교 근본 교리의 완전한 전형

---

2 [ ] 안의 말은 이 인용문이 유교 이념의 전형인지라 내가 적어 넣은 것이다.

을 보여준다. 그는 백성에게 자연 질서에 따라 사계절의 농사를 잘 가르치고 황하의 물을 잘 다스리도록 했으며, 70세에 우순(虞舜)을 발탁하여 두 딸을 주어 여러 가지로 시험해서 사위로 삼고 제위를 물려주었다. 순 임금은 28년간 요임금 대신 임금 자리를 맡아보다가 요임금이 별세하자 정식으로 제위에 올라 나라를 다스렸는데, 그 광화가 요임금과 같다고 《순전(舜典)》에 기록되어 있다. 그는 법치의 기본 질서를 세우고 우(禹)를 기용해서 황하의 범람을 막은 것으로 알려져 있다. 우는 하(夏)나라를 세우고 제위를 세습하도록 했다. 이때부터 신해혁명에 이르기까지 중국의 왕위는 세습되었다.

이런 기록들로 미루어보면 당시 중국은 농업을 생업으로 하던 씨족 사회였음을 알 수 있다. 농경 사회는 하늘에 의존하고 땅에 얽매여 사는 정착 사회다. 정착 사회는 보수적일 수밖에 없다. 그런 정착적 씨족 사회에서 으뜸가는 덕은 효다. 효를 중심으로 해서 수신, 제가, 치국, 평천하의 질서가 선다. 효는 근원적으로 집안에서의 예(禮)로 씨족 사회의 기본 질서가 시작되는 지점이자 가치 체계의 중심이다. 제가는 구족을 돈독하게 하는 것으로 완성되고, 그러한 가(家)의 연장으로 나라(國)가 있다. 그래서 나라를 국가(國家)라고 하는 것이다. 천명을 본받고 인간의 삶을 수신, 제가, 치국, 평천하의 가치 질서로 세워 안정된 사회를 이룩하는 통치를 떠받치는 최고 원리는 인(仁)이다. 이런 유교 교리의 전형을 이룬 이가 요와 순이다. 유교는 요순의 덕치를 이상으로 하는 공맹의 가르침이다.

요순이 다스리던 당우(唐虞) 시대가 지나고 하·은·주 시대로 접어들면 권력은 이미 왕의 전유물이 되어 세습되었다. 그러나 무엇보다 주공이 마련한 예제에 입각해서 가정과 사회 및 국가의 기본 질서를 확립해서 그런대로 안정을 도모했다. 그래서 공자는 이 시대를 소강 시대라고 한다.
공자가 그리워하는 나라는 주공이 국가의 기본 질서를 세운 주나라다.

주나라가 BC 770년 견융족의 침입으로 수도를 서안에서 동쪽의 낙양으로 옮겼는데, 서안 시대를 서주라 하고 낙양 시대를 동주라고 한다. 동주의 전반기가 춘추시대(BC 722~BC 481)고 후반기가 전국시대(BC 481~BC 221)다. 주는 봉건 제도를 세워서 제후에게 봉토를 나누어주고 분할 통치했으나 종주국이 쇠퇴하자 제후들이 제멋대로 종주국을 수호한다는 명목으로 자기 세력을 확장해 소위 5패(覇) 쟁탈상을 연출했다. 국가 통치의 원리인 예(윤리와 법)는 무너지고 지도층과 민중들의 예 의식은 찾아볼 수 없게 되어 덕치의 필요성이 강조되고는 했다. 이후에 전국시대가 이어진다. 이때는 제후국이 중원 통일을 목표로 패권을 다투던 소위 7웅(雄) 시대여서 신하가 임금을 시해하고 자식이 어버이를 죽이는 일이 횡행하던 극도의 혼란기다. 그 끝에 마침내 진(秦)이 천하를 통일한다.

춘추전국시대가 혼란기이긴 하지만, 언론과 학술 면에서는 백화제방하여 인간과 사회에 대한 온갖 이론이 쏟아져 나와 소위 제자백가를 연출한, 학술상의 황금시대이기도 하다. 이것이 지나치다 싶었던지 진시황은 마침내 분서갱유 사건을 일으켜서 일시에 학문의 암흑시대를 초래했다.

공자(孔子, BC 551~BC 479)가 살던 시대는 제후들이 군웅할거하던 춘추 말기다. 이 혼란기에 그는 제왕이 아닌 자로서 감히 덕치는 못하더라도 주공이 마련해놓은 예제에 입각해 소강 사회는 이룰 수 있다고 자부하고 여러 제후국을 역방하면서 자리를 구했던 것이다. 유교는 낳아서 죽을 때까지 현세적·현실적이고 따라서 현실 참여적이다. 현실을 도외시하고는 유교가 있을 수 없다. 그러기에 공자도 현실을 등진 은자에 대해서는 말할 필요를 느끼지 못했고, 사후 세계에 대해서는 아는 바가 없다고 했다.[3] 그런 공자의 사상을 자사(子思)와 맹자(孟子), 순자(荀子)가 이

---

3   그럼에도 유교에서는 상례와 제례를 매우 중요하게 여긴다. 한편에서는 종묘사직에 제사를 지내며 국태민안을 도모하고 각 가정에서도 조상에 대한 제례를 지키면서, 다른 한편 귀신에 대해 아는 바 없다고 하는 것은 외견상 자가당착이다. 종묘사직의 제의와

으면서 중국의 가장 강력한 전통 사상이자 통치 원리를 형성한 것이다.

이율곡의《성학집요》 조선조 중기의 지성인 율곡 이이(1536~1584)는
대동의 이상에 관심이 많은 유학자로 알려져 있다. 그래서 등극한 지 8년
되는 당시 24세의 선조가 훌륭한 제왕이 되기를 바라는 뜻에서《성학집
요(聖學輯要)》를 지어 바쳤다. 동시에 그는 이 책을 향후 모든 국민이 익
혀서 행동의 지남거로 쓰기를 바랐다. 이런 의미에서 이 책은 유교 정치
의 기본 교리다. 성학이란 성현의 가르침, 즉 유교를 가리킨다. 그 요점을
잡아 편집했다는 것이 이 책의 이름이 뜻하는 바다.

이이는《대학(大學)》에 있는 유교의 정수, 즉 "옛날의 명덕을 천하에 밝
히고자 하는 자는 먼저 그 나라를 다스리고, 그 나라를 다스리고자 하는
자는 먼저 그 집안을 가지런히 하고, 집안을 가지런히 하는 자는 먼저 그
몸을 닦고, 몸을 닦고자 하는 자는 먼저 그 마음을 바르게 하고, 마음을
바르게 하고자 하는 자는 먼저 그 뜻을 참되게 하고, 그 뜻을 참되게 하
고자 하는 자는 먼저 그 앎을 지극히 하고, 앎을 지극히 하는 것은 격물
(格物)에 있다"는 명제에 입각, 그 순서를 뒤집어서 대동의 명덕을 밝히고
자 하는 자는 먼저 수신, 제가, 치국의 이념에 투철해야 한다는 생각으로
이 책을 저술했다. 따라서 이 책은 수기(修己), 정가(正家), 위정(爲政)으로
나뉜다. 여기에 책 전체의 총론격인 통설을 붙이고, 수기, 정가, 위정에
각각 총론을 붙였으며, 마지막으로 성현도통을 첨부하여 5편으로 했다.
또한 맨 앞의 통설과 맨 뒤의 성현도통을 뺀 나머지(수기, 정가, 위정)를 각기
몇 개의 장으로 나누어서 서술했다. 이 책은 서산 진씨 진덕수(1178~1235)
의《대학연의(大學衍義)》를 모델로 하되, 그 책의 방대함과 번거로움을 피

조상에 대한 제사 및 상례의 엄숙함을 보면 유교는 다른 어떤 종교보다도 더 종교적이
다. 그러나 그 제사와 상례는 사후에 불사의 영혼이 있어서 거기에 드리는 봉양이라기
보다는 조상에 대한 간절한 예의 표현 양식이라고 보는 것이 좋을 듯하다.

하고 위의 이념을 체계적으로 정리했다. 서술의 요점은 종래 경서의 서술 방식을 따르고 있다. 즉 먼저《사서육경(四書六經)》과 다른 책에서 각각의 절에 합당한 성현의 글을 뽑고, 거기에 자의(字意)를 붙이고, 주자를 위시한 역대의 현자와 진씨 등 많은 학자들의 주를 덧붙여 뜻을 분명히 하고, 적당한 자리에서 자기의 견해를 간략하게 첨부한 것이다. 한마디로 요약하면《성학집요》는 수신, 제가, 치국을 부연한 것이다. 이것은 성리학설에서 기(氣)를 근본적인 것으로 보는 그의 학설과는 무관한 듯하다.

내가 알고자 하는 것은 이상 사회의 모델이 아니라 그 모델을 어떻게 실현하느냐 하는 방법론이다.

《성학집요》는 요순과 삼대의 치세를 지향하고 있어서 대동사상의 구체안이라고 해석함 직도 하지만, 어쨌든 수신 편과 위정 편에 역점을 두고 있다. 수신 편은 상중하 3장에 걸쳐 기술되었으며, 위정에는 상하 2장이 배정되었다. 정가 편은 1장으로 되어 있다.[4]

위정은 '집을 유추한 것이 나라'라는 명제에서 시작해서 그 첫 번째 절을 용현(用賢)으로 하고 있다. 이것은 대동의 첫 번째 명제, 즉 '어질고 유능한 자를 가려서'와 일치한다. 이는 용현의 방법론이다. 현자란 의리를 따르고 사욕에 사로잡히지 않는 군자다. 유교 경전은 천편일률적으로 군자 - 소인을 대비해놓고 군자가 되는 것을 가르치는 윤리서인데, 문제는 이런 군자를 처음부터 어떻게 만나서 알아보고 등용하느냐 하는 것이다. 아무리 주위에서 천거하고 시험을 통해 발탁하더라도 사람이란 오래 사귀어보거나 극단적 경우를 당해보지 않고서는 그가 군자인지 소인인지를 알 수 없다. 소인일수록 말은 번질나고 겉치레는 그럴 듯하다.《성학집요》에도 군자를 찾느라고 애쓰는 대화가 숱하게 소개되어 있으나 내

---

4 이 책을 받아 읽어야 할 사람은 임금인 선조이기 때문에 제가는 줄이고 치국을 늘리되, 당시 조선은 명나라의 제후국이어서 평천하를 논할 입장에 있지 않았으므로 평천하에 관해서는 서술하지 않았다.

가 보기에는 다 실현성 없는 허사 같다. 인구가 희소하던 시대에도 사람 얻기가 그렇게 어려웠던 것이다.

유교 경전은 임금이 통치에 대해 직접 쓴 것이 아니라 대부분 신하의 입장에서 쓴 것이다. 모든 경전은 임금더러 잘 하라는 이야기로 가득 차 있다. 임금 노릇 하기는 신하 노릇 하기보다 훨씬 더 어렵다고 여겨진다. 신하는 임금에게 충성하되 뜻이 맞지 않으면 하야하면 그만이지만, 임금은 만민의 눈총을 한 몸에 받으면서 죽을 때까지 백성을 책임져야 하는 숙명을 지고 살아야 하기 때문이다.

책의 편제가 어찌 되었건, 중요한 것은 공자도 감당할 수 없다고 한 '대동의 실현'을 율곡은 어떻게 생각했느냐 하는 것이다. '대동의 다스림'에 대해서는 몇 군데에서 언급한 바 있으나 그것을 어떻게 실현하는가에 대해서는 서술된 바 없다. 단순히 수기치인을 요령 있게 정리한 것이라면 대동의 관점에서 보았을 때 큰 의의가 있을 것 같지는 않다.

청나라 말기의 강유위(康有爲, 1858~1927)와 양계초(梁啓超, 1873~1929)를 위시하여 손문, 장개석, 모택동도 다 같이 대동의 이념을 지향하고 있다. 그러나 그 이념을 실현한 사람은 없다. 이상 사회는 실현 불가능을 전제하는 것인지도 모른다.

B. 노장의 이상: 과민소국

노자(老子)가 역사적으로 실재한 인물인지 아닌지는 아직도 논란거리로 남아 있다. 동한 말 장도릉(張道陵)이라는 사람이 도교를 창도했는데, 그는 도교의 사상적 근원을 그가 일곱 살 때 완독했다는 《노자》에서 구하고 있다. 동한 말은 외척과 환관이 정권을 전횡해 사회가 몹시 어지럽고 자연재해와 역병이 창궐하여 민심이 매우 흉흉했다. 《노자》의 저자라고 일컬어지는 노자 역시 혼란스러운 사회 현실에 염증을 느꼈음인지 노장사상은 무위자연으로 초탈하는 삶을 추구한다. 세상이 어지럽고 진리와 허위가 분별없이 횡행하는 난세에는 사람들이 현세 도피적으로 이상향을 찾게 마련이다. 게다가 그는 당시 유행하던 유교의 지나친 인위적 형식주의와 현실 집착성 때문에 유교에 대해서는 비판적이었다. 특히 유교에 대한 양주(楊朱, ?BC 440~?BC 360)의 극단적이고 개인주의적인 비판을 받아들여 인간 사회의 혼란을 피해 자연 속에 은둔하는 소박한 삶, 자연과 합일하는 삶을 추구했다. 말하자면 도법자연(道法自然)인 것이다.

열자(列子)를 거쳐 장자(莊子 또는 莊周, ?BC 365~?BC 270)가 이런 사상의 맥을 이어 노장학파를 형성한다. 장자가 지향하는 이상 사회는 노자의 과민소국(寡民小國)을 넘어 문화와 지식 등 인위적인 것 일체를 부정하는 원시사회다. 이 노장학파를 혜시(惠施, ?BC 370~?BC 309)와 공손룡(公孫龍, BC 325~BC 250)이 계승하고, 이를 이어 장도릉이 도교를 창도한 것이다.

도교는 불로장생을 추구한다. 그러다 보니 비약과 비방을 찾지 않을 수 없다. 도교는 한편으로는 비약으로 양생하면서 또 한편으로는 욕심을 조절해 스스로 자연인이 되고자 한다. 이것이 신선이다. 신선은 범과 더불어 다정하게 지낼 정도로 자연화한 사람이다. 그는 죽지 않고 다만 자연으로 화할 뿐이다. 이런 사상의 맥을 동진(東晉)의 갈홍(葛洪, ?283~?343)이 《포박자(抱朴子)》를 지어 도술과 도교 이론으로 정립했다.

노자의 《도덕경(道德經)》 80장 75언은 나름의 이상 사회를 그리고 있다.

나라는 작고 백성은 적으니 온갖 기구가 있어도 쓰지 않고
백성들로 하여금 죽음을 중히 여겨 멀리 이사 가지 않도록 한다
배와 수레가 있어도 탈 곳이 없고
갑옷과 병사가 있어도 진 칠 곳이 없다
사람들로 하여금 다시 새끼를 꼬아 쓰게 한다
그들은 음식을 달게 먹고 옷을 곱게 입으며
살기를 편안히 하고 풍속을 즐긴다

이웃 나라끼리 서로 바라보고
닭 우는 소리와 개 짖는 소리를 서로 듣되
백성들은 늙어 죽을 때까지 서로 왕래하지 않는다

이것이 노자가 말하는 과민소국의 이상향이다. 그러나 엄밀하게 말해 이 정도의 규모라면 국가를 형성할 형편도 못 된다. 그런 마을에 배와 수레, 병기나 군사가 필요할 리 없고, 있어도 진을 칠 필요도 없겠거니와 그럴 장소도 없을 것이다. 닭 우는 소리와 개 짖는 소리가 들리는 지근거리에 살면서 늙어 죽을 때까지 이웃과 내왕을 하지 않을 정도로 은둔적이고 폐쇄적이라면, 그것이 과연 인간의 이상적 삶이라고 말할 수 있겠는지 의아스럽다. 그만큼 철저한 유아론적 은둔이다. 그러나 이웃이 없는 삶은 진정한 삶이라고 말할 수 없다.

노자가 작고 조용한 은자적 자연을 이상적으로 그리는 반면, 전국시대의 장자는 자질구레한 세상잡사를 훌훌 벗어던지고 초탈하는 경지를 보여준다. 《장자》의 '소요유(逍遙游)'는 바로 이런 절대적 경지의 묘사다. 그의 '제물론(齊物論)'의 끝에는 나비 이야기가 있다. 장자는 어느 날 자기가 나비가 되어 훨훨 날아다니는 꿈을 꾸었다. 꿈속에서는 나비가 장자인지 장자가 나비인지 분간이 안 된다. 꿈에서 깨고 나서도 꿈속의 장자가 진짜 장자인지 깨어난 장자가 진짜 장자인지 모른다. 아니, 꿈속의 나비, 주객미분(主客未分)의 절대적 경지인 꿈이 장자의 이상경이다. '좋다'와 '나쁘다', '길다'와 '짧다' 등 상대적 평가의 세계를 벗어나서 모든 것을 있는 그대로 긍정하는 삶의 태도는 흡사 선불교의 경지와 같다. 노자의 자유가 은둔적이고 도피적이며 소아적인 것이라면, 장자의 자유는 절대적인 것을 향해 적극적이고 주체적으로 자연으로 화하여 나비가 되는 대아적인 것이다. 그러나 그것은 꿈에서나 가능한 일이다. 천하는 손대지 않고 그냥 두는 것이 최상이니 도대체 통치를 통해 간여해서는 안 된다.

노장사상의 연장선상에 동진의 시인 도잠 도연명(陶潛 陶淵明, 365~427)의《도화원기(桃花源記)》가 있다. 그 내용은 아래와 같다.

진(晉)나라 태원 중에 무릉의 어부는 길의 멀고 가까움을 잊고 개천의 물길을 따라가다가 홀연히 복사꽃이 숲을 이룬 곳에 이르렀다. 좁은 언덕 수백 보 안에 잡목은 없고 향기로운 꽃이 피어 있어 매우 아름답고 낙화들이 어지럽게 흩날린다. 어부가 심히 이상히 여겨 다시 앞으로 나아가려고 하나 숲이 울창하고 수원이 끝났다. 문득 산을 바라보니 산에 작은 구멍이 있어 빛이 있는 것 같다. 배를 버리고 그 구멍으로 들어가니 그 입구가 심히 좁아 겨우 들어갈 만하더라. 다시 수십 보를 더 나아가니 활연히 낭토(朗土)가 열린다. 땅은 평평하고 집들이 있더라. 엄연히 양전(良田)과 아름다운 연못과 뽕나무 대나무 숲이 우거져 있고, 밭 사이 길이 통해 있다. 닭 우는 소리 개 짖는 소리가 들리고 사람들이 왕래한다. 남녀는 낯선 옷차림이고, 황발(黃髮)에 수염을 길렀으며, 의연하게 스스로 즐기더라. 어부를 보자 크게 놀라 어디서 왔느냐고 묻는다. 대답을 듣자 곧 집으로 달려가서 닭을 잡아 술자리를 마련하고 마을 사람들과 더불어 식사를 했다. 듣자니 이들은 모두 선대에 진(秦)의 난리를 피해 처자와 더불어 마을 사람들과 함께 이곳으로 들어온 뒤로는 다시 밖으로 나가지 않아 외지인과 격조가 생겼는데 지금이 어느 시대냐고 묻는다. 이들은 진이 망하고 한이 섰다가 다시 망하고 위진(魏晉)의 시대라는 것을 아무도 모르고 있었다. 며칠을 이렇게 머물다가 배편을 얻어 돌아와서 태수에게 말하니 태수는 즉시 사람을 보내 그곳을 찾게 했으나 종내 찾지 못했다.[5]

노장사상이 그린 이상향은 다분히 현실 도피적이고 몽환적이다. 이것은 실현 가능성을 전혀 고려하지 않은 문인의 천진스러운 몽상에 불과하

---

5   陶淵明集 仿蘇寫本 愛盧校栞 南海潘愿題籤, 第六.

지만 노장이 그리는 이상향의 하나임에는 틀림없다. 그것은 국가 차원의 사회가 아니라 단순한 이상향일 뿐이다. 그러나 이런 이상경은 그 뒤 한 퇴지(韓退之, 768~824)의 〈도원도〉, 왕개보(王介甫, 1021~1086)의 〈도원행〉 등의 문장으로 이어졌고, 동양 대부분의 풍경화 또한 이러한 이상경을 묘사하고 있다. 안평대군과 화가 안견이 이 도연명의 글을 안 읽었을 리 없거니와, 안평대군이 꿈에서 보았다는 것을 유감하여 그렸다는 안견의 〈몽유도원도〉는 말할 것도 없다.

유교든 도교든 중국인의 의식 속에는 피안의 세계가 없다. 유교의 이상은 수기치인이고, 도교의 이상은 불로장생이다. 유교는 그것을 수신과 제가를 통해 달성하려고 하고, 도교에서는 그것을 방중술이니 단학이니 하는 비방을 통해 성취하려고 한다. 그렇다고 도가가 반유교적 정치관을 구상한 것은 아니다. 유교가 통치의 원리로서 합리적이고 재조적인 데 반해, 도가는 재야적이다. 도교는 풍수지리, 불로장생, 단전호흡을 통한 양생술, 점술, 신선 사상, 음양오행 등 비합리적인 민간 기복 신앙과 만난다. 도교는 예술적 상상력의 원천이 되었다. 유교가 양적이라면 도가는 음적이라 양자는 손의 양면과 같다. 말하자면 양자는 중국의 사상계를 합리적·현세적인 것과 비합리적·예술적인 것으로 정리한 셈이다. 그럼에도 도교는 유교와 더불어 중국의 통치 원리이자 처세술이 되었다. 종교로서의 도교는 옥황상제를 모시는 일종의 민간신앙이다.

2. 플라톤의 《국가》

서양에서 처음으로 이상 사회를 구상한 플라톤(Platon, ?BC 428~?BC 347)의 국가론은 '정의란 무엇인가?'라는 물음으로 출발한다. 이 물음에 대해서 당대의 거장 소피스트 트라시마코스(Thrasymachos)는 한마디로 그것은 '더 강한 자의 편의'(강자의 이익, 강자의 법)라고 대답한다. 그리고 이것은 오늘날까지도 부정하기 어려운 견해로 여겨지고 있다. 더욱이 민주주의 체제하에서 이 명제는 매우 설득력 있는 개념이기도 하다. 근대의 공리주의나 현대의 자유 지상주의 이론은 이러한 정의 개념을 계승하고 있다.

　플라톤이 왜 정의 개념으로 국가 체제를 논의했는지를 알기 위해서는 플라톤이 살던 고대 아테네의 사정을 살펴보아야 한다. 당시 아테네는 페르시아 전쟁의 승전국으로서 경제적으로 윤택한 그리스의 종주국이 되었고, 동서의 문물을 받아들여서 그리스 문화의 최전성기를 이루고 있었다. 또한 페리클레스의 정치적 지도하에 아테네를 개방하여 민주주의를 꽃피웠다. 민주주의는 한마디로 말하면 개인의 자유를 최대한 허용하는 가치 상대주의 체제다. 그런 체제하의 사상에서는 자연(피지스physis)에 대한 객관적 연구보다는 주로 인간사(노모스nomos)에 대한 관심이 주류를 이루기 마련이다. 즉 법과 제도, 윤리와 정치, 언어와 문법, 종교나 문학, 풍습과 역사 등이 연구의 주류를 형성한다. 이와 함께 등장한 것이 소위 소피스트라고 하는 일군의 인문주의자들이다. 예컨대 소피스트의 한 명인 프로타고라스(Protagoras, ?BC 485~?BC 410)는 인간 척도론을 제시했다. 그에 따르면 "인간은 모든 것의 척도다. 존재에 대해서는 존재의 척도이고 비존재에 대해서는 비존재의 척도다." 이것은 인간의 주관적 상대성을 주장하는 명제다. 이런 주관적 상대성에서 보면 객관적 진리란 있을 수 없다. 여기에서 궤변이 탄생한다. 궤변이란 진리가 아닌 것을 진리인 것처럼 보이게 하는 일종의 언어유희에 입각한 변론술이다. 민주주의 체제하에서는 변론이 굉장한 힘을 갖기 때문에 젊은이들은 소피스트들에게 거금을 주고 이 변론술을 배우기를 원했고, 소피스트들은 거기에 상응하여 많은 변론을 교수하고는 했다. 지식을 판매하는 것은 교육이라는 이름으로 얼마든지 있을 수 있는 일이다. 하지만 소크라테스(Socrates, ?BC 469~BC 399) 자신은 돈을 받지 않고 거리에서 대화를 통해 젊은이들을 계도했고, 이 점에서 자신과 소피스트들은 다르다고 주장했다.[6] 이로 인해 소피스트들의 지식 판매와 궤변술을 철학자들은 좋지 않게 여기게 되었다. 소피스트들의 이런 주관적 상대주의가 저 앞에서 말한 정의관을 낳은 것이요, 이로 인해 아테네 사회가 심한 혼란을 겪게 된 것을 개탄한 플라톤은 《국가(Politheia)》를 저술하게 된 것이다.

공동체 중에서 가장 크고 강력한 것이 국가다. 플라톤은 국가라는 공동체를 유기체로 본다. 인체에 머리 부분, 가슴 부분, 횡경막 이하 부분이 있는 것에 유비해서 그는 국가에도 지배계급, 전사계급, 생산계급이 있다고 전제하고, 이 세 계급이 균형을 이루어 건전하게 유지되려면 통치자의 탁월한 지혜가 필요하다고 보았다. 지혜는 통치자의 고유한 덕목이다. 마찬가지로 전사계급의 덕은 용기이며, 생산계급의 덕은 검약이다. 마치 마부가 흰 말과 검은 말이 서로 협조하도록 해 마차를 잘 끌게 하듯이, 지배계급은 전사계급과 생산계급 사이를 잘 조절하여 국가가 균형을 이루도록 해야 한다. 그는 이렇게 균형을 이룬 국가의 상태를 정의롭다고 본다. 따라서 정의는 각각의 계급에 고유한 덕이 아니라 계급을 초월하여 세 계급이 균형을 이룬 상태다. 정의는 국가의 조화로운 균형이다.

그의 국가론은 단적으로 말하면 지혜로운 지배자 양성론이지만 동시에 전사계급과 생산계급에게 고유한 의무에 대한 규정이기도 하다. 최고 지배자는 여러 과정의 교육과 훈련과 실무 경험을 통해 선발된 귀족이다. 플라톤의 이상적 정치 형태는 귀족 정치다. 그러나 그 귀족은 세습적인 것이 아니고 당대적인 것이다.

건전한 국가는 정신적·신체적으로 건강한 국민이 만든다. 건강한 국민을 양성하기 위해 국가는 처음부터 간여하지 않으면 안 된다. 남녀는

---

6 소크라테스에 관해서는 이 책의 2장 I절 5항 '소크라테스 정신'에서 더 다루고 있다.

정해진 연령대에 결혼해서 우생학적으로 건강한 아기를 낳고, 태어난 어린이를 건강하게 육성해야 한다. 모든 어린이는 처음부터 국가가 기른다. 남녀가 정해진 적령기(남 30~50세, 여 20~40세)에 낳지 않은 자식은 불륜의 자식이다. 불륜의 자식과 불구아는 일찍이 폐기된다. 선천적으로 나약한 어린이는 아무 데도 쓸모가 없으므로 의사는 이런 아이를 치료할 필요가 없다.

교육은 먼저 아름다운 영혼과 강건한 신체를 기르는 데서 시작한다. 전자를 위해서는 시가(詩歌), 즉 음악과 위대한 조상들의 업적을 노래한 옛 이야기 등을 가르쳐야 한다. 이는 정서 교육인데, 그러자면 부도덕하고 허구적인 시가를 가르쳐서는 안 된다. 조화로운 영육 교육이 실시되고 나면 수호자가 될 만한 인물을 찾기 위해 1차 시험이 시행된다. 여기에 들지 못한 사람들은 농경, 어로, 교역 등에 종사하면서 국민의 의식주 생활을 돕도록 한다. 그리고 모든 국민에게는 검소할 것이 요구된다. 이것은 절제의 덕이다.

1차 시험에 합격한 사람들을 모아 통제된 공동생활을 하도록 해서 정의로운 국가가 요구하는 덕, 특히 용기를 기르도록 한다. 나라는 정의로워야 하기 때문에 정의의 기상이 사회에 넘쳐야 한다. 외적의 침입에 두려워하지 않아야 하므로 용기를 가져야 한다. 수호자는 지혜로워야 하므로 지혜를 닦아야 한다.

계급의 덕목을 연마하기 위해서는 제반 장치가 필요하다. 국가 수호의 의무를 지닌 전사계급에게는 특히 용기가 요구되는데, 용기를 저해하는 것은 사사로운 욕망이므로 사욕을 없애기 위한 장치로서 부인 공유론이 펼쳐진다. 부인 공유론은 뒤집어 말하면 남편 공유론이기도 하다. 이것은 남녀의 평등한 권리와 의무를 전제한다. 여자도 남자처럼 벗고 체육 훈련을 받아야 한다. 우수한 국민을 양성하기 위해서는 우수한 남녀가 자녀를 생산해야 한다. 즉 우수자에게는 다산이 장려된다. 우수자에게서 태어난 자식은 공공의 자식이므로 국가가 수용해서 기른다는 것은 상술한 바 있거니와, 이것은 기회균등의 기본 조건이다.

지혜에 대한 보장으로는 철인정치가 제창된다. 철인정치는 최고의 지혜를 가진 자가 국가를 수호해야 함을 의미한다. 철인이 지혜를 연마하기 위해 배워야 할 것은 무엇인가? 철인은 선의 이데아를 알아야 한다. 이 선의 이데아를 설명하기 위해 플라톤은 '동굴의 비유'를 예로 든다. 우리가 사물을 보는 것은 시각 능력의 덕택인데, 시각 자체는 다시 태양의 빛에 의존해서 비로소 가능하다. 태양은 선의 이데아로 비유된다.

플라톤의 국가론에는 더러 소피스트에 대한 비판도 있지만, 더 중요한 것은 '동굴의 비유'에서 플라톤의 철학적 존재론이 본격적으로 전개된다는 것이다. 이 밖에 국가론에는 영혼 불멸론 등 귀중한 철학적 주제도 함께 논의되고 있으나 이런 주제들은 더러는 논증상 필요하거나 서술 전개상 필요해서 기술된 것들이다.

3. 토머스 모어의 《유토피아》

토머스 모어(Thomas More, 1477~1535)가 살던 시대는 바야흐로 근세가 형성되던 때였다. 그가 청년일 무렵 이미 콜럼버스(Christopher Columbus, 1451~1506)는 신대륙을 발견했고, 바스코 다 가마(Vasco da Gama, 1469~1524)는 희망봉을 돌아 인도에 도착했으며, 마젤란(Ferdinand Magellan, 1480~1521)은 세계 일주 항해를 하는 등 새 세상을 향해 역사의 새 장이 열리고 있었다. 그런 분위기 속에서 사람들은 새 시대의 이상적 사회를 희망차게 그리기 마련이다. 토머스 모어의 《유토피아(Utopia)》(1516)에 이어 캄파넬라(Tommaso Campanella, 1568~1639)의 《태양의 도시(Civitas solis)》(1602), 베이컨(Francis Bacon, 1561~1626)의 《뉴 아틀란티스(The New Atlantis)》(1627) 등 새로운 이상적 사회를 그리는 작품들이 속출했다.

토머스 모어는 영국의 하원 의원, 런던시의 고위 관리, 변호사, 대법관을 지낸 청렴하고 공정한 사람이다. 헨리 8세(Henry Ⅷ, 1491~1547)가 형수와의 사이에서 6명의 아이를 얻은 후 이혼하고 다시 궁녀인 앤 불린(Anne Boleyn, 1507~1536)과 재혼하고자 했으나 모어는 대법관으로서 이를 부당하게 여겨 협조하지 않아 결국 반역죄로 처형되었다. 그는 젊어서 사귄 네덜란드의 에라스무스(Desiderius Erasmus, 1469~1536)와 평생 교유하면서 그와 더불어 북유럽 인문주의의 쌍벽을 이루는 학자이자 사상가로 활약했다.

모어는 평소 플라톤의《국가》와 아우구스티누스(Aurelius Augustinus, 354~430)의《신의 나라(De Civitate Dei)》(413~426)를 통해 이상적 사회를 그리고 있었지만, 당시 아메리카 대륙을 발견한 아메리고 베스푸치(Amerigo Vespucci, 1454~1512)가 1501년 신대륙으로 두 번째 항해한 것을 기록한 소책자《신세계(Mundus Novous)》(1503)에서 결정적 영향을 받았다. 그 책은 아메리고가 카나리아 제도를 거쳐 아프리카의 서단(西端) 베르데 갑(岬)에 이르렀을 때 그곳에 사는 미개인 사회를 본 것을 기록한 것이다. 그곳 주민들은 사유재산을 갖지 않고 모든 것을 공유하며, 왕도 없고 각자가 자기의 주인이다. 그곳에서는 금, 진주 등의 보석은 재물로 여기지 않아 무가치한 것으로 취급된다. 아메리고는 그곳 주민들이 자연의 축복을 받아 전원생활을 즐기는 에피큐리언(epicurean)이라고 말한다.
《유토피아》는 포르투갈 선원인 라파엘 히슬로다에우스(가상 인물)가 아메리고의 일원으로 유토피아 섬에 가서 5년을 살면서 보고 들은 것을 정리한 것이다. 이 책은 2부로 되어 있다. 1부는 모어와 페터 힐레스가 라파엘 히슬로다에우스를 상대로 대화하는 형식을 취하고 있다. 내용은 주로 온당하지 못한 현실에 대한 라파엘의 비판이다. 당시는 양털 산업이 성행하던 시대여서 농촌의 대지는 농지로 이용되지 않고 목장으로 변경되어 농민들이 일자리를 잃고 유랑하는 일이 비일비재했다. 이것을 비유해서 라파엘은 "양들은 본디 온순하고 소식하는 동물인데 이제 이 양들이 너무 욕심 사납고 난폭해져서 사람을 잡아먹는 지경에 이르렀다. 양들이 농토와 집, 마을까지 황폐화시키고 있다"라고 말한다. 이것은 봉건 제후들이 큰 목장을 경영해 거대한 이익을 획득함으로써 농민들을 추방하여 거지와 불량자가 되게 한 하나의 예다. 그만큼 권력층의 수탈이 심하다는 것이다. 이것이 영국 사회에 개혁이 필요한 이유다. 라파엘은 '마이크로-유토피아'를 제안한다.

점심 후에 시작된 2부는 대화가 아니라 라파엘이 전하는 유토피아 섬의 이야기를 듣는 것으로 구성되어 있다. 그것은 유토피아 섬의 지세에서 시작해서 도시, 관리들의 역할, 직업, 여행, 노예, 상호 교제와 결혼, 윤리 도덕, 군사와 전쟁, 종교 등 다양한 주제에 대한 이야기다.

그 섬은 중앙부에서 200마일의 거리로 퍼져 있는데, 본문에는 신월(新月)과 같다고 되어 있는 작은 섬이다. 섬 전체는 500마일 정도의 큰 원형으로 중앙부에는 서울의 외곽도로 비슷한 해자가 있는 것 같다. 선박들이 자유롭게 항해할 수 있어 외국과의 교역도 활발하고, 방위를 위한 천혜의 지세를 갖추고 있어서 몇 명의 병사로도 능히 외적의 침입을 막을 수 있다. 처음 이 섬은 모어 시대에서 1200년 전 한 척의 배가 난파, 약간의 로마인과 이집트인이 표착해서 원주민을 이루었으나 잊힌 채로 있다가, 뒷날 우토푸스가 재발견해서 개발하고 원주민들을 교화하여 문화민으로 만들었다.

그 섬의 인구는 내가 추정한 바로는 약 32만 명 정도다. 이들은 대의제를 통해 매우 공정하게 행정을 집행하는 대표를 선출해서 민주정을 시행한다. 모든 주민은 동일한 언어, 관습, 제도와 법을 가지고 있어서 의사소통과 행정에 불편이 없다.

이 섬의 가장 큰 특징은 모든 주민이 회관에서 함께 식사를 하는 등 공동생활을 하기 때문에 평등하다는 것, 사유재산이 도대체 불필요하게 되어 있어 화폐가 없다는 것이다. 화폐란 사적 소유와 교환이 전제되어야 필요한 것인데, 이곳에서는 누구나 필요한 만큼 얼마든지 현물을 가질 수 있기 때문에 화폐가 필요하지 않다. 그뿐 아니라 사적 소유가 필요 없으므로 금은 등 귀금속은 매우 흔해서 천한 것으로 간주되어 요강이나 아이들 장난감으로 이용된다. 저자는 금은으로 화려하게 장식한 옷을 입고 이 섬을 방문한 외국의 사신이 이곳에서는 거지 취급을 당했다는 이야기를 적고 있다. 이런 형편에 도적이 있을 리 없다.

모든 주민은 평등하게 농업을 생업으로 해서 누구나 24마일 평방의 토지를 경작한다. 농촌의 각 가정은 40인 이상의 가족원과 2인의 노예로 구성되어 공동생활을 하므로 생활 방식이 꼭 같아 높낮이가 없다. 모든 주민은 동일한 옷을 입는다. 소나 돼지 도살 등 일반인이 꺼리는 작업은 노예가 맡아서 한다. 노예는 외국에서 죄를 지어 처형될 처지에 있다가 팔려온 자들이나 전쟁으로 잡혀온 자, 범법자들 또는 가난하여 자진해서 팔려온 자들이다. 자원해서 노예가 된 자는 원하면 언제든지 돌려보낸다. 모든 주민은 도시에 살면서 2년 동안 시골에 가서 농사일을 하는데 해마다 그 반수인 20명씩 교대하게 되어 있다. 노동시간은 매일 6시간이다. 나머지 시간은 도시에서 수공업에 종사하거나 각자의 취미에 따라 교양을 넓히는 데 활용한다. 농촌 생활을 원하는 사람에게는 강제로 도시로 가라고 하지 않는다. 모든 농산물은 시장에 있는 창고에 수납했다가 필요한 가정에 배분한다. 특별히 지적인 호학자는 농사일을 면제해 학문 연구에만 종사할 수 있게 배려한다. 외교관이나 관리, 성직자, 의사들은 이들 중에서 선발된다. 체력이 현저하게 약한 자와 노약자도 노동을 면제받는다. 환자들은 의사들이 돌보게 되어 있다. 술집이나 도박장은 아예 없다.

그들의 관습 중 가장 신기한 것은 결혼 풍습이다. 결혼 적령기(여자 18세, 남자 22세)의 남녀는 각기 존경스럽고 책임감 있는 보호자에 이끌려서 맞선을 보는데 이때는 남녀가 완전한 나체로 등장한다. 송아지를 살 때도 벌거벗긴 채 세밀하게 관찰하는데, 하물며 평생을 함께 할 배우자를 고름에 있어 손바닥만 한 얼굴을 보고 결정할 수는 없다는 것이다. 종교가 있어 하느님의 존재를 믿고 숭배하긴 하지만 그 종교의 양상이 반드시 일률적인 것은 아니다. 그러나 그들의 공동체 생활은 그리스도교 초대 교회의 공동생활을 방불케 한다. 이는 저자가 그리스도교도인 탓일 것이다.

4. 이상 사회에 대한 검토

위에서 소개한 세 가지 유형의 이상 사회에 공통적인 것은 그 사회의 규모가 지극히 작고 인구가 희소한 과민소국이라는 것이다.[7] 자유민들의 생활과 의식이 거의 비슷했을 것이다. 그런 사회의 유사 형태는 우리가 어려서 자란 시골에서 찾아볼 수 있을 것이다. 그 시절 우리 시골에는 전기도 없었고 불은 부싯돌로 일으켰으며, 가난할망정 다정한 이웃이 있었고 전혀 오염되지 않은 맑은 개천이 흘렀다. 그 시골은 지금도 눈앞에 어른거리는 내 향수의 원천이며 이상향처럼 떠오른다. 과민소국은 그보다 훨씬 더 옛날로 소급해야 찾아볼 수 있을 텐데, 그런 사회는 도연명의 무릉도원처럼 작품 세계에서나 가능한 공상의 산물이다.

아리스토텔레스(Aristoteles, BC 384~BC 322)가 제시한 적정한 도시 국가는 도시의 가운데 언덕에서 전령사가 전 시민에게 육성으로 직접 메시지를 전달할 수 있는 정도의 크기를 가진 국가다. 그것은 약 1만 명 정도의 주민을 포용하는 생활 공동체를 가리킨다. 역사적으로 그렇게 실재한

---

7 플라톤이 어렸을 때 아테네 인구는 시민 11만 6천 명, 거류민 2만 1천 명, 노예 8만 명, 도합 21만 7천 명 정도였다고 한다.(플라톤, 《국가》, 박종현 옮김, 서광사, 41쪽)
   참고 삼아 옛날의 인구를 비교해보면 다음과 같다. 중세기 유럽의 인구는 1050년경 4600만, 1100년경 4800만, 1150년경 5000만, 1200년경 6000만 이상, 1300년경 7300만. 그 뒤 도시별 인구는 런던 1801년 86만, 파리 1800년 54만, 암스테르담 1650년 30만, 동경 1680~1690년경 100만이었다.

사회의 예는 스파르타다.[8] 그러나 그런 규모의 국가는 알렉산더 대왕 이후 영원히 역사 속에서 사라졌다. 이는 플라톤의 이상 국가가 실현될 가능성을 근원적으로 없앴다. 플라톤의 국가가 이상적이어서가 아니라 국가의 규모가 현실적으로 너무 커졌기 때문이다.

노장사상에는 통치 자체가 아예 없지만, 유교의 이상 사회에서는 권력의 공명정대한 사용, 환과고독과 폐질자에 대한 배려 등이 눈에 띄는데, 이것은 플라톤과 토머스 모어에게서는 보이지 않는 유교 효 사상의 표현일 것이다. 권력의 공정한 사용은 공화정의 권력 행사이고, 노약자에 대한 배려는 복지 증진, 즉 평등의 구현으로 실현된다. 천하위공(天下爲公)은 몇몇 공산당 독재국가를 제외한 공화정의 민주주의 국가에서는 거의 달성된 셈이다. 그러나 평등 이념은 동구 공산권이 무너진 오늘날 자본주의적 자유주의 국가가 복지 정책으로 떠안게 되었다. 소위 빈부 격차의 해소, 노약자 구호 등이 그것이다. 구호 대상자를 특별히 배려하는 것도 그중 하나다. 그러나 전원 취업 문제는 간단히 해결될 성질의 문제가 아닐 것이다.

이상 사회에 대해 관심을 가지고 말하는 측은 대개 사회주의자들이다. 그들이 주로 거론하는 것은 사적 소유가 없는 평등 사회다. 사적 소유를 원천적으로 제거하기 위해서는 인간의 자연적·사회적 우연성을 제거해야 한다. 천연의 혜택이 풍부한 곳에서 태어난 자와 그렇지 못한 자, 부유하고 높은 지위에 있는 부모의 자식으로 태어난 자와 가난하고 무지한 부모의 자식으로 태어난 자는 당초부터 평등할 수가 없다. 이런 자연적·

---

8 스파르타는 1만 명 이상의 인구를 가져보지 못했고, 전쟁 때 동원되는 군인의 최대 수는 5천 명을 넘지 못했다고 한다. 근대인 루소 자신도 자기가 구상한 이상적 '시민 사회'가 그의 고국인 제네바 공화국에서도 실현되기 어렵고 코르시카 같은 작은 섬에서나 가능할 것이라고 기대했다.

사회적 우연성을 제거하기 위해 플라톤은 자식이 태어나자마자 국가가 맡아서 기르는 것으로 한 것이다. 이를 위한 전제 조건이 특히 전사계급의 부인 공유론이다. 마르크스(Karl Heinrich Marx, 1818~1883)는 이런 이념을 《공산당 선언(Manifest der Kommunistischen Partei)》(1848)과 《자본론(Das Kapital)》(1867)에서 천명했다. 공산주의자들은 플라톤의 국가를 이상 국가라고 치켜세우고 부인 공유론을 원시 공동체론으로 받아들인다. 모어의 《유토피아》에서도 이 사정은 마찬가지다. 화폐를 필요로 하지 않을 만큼 도대체 소유 자체가 없으니 이것을 이상적이라고 보는 것은 당연하다. 이렇게 무소유를 이상 상태의 주된 규준으로 삼다 보니 재산의 소유를 거부하고 무소유 상태에서 정신적 안정을 구하는 종교 단체, 예컨대 그리스도교 초대 교회, 고·중세 수도원의 공동체 생활이나 불교 수도승들의 공동생활까지도 이상 사회의 하나로 간주하곤 한다. 이처럼 사회주의 측에서 요구하는 무소유와 종교 집단의 공동체 생활의 무소유는 다 같은 무소유이기는 해도 그 사이에는 뛰어넘을 수 없는 현격한 차이가 있다. 전자의 무소유는 평등의 구현을 위해, 즉 세계 개조를 위해 모든 사람에게 요구되는 이데올로기의 강제성을 띤 것이고, 후자의 무소유는 자기 정화를 위해 자진해서 재산의 사유를 거부하는 것이다. 이런 공동체에서는 가정이라는 것이 용납될 수 없다. 가정이 형성되면 자연히 자녀가 태어날 것이고 부모는 자식을 부양하기 위해 재물을 축적하지 않을 수 없을 것이며, 그리하여 사적 소유가 형성될 수밖에 없기 때문이다. 인간에게는 자연적·사회적 우연성이 필연적으로 따라오게 되어 있는데, 평등을 위해서는 이러한 우연성을 극복해야만 한다. 가장 고민스런 문제는 어떻게 극복하느냐 하는 것이다.

플라톤의 이상 국가에서 특히 눈에 띄는 것은 부인 공유론과 어린아이가 태어나자마자 국가가 수용해서 기르는 대목이다. 이것은 인간의 차별성을 극소화하기 위한 장치겠지만 인간적으로 받아들일 만한 아이디어는 아니다. 부인 공유론도 문제지만, 어린 자식을 어미에게서 격리시키는 것은 비인간적이다.

사람들이 재물에 지나치게 집착하면 종교는 숨을 쉴 수가 없다. 그것을 경계하고자 예수는 "새들이 내일을 위해 먹이를 저축하더냐. 내일의 양식은 내일 구하면 된다. 하느님은 새들도 먹여 살리시는데 하물며 사람이야 말해 무엇하느냐"[9]고 말한 바 있다. 그러나 인간은 내일에 대비하지 않으면 생존할 수 없는 존재다. 심하게 말해서 이 비유를 사람과 새를 구별하지 않은 비유법이라고 책할 수도 있겠지만, 어쨌든 종교적 심성에서 지나친 물욕은 신앙심에 상처를 내는 것이 사실이다. 예수께서 저렇게 말했다고 해서 예수를 사회주의자나 공산주의자라고 말할 수 있을까? 사회주의자들이 예수를 자기네의 위대한 지도자로 받아들일 수 있을까?

사회주의자들이 이상으로 삼는 무소유의 원시 공동체 생활에는 두 가지가 있다. 하나는 원시적 씨족 집단처럼 자연이 주는 자료만으로 충분히 삶을 영위할 수 있는 공동체 생활이다. 공동으로 또는 각자가 얼마든지 이용할 수 있는 자연 산물이 널려 있는 처지에 개인이 굳이 제 것으로 취할 필요가 없다. 원시적 공동생활의 가장 큰 특징은 생존 수단의 사유가 없는, 즉 무소유의 평등 사회다. 그곳이 공산주의의 요람이다. 그 살아 있는 예를 우리는 지금도 지구 상하(常夏)의 열대 지방에서 볼 수 있다. 또 다른 하나는 경제적으로 자립하지 못하는 상태에서 불가피하게 모여 사는 집단생활이다. 호주나 태평양의 여러 섬에 얼마 전까지 잔존하던 원시 공동체가 그런 것인데, 이것은 가난하기 때문에 모여 사는 빈자 집단이다.

근대 사회주의자들이 노리는 사회주의는 재산의 공유제를 기초로 하는 공동 생산 및 공동 소비의 이념이다. 단순히 사적 소유를 지양하는 것

---

9 〈마태복음〉, 6장 26절.

으로는 사회주의적 이상을 실현할 수 없다. 특히 공동 생산을 고려하지 않은 이상은 엄밀한 의미에서 사회주의적 이상이라고 말할 수 없다.

그러나 사적 소유가 없는 곳에서는 문명도 문화도 발전하지 않고 정체된다. 좀 더 정확하게 말하면 사적 소유 때문에 빈부 격차도 생기지만, 또한 사적 소유로 인해 인간 생활에 물질적 풍요가 가능하고 동시에 문명과 문화가 발전할 수 있다. 사적 소유를 말소하고 모든 것을 국가가 관장하던 구소련 공산권이 하루아침에 소멸된 궁극적 원인은 생산성의 저하에 있다. '능력만큼 일하고 필요한 만큼 가져가는' 사회에서 누가 남보다 일을 힘들게 더 하겠는가? 가능한 한 적게 일하고도 다른 사람만큼 가져갈 수 있다면 누구든 그 쪽을 택할 것은 자명하다.

동양의 대동 사회와 플라톤의 이상 국가는 최고 지도자가 지적으로나 도덕적으로 완전해야 한다는 점에서 유사하다. 이것은 현대라고 해서 다르지 않을 것이다. 유교를 정치의 지도 이념으로 삼은 조선 시대에는 늘 수신, 제가, 치국이 강조되었고, 그것을 인재 등용의 기준으로 삼았다. 그럼에도 소위 선비들끼리 시비 가리는 일로 영일이 없었다면 이것을 어떻게 해명해야 할까? 통치 이데올로기는 단순한 명분에 불과했고 실제로는 공부하고 수신했다는 자나 그렇지 않은 자나 권력에 혈안이 되었다고 해야 할까?

인구의 많고 적음, 인지의 발달 정도, 생업의 차이 등 시대와 사회 구조의 차이를 고려하지 않고 지나간 이상 사회 이념을 무조건 뇌까리는 것은 무의미하고 어리석은 짓이다. 생업이 단순하던 시대의 사회, 과학기술이 오늘날처럼 복잡하게 발달하지 못했던 시대의 사회, 씨족 중심의 전원적 농경 사회의 이상을 복잡다기한 오늘날 사회에서 구현하려고 하는 것은 터무니없는 짓이다. 반면 이를 넘어서 실현 가능한 이상 국가를 구상하고자 한 것이 사회계약론이다.

Ⅱ. 사회계약론자들이 구상한 근대 국가

종교개혁과 르네상스를 경험하고 신대륙에 발을 디딘 근대인이 보기에 지중해와 이베리아반도를 이슬람(사라센)에게 내주고 내륙에 갇혀서 기도하고 땅만 파던 중세인은 너무 가난하고 몽매하고 답답하게 보였다. 근대인은 이러한 굴레에서 해방되어 '완전한 인간'을 지향했다. 또한 근대인은 지리적 발견으로 인해 무한한 세상을 향해서 한없이 자기를 실현할 거대한 희망과 자신감으로 충일해 있었다. 그 무한성은 한편으로는 우주를 향했고, 또 다른 한편으로는 개별적 인간이 주체가 되는 민족 국가의 건설로 향했다. 전자는 천체 연구로 나타나 17세기의 과학 혁명을 성취했고, 후자는 소위 사회계약론에 입각한 근대 국가 건설이라는 이념의 실현으로 나타났다. 그 바탕에는 이성과 자아실현이라는 주체성 이념이 깔려 있었다.

오늘날에는 문맹인마저도 걸핏하면 자유와 민주주의를 입에 올리지만, 18세기 미국의 독립(1776)과 프랑스혁명(1789~1799) 이전에 국가는 으레 국왕이 통치하는 것으로 간주되었다. 국가 관리에 관한 한 근대의 현실 정치는 군주정이었다. 유럽의 경우 이는 중세 그리스도교의 영향으로 생겨난 왕권신수설에 힘입은 바 크다. 그러나 그것이 근대인의 이성에 받아들여질 리 만무하다. 이로 인해 국가권력의 전반적 규제와 국가 구성의 질료인 인민의 자유 사이, 즉 국가권력의 정통성과 자유에 대한 개인의 근원적 갈망 사이에 긴장과 대립이 생기지 않을 수 없다. 근대의 새로운 정치 이론은 이런 문제 영역에서 등장한다.

이성적이고 주체적인 근대인을 설득할 수 있는 국가 형성론은 사회계약론이다. 사회계약론이란 국가가 계약에 의해 성립된다는 이론이다. 계약론은 옛날부터 있어왔으나 그것이 시대의 용어가 된 것은 17~18세기다. 이 이론에서 중요한 것은 자연 상태와 계약 방식이다. 자연 상태란 실재했던 상태가 아니라 가정된 상태다. 홉스(Thomas Hobbes, 1588~1679),

로크(John Locke, 1632~1704), 루소(Jean Jacques Rousseau, 1712~1778)의 세 사회계약론은 시간적 간격을 두고 제기되었는데, 뒤에 제기한 자는 먼저 서술된 것을 참조하여 개선된 견해를 내놓을 수 있었다. 그들은 각기 이상으로 하는 국가 형태를 상정하고 그것에 도달하기 위한 전제 조건(인간 본성, 자연 상태, 자연법 등)을 독자적으로 해석해서 사회계약론을 만들었다.

1. 홉스의 절대군주 국가

토머스 홉스의 사회계약론은 자연 상태에 있는 모든 주민이 계약을 통해 아무도 그 명령을 거역할 수 없는 가공의 인격체 리바이어던(Leviathan, 《성서》〈욥기〉에 나오는 괴수)을 선출해 그에게 모든 자연권을 위탁하고 그의 보호하에 만인이 평화와 질서를 유지하는 절대군주 국가를 만드는 것이다. 바야흐로 개인의 자유가 신장하려는 시대에 왜 하필 절대군주국인가?

(1) 홉스보다 한 세기 앞서 르네상스 시대에 피렌체에서 활동한 이탈리아의 정치가 마키아벨리(Niccolò Machiavelli, 1469~1527)와 홉스의 사상적 유사성이 주목된다. 홉스와 마키아벨리는 일반 민중과 국가에 대한 견해에서 유사한 점이 많다.

근대는 강력한 통일국가를 열망하던 시대다. 마키아벨리가 살던 시대의 이탈리아는 적어도 10개국 이상으로 분열되어 있었다. 그럴 때일수록 국민들은 공공 의식 없이 제각기 자기의 이익만을 찾아 흩어지게 마련이다. 민중의 지리멸렬은 통일국가 형성을 방해한다. 그런 민중을 국가의 질료로 삼아 국가를 형성해야만 했다.

국가 형태와 국가를 구성하는 민중 사이에는 필연적 관계가 있다. 민중 없는 국가는 있을 수 없기 때문이다. 그런데 민중이 몽매하면 독재가 필요하고 민중이 현명하면 민주정이 될 수밖에 없다. 마키아벨리가 보는 민중은 배은망덕하고 변덕스럽고 위선적이었다. 그런 민중을 질료로 해서 통일국가를 형성하고 이끌자면 군주는 절대적 권력을 행사하지 않으면 안 된다. 이를 위해 군주는 야수의 성질을 이용할 줄 알아야 하는데, 사자는 함정에 빠지면 헤어나오지 못하고 여우는 늑대에게서 자신을 방어하지 못한다. 군주는 함정에 빠지지 않도록 영악한 여우가 되어야 하고, 늑대를 제압하기 위해 때로는 사자가 되어야 한다. 그가 형성한 국가는 절대적 권력을 가지고 민중을 통치하는 군주국일 수밖에 없다.

(2) 홉스의 장년기 때 영국은 매우 혼란스러웠다. 영국에서는 일찍부터 의회 제도가 발달해 있어서 왕도 의회의 동의가 없으면 세금을 걷을 수 없었다. 1628년 의회는 왕에게 '권리 청원'을 했고, 찰스 1세(Charles Ⅰ, 1600~1649)는 다음 해 의회를 해산했다. 양자 사이의 긴장과 대립은 결국 내전으로 발전했다. 이때 청교도 크롬웰(Oliver Cromwell, 1599~1658)이 영도하는 의회파가 승리하여 찰스 1세를 처형하고 공화정을 선포했다. 이것이 청교도 혁명이다. 이런 혼란기에 홉스는 일반 국민과 사회가 안정되기를 바랐을 것이다. 그러기 위해서는 군주가 절대적 권력을 행사하지 않으면 안 된다. 군주가 절대권을 행사할 수 있도록 국가 체제를 만들려면 일반 민중은 그것을 받아들이지 않으면 안 될 정도로 무지하고 어리석어야 한다. 국가 체제의 논리적 구조상 그런 발상은 불가피하다. 여기까지는 마키아벨리와 다를 게 없다. 문제는 이익을 위해 아귀다툼하는 이기적인 민중의 성격을 그대로 인정하면서, 그러나 동시에 무력에 의존하지는 않고 어떻게 절대적 군주정을 출현시키느냐 하는 것에 있다. 여기에서 그가 이끌어낸 개념이 '계약'이다. 그 계약은 개인들 간의 협약에 의한 것이다.

민중에 대한 소극적 견해와 절대군주의 필요성에 있어서 홉스는 마키아벨리와 같다. 하지만 홉스가 마키아벨리보다 한 걸음 전진한 것은 민중을 경험적인 면에서 단순히 몽매하고 욕심 사나운 존재로 다루지 않고 몽매하고 욕심 사나울 수밖에 없는 자연 상태를 상정했다는 것, 그리고 그런 자연 상태를 벗어나기 위해 계약설을 제시했다는 것이다. 애초에 자연 상태는 자연적 생존권이 보장되는 자유와 평등의 상태였다. 그러나 그런 상태에서 사는 인간들은 사악하기 그지없다. 이것을 그대로 방치하면 전쟁 상태, 즉 만인이 만인에 대해 적이 되는 상태로 발전하게 된다. 그런 상황에서는 어떤 것도 부당하다고 말할 수 없다. 즉 옳고 그름, 정의와 불의의 구별이 없다. 공통의 권력이 없는 곳에는 법도 존재하지 않지만, 법이 없는 곳에는 불의도 없기 때문이다. 전쟁에서 요구되는 것은 오직 폭력과 기만뿐이다.

자연 상태에서 인간이 누리는 권리를 자연권이라고 한다. "자연권은 모든 사람이 그 자신의 본성, 즉 자신의 생명을 보존하기 위해 자기 뜻대로 힘을 사용할 수 있는 자유, 즉 자신의 판단과 이성에 따라 가장 적합한 조치라고 생각되는 어떤 일을 할 수 있는 자유를 말한다."[10] 이 자연권에 입각해서 자연법이 성립된다.

자연법이란 "인간의 이성이 찾아낸 계율 또는 일반적 원칙"[11] 을 말한다. 즉 자연법이란 한마디로 말하면 자연 상태에서 생존하기 위해 이성이 설정한 권리다. 홉스는 이 자연법을 '기본 자연법'과 '제2의 자연법'으로 구분해서 서술하고 있다. 전자는 "모든 사람은, 달성될 가망이 있는 한, 평화를 얻기 위해 노력해야 한다. 평화를 달성하는 일이 불가능한 경우에는 전쟁에서 승리하기 위해 어떤 수단을 사용해도 좋다"는 것인데, 이 가운데 앞부분은 평화를 추구하라는 것이고, 뒷부분은 자연권의 요지로서 자신을 방어하기 위해서는 어떤 수단을 동원해도 좋다는 것이다. 그리고 제2의 자연법은 "인간은 평화와, 자기방어가 보장되는 한, 그리고 다른 사람들도 다 같이 그렇게 할 경우, 만물에 대한 이러한 권리를 기꺼이 포기하고, 자신이 타인에게 허락한 만큼의 자유를 타인에 대해 갖는

---

10 토머스 홉스, 《리바이어던: 교회국가 및 시민국가의 재료와 형태 및 권력》, 진석용 옮김, 나남, 2008, 176쪽.
11 같은 책, 176쪽 참조.

것으로 만족해야 한다"[12]라는 것이다. 제2의 자연법 중 만물에 대한 권리의 포기는 계약에 의존할 수밖에 없다. 계약은 전쟁 상태를 평화적 사회 상태로 전환하는 계기로서 상호 협정이요, 다시 말하면 권리의 상호 양도다. 그것은 근원적으로 신의에 따르는 수밖에 없다.

2. 로크: 계약에 의한 통치권과 인민의 저항권

존 로크는 데카르트(René Descartes, 1596~1650), 뉴턴(Isaac Newton, 1642 ~1727), 스피노자(Benedict de Spinoza, 1632~1677) 등과 더불어 당시 지성계를 대표해 영국의 정치론과 인식론에 커다란 영향을 끼쳤을 뿐 아니라 몽테스키외(Charles de Montesquieu, 1689~1755) 등 프랑스 계몽사상가들에게도 많은 영향을 주었다.

로크가 묘사하는 자연 상태는 홉스의 자연 상태와는 다르다. 그는 자연 상태를 "사람들이 타인의 허락을 구하거나 그 타인의 의지에 구애받지 않고, 자연법의 테두리 안에서 스스로 적당하다고 생각하는 바에 따라 자신의 행동을 규율하는 자유와 자신의 생명, 건강 및 소유물과 인신(人身)을 처분할 수 있는 완전한 자유의 상태"로 규정하고 거기에 "어느 누구도 다른 사람보다 더 많이 갖지 않는" 소유의 평등을 덧붙이고 있다. 다시 말하면 자연 상태란 자유와 평등과 독립이 보장되는 상태다.[13] 그 자유는 신의 피조물인 인간이 이성의 지시에 따라 생존할 수 있는 권리, 즉 자연권이 보장하는 한도 안에서 생명, 건강 및 소유물을 자기 것으로 취할 수 있는 자유다. 그러므로 자연 상태는 자유 상태지만 이성의 지배 하에 있는 상태로서 방종 상태가 아니다. 평등은 "모든 권력과 권한은 호

---

12 같은 책, 177~178쪽 참조.
13 존 로크, 《통치론》, 강정인·문지영 옮김, 까치글방, 1996, 11쪽 참조.

혜적이며 무릇 어느 누구도 다른 사람보다 더 많이 갖지 않는데, 동일한 종류의 피조물은 자연의 혜택을 차별 없이 동일하게 받고 태어나 동일한 재능을 사용하므로, 그 피조물의 주인이자 지배자가 그의 의지를 명시적으로 선언함으로써 어느 하나를 다른 하나보다 위에 놓고 뚜렷하고 명백한 지명을 통해 의심할 여지없는 지배권과 주권을 그에게 수여하지 않는 한, 어떤 복종이나 종속 없이 상호 간에 평등해야 한다"는 그런 것이다.[14]

자연 상태에서 개인이 타인에게서 자유와 평등을 침해받는 경우, 이를 징계하는 권리, 즉 자연법의 집행권은 개인에게 주어져 있다. 모든 사람은 자연법의 집행자이기도 한 것이다. 그러나 자연법의 집행이 개인의 '사적 판정'에 맡겨져 있는 한, 개인의 생명, 자유, 재산에 대한 권리는 아직 불완전하다. 개인은 권리의 침해를 제재하기에는 너무 무력하기 때문이다. 그리하여 권리의 침해에 대한 개인적인 제재권을 포기하고, 이것을 계약을 통해 공적 권력에 위탁함으로써 그 자연법의 실현을 완전하게 하자는 것이 로크의 사회계약론이다. 다시 말하면 자연법이 보장한 권리를 상호 합의에 의해 공동체에 위탁할 때 정치체인 국가가 성립되고, 이 국가를 통해 개인의 권리와 자유, 특히 재산권은 보다 확실하게 보장된다는 것이다.

로크의 계약은 자유로운 개인들 사이에 체결된다. 이렇게 해서 성립된 공동체가 국가(commonwealth)다. 계약을 통해 사람들은 국가의 시민이 된다. 시민은 자기가 입은 피해에 대해 국가가 재판해줄 것을 요구할 수 있다. 국가는 법을 제정해서 범죄를 처벌하고 국가의 외부인이 자국민을 침해할 때는 이에 대처하는 (전쟁과 평화에 대한) 권력을 갖는다. 계약에 참여하지 않은 자는 묵시적으로 동의한 것으로 간주하고, 계약에 반대하는 자는 그냥 자연 상태에 머물러 있게 한다. 그리고 모든 결의는 다수결로 한다. 즉 다수자 지배의 원칙이다.

---

14 같은 책, 같은 곳 참조.

종래 군주제를 옹호하는 예증으로서 가정에서 가장의 권리를 들었다. 가정에 가장이 있어 가정을 지배하고 지도하듯이 국가에는 군주가 있어야 한다는 것이다. 로크는 가장의 입장을 가솔을 지배하는 것으로 보지 않았다. 즉 그는 가장에게 권리와 함께 자녀를 보호할 의무가 있음을 간파한다. 이 의무는 자녀가 다 자라서 각기 독립적으로 자유를 향유할 때 끝난다. 이 의무를 원만히 수행함으로써 가장은 노후에 자녀의 존경을 받는다. 그는 이렇게 가장의 지배권을 양육의 의무로 수정함으로써 군주제를 반대한다.

입법권은 개인 또는 단체에 법의 집행을 위임할 수 있다. 그것이 행정권을 담당하는 정부다. 그 수장을 군주라고 해도 무방할 것인데 그렇게 되면 로크의 정부 형태는 입헌 군주제(대의제 국가)라고 말할 수 있다. 그러나 정부가 한계 이상으로 권력을 남용하거나 주권자와의 협약을 벗어나는 일을 할 경우에 주권자는 그를 탄핵하거나 해임할 수 있다. 이것이 주권자의 저항권 또는 혁명권이다.

로크의 통치론은 미국독립선언의 기본 원리가 되었고, 뒷날 아담 스미스(Adam Smith, 1723~1790)의 자유방임주의의 선구가 되었다. 특히 혁명 사상은 프랑스혁명에 영향을 끼쳤다.

로크의 사회계약론에서 특히 돈보이는 것은 재산권의 보호다. 재산은 생존을 보증하는 기본적 능력이다. 그러기에 로크는 자연 상태에서도 재산권을 생명, 자유와 함께 자연법의 보호 아래 두었다. 그는 사유재산이 자연 속에서 인간의 노력으로 형성된다고 보았다. 하느님은 자연과 자연을 이용할 수 있는 능력으로서의 이성을 인간에게 주었다. 자연이 일방적으로 주는 자연의 산물은 모두 공유물이다. 이 점에서 사적 소유는 성립될 수 없다. 그러나 개인이 몸과 손으로 자연에 노력을 가해 자기의 사용에 적합하게 만들었다면 그 부분은 그의 소유물로 삼을 수 있다. 말하자면 자연이 방치한 것에 인간이 노동을 가해서 만든 것은 인간의 사유물이 된다는 것이다. 그는 이와 같은 재산권의 예로서 도토리와 토끼의 경우를 든다. 도토리는 그것을 주은 사람의 소유가 된다. 토끼는 그것을 잡으려고 달려온 사람이 일차적으로 소유권을 주장할 수 있다. 토지의 경우, 개인이 경작해서 생산된 곡식이 그가 생활하기에는 너무 많아 상하는 일이 있어서는 안 된다. 그 여분은 남에게 주어야 한다. 즉 아무리 개인이 열심히 일을 해서 얻었다 하더라도 남에게 돌아가야 할 몫까지 챙겨서는 안 되는 것이다. 그것은 자연법에 반하는 일이다. 소유의 한계는 타인의 소유권을 잠식하지 않는, 즉 남의 이익을 침범하지 않는 데까지다. 이런 한계에 합당한 사적 소유는 주로 토지나 부동산의 소유에 해당한다.

그가 얼마나 재산권에 집착하는지는 다음 예로 알 수 있다. 군대에서 상관의 명령은 절대적이어서 더러는 생명을 위태롭게 하는 경우가 있다. 그럼에도 상사는 사병의 수중에 있는 단 한 푼의 돈도 내놓으라고 명령할 수 없다. 마찬가지로 탈영이나 긴급 명령에 대한 불복종을 이유로 사병의 생명을 좌우할 수 있는 권력 등 절대적 권한을 가지고 있는 장군이라 하더라도 사병의 자산은 한 푼도 마음대로 처분할 수 없다.

그러나 화폐 제도가 발달해서 남의 소유를 침해하지 않고도 개인의 사적 소유를 끝없이 늘여나갈 수 있다면 어찌 되겠는가? 한마디로 말해서 로크의 사적 소유의 보호는 본격적으로 자본이 생산재로 작용하기 이전 단계에서의 이야기인 셈이다.

3. 루소의 민주 공화정 이념

대중에게 미친 파장으로 보나 정치 이념의 순수성으로 보나 가장 참신하고 진정한 사회계약론은 아무래도 루소에게 돌려야 할 것이다. 그러나 자세히 살펴보면 루소의 이론은 앞에서 소개한 홉스와 로크의 주장을 인민의 입장에서 비판적으로 수용하여 보다 정합적이고 세련되게 하고, 거기에 새 아이디어를 보탠 것에 지나지 않는다. 만일 위의 두 사상가가 없었다면 루소의 이론은 나오지 못했을지도 모른다.

사회계약론의 대전제가 되는 자연 상태를 루소는 자유와 평등과 평화가 보장된, 마치 원초적 사회인 가정과 같은 것으로 파악한다. 루소에게 가정은 자연 상태로서 자유와 평등이 보장되는 평화스러운 곳이다. 즉 자연 상태는 자유와 평등에 평화를 더한 것이다. 그러나 자연 상태에서 인간은 개별적으로 문제를 해결해야 하는데, 거기에는 로크의 경우에서 보았듯이 한계가 있다. 그래서 많은 사람이 힘을 모아야 한다. 이를 위해서는 상태의 변화가 필요하다. 그것이 자연 상태에서 사회 상태로 나아가야 하는 필연성이다. 계약은 자연인 자기가 사회인 자기와 맺는 것이다. 이 계약을 통해 자연인은 사회인으로 전환되어 주권자의 일원이 된다.

주권자로서 사회적 개인은 국가라는 공동체에서 자연 상태의 모든 자연권은 말할 것도 없고 그 이상을 공고히 보장받는다. 즉 사람마다 자기가 양도한 것과 같은 권리를 다른 사람들에게서도 받으므로 사람들은 자신이 잃는 것, 예컨대 자연 상태의 방임적 자유 대신 사유물에 대한 권리와 사회적 자유, 인권상의 평등을 포함한 모든 것에 대한 권리를 얻게 되고, 윤리적 인간이 되며 이성의 힘을 이용하게 된다. 사회인은 주권자로서 권리를 가짐과 함께 계약한 자로서 책임도 져야 한다. 책임이 따르지 않는 자유와 권리는 있을 수 없다. 자연인 개인과 주권자 개인이 계약을 통해 공민으로 바뀌는 것, 이것이 루소가 말하는 사회계약이다. 이것에 대해 루소는 '개개인에 대해서는 주권자의 구성원으로서, 주권자에 대해서는 국가의 구성원으로서 약속하는 것'이라고 말한다.

사회계약, 즉 일반의지의 행사는 나라마다 오직 한 번 있을 뿐이다. 한 번 국가가 성립되면 그것으로 족할 뿐, 또 다른 계약을 통해 다른 나라를 새로 만들 필요가 없기 때문이다. 국가와 정부는 다르다. 정부가 하는 일이 부당하면 로크의 이론에 따라 갈아치우면 된다.

루소는 국가의 주권과 법 및 정부까지도 일반의지에서 이끌어낸다. 그는 일반의지인 주권의 성격을 네 가지로 요약한다.

(1) 주권은 양도할 수 없다. 주권은 일반의지와 그 행사이므로 양도할 수 없다. 이것을 양도한다는 것은 곧 노예화를 의미한다.

(2) 주권은 분할할 수 없다. 그것은 의지이기 때문이다. 주권을 힘과 의지로 분할하여 입법권과 집행권으로, 또는 과세권, 사법권, 교전권 등으로 분할하는 것은 주권을 그것을 행사하는 힘으로 환원하는 것이다. 주권을 분할하는 것은 비유컨대 사람을 팔과 다리, 머리와 몸통 등으로 나누어놓고 이것들을 다시 모아서 인간을 만드는 것과 같다. 분할된 권리를 모은다고 일반의지가 만들어지는 것은 아니다.

(3) 일반의지는 오류를 범하지 않는다. 왜냐하면 일반의지는 공동의 이익만을 지향하기 때문이다. 인간이 더러 사사로운 이익을 좇아서 개인들의 의지를 모을 수 있겠지만, 그것은 기껏해야 특수 의지를 모은 전체의지이지 일반의지가 아니다. 일반의지는 공익만을 추구하는 인류 도덕성의 표현이므로 사익을 지향하는 개별적 의지의 총화인 전체의지와 다르다. 일반의지는 공익에 근거하고, 전체의지는 사익에 기초를 둔다. 여기에 이어 루소는 다음을 덧붙인다.

(4) 일반의지는 파괴될 수 없다. 국민들이 사익에 빠져서 전체의지가 일반의지를 누르는 경우가 있을 수 있지만, 그럴 때라도 일반의지가 파괴되는 것은 아니다. 만일 국민이 타락해서 한 사회가 자멸한다면 어떻게 되는가? 역사상 그런 경우는 거의 없지만 일반의지가 파괴된다는 것은 사회의 해체, 즉 국가의 소멸을 의미한다. 전체의지가 일반의지를 억눌러서 사회의 존립이 위태로울 때나 외적이 침입하여 그 국가를 멸망시키는 경우가 아니라면 일반의지는 파괴되지 않는다. 일반의지의 파괴는 곧 사회의 해체다.

사회계약도 약속인 만큼 일반 약속의 한계를 넘을 수 없고 넘어서도 안 된다. 국가는 이 약속을 통해 개인이나 개별적인 문제를 공평하게 대해야 한다. 즉 사람에 따라 차별이 있으면 안 된다. 개인의 편에서 볼 때

차별은 권리의 침해인데, 권리의 침해를 받으면서 국가를 위해 자기를 희생할 사람은 아무도 없기 때문이다. 다시 말해 차별은 국가가 개인에게 나라를 위한 희생을 요구할 수 없게 만든다.

　루소는 입법자가 갖추어야 할 덕목과 탁월성을 열거한 뒤에, 이례적으로 세 장(《사회계약론》 8～10장)에 걸쳐 인민에 대해 논하고 있다. 그 이유는 아무리 훌륭한 법이 있어도 인민이 그 법을 잘 지킬 만한 자격을 갖추지 못하면 그 법은 쓸모없어지기 때문이다. 그러나 인민은 마치 어린이가 성장해서 어른이 되듯이 성숙하는 것이지, 하루아침에 어른이 되는 것이 아니다. 입법자는 이 점에 유의해야 한다. 너무 성급하게 인민을 닦달해서 실패한 예로서 루소는 러시아의 표트르 대제(Pyotr I, 1672～1725)를 들고 있다. 표트르 대제는 인민을 러시아 국민으로 만들지 않고 선진 독일인과 영국인으로 만들려고 했고, 이로 인해 도리어 인민이 러시아인이 되는 길을 막았다는 것이다.

　국가 크기는 영토 넓이와 인구수로 결정된다. 이 두 가지는 국가 구성의 기본 요소다. 인민은 국가를 구성하는 가장 우선적 요소이고, 국토는 국민의 생활을 보장한다. 이 양자의 비례가 적정해야 건전한 국가가 된다. 그러나 그 적정성을 발견하기란 루소가 생존할 당시에는 거의 불가능했다. 왜냐하면 인민의 기질과 지적 능력, 심성, 근면성 등은 질적인 것이어서 측정하기 어렵고, 영토의 경우 토양과 거기에 맞는 작물, 풍토, 소출 능력 등 많은 요건을 고려해야 하는데, 그것이 그리 간단하지 않기 때문이다. 루소에 따르면 건전한 국가는 번창해서 국민의 수가 증가하는 국가다. 그리고 이렇게 안정되고 평화로운 국가와 그 인민이야말로 입법이 가장 적합한 나라이고 인민이다. 그런 인민을 상대로 직접 민주정이 가능하다. 직접 민주정을 위해서는 인민이 너무 많거나 적어도 안 되고 국토가 너무 넓거나 좁아도 안 된다. 루소는 여기에 적합한 크기의 나라로 코르시카 섬을 예시한다. 그의 사회계약론은 곧 닥쳐올 프랑스혁명에 도화선 역할을 한 것으로 높게 평가되고 있다.

4. 사회계약론에 대한 관견

 이상의 세 가지 사회계약론은 비유컨대 "'자연 상태'를 기본 개념으로 하고 자연권과 자연법을 보조 개념으로 해서 국가를 형성하는 '사회계약'을 논하라"는 과제를 받아서 연구 보고서를 작성한 것처럼 각기 그 구성이 흡사하다. 이 말이 믿기지 않으면 홉스의 《리바이어던(Leviathan)》 (1651), 로크의 《통치론(Two Treatise of Government)》(1689), 루소의 《사회계약론(Du Contrat Social)》(1762)의 차례를 함께 놓고 비교해보라! 그 주제들과 서술 방식과 순서 등이 너무 흡사할 것이다. 다만 차이가 있다면 더 나중의 사상가로 올수록 인민의 권리와 역할이 증가했다는 것이다.

 홉스의 《리바이어던》은 당시로서는 혁명적이었다. 왕권신수설이 지배하던 시대에 군주의 권력이 인민의 계약에 의해 성립한다는 것은 혁명적인 것이 아닐 수 없다. 그러나 인민의 안위를 군주에게 의탁한 것은 그의 한계였다. 로크는 군주에게서 인민의 권리를 빼앗아 확대·증진시켜 의회 민주주의의 근거를 부여했다는 점에서 한 걸음 더 나아간 자주적인 면을 보여준다. 루소의 민주적 공화정은 현대 민주주의를 성취시킨 민주주의의 완결판이다.
 사회계약론은 계약을 통해서 인간이 자연 상태를 벗어나 사회 상태, 즉 국가를 형성한다는 이론인데, 국가 형성을 논하려면 먼저 인간의 본성을 성찰해야 한다. 인간은 어떤 존재이기에 그리고 왜 국가라는 강제력을 갖는 정치체를 갖지 않을 수 없는가를 설명해야 하기 때문이다. 이는 곧 그런 본성을 가지고 사는 인간 삶의 형태, 즉 국가 성립 이전의 자연 상태에 대한 서술로 이어진다. 그런 다음에 자연 상태에 사는 인간은 그런 자연 상태를 벗어나기 위해 또는 그런 자연 상태를 보전하기 위해 불가피하게 사회 상태로 나아갈 수밖에 없다고 논술해야 한다. 여기에서 핵심적인 것은 주권(통치권)의 성격이다. 주권의 성격에 따라 국가 형태가 결정되기 때문이다. 그리하여 세 계약론자는 다 같이 주권과 정부 형태에 대해 논하고 있다.

자연 상태, 자연권, 자연법이라는 낱말은 이 시대 정치사상가들에게는 상용어처럼 되어 있었다. 자연권은 자연 상태에서 사는 인간의 기본적 생존권이고, 그것을 보장한 법적 장치가 자연법이다. 위에서 본 바와 같이 홉스가 상정하는 자연 상태는 원초적으로는 자유와 평등이 보증된 상태다. 자유란 외적 간섭이 없는 것을 의미하고, 평등이란 원칙적으로는 인권의 평등을 가리키지만 거기에 더하여 '어느 누구도 다른 사람보다 더 많이 갖지 않는' 소유의 평등도 함께 의미하고 있다. 이는 모든 인간이 빈손으로 태어났다는 말이다. 이처럼 자유와 평등이 보장되어 있음에도 홉스는 자연 상태를 불완전한 것으로 보았는데, 그것은 인간의 인성이 악한 탓에 자연 상태가 만인이 만인에 대해 이리가 되는 전쟁 상태가 된다고 간주했기 때문이다. 하지만 로크에 이르면 자연 상태는 어느 정도의 자연권이 보장되어 있어 생명, 자유, 재산이 보증되는 합리적 상태로 간파되며, 루소에 이르면 자유와 평등이 보장된 이상적 상태로 간주된다. 루소는 그런 자연 상태를 더욱 보장하기 위해 사회 상태가 필요하다고 보았다. 자연 상태라는 개념이 이렇게 달라지는 이유는 그것이 실증성을 가진 역사적 개념이 아니고, 각 사상가가 구상한 이상적 국가 형태에 따라 그 국가에 논리적으로 정합성을 부여하기 위해 조건적으로 전제된 개념이기 때문이다. 여기에서 공통적인 것은 각자가 전제하는 자연 상태가 원초적으로는 자유와 평등이 보장된 상태요, 따라서 기본적 생존권인 자연권이 자연법으로 보장된 상태라는 것이다.

그런데 계약은 누가 누구와 맺는 것인가? 물론 계약은 자연 상태에 있는 개인들이 맺는 것이다. 홉스의 경우 계약의 상대는 자기와 같은 타인이다. 자기와 타인이 계약을 통해 '리바이어던'이라는 가공할 만한 가상 동물(군주)을 만들어 그에게 절대권을 부여하고 그의 보호하에 자연 상태에서 입을 수 있는 모든 피해에서 벗어난다는 것이다.

　로크의 경우 계약은 자유로운 개인들 사이에서 체결된다. 계약 이전에 인간은 혼자서 살아야 하는데 거기에는 많은 불편이 따르기 때문에 인간은 본성적으로 다른 사람들과 우호 관계를 맺고 공동체를 형성하기 마련이다. 계약을 맺음으로써 인간은 자연 상태에서 사회 상태로 진입하여 공민으로서 주권자가 되는데, 계약에 참여하지 않은 자는 묵시적으로 동의한 것으로 간주한다. 그리고 모든 결의는 다수결로 한다. 즉 다수자 지배의 원칙이다. 모든 인민이 다 주권자로서 정치에 참여할 수 없기 때문에 부득이 대의제를 택하지 않으면 안 된다. 계약을 통해 인민은 주권을 행사할 수 있다. 또한 입법권을 갖는 의회를 구성할 수 있고, 입법부로 하여금 통치자를 선정하도록 한다. 그리고 이 통치자로 하여금 집행권을 행사하는 정부를 구성하게 한다. 그러나 행정권의 담당자가 부당하면 거기에 저항하거나 그를 바꿀 수 있다는 혁명권이 인민에게 있음을 강조한다. 로크는 특히 재산의 보호를 사회 상태의 주요 요건으로 삼는다. 그는 영국 의회의 전통에 따라 대의제를 하는 것이 가장 알맞다는 것을 보여주고 있다. 영국 의회 정치의 전통을 굳건히 한 것이다.

　루소의 경우 자연 상태에 있는 개인은 자기와의 계약을 통해 그 계약 당사자인 자기가 곧 사회 상태의 공민으로 전환되어 주권자가 되는데, 사회 상태에서는 자연 상태에서의 자유과 평등과 평화가 더욱더 공고하게 보장되고 실현된다. 이 계약은 '개개인에 대해서는 주권자의 구성원으로서, 주권자에 대해서는 국가의 구성원으로서 약속하는 것'이다. 모든 인민은 완전한 주권자이고, 주권은 결코 양도될 수 없다. 이런 주권자의 의지를 일반의지라고 한다. 사회 상태, 즉 국가는 일반의지의 발현인 것이다. 이런 국가의 운영은 모든 국민이 주권자가 되는 직접 민주정이다. 루소는 이미 계몽주의의 세례를 받은 데다 그 자신이 이상주의자여서 인민 자신이 시민이자 동시에 주권자가 되는 정치 형태, 즉 민주정을 제시했다. 그것은 머지않아 폭발할 프랑스혁명의 도화선이 되었다. 루소의

이 이상은 나폴레옹이라는 반동적 전쟁 영웅이 일으킨 회오리가 지난 뒤에 실현을 향해 나아갔다. 그러나 이것은 루소 자신도 고백했듯이 모든 인민이 완전히 이성적으로 되는 신의 나라에서나 실현 가능한 것이다.

이와 같이 해서 로크의 이론은 홉스의 이론보다 인민의 입장을 강하게 반영했고, 루소의 경우에는 로크의 경우보다 더 확실하게 국가가 인민의 국가가 되었다. 이렇게 보면 계약론은 민주 공화정을 향해 달리고 있었던 것이다. 그리하여 민주 정치는 '인민에 의한, 인민을 위한, 인민의 정치'라는 명제의 직전까지 오게 되었다. 동시에 국가의 권력도 입법권과 집행권으로 나뉘고, 집행권은 다시 행정권과 사법권으로 분할되어갔다.

그러나 이 계약 체결을 집행할 주체는 누구인가? 이상의 세 계약론에는 현실적으로 계약을 체결시킬 주최자(개인이든 단체든)가 없다. 가령 거리에서 청원서에 서명을 받을 때도 주최하는 자가 있어야 하듯이 계약을 체결하는 데도 그것을 주관할 자가 있어야 하는데 그 주최자가 없는 것이다. 그냥 개인들이 남 또는 자기 자신과 자발적으로 계약을 맺는 것이다. 이 계약론은 이론을 위한 이론이라는 인상을 준다. 도대체 사회계약은 역사적 현실에서 탄생된 것이 아니기 때문이다.

그럼에도 계약론자들에 의해 처음으로 인민이 국가의 주권자로서 확실히 확립되고 국가와 정부가 구분되었다. 이론상으로는 국가와 정부의 구분이 정연하지만 현실적으로는 위기를 겪음으로써 정말로 주권자에게 물어보아야 할 중대한 사항을 정부가 단독으로 결정하는 일이 역사적으로는 비일비재하다. '짐이 국가'라고 한 루이 14세의 말은 우연히 나온 것이 아니다.

이 사회계약론을 통해 우리는 몇 가지 가르침을 얻을 수 있다. 홉스의 경우에서 극명하게 보이듯이 민중이 야만적으로 이기적인 경우에는 절대 권력을 가진 군주제가 가장 적합하다. 단, 그가 자기 이익만을 노려서

권력을 남용하거나 국민을 괴롭히지 않고 국가와 국민을 위해 봉사할 각
오가 되어 있을 때 그 나라가 번영할 수 있을 것이다. 개발 독재는 저개
발국에서는 때로 필요한 것이다. 독재라고 해서 반드시 나쁜 것은 아니
다. 국가가 계획적으로 발전하려면 독재가 필요한 경우도 있다. 농업 국
가인 소련이 중화학 공업 국가로 전환한 것도, 중국이 시장경제를 통해
갑자기 발전한 것도 독재에 힘입은 것이다. 중요한 것은 그 독재가 국리
민복을 위한 것이어야 한다는 것이다.

2장

인류의 영원한 비원:
자유와 평등

자유와 평등은 쌍개념이다. 노예의 반란은 자유를 쟁취하기 위한 투쟁이지만, 이는 뒤집어서 말하면 인간의 평등을 보장하라는 절규이기도 하다. 경제적 평등을 보장받기 위한 노동자계급의 투쟁은 경제적 불평등에서 해방되어 경제적으로 자유롭고자 하는, 자유의 쟁취를 위한 투쟁인 것이다. 자유가 있는 곳에 평등이 따르고, 평등이 보장되려면 반드시 자유가 선행적으로 확보되지 않으면 안 된다. 자유는 평등을 위한 선행 조건인 것이다. 그러나 인간을 포함한 모든 동물은 불평등은 어느 정도 참을 수 있어도 구속은 견디지 못한다. 역사의 흐름을 보더라도 자유에 대한 갈구가 더 오래되었고 더 치열했던 것 같다.

　자유의 최고 조항은 실존적인 것이어야 한다. 즉 인간이 사는 데 불편이 없어야 하는 것이다. 그러기에 자유의 문제를 다룸에 있어 가장 먼저 고려해야 할 것은 주거의 자유, 직업 선택의 자유 등이다. 그리하여 자유의 문제는 주거·집회·결사의 자유, 직업 선택·여행의 자유 등 신변적인 것에서부터 언론의 자유, 사상·학문의 자유, 신앙의 자유 등을 모두 다루어야 한다. 하지만 이는 너무 광범하고 다양해서 그것들을 다 주제적으로 다룰 수가 없다. 나는 정신의 사항에 관한 것만을 초점에 놓고 다루고자 하거니와, 그것도 사상의 자유와 신앙의 자유에 한정할 것이다. 이 양자, 즉 사상의 자유와 신앙의 자유는 역사의 흐름에서 늘 대립의 각을 날카롭게 세웠다. 언론의 자유는 이 양자의 연속선상에서 언급하는 것으로 만족할 수밖에 없다. 이 주제는 너무 보편적인 문제여서 나의 능력으로는 제대로 주제화할 수 없겠기 때문이다.

I. 자유, 그 영원한 절규

인류 역사는 자유를 쟁취하기 위한 투쟁으로 점철되어 있다. 인간의 삶을 위해서는 남과 더불어 사회를 형성해야 하지만, 동시에 그것에 못지않게 개인이 독자적으로 누리는 자유도 확보되어야 한다. 가장 강력하고 규모가 큰 사회는 국가이거니와, 그 국가의 존재 이유는 '사회의 안녕과 질서의 확립'이다. 이를 위해 국가는 본능적으로 개인의 자유를 일부분 제한하려고 한다. 국가와 개인적 자유 사이에는 늘 긴장이 있기 마련이고 대개는 개인의 희생을 강요해왔다. 개인은 인권 개념으로 그 희생에 대항한다.

자유에 대한 갈구는 옛날이야기가 아니다. 현대에도 이는 변하지 않았다. 미국의 흑인 목사 루터 킹(Martin Luther King Jr., 1929~1968)은 흑인 차별을 철폐하라는 그 유명한 설교 〈나에게는 꿈이 있다(I have a dream)〉에서 이렇게 외친다.

> 뉴헴프셔의 높은 산꼭대기에서 자유의 노래가 울리게 합시다.
> 뉴욕의 거대한 산에서 자유의 노래가 울리게 합시다.
> 펜실베니아의 웅장한 엘러게이니 산맥에서 자유의 노래가 울리게 합시다.
> 콜로라도의 눈 덮인 산맥에서 자유의 노래가 울리게 합시다.
> 캘리포니아의 구불구불한 산비탈에서 자유의 노래가 울리게 합시다.
> 조지아의 스톤 산에서 자유의 노래가 울리게 합시다.
> 테네시의 룩아웃 산에서 자유의 노래가 울리게 합시다.
> 미시시피의 수많은 언덕과 둔덕들에서 자유의 노래가 울리게 합시다.
> 전국의 모든 산허리에서 자유의 노래가 울리게 합시다.
>
> 이렇게 된다면, 모든 주, 모든 시, 모든 마을에서 자유의 노래가 울린다면, 흑인과 백인, 유대교도와 그리스도교도, 개신교도와 구교도를 가리지

않고 주님의 모든 자녀들이 손에 손을 맞잡고 오래된 흑인 영가를 함께 부르게 될 그 날을 앞당길 수 있을 것입니다.

이것은 단순한 설교나 연설이 아니라 노예로 팔려 와서 오랫동안 온갖 천대와 천역을 겪으며 차별 속에서 고통스럽게 살아온 흑인들의 절규, 신을 보증으로 한 절규인 것이다.

1. 자유의 본질

자유란 외부의 구속 없이 자기가 하고자 하는 바를 마음대로 할 수 있는 상태를 가리킨다. 자유의 첫째 조건은 외적 장애의 결여, 즉 속박으로부터의 벗어남이고, 둘째 조건은 첫째 조건에 의거해서 자기가 하고 싶은 일을 마음대로 할 수 있음이다. 속박으로부터의 벗어남은 자유의 기본 상태를 의미하고, 자기가 하고자 하는 바를 마음대로 할 수 있음은 그 상태의 활용을 가리킨다. 전자가 자유의 체(體)라면 후자는 그 용(用)이다. 그러나 속박 없는 상태라 하더라도 그것을 활용하지 못할 때는 진정으로 자유롭다고 말할 수 없다. 자유의 용은 속박으로부터의 해방이라는 자유의 체를 전제한다. 아무리 유능한 사람이라 하더라도 이 전제 조건 없이 자유의 활용은 불가능하다.

그러나 마음대로 할 수 있다고 해서 무제약적으로 할 수 있는 것은 아니다. 남에게 피해를 주어서는 안 된다. 단위 사회의 기본 질서를 파괴하는 행위는 엄격하게 규제되어 있다. 그러므로 국가가 사회의 안녕과 질서 유지를 위해 정해놓은 테두리 안에서 자유는 향유될 수 있다. 그 테두리는 국민의 동의에 의해 정해져야 한다. 아무리 자유가 강조되더라도 국가의 존립을 부정하는 것까지 허용될 수는 없다.

영국의 정치학자 라스키(Harold Joseph Laski, 1893~1950)에 따르면, 자유란 문명인이 자기의 행복을 보장하는 데 필요한 사회적 조건에 구속을 가하지 않는 것을 의미한다. 즉 자유란 인간이 속박으로부터 해방되어 자기가 향유하고자 하는 행복을 보장받을 수 있는 사회적 조건을 말한다. 반면 비문명인들은 자유를 향유할 자질을 갖추지 못하고 있다는 것이다. 이것은 비문명인에게 자유가 의미 없다는 것인데, 이런 발상의 바닥에는 다분히 제국주의적 사상이 깔려 있다. 자유는 그렇게 차별적으로 향유되는 것이 아니다.

2. 사상의 자유의 근거와 한계

사상의 근원적 의미는 사유함, 즉 생각하는 것이다. 생각한다는 것은 머릿속에서 무엇을 그리는 것이다. 이것을 철학적 용어로는 표상이라고 한다. 이 말은 무엇을 '(머릿속에서) 내 앞에 세운다'는 것이다. 그 무엇, 즉 생각의 질료는 체험이고 그것을 이끄는 힘은 상상력이다. 생각이 형식을 갖추면 개념이 된다. 릴케(Rainer Maria Rilke, 1875~1926)는 1924년 8월 11일 무조트(뮈조)에서 띄운 한 편지에서 다음과 같이 적고 있다.

외계(外界)는 저렇게 무변광대하게 퍼져 있습니다. 그러나 그렇게 멀리 떨어져 있는 항성들의 거리도 우리들 내면의 차원과는 비교가 안 됩니다. 우리의 내면은 저 무변광대한 우주의 거리를 전혀 필요로 하지 않습니다. 하지만 저 자신은 거의 엿볼 수 없습니다. 그리하여 죽은 자나 태어날 자들이 머물 곳을 필요로 한다면 이 상상적 공간보다 더 적합한 피난처가 있겠습니까? 우리의 일상적 의식은 마치 피라미드의 맨 위 끝 부분과 같다는 생각이 내게는 더욱더 분명해져옵니다. 이 피라미드의 밑바닥은 우리 안에 (말하자면 우리 밑에) 완전히 연장되어 있어서 우리가 그 속으로 깊이 내려갈 능력이 있으면 있을수록 그만큼 한층 보편적으로, 시간·공간과는 상관없이, 지금 지상에 있는 현상 속으로, 즉 여러 실상 속으로 관계 맺어갈 수 있습니다.

아무리 우주가 무변광대로 크고 넓다 하더라도 그것은 시공간적으로 연장되어 있고 중력의 지배하에 있다. 이에 반해 우리 마음속은 우주와 비교할 수 없을 정도로 크고 넓을 뿐 아니라 도대체 중력이나 시공간의 지배를 받지 않는다. 시간, 공간, 중력은 객관적 현실 세계를 규정하는 기본 원리다. 그러나 사유 세계는 도대체 이것의 지배를 받지 않는다. 우리는 이미 죽은 자도 또한 미래에 태어날 자도 그곳에서 만날 수 있다. 지금 옛날 고향집을 회상하다가 동시에 내년의 딸 결혼을 생각할 수 있고, 북극성을 관찰하면서 동시적으로 그것과는 아무 연관도 없는 예수의 탄생과 죽음을 생각할 수도 있다. 생각은 이렇게 자유자재로 횡행한다. 이것은 사유와 사상의 자유의 가장 근원적이며 존재론적인 근거다. 그것은 피라미드의 밑바닥과 같아서 밑으로 내려가면 내려갈수록 지상의 실상을 더 보편적으로 만나볼 수 있다. 자유는 이렇게 무변광대한 의식의 차원에서 성립한다.

3. 사상·언론의 자유와 계몽주의

사상(사유)은 본질적으로 표출되고자 하는 성향을 가지고 있다. 즉 사상의 본질적 특성 중 하나는 표출에 있다. 표출되지 않는 사유는 사유가 아니다. 생각만 하고 그것을 마음속에 묻어두면 병이 된다. 그 사상이 언어를 매개로 해서 밖으로 표출되면 그것이 곧 사상과 언론이다. 사람은 말을 하면서 사는 동물, 언어적 동물, 이성적 동물이다. 언론은 또한 곧 실천과 연결된다. 실천과 연결된다는 것은 타자와 관계 맺는다는 것이다. 언어는 인간이 사회적 동물임을 가장 극명하게 드러낸다.

인간의 사유는 반드시 무엇을 지향한다. 과거를 향한 지향은 회상이고 미래를 향한 지향은 예상이다. 예상은 인간의 삶을 근원적으로 이끄는 희망의 터전이다. 사상·언론은 늘 새로운 것을 갈망하므로 미래 지향적이다. 그것은 현존하는 사회 체제에 대해 개혁적이다.

그러나 대부분의 사람들은 주어진 현실에 안주하려는 강한 성향을 가지고 있어서 새로운 변화를 두려워한다. 그 변화에 적응하기가 심히 힘들기 때문이다. 게다가 현존 사회를 지배하는 정치는 그런 부류의 사람들의 지지를 받고 운영되므로 개혁적 사상에 대해서는 언제나 경계하고 억압적이다. 그 대표적 예는 소크라테스와 예수, 갈릴레이(Galileo Galilei, 1564~1642)와 브루노(Giordano Bruno, 1548~1600) 등 선구적 사상가들에게서 발견된다. 인류 역사는 이런 위대한 개혁자들에 의해 새롭게 열리고 정화된다는 것을 잊어서는 안 된다.

사상의 자유를 이끌고 뒷받침하는 것은 이성이다. 이성의 유일한 무기는 논증이다. 논증을 통해 확인된 이론이 학문을 형성한다. 그러나 그 길은 너무 지루하고 험난하다. 그뿐 아니라 이성의 본질은 비판에 있다. 학문은 비판을 통해 한 걸음씩 전진한다. 그러기에 학문 세계에는 지속적인 권위가 없다. 권위는 잠시 있다가도 곧 비판의 대상이 된다.

권위에는 두 가지가 있다. 하나는 지상의 세속적 권위, 즉 정치권력이고, 또 하나는 신을 최고 권위로 하는 종교적 권위다. 이성은 늘 이 양자와 갈등 관계에 있다. 세속적 권위는 법률적 제재, 사회적 고통, 신체적·정신적 위압 등으로 자기 생각을 상대방에게 강제적으로 주입하기 때문에 이성보다 훨씬 직접적이고 효과적이다. 종교적 권위의 대표적인 예가 중세의 그리스도교 신앙과 그 종교적 교조주의다. 신앙의 교조주의는 미개발된 인지를 전제함으로써 성립된다. 그런 상황에서 종교는 신비로 치장한다. 사도신경은 이성적으로 이해될 수 있는 문건이 아니라 교역자들이 그냥 묵수하는 사이비 명제, 교의(dogma)다. 이런 비이성적 권위의 배후에 있는 컴컴한 영역에서 미신과 기적이 자란다. 종교적 권위는 이성의 한계 밖에서 지배력을 행사한다.

지상의 권위인 정치권력은 늘 이성적 계발을 경계하고 탄압해왔다. 그러나 인지가 계발되고 비판 의식이 살아나면 신앙의 권위나 정치적 권위

는 봄날의 눈처럼 사라진다. 이성은 인간의 계몽을 전제한다. 즉 이성적
인 것은 합리성을 갖기 때문에 사리를 이해할 능력을 전제하는 것이다.
이런 점에서 서양 근대의 계몽주의는 인간의 사유 능력을 활짝 열어놓는
데 매우 중요한 역할을 했다. 서양의 근대는 바로 그 계몽주의에서 형성
되었다.

4. 그리스의 사유 문명

인류에게 학문적 사유를 최초로 열어준 민족은 그리스 민족, 특히 이
오니아족과 아테네족이다. 고대 그리스인들은 소아시아의 지중해 서남
연안과 흑해 연안의 이곳저곳으로 나뉘어 도시를 건설하고 식민했는데,
그중에서 이오니아는 해상 무역에 종사하던 한 지역이다. 이오니아족은
고대 이집트문명과 바빌로니아 문명 및 그레타 문명을 흡수해 자기 것으
로 만들 수 있는 지리적 여건을 갖춘 데다 무역에 종사한 상인이었다. 상
업은 계산, 즉 합리적 사고를 가장 먼저 개발한 직업이다. 그들은 이전 문
명에서는 발견되지 않는 합리적 사유를 역사상 최초로 개창했다. 그들에
게서 발상한 학자들의 한 무리를 이오니아학파라고 한다. 이들은 주로
자연을 집중적으로 성찰했다.
학문적 사유의 또 하나의 근원지는 이탈리아 남부의 여러 섬(마그나 그
라이키아)에 살던 그리스인이었다. 여기에서는 천문학과 수학이 주로 연
구되었고, 그와 함께 종교의식이 고조되었다. 이들을 피타고라스학파라
고 한다. 고전학자 니체는 전자적 사유를 아폴론적이라 부르고 후자를
디오니소스적이라고 불렀다.
이 양자가 뒤에 아테네에서 종합되어 소위 영웅시대라고 하는 학문의
전성기를 형성한다. 이오니아와 마그나 그라이키아에서 활동한 사람들
의 사유는 우주적 자연을 향해 발전했으나, 페르시아 전쟁에서 승리한
이후에 아테네인들은 거대한 부와 찬란한 문화 및 정치적 민주주의를 꽃

피웠다. 탈레스에서 시작된 학문적 사유가 플라톤과 아리스토텔레스에 의해 체계적으로 완성되는 데는 불과 4세기밖에 걸리지 않았다. 이것은 그리스인들이 사유의 자유를 무제한으로 향유했음을 시사한다. 학문적 사유는 자유를 먹고 자라기 때문이다.

아테네는 이곳저곳에서 모여든 여러 민족들로 북새를 이루고 있었다. 그들 사유의 주제는 인간 문제(윤리, 언론, 정치 등)로 옮겨갔다. 이들 이전 시대, 즉 이오니아학파와 피타고라스학파가 활동하던 시대를 자연철학 시대라 하고 아테네 시대를 소피스트 시대라 한다. 이들의 관심사는 인간적 현상이었다. 인문주의가 꽃피었던 것이다. 소크라테스는 바로 이 소피스트 시대인 기원전 5세기에 그곳 아테네에서 활동한 철학자다.

5. 소크라테스 정신

소크라테스는 젊어서부터 아테네의 거리에 나가 대화의 상대가 되는 사람이면 누구와도 만나 끝없이 토론했다. 토론(대화)은 나와 너가 확인을 통해 합의할 수 있는 가장 확실한 논증 방법이다. 그의 주제는 대개 정의, 진리, 언어, 행복, 선, 관습과 같은 윤리 문제 등으로서 외견상 소피스트들과 공유할 수 있는 것들이었다. 그의 토론은 끝없이 묻는 것으로 진행된다. 그것은 예컨대 '정의'를 강자의 이익을 옹호하는 법이라고 하는 트라시마코스류의 편의주의적 상대주의가 판을 치는 소피스트적 사유에 대항해서 정의적(定義的) 사유를 통해 객관적이고 올바른 진리를 추구하려는 것이었다. 그 토론은 당시의 세류에 대해서는 매우 비판적이었다. 소크라테스 자신이 밝히는 바에 따르면, 자기는 "젊은이들을 타락시키고, 나라가 믿는 신을 믿지 않고 다른 새로운 영적인 것들(daimonia)을 믿는다"는 죄목으로 기소되었다. 이에 대한 소크라테스의 법정 변론이 유명한《소크라테스의 변론(Apologia)》이다.

그렇게 된 사연은 다음과 같다. 젊어서 그의 친구(카이레폰)가 "아테네에 소크라테스보다 더 현명한 사람이 있는가?" 하고 신탁에게 물어봤다. 신탁을 전하는 여제관(무녀)은 "없다. 그가 가장 현명하다"고 대답했다는 것이다. 이 말을 전해들은 소크라테스는 당대에 현명하다는 사람들을 찾아다니며 이를 확인했는데, 그들은 한결같이 자기의 전문 분야 이외의 영역에 대해서까지 자기가 가장 현명하다고 자처했다. 그런데 소크라테스는 자기는 모르는 분야에 대해서는 모른다고 시인한다는 점, 즉 자기는 자기의 무지를 안다는 것이요, 이 점에서 자기가 저들보다 더 현명하다는 것을 깨달았다. 이것을 확인하는 과정에서 그는 그들로 하여금 무지를 고백하지 않을 수 없게 했고, 이 일로 인해서 그들의 자존심이 몹시 상했던 것이다. 그런데 젊은이들 사이에서 소크라테스가 아테네에서 가장 현명하다는 소문이 퍼지게 되어 그들이 소크라테스를 따라 상대방에게 계속해서 질문을 하는지라 질문 받는 자들을 힘들게 했다. 그렇다고 그 젊은이에게 되물으면 별로 아는 것도 없었다. 그래서 소크라테스가 젊은이들을 타락시킨다는 구실이 생긴 것이다. 위와 같은 이유로 자존심에 상처를 입은 당대의 자칭 현인 세 사람(시인들을 대신한 멜레토스, 장인들과 정치인들을 대표한 아니토스, 변론가들을 대표한 리콘)이 작당하여 소크라테스를 고발한 것이다.

이에 대해 소크라테스는 자기는 보수도 받지 않고(소피스트가 아님) 오로지 아테네가 훌륭한 나라가 되게 하기 위해 젊은이들을 가르쳤고, 그 방법은 대화를 통한 진리의 구명이었음을 밝혔다. 만일 젊은이들이 자기로 인해 타락했다면 벌써 그 부모나 형제들이 자기를 고발했을 텐데 그런 일은 일어나지 않았다고 변해함으로써 첫 번째 기소 이유를 반박했고, 신을 믿지 않았다는 점에 대해서는 자기가 신에 대한 신심이 깊다는 것으로 항변했다. 그러나 아테네인들이 믿는 신을 믿지 않고 다른 영적인 것을 믿는다는 점에 대해서는 적극적으로 변론하지 않고, 자기를 공정하게 판결하려면 오히려 자기를 국가 기관인 영빈관에 초대해서 식사 대접을 해야 마땅하다고 제안한다. 이것이 배심원들을 불쾌하게 한 것 같다. 그리고 죽음이 그렇게 나쁜 것은 아니라는 것으로 변론을 마친다. 판결은 배심원들의 투표로 결정되었는데 투표 결과는 근소한 차이로 유죄(사형)로 나왔고, 소크라테스는 독약을 마시고 생을 마쳤다. 이렇게 해서 역사상 최초로 사상과 학문의 자유를 위한 투쟁의 희생자가 나타난 것이다.

영국의 저명한 사학자 베리(John Bagnell Bury, 1861~1927)는 명저 《사상의 자유의 역사(A History of Freedom of Thought)》(1914)에서 《소크라테스의 변론》을 인용하면서 소크라테스의 주장을 두 가지로 요약한다.

(1) 소크라테스는 어떤 인간적 권위나 법적 판결을 통해 자기 자신의 정신이 부당하다고 판단하는 길로 강제한다면 어떤 희생을 무릅쓰고라도 이를 거부해야 한다고 믿는다. 이것은 개인의 양심의 우월성을 주장하는 것이다. "내가 진리 탐구를 포기하는 것을 조건으로 나의 사면을 제안한다면 나는 이렇게 말하겠다. 고맙다, 아테네인이여, 그러나 나는 여러분을 따르기보다는 이 일을 내게 맡겼다고 믿는 신을 따를 것이다. 그래서 나의 목숨과 힘이 있는 한 나는 철학하는 일을 결코 멈추지 않을 것이다. 나는 내가 만나는 사람에게는 누구에게나 말을 걸어 '당신은 예지와 진리와 혼의 개선에 주의를 기울이기보다는 부와 명예에만 마음 쓰는 것을 부끄럽게 여기지 않는가?' 하고 물을 것이다. 죽음이 무엇인지 나는 모른다. 그것은 좋은 것인지도 모른다. 나는 그것을 두려워하지 않는다. 그러나 자기의 직분을 내버리는 것은 나쁜 짓임을 나는 알고 있다. 그래서 나에게 나쁜 짓이라고 알고 있는 것[직분의 포기]보다는 좋은 것일 수도 있는 쪽[죽음]을 나는 택한다." 말하자면 소크라테스는 진리의 탐구인 철학적 성찰을 결코 멈출 수 없다는 것이다.

(2) 소크라테스는 토론이 지닌 공공의 가치를 주장한다. "여러분에게 나는 자극적 비평가다. 나는 집요하게 여러분을 설득하고 비난하며, 끈질기게 여러분의 견해를 검토하여 여러분이 알고 있다고 여기는 것에 대

해 사실 그것은 여러분의 무지라는 것을 여러분에게 보여주려고 노력한다. 여러분이 들어서 알고 있는 바와 같이, 내가 매일같이 토론하고 있는 사항은 인간에게 가장 중요한 것이다. 이런 토론으로 검토되지 않은 생활은 무가치한 것이다."

(1)은 그의 사명이 철학적 진리의 탐구라는 것을 보여주고, (2)는 그 방법이 토론(대화)이라는 것을 보여준다. 이는 사상의 자유의 최초 근거다.

6. 소크라테스 정신의 계승

플라톤은 자기의 모든 작품을 대화로 저술했고, 모든 대화에는 소크라테스를 주인공 자리에 놓음으로써 소크라테스의 진리 탐구 정신과 그 탐구의 방법을 역사 속에 깊고 크게 각인시켰다. 그 대화 방법은 뒷날 변증법으로 발전한다.

소크라테스 정신을 이은 것은 플라톤만이 아니다. 소위 소소크라테스파라고 일컬어지는 후계자들이 각기 소크라테스의 윤리적 태도를 계승했는데, 그중 키레네 출신인 아리스티포스(Aristippos)는 즐거움이 곧 선이라고 하여 에피쿠로스학파로 발전할 기틀을 마련했고, 같은 시기에 아테네 출신의 안티스테네스(Antisthenes)는 디오게네스(Diogenes)와 함께 검약과 절제, 겸손 등을 선의 기초라고 보는 키니코스학파를 형성한다. 이것은 스토아학파의 먼 모태다. 이들은 각기 그리스 – 로마의 헬레니즘 시대에 활동하면서 소크라테스의 정신을 이어 그리스 사상을 로마에 접목하는 데 공헌했다. 키케로(Marcus Tullius Cicero, BC 106~BC 43)와 더불어 로마의 지성이라고 일컬어지는 시인이자 철학자로서 에피쿠로스 사상에 입각한 루크레티우스(Lucretius Carus)는《사물의 본성(De rerum natura)》(BC 1세기)이라는 장시에서 데모크리토스(Democritos)의 원자론으로 인류 구원의 길을 천명했다. 그것은 과학적·비종교적인 것이었다. 그는 극단적인 반종교인이었다.

스토아 사상은 로마의 소박하고 실질적인 정신과 만나 참된 삶은 자연의 이법인 로고스에 일치하는 것이라고 가르쳤다. 이 자연의 이법을 존중하는 사상은 로마의 법 정신, 즉 자연법사상의 기초가 되었다. 그 구체적 표현이 로마의 시민법이다. 로마의 상무 정신과 노블레스 오블리주 정신도 스토아 사상의 표출임을 알아야 한다. 절제는 내면의 자기 규제를 동반한다. 이런 삶의 태도는 노예 출신으로 주의주의(主意主義)에 철저했던 에픽테토스(Epictetus)를 거쳐 마르쿠스 아우렐리우스 안토니우스 황제(Marcus Aurelius Antonius, 121~180)에게서 극명하게 드러난다. 그의 죽음과 함께 스토아 정신도 막을 내린다.

7. 스토아 정신의 전형 : 마르쿠스 아우렐리우스의《자성록》

스토아학파의 마지막 대표자인 마르쿠스 아우렐리우스는 황제로 있는 동안 내내 외적의 침입(도나우 강을 침범하는 훈족)을 막느라고 전쟁터를 헤매야 했다. 그러면서도 그는 스토아 철학으로 마음의 평정을 얻고, 남에게 관대했으며, 어려운 처지에 있는 사람들을 위무했다. 그는《자성록(Eis Heauton)》한 권을 남겼는데, 그것은 자기 자신을 경계하고 채찍질하는 경구 모음이다. 어떤 일을 기연으로 해서 때마다 그 글들을 기록했는지는 모르나 진중에서도 수시로 기록했다고 한다. 나는 이《자성록》에 있는 사상으로 말기 스토아 철학을 특히 인간의 자기 구원 문제에 초점을 맞추어 아래와 같이 재구성해 보고자 한다. 여기서 '너'라고 지칭하는 사람은 아우렐리우스 황제 자신이다.

우주는 변이요, 자연은 입법자다. 삶은 자연(신 또는 신들, 로고스)이 여러 원소를 조합해서 구성한 것이고 죽음은 그것의 해체일 뿐이다. 그런즉 살아 있다고 즐거워할 것도 없고 죽는다고 슬퍼할 것도 없다. 세상은 자연의 섭리로 가득 차 있으니 이 섭리에서 벗어나는 것은 아무것도 없다. 그러므로 모든 것을 자연의 섭리에 맡기는 것이 좋다. 이 섭리에 따르는 것은 인간의 숙명이다. 그것이 쾌락과 고통에서 자유로워지는 길이다.

나는 영혼과 물질(신체)로 구성되어 있다. 그 어느 것도 소멸되어 무로 돌아가지 않는다. 사람이 죽는다고 해서 우주 밖으로 떨어져서 없어지는 것이 아니고, 마찬가지로 태어나는 것도 무에서 생기는 것이 아니다. 사람을 구성하고 있는 것들은 없어지는 것이 아니라 해체되어 제각기 본디의 고향으로 돌아가 이법에 따라 새로이 다른 것으로 구성된다. 그렇게 나의 모든 부분은 제각기 변화해서 우주의 어느 부분에 배분되고, 다음에 그것은 새로 우주의 다른 부분으로 변한다. 이것은 무한히 계속된다. 나의 부모도 그렇게 태어난 것이다.

그러니 죽음은 탄생과 마찬가지로 자연의 신비다. 원소들의 결합이 삶이요, 그 원소들이 제각기 분해되는 것이 죽음이니 부끄러울 것은 아무것도 없다. 왜냐하면 그것은 지적 동물인 인간이라고 해서 거기에서 벗어날 수 있는 것도 아니고 그의 이성에 합당하지 않은 것도 아니기 때문이다. 죽음을 두려워하는 것은 죽음 자체가 아니라 죽음에 대한 상상이다. 우리가 죽음 자체를 바라보고 이성적으로 분석해서 죽음에서 공상적 요소를 제거한다면 그것은 자연의 일에 다름 아니라고 생각하지 않을 수 없다. 자연의 일을 두려워하는 자는 없다. 살아 있다는 것은 현재에 산다는 것이다. 과거의 것은 이미 없고, 미래의 것은 아직 없다. 아직 없는 미래의 죽음을 불안해하고 두려워하는 것은 어리석은 짓이다. 너는 마음으로 신들에게 감사하면서 죽도록 하라.

사람의 일생은 한순간이요, 덧없는 것이다. 너는 서재에서 사색에 잠겨 글을 쓰고자 하는 평생의 소망을 버리는 게 좋다. 거기에 집착하고 욕심 부리고 불만을 품지 말라. 그것은 위선과 이기심의 소산이요, 그런 심성에 대해 신은 아무런 도움도 주지 않는다. 특히 사후의 명성을 기대하지 말라. 지금 너를 기억하고 칭찬하는 자도 그 후계자도 머지않아 죽을 것이요, 죽은 자는 기억하지 않기 때문이다. 명성은 이렇듯 덧없는 망각이다. 알렉산더, 가이우스, 폼페이우스 등은 디오게네스, 헤라클레이토스, 소크라테스와 비교해서 무엇인가? 후자들은 자기의 이성을 자기 것으로 했다. 그러나 전자들은 이들에 비해 많은 것을 고민하고 많은 것에 집착하여 거기에 예속되어 있었다. 그만큼 그들은 번거로운 삶을 살았을 뿐이다. 명성이란 이렇게 허망한 것이다.

무슨 일을 할 때는 그것이 네 일생 최후의 일인 듯 최선을 다하라. 너는 그 일을 싫어하면서 하지 말라, 이기적 기분으로 하지 말라, 아무 생각 없이 하지 말라, 마음에 거슬리면서 하지 말라. 자기 생각을 미사여구로 장식하지 말라. 불필요한 말과 행동을 하지 말라. 늘 자기 자신을 성찰하라. 자기 자신의 혼의 움직임을 주의 깊게 지키지 않는 사람은 반드시 불행하다.
이성이 가르치는 바에 따라 생각하고 행동하라. 감각을 통해서 인상을 받는 것은 가축도 한다. 충동의 끈에 이끌리는 것은 야수나 네로도 한다.

신들에게서 오는 것은 그 우월성 때문에 숭경해야 하고, 인간에게서 오는 것은 그들이 동포이기 때문에 사랑해야 하고, 또 더러 그들이 선악에 대해 무지—이것은 백과 흑을 분별하는 능력을 빼앗긴 것 못지않게 결함이지만—하기 때문에 어리석은 짓을 할 때는 그들을 가엽게 여겨야 한다. 너는 모든 것을 자연의 이법에 맞추어서 생각하고 행하도록 하라. 늘 자연의 다이몬에 귀 기울이도록 하라.

여기에서 보이듯이 로마의 스토아 사상에는 그리스도교의 계시적 신이 없다. 그러기에 스토아 사상에 귀의하는 의식은 그리스도교처럼 강하지 못하다. 그러면서도 스토아 철학은 로마인에게는 종교의 역할을 당당하고 충실하게 수행했다.

Ⅱ. 신앙의 자유를 위한 투쟁

어느 종교에서나 신교(信敎)의 자유를 위한 노력은 있다. 그러나 신교에 대한 박해와 그것에 저항하는 투쟁이 가장 극렬하고 집요하여 마침내 그 투쟁을 통해 신교의 자유를 획득한 종교는 그리스도교다. 신앙의 자유를 논함에 있어 그리스도교를 택한 이유가 여기에 있다.

유대교를 개혁해서 예수에 의해 새로 태어난 그리스도교는 지금 세계의 약 21억 인이 믿는 종교가 되었지만 그 발전 과정은 피로 물든 투쟁으로 점철되어 있다. 그리스도교에 대한 로마제국의 탄압의 예는 현재까지 남아 있는 총 560킬로미터에 달하는 지하 묘지 카타콤이 잘 보여주고 있다. 이런 지하 교회는 터키에도 있다. 이것은 네로 이후 여러 황제들이 벌였던 모진 박해를 피해 그리스도인들이 모여서 기도하고 예배를 드린 곳이다. 신교는 목숨을 걸고 지켜야 하는 것이다. 그만큼 신교의 자유를 위한 투쟁은 집요하고 강인한 것이다. 초대 교회의 창설자 베드로를 위시해서 요한, 바울 등 큰 지도자들은 모두 순교자다. 그리스도교 역사는 그 초기부터 신교의 자유가 보증될 때까지 이런 투쟁으로 점철된 역사다. 그렇게 순교로 저항해서 그리스도교는 마침내 로마의 국교가 되는 데 성공했지만, 그 뒤 선교 과정에서도 많은 희생을 치르면서 오늘에 이르고 있다.

신앙의 자유를 억압하는 것은 신자의 정신을 마비시키는 것과 다름없다. 신앙의 자유는 어떤 자유보다도 그 강도가 진하다. 개명한 현대인에게서도 특정 종교에 감염되어 목숨을 버리거나 남의 목숨을 빼앗는 경우를 더러 보거니와 신교란 그렇게 심각한 것이다. 신교의 자유를 억압하는 것은 곧 그의 목숨을 위협하는 것과 같다.

예수가 활동하던 시대에 유대는 로마의 한 변방으로, 그곳의 최고 통치자는 로마 총독이지만 실질적으로는 헤롯(Herod, ?BC 73~BC 4) 왕과 그 일족이 지배하고 있었다. 지배층을 이루는 것은 성전을 수호하고 시나고게에서 민중의 예배와 율법을 지도하는 사제들이었다. 이들은 사두가이파(사두개파)라고 불리는데, 유대의 귀족 계급과 제휴하여 자기네의 권력을 향유하려는 보수적이고 세속적인 자들이다. 그들은 신앙에는 관심이 없고 로마의 권력에 기식하는 어용적 입장을 취하고 있었다. 그들과는 달리 민중의 지지를 받고 있던 계급은 바리사이파(바리새파)다. 이들은 형식적 율법을 존중하고 안식일과 단식을 지켰다. 예수는 이들을 '독사의 자식', '회칠한 무덤'이라고 비판했다.

이 양파가 주류를 형성하는 데 반해, 예수에게 영향력을 행사한 소수파로서 에세네파가 있다. 이들은 예루살렘을 떠나 시골과 사해 주변에 모여 살면서 사제를 중심으로 엄격한 신앙 집단을 형성했다. 이 집단은 신비적 금욕주의 신앙 공동체였다. 세례요한은 여기에 속한다. 예수는 세례요한에게서 세례를 받고 공생활을 시작했다. 이들 외에 극단적이고 반로마적인 테러 집단도 있었다. 1, 2차 유대전은 이 극단주의자들이 저지른 사건이었다. 이들은 세례요한도 예수도 반로마적 저항의 수단으로 이용하려고 했다.

그리스도교는 유대교의 후신이긴 하지만 그 이념이 다르다.[1] 고대 로마의 한 변방 팔레스타인에서 태어난 예수는 전승적 율법(유대교)을 사랑의 종교로 바꿔 가르치다가 십자가에 못 박혀 숨진 뒤 사흘 만에 부활하는 기적을 보였다. 그 모진 처형과 기적을 뿌리로 해서 형성된 그리스도교는 순교로 박해를 극복하면서 신에 대한 믿음을 의(義)로 삼는 종교로 발전했다. 신자들에게 그리스도교는 단순한 종교가 아니라 어떤 이데올로기보다도 강한 유일한 신념이자 신앙이다. 예수의 생애와 수난은 당시 팽배하던

---

1 이에 대해서는 이 책 272쪽 이하에 서술되어 있다. 독자는 보유 부분의 Ⅲ절을 먼저 읽어주기 바란다.

메시아사상 및 종말론과 연결해서 해석해야 이해되는 부분이 많다.

그리스도교는 예수를 중심에 놓고 유대교를 지양해서 탄생한 신앙이지만, 역사 속에서 그리스 정교회와 가톨릭으로 분리되었고, 가톨릭에서는 다시 프로테스탄트파가 분리되었다. 프로테스탄트도 루터파와 칼뱅파로 분리된다. 가톨릭에서 분리된 것으로는 성공회도 있다. 프로테스탄트는 내부적으로 다시 여러 교파로 분화되어 있다. 이렇게 다기하게 분열·분화되었음에도 그리스도교는 예수 그리스도를 신앙의 중심에 놓는데다 거의 동일한 제의 형식을 가지고 있다.

1. 예수의 공생활

전술한 바와 같이, 예수 탄생 2세기 전부터 유대의 민중 사이에는 메시아 대망 사상, 사후 심신의 부활, 내세 응보 등의 사상이 유포되어 있었다. 이 사상들이 로마제국의 지배하에 있던 당시 유대족의 여러 상황 속에서 행해진 예수의 여러 이적과 십자가의 죽음 및 부활과 겹치면서 확고한 신앙으로 확립되었다. 그중에서도 메시아사상은 예수의 여러 이적, 특히 죽음 및 부활에 더해져 확고한 신앙의 기초가 되었다.

예수의 생애에 대해서는 알려지지 않은 것이 너무 많다. 그의 생애에 대한 정보원은 공관 복음뿐인데 그것도 내용이 서로 다르다. 전하는 바에 따르면 예수는 기원전 4년경 — 아우구스투스 황제의 치세 — 에 로마제국의 먼 동쪽 변경 마을 나사렛(〈마태복음〉과 〈요한복음〉에는 베들레헴이라고 되어 있다)에서 약혼녀 마리아의 독생자로 태어났다. 그곳에서 멀지 않은 곳에 갈릴리 호수가 있다. 갈릴리 호수 주변은 유대 왕 헤롯 안테파스의 친로마 정책에 반감을 갖고 있는 젤로트파(열심당)의 온상지다. 그곳 주민들은 예루살렘의 사제계급에 대해서도 불만이 많았다. 세례요한의 죽음은 이를 상징적으로 전해준다. 주민의 대부분은 어부이거나 세금 징수원 등 가난한 계층의 사람들이다.

　청년 예수는 어느 날 갑자기 3일 동안 걸어서 예리고에 도착했다. 그는 요단 강에서 예언자요 구세주의 내림을 예비하는 세례요한에게서 세례를 받았다. "예수께서 세례를 받으시고 물에서 솟아오르니, 하늘이 열리고 성령이 비둘기처럼 내려와 자기 위에 임하심을 보시더라"고 한다. 이것에 이어서 복음서들은 "하늘에서 한 음성이 나서 말하길 너는 내 사랑하는 아들이요, 네 안에서 내가 기뻐하노라"[2]고 했다고 기록되어 있다. 이때 예수께서는 이미 자기 존재의 비밀과 사명, 즉 자기는 육신으로는 다윗의 후손이지만 진실로는 요한이 예비하는 메시아, 곧 신의 아들로 이 세상에 보내졌다는 것을 성령을 통해 계시 받았음을 확신한 것이다. 이 확신과 함께 그의 공생활과 수난은 시작된다. 그리고 이 수난과 함께 신의 왕국, 의(義)의 나라가 준비되는 것이다. 그러나 그 의는 유대의 권위적 율법주의로는 이루어지는 것이 아니다. 이 의를 찾아가는 험난한 길이 예수가 가는 길이요, 사도들의 길이다. 요한 교단의 규약에 따라 (또는 성령의 가르침에 따라) 그는 요단 강 근처의 산―사해 서안의 유대 황야, 즉 유대 사막 중 가장 황량한 곳 가운데 하나인 쿰란―에서 40일 동안 기도하는 고행을 겪었다.[3] 이것은 공관 복음에 공통적으로 기록되어 있는 악마와의 싸움이다. 이 기록 이전의 그의 행적에 대해서 알려진 것은 한 가지뿐이다. 그가 12살 때 유월절에 부모와 함께 예루살렘 성전에 갔다가 혼자 떨어졌는데 그것을 모르고 부모는 하룻길을 돌아왔다. 뒤늦게 아들이 없어진 것을 안 부모는 다시 성전에 와서 사흘 만에 아들을 만났다는 것이 그것이다.[4] 알려지지 않은 그의 청소년기 18년간에 대해서

2　〈마태복음〉, 3장 16~17절; 〈마가복음〉, 1장 10~11절; 〈누가복음〉, 3장 21~22절.

3　종교에서는 40일과 관련된 일이 너무 많다. 노아의 40일 홍수, 전향한 바울의 기도, 석가모니의 경우 등. 그 40이 무슨 뜻을 갖는지 나는 모르겠다.

4　〈누가복음〉, 2장 40~50절.

는 이설이 많다.

이 기도와 고행, 악마와의 싸움이란 깨달은 자가 지니는 사명, 즉 장차 감당해야 할 자기 운명에 대한 결의를 다지는 것이 아닌가 싶다. 그런 고행과 자기 정리가 끝난 뒤 그는 분연히 일어섰다. 그는 고향에 돌아와서 갈릴리 호수를 중심으로 3년 동안 포교 생활을 한다. 이것을 그의 공생활이라고 한다. 그는 유대교의 율법과 여러 규범을 준수했다. 그는 율법을 폐지하려고 온 것이 아니라 율법을 이루기 위해 왔다고 공언했다[5] 함은 기술한 바 있다.

예수는 신의 나라를 설파하고 사랑을 실천하기 위해 병자의 치유에 나섰다. 세례요한이 죽은 뒤 갈릴리 서민들 사이에서 예수는 갑자기 대중의 기대를 받으며 유대교 제사장 측의 경계의 인물로 떠올랐다. 세례요한의 교단에 속해 있으면서도 예수는 요한과는 달랐다. 요한이 회개하라고 외치며 전하는 신은 아버지 같이 엄하고 무서운 신이다. 그러나 예수가 말하는 신은 온화한 사랑의 신이었다. 그의 가르침은 신의 무서운 심판을 외치는 황야의 절규가 아니라 잔잔한 호숫가에서 가난하고 배운 것 없는 어부와 농부들, 그리고 병든 자들을 위무하며 평범한 말로 전하는 온화하고 자상한 사랑의 선교였다. 그 사랑의 신을 그는 아버지라고 불렀다. 요한이 요단 강으로 사람들을 불러 모은 데 반해 예수는 가난하고 핍박받는 자, 병들고 불구된 자, 죄인들과 창녀들을 일일이 찾아다니며 손수 어루만져서 고쳐주고 위로했다. 그의 주위에는 가난한 대중이 모여들었다. 그는 마음이 가난하고 깨끗하고 온유한 자, 슬픔이 있는 자, 의에 굶주리는 자에게는 복이 있다고 설파했다. 이런 덕목들은 신의 나라를 예비하는 기본 요건이다.

동시에 그는 하느님의 나라가 가까이 왔으니 회개하라고 외쳤다. 그것

---

5 그리스도교를 유대교와 선명하게 분리하는 것은 특히 사도 바울에게 맡겨진 사명이다.

은 메시아사상이면서 종말에 대한 대비다. 그리하여 사람들은 예수를 세례요한의 후계자이자 유대교의 개혁자, 로마 세력을 몰아내고 이스라엘을 해방시킬 수 있는 이스라엘의 왕, 구세주(메시아, 즉 그리스도)라고 기대하고 환호했다.

사두가이파와 바리사이파는 예수가 세례요한 교단의 일원이라는 점, 민중은 그가 메시아이기를 기대한다는 점에 주목하여 늘 감시의 눈을 떼지 않았다. 그들은 예수를 반로마적이고 민중을 선동하는 위험한 인물, 율법을 위협하는 자로 보고 있었으므로 기회만 있으면 언제든지 예수를 제거할 궁리를 했다.

그러나 예수는 세속의 기대와는 달리 사랑만을 한결같이 교설했다. 그는 "적을 사랑하라, 너를 증오하고 저주하는 자를 사랑하라, 왼쪽 뺨을 때리거든 오른쪽 뺨도 내놓으라"고 가르친다. 이런 사랑의 교설은 저 세속적 기대에 대해서는 맥 빠지는 말이다. 예수의 이런 행위를 처음에 환호하던 갈릴리 호수의 민중들은 실망하지 않을 수 없었다. 제자들 중에도 실망하고 돌아서는 자가 있었다. 그것은 민중이 바라는 이스라엘 해방자로서의 구세주의 모습이 아닐 뿐 아니라 민중의 바람에 대한 이반이었다.

민중의 실망과 이반으로 예수는 마음의 커다란 외로움을 체험해야 했다. 예수는 외로움을 가슴에 안고 1년 반 전에 떠났던 고향 나사렛으로 돌아왔다. 그러나 선지자는 고향에서는 환영받지 못하는 법, 그는 다시 떠나야 했다. 소수의 제자들과 함께 그는 "주여, 나를 버리지 마소서" 하고 호소하면서 이 마을에서 저 마을로 헤매고 다녔다. 반겨주는 사람 없이 더러는 찬비를 맞으며 노숙을 하고 아무 기적도 없이 가난하고 병든 자들을 찾아 위무하면서 방황했다. 호숫가 사람들은 자기네 기대에 어긋나는 예수가 떠나주기를 바랐다. 그렇게 예수는 이중의 핍박 속에 있었다. 헤롯 측의 위협과 마을 사람들의 냉소와 저버림. 스스로 메시아라는 사명을 자각하고 그것을 실천하고야 말겠다는 뚜렷하고 다부진 결심 없이는 그런 상황을 견디지 못했을 것이다. 예수는 스스로 자기의 사명, 신에게서 받은 자기의 천명을 투철하게 깨닫고 있었다. 그렇지 않고서는 그런 고난과 외로움과 앞으로 닥칠 비운을 그렇게 대담하고 담담하게 받아들일 수 없다.

그의 방랑은 마침내 가이사랴 빌립보의 언덕에까지 이르렀다. 이곳은 요단 강의 원천이다. 그곳에서 예수는 처음으로 죽음의 세례를 받아야 할 자기의 운명에 대해 간접화법으로 제자들에게 고백하고, 제자들에게 "너희들은 나를 누구라고 생각하느냐" 하고 묻는다. 이에 베드로는 "당신은 그리스도(구세주)입니다"라고 대답하자 다른 사람에게는 그렇게 말하지 말라고 엄하게 경고한다. 선교 여행 때 제자들이 지켜야 할 여러 행동양식을 일러주고 제자들을 떠나보낸다. 헤어진 후의 예수와 제자들의 행적에 대해서는 아무 데도 기록이 없다. 가이사랴 빌립보의 마을을 떠나면서 보인 이런 행동들은 예수가 죽음을 스스로 인수하겠다고 결심한 것을 보여주는 것 같기도 하고, 자기가 죽은 뒤의 선교에 대한 예행연습 같기도 하다. 예수는 자기의 죽음이 대속임을 제자들에게 일러준다.[6]

유월절이 다가오자 많은 유대인들은 예루살렘의 신전을 향해 모여들었다. 유대인들이 평소 신에게 기도하는 곳은 시너고그라고 하는 간이 예배소였고, 유대교의 신전은 예루살렘에만 있었다. 유대인들은 1년에 한 번 유월절에는 반드시 신전 참배를 하도록 되어 있기 때문에 신전은 사두가이파의 엄청난 수입원이었다. 예수가 예루살렘에 간 것이 단순한 순례인지, 아니면 죽음을 각오한 자가 사두가이파에 대해 비판하고 도전하면서 신전을 정화하려고 한 것인지는 해석자에 따라 다를 수 있다. 예수도 여리고를 지나 베다니에 왔을 것이다. 그는 베다니에서는 시몬의 집에 머물렀다. 군중들은 예수를 보자 이스라엘의 구세주라고 다시

---

6 〈마가복음〉, 10장 45절.

환호하기 시작했다. 그에 대한 기대가 되살아난 것이다. 제사장 가야바와 바리사이파 사람들이 자기를 죽이기로 결정한 것을 알고 예수는 사마리아의 에브라임 마을로 피했다. 유월절이 다가오는 어느 날 예수는 에브라임을 떠나 유대 황야를 가로질러서 여리고를 지나 예루살렘에 가겠다고 제자들에게 말한다. 그는 다시 베다니에 있는 시몬의 집으로 왔다. 그곳에서 마리아는 값비싼 나르드 향유를 예수의 발에 발라주었다.

예수는 시몬의 집에서 하룻밤을 지내고 다음 날 월요일에 나귀를 타고 예수살렘에 입성한다. 베다니에서 예루살렘의 성까지는 걸어서 반 시간 거리. 신전은 유월절 같은 큰 행사 때 사람들을 상대로 장사를 해 큰돈을 챙기는 제사장의 장터가 되어 있었다. 이곳에서 그는 신전을 경건하게 하라고 좌판을 내던지는 난동을 부렸다. 그런 행동은 역으로 신과 신전 모독의 죄로 고발될 수도 있다. 율법에 따르면 신전 모독자는 사형에 처하게 되어 있다. 게다가 민중에 의해 불린 것이긴 하지만 '예언자'라고 칭해지는 죄도 사형감이다. 이스라엘을 환상에 빠뜨렸다고 보기 때문이다. 거기에 로마제국에 대한 반란죄를 덮어씌워 빌라도 총독을 부추겼다. 그뿐 아니라 예수 주변에는 그를 구세주라고 환호하는 무리가 모이는지라 대제사장 가야바와 바리사이인들은 공모해서 '한 사람을 죽여 온 민족을 망하지 않게 하기 위해' 예수를 죽이기로 작정했다.

그런데 헤롯 측과 로마의 총독 빌라도 측은 이렇게 사람이 많이 모이는 유월절에 혹시 일어날지 모르는 반로마적 폭동을 우려해 예수의 체포를 가능한 늦추고 있었다.[7]

밤이 되자 예수와 제자들은 모습을 감췄다. 어디로 갔는지 기록에는 없다. 그 밤을 예수는 다가오는 죽음을 생각하며 뜬눈으로 지새웠을 것이다. 유월절까지는 이틀이 남았다. 마침내 유월절이 시작되기 하루 전

---

7 〈마가복음〉은 가능한 한 예수의 반헤롯적 입장, 반로마적 입장을 기술하려고 하지 않은 것 같다. 그렇게 해서 예수와 헤롯 사이에 예각을 세우는 것은 좋을 것이 없다고 생각한 것이다.

이 밝아왔다. 거리는 흥청거렸고, 사제 측과 바리사이파 측은 빌라도를 설득하면서 예수를 죽이는 방도를 강구하기에 분주했을 테지만 그날 예수가 무엇을 했는지는 알려져 있지 않다. 알려진 것이라고는 예수가 "이 신전이 곧 부서질 것이다. 그러나 나는 사흘이면 그것을 다시 세울 수 있다"고 말한 것뿐이다. 어떤 연구자는 이 사흘 동안 군중들이 메시아 예수가 이스라엘을 위해 무엇인가 큰 역할을 맡아서 해줄 것을 고대하여 흥분해 있었다고 적고 있다.

그날 밤 예수는 제자들과 함께 그 유명한 최후의 만찬을 나누면서 빵과 포도주로 성체(聖体)의 비의를 다짐했다. 거기에서 예수는 자기의 죽음에 대해 예고하고, 유다의 배반을 예언했다.

식사가 끝나자 유다는 먼저 자리를 떴고, 예수는 감옥까지 따라가겠다는 베드로를 향해 "첫 닭이 울기 전에 너는 나를 세 번 부인할 것"[8]이라고 말하고 남은 사람들과 결속하도록 당부하고는 성 밖에 있는 올리브 산자락으로 향했다. 그곳은 올리브기름을 짜는 곳, 겟세마네는 바로 그곳이다. 제자들은 그곳에서 자지 말고 기도하라는 당부를 받았건만 잠이 들었고, 예수는 돌팔매의 거리만큼 떨어져서 신을 향해 "아버지여, 가능하시거든 이 잔을 내게서 지나가게 하옵소서. 그러나 내 원대로 마옵시고 아버지의 원대로 되기를 원하나이다"[9] 하고 빌었다.

밤중에 대사제 가야바는 신전 경비병으로 하여금 겟세마네로 가서 예수를 잡아오도록 명했다. 누가 예수인지는 유다가 가르쳐주기로 되어 있었다. 예수가 체포되는 것을 보고 제자들은 겁에 질려 달아나고, 예수의 예언대로 베드로는 첫 닭이 울기 전에 예수를 모르는 사람이라고 세 번 부인했다. 예수는 빌라도의 최후의 심문에 한마디도 변해하지 않았다. 예수를 십자가에 매달아 처형하는 대신 반로마의 독립주의자 바르바를

---

8 〈마태복음〉, 26장 34절.

9 〈마태복음〉, 26장 39절.

석방하기로 하고, 예수의 사형 집행은 유월절 기간 중 사람이 가장 많이 모이는 때를 택해서 공개적으로 행했다. 예수는 아무런 기적도 행하지 못하고 골고다의 언덕에서 십자가에 못 박혀 죽었다. 제자들은 무서워 사방으로 흩어져서 예수의 재판도, 그가 십자가에 못 박혀 죽는 장면도 목격하지 못했다. 최후의 장면은 성서마다 조금씩 다르지만 여인들만 목격한 것으로 되어 있다. 생전에 예수를 따르던 제자인 아라마데의 부자 요셉은 빌라도에게 예수의 시신을 수습해 장사 지낼 수 있게 해달라고 간청했다. 그는 예수를 깨끗한 세마포에 싸서 자기의 새 무덤에 안치하고 큰 돌을 굴려 무덤 문을 막았다. 로마 병사들이 그곳을 지켰다. 실제로 예수를 죽인 것은 빌라도 총독이 아니라 유대교 지도자들이다. 적은 언제나 내부에 있다.

2. 사도 시대와 교부 시대의 교회: 박해 속의 성장

예수 자신이 예견한 대로 그는 로마 병사에게 체포되어 전통을 고수하려는 보수적인 유대교 지도자들의 사주에 의해 십자가에 못 박혀 죽었다. 제자들은 기적을 기대했으나 허사였다. 그들은 한편은 무섭고 한편은 허탈하여 뿔뿔이 흩어졌다. 그러나 예수의 시신을 수습하러 간 여인들에 의해 그가 부활했음이 확인되었다. 이 부활 사실은 고향으로 돌아가던 제자들에게도 나타났다. 용기를 회복한 제자들은 다시 모여 기도하기 시작했다. 그 중심에는 베드로가 있었다. 그 모임을 원시 교회 또는 초대 교회라고 한다. 초대 교회는 예수에게서 직접 배운 제자들(사도들)이 이끌었다. 이때를 사도 시대라고 한다. 이에 이어서 각 교회의 지도자들이 교회를 이끌던 시대가 전개된다. 이때를 교부 시대라 한다. 아래의 서술은 사도 시대에서 교부 시대를 거쳐 그리스도교가 기초를 확립하는 약 4세기를 다룬다.

A. 사도 시대의 교회: 그리스도교 세계화의 초석

이념적으로 보면 그리스도교와 유대교는 근본적으로 다르다. 하지만 역사적으로 처음에는 유대교와 그리스도교가 확연히 구분되지 않았다. 그리스도교는 그냥 나사렛파 정도로 인식되었다. 그러나 스테파노가 돌로 맞아 죽은 뒤로는 그중 일파가 시리아의 안티오키아로 도피했고, 그때부터 '크리스천'이라는 명칭을 사용했으며 동시에 유대교와 선명하게 구분되기 시작했다.

유대교는 좁혀서 말하면 바빌론 유수에서 돌아와 예루살렘에 신전을 재건하고 만든 종교로서 여호와 신이 모세와 약속한 것, 즉 구약을 묵수하는 계율 중심의 종교다. 계율은 모두 613개인데 이것을 지키지 않으면 아무리 여호와에 대한 믿음이 깊어도 유대교 신자로 인정하지 않는다. 예수 자신은 자기는 율법을 폐하려고 온 것이 아니라 그것을 완성하러 왔다고 공언했다. 그는 엄격한 율법을 사랑으로 바꿔서 가르친 것이다.

유대교와 그리스도교, 이 양자의 차이를 분명하게 인식하고 멀리 전망하면서 유대교에서 그리스도교를 분리해낸 것은 바울이다. 그는 유대교의 비합리적 부분을 도려내고 사랑을 세계적 차원으로 보편화했다. 바울은 예수의 정신 가운데에서 믿음을 높여 그것이 곧 의(義)라고 천명했다. 예수는 사랑을 가르쳤고, 바울은 예수로부터 믿음을 살려낸 것이다. 그리스도교는 엄격하게 말하면 바울이 예수의 사랑에 입각해서 믿음으로 정초한 종교다.

예루살렘 교회 부활한 예수의 가르침에 따라 제자들은 예루살렘에서 각자가 가진 재산을 한데 모아 공동생활을 하면서 기도하고 빵을 나누었다. 기도의 전례는 예수가 한 대로 거의 유대교의 전례를 따랐다. 처음에는 유대교 측에서도 용인하고 넘어갔다. 그러나 '예수의 이름으로' 기도하는 것을 유대교 측은 거슬리게 생각하기 시작했다. 한편 공동체의 식구가 늘어남에 따라 공동체 생활을 할 수 없게 되자 일정한 날을 정하여 모여서 기도를 하게 되었으며, 7인으로 구성된 지도자 그룹을 구성해 집사 역할을 하도록 했다. 이것이 집사직의 기원이다.

7인 위원 중 가장 신앙심 깊고 성령이 충만해 대표 자격으로 추앙받던 스테파노가 유대교의 신전 예배와 율법 준수를 우상 숭배와 같다고 하여 이를 거부하다가 돌에 맞아 죽는 참화를 당했다. 이 최초의 순교는 유대교에 의해 저질러진 것이다. 스테파노를 중심으로 하는 헬레니스트들은 흩어지지 않을 수 없었다. 30년대 전반의 일이다. 헬레니스트들은 페니키아, 키프로스, 안티오키아 등 예루살렘의 유대 당국의 힘이 미치지 않고 그리스인들이 많이 사는 곳으로 옮겨가서 포교했다. 그리스도교라는 이름도 이때부터 사용된 것으로 알려져 있다. 최초의 복음서인 〈마가복음〉은 이 헬레니스트들 사이에서 태어났다. 그들에게는 예수로부터 직접 배운 사도가 없는 데다 전도 활동 ─ 주로 복음 전달과 치유 활동─을 위해서는 어떤 공통된 교본이 필요했던 것이다. 그래서 그리스어로 기록할 줄 아는 이들이 제자들에게서 들은 예수의 언행을 모아 만든 것이 〈마가복음〉이다. 헬레니스트들은 예루살렘 교회에 대해 비판적이어서 예수가 베드로에게 하늘의 열쇠를 맡겼다는 것도 〈마가복음〉에는 없다.

44년 헤롯 아그리파 1세의 박해로 제자 중의 하나인 요한의 형제 대야고보가 처형되고 베드로가 체포되었다. 베드로를 제거하는 것이 주목적이었던 것 같다. 베드로는 탈출하여 도피했다. 그가 '예수의 이름으로' 기도하는 것이 유대 당국에게는 못마땅했던 것이다. 그동안 교회는 예수의 아우 야고보가 맡아서 지도했다. 그러나 그도 63년에 유대 당국에 의해 살해되었다. 64년에는 네로의 박해가 시작되었다. 66년 1차 유대 전쟁 때는 예루살렘 신전이 파괴되고 예루살렘 교회 자체가 사라지고 말았다.

헬레니즘 교회 유대인이면서 로마의 시민권을 가졌고 헬레니즘적 교양이 풍부했던 사울(바울), 그는 바리사이파 집안 출신으로서 그리스도교 신자들을 잡으러 다마스코스로 가는 도중에 갑자기 앞이 안 보여 길에 엎어졌다. 그때 '나는 네가 박해하는 예수다. 너는 왜 나를 박해하느냐?'는 예수의 음성이 들렸다. 이때 회심이 일어났다. 예수가 죽은 직후(33~34)의 일이다. 그 뒤로 그는 예수의 철저한 제자로 바뀌었다. 많은 시련 끝에 그는 스스로 사도로 자처하면서 주로 그리스인들이 많이 사는 그리스의 항구 도시(그리스의 식민지)에서 그들을 상대로 선교에 헌신했다. 항구에는 많은 돈이 있고 흔히 윤리적으로 문란하다. 그런 곳에 그가 이룩한 교회를 헬레니즘 교회라고 하는 사람들도 있다.

할례 문제 여기에서 문제가 생겼다. 유대의 전통에 따르면 입교를 위해서는 반드시 할례를 해야 하는데, 바울은 그리스인들을 상대로 할례를 강요하지 않았다. 예루살렘 주류파는 안티오키아에 와서 구원에는 할례가 필수적이라고 주장했다. 그것은 신이 아브라함에게 명한 것이요, 이스라엘인이 신과 약속한 것이기 때문이다. 유대교는 비유대인에 대한 선교에서 할례를 위시하여 식사법 등에 이르기까지 유대교의 전통을 모두 받아들여야 비로소 유대교 신자가 된다고 요구했다.[10] 예루살렘의 주류파는 이 전통을 묵수하고 있었다. 이에 대해 바울과 바나바는 그렇게 생각하지 않았다. 바울은 구원의 근거가 예수의 죽음과 부활에 대한 믿음이며 사람은 율법에 의해서가 아니라 믿음에 의해서 신과 평화 관계에 들어갈 수 있다고 생각했다. 믿음의 중심은 예수 그리스도이며 구원의 근거 또한 예수 그리스도이니, 왜냐하면 신과의 약속은 예수 그리스도에서 완성되기 때문이다. 그런즉 구원을 위해 할례 따위는 필요 없다고 생각한 것이다. 이 문제는 유대교와 그리스도교의 성격을 짓는 데 중대한

---

10 할례는 구약의 신 여호와가 족장 아브라함에게 명해서 맺은 계약이다. 이 계약을 이행한 자는 유대인 공동체에 속하지만 그렇지 않으면 공동체에 속할 수 없다. 이방인이 유대교로 입교할 때도 할례는 필수적이다. 원시 그리스도교 공동체에서도 이 관행은 지켜야 한다고 본 것이다.

의제가 될 수 있다. 안티오키아 교회 측은 이 문제에 대해 신중한 나머지 선뜻 결정을 내리지 않고 예루살렘 모교회의 판단을 구하기 위해 사절단을 파견하기로 했다. 바울과 바나바도 그 속에 끼어 사도 회의에 참가하게 된 것이다.

그러나 복음의 본질에 대한 바울의 주장에 그들은 설득되었다. 양쪽은 원만한 타협점을 찾았다. 그것은 베드로가 유대인(할례자) 선교를 주로 담당하고, 비유대인(비할례자) 선교는 바울이 맡는다는 것이었다. 그리고 가난한 예루살렘 교회를 위해 바울은 갹금의 의무를 지기로 했다.[11] 이 협정으로 바울은 예루살렘의 눈치를 보지 않고 소아시아를 벗어나 로마와 스페인에 이르기까지 세계적인 복음 계획을 구상할 수 있게 되었다.

공탁 문제 이 사도 회의가 있은 지 얼마 후, 소위 안티오키아 사건이라는 것이 발생했다. 바울과 바나바는 안티오키아에 유대인 그리스도교도와 비유대인 그리스도교도가 동일한 공동체를 구성하도록 했다. 그들은 이 공동체를 상징하는 것으로 '공탁'(共卓, 식사를 함께 하는 것)을 하고 있었다. 안티오키아 사건은 이 공탁 문제를 둘러싸고 일어난 것이다.

안티오키아를 방문한 베드로도 처음에는 공탁에 참가했다. 그런데 예루살렘에서 예수의 아우 야고보가 파견한 사자가 와서 설사 이방인 그리스도교도를 인정한다 하더라도 그것은 공탁까지 허용하는 것은 아니라고 선언했다. 그러자 베드로와 바나바는 그 뒤부터는 공탁을 피했다. 이에 바울이 베드로를 향해 "당신은 유대인으로서 유대인처럼 살지 아니하고 이방인들의 방식을 따라 살면서 어떻게 이방인들을 유대인처럼 살도록 강요하느냐"[12]고 면박을 주었다. 이것을 요약하면 '당신은 율법으로 살아야 할 유대인인데 왜 그리스도를 받아들였는가? 그것은 그리스도교

---

11 〈갈라디아서〉, 2장 7~9절.

12 같은 책, 2장 14절.

가 아니면 신의 의를 얻지 못하기 때문이 아닌가? 그런데도 율법을 고집한다면 예수를 죄악의 조장자로 보는 것과 다름없다. 왜 당신은 그리스도인으로 살면서 이방인에게까지 유대인의 생활 방식을 강제하는가?'라는 것이다. 이 웅변은 대중 앞에서 베드로를 힐난한 것이다. 이 일로 인해 바울의 구원 사상, 즉 율법은 구원의 필수 조건이 아니라는 사상이 한층 굳어졌다. 예루살렘의 주류가 율법을 고수하는 데 반해 바울은 율법을 버린 것이다. 할례 문제와 공탁 문제는 그리스도교를 유대교에서 엄격하게 구별하는 커다란 개혁이었을 뿐 아니라 그리스도교가 세계 종교로 나아가기 위한 초석이 되었다.

할례 문제와 공탁 문제를 제거함으로써 바울의 가슴은 진정한 그리스도교는 율법을 벗어나야 함은 말할 것도 없고 유대인도 벗어나야 하고 남녀의 차별이나 노소의 구분도 벗어나야 한다는 것을 강하게 느끼고 있었을 것이다. 율법과 인종과 남녀노소를 초월하지 않고서는 진정한 보편적 종교로 발전할 수 없다. 그리고 바울은 그리스도교를 보편적 종교로 형성했다. 그것에 대한 강한 사명감 없이는 그의 어려운 전도 여행은 불가능했을 것이다. 그리스도교에서 차지하는 바울의 비중이 얼마나 큰가 하는 것은 강조할 필요조차 없다. 그것을 단적으로 보여주는 것이 신약의 일부를 차지하는 〈사도행전〉과 바울의 서한이다.

믿음이 의인 신앙 포도나무를 심은 것은 예수이지만 그 나무가 많은 열매를 맺게 한 것은 바울이다. 바울의 신학은 한마디로 믿음을 의로 삼는 것이다. 무엇에 대한 믿음인가? 말할 것도 없이 예수의 부활과 약속에 대한 믿음이다. 믿음을 반석으로 했을 때 비로소 구원이 있다.

도대체 믿음을 기반으로 하지 않는 종교가 있는가? 그럼에도 바울은 그리스도에 대한 절대적 믿음 위에 자기의 신학을 세웠다. 그 믿음에는 반드시 속죄가 따른다. 세속의 나를 죽이고 예수를 따르는 그 믿음이 곧 영생의 구원이다. 믿음이 그리스도교의 의인 것이다. 뒤집어서 말하면 그리스도교의 진정한 의는 믿음에 있다는 것이다. 그는 그 믿음의 전형을 아브라함에게서 발견한다. 그는 신의 계시를 믿고 고향을 떠나 타국을 방황하면서 자신들의 본향을 찾고 있었다. 만일 그들이 떠나온 고향을 생각했더라면 돌아갈 기회가 있었겠지만 그들이 사모하는 곳은 더 좋은 본향, 하늘나라였다. 그곳을 찾아 그는 신의 계시를 확신했다. 그것이 그리스도교의 본질이다. 예수는 토지에 대한 조상 전래의 열망을 대담하게 포기하고 하늘나라를 지상에 세우고자 했고, 바울은 그리스도교를 세계적 종교로 만듦으로써 그것을 실현했다고 나는 생각한다.

B. 4복음서의 성립과 그리스도교의 자기 정비

신약 27권이 모두 그리스어로 쓰였다는 것은 다 아는 일이고, 〈마가복음〉의 성립에 관해서는 앞에서 언급한 바 있다. 〈마태복음〉은 80~90년 사이에 안티오키아에서 쓰인 듯하다. 〈마태복음〉을 쓸 때 〈마가복음〉도 참고했을 것이다. 〈마태복음〉은 주로 그리스도론을 강조하고, 베드로 지도 아래의 교회 권위를 높이 평가한다. 거기에 더해 위선적 율법학자와 바리사이파를 비판하고 있는데, 이는 예수가 보여준 엄격한 도덕적 가르침을 고수하려는 태도로서 그리스도교를 유대교의 완성으로 보려는 보편주의적 입장의 표명이다.

〈누가복음〉은 〈사도행전〉을 쓴 의사 누가가 80년대 후반에 기록한 것이다. 누가는 〈마가복음〉은 참고했겠지만 〈마태복음〉을 모르는 채 기록했다. 〈마태복음〉 기록자도 〈누가복음〉은 알지 못했다. 누가는 〈마가복음〉 외 기타 문서를 참고하되 거기에 있는 부적절한 것을 제거하고 기술했는데, 예수가 십자가에 못 박혀 죽은 데서 끝나지 않고 그 이후 사도들의 활동을 〈사도행전〉에서 기록하고 있다. 〈누가복음〉과 〈사도행전〉은 안티오키아(에페소)에서 각기 다른 시기에 쓰였다. 특히 〈사도행전〉은 그 3분의 2 이상을 바울을 중심으로 서술하고 있다. 신약 27권 중 바울의 서한은 14권을 차지한다. 이로 인해 바울의 위상이 현저하게 상승되고 그의 전도와 사상이 그리스도교 안에서 확고해졌을 뿐 아니라 그리스도교의 세계화의 상징으로 높여지고 있다. 또한 〈사도행전〉은 당시의 선교 양식과 그 어려움에 대해서도 전해주는 바가 많다. 누가의 문서에 따르면 예수, 베드로, 바울은 다 같이 신의 계획에 따라 활동한 사람들이다. 〈마가복음〉과 〈마태복음〉에서는 부활한 예수가 나타난 곳이 갈릴리로 되어 있으나, 누가의 문서에는 예루살렘 근방으로 되어 있다. 이것은 그리스도교 전도의 근거지를 예루살렘으로 보는, 즉 유대 중심주의의 입장이다.

네 복음서 중에서 〈요한복음〉은 여러 가지로 다른 세 복음서, 즉 공관복음(마태, 마가, 누가)과 그 취지를 달리한다. 헬레니스트파 외에도 베드로와 입장을 달리하는 그룹이 있어서 이들을 중심으로 1세기 말 또는 2세기 초에 에페소에서 〈요한복음〉이 저술되었다. 이 복음서의 저자 요한은 야고보의 아우이자 12제자 중의 하나인 요한이 아니다. 앞에서 본 바와 같이, 예수의 아우 야고보는 63년에 유대인들에 의해 희생되었고,[13] 요한도 70년경 팔레스티나에서 역시 유대인에 의해 살해되었다. 공관 복음서의 무대가 갈릴리인데 반해 〈요한복음〉의 무대는 예루살렘과 유대다. 그 복음서에는 허무맹랑한 기적담도 있다. 예컨대 예수가 죽은 지 이미 나흘이 지나 부패한 나사로를 살린 것으로 기록되어 있고,[14] 생래적인 맹인도 고쳐준 것으로 적혀 있다.[15] 말하자면 예수는 생명의 근원이자 그 자신이 빛이라는 식이다. 이 책은 마치 소크라테스의 말을 적은 듯하면서도 사실은 플라톤이 자기 생각을 기술한 것과 같다는 논평도 있다. 이 책은 예수의 말을 빙자한 요한의 글이라는 것이다. 이런 예증을 바탕으로 이 복음서를 예수가 신의 아들임을 보여주려는 일종의 설교집 또는 신학서로

---

13 〈사도행전〉, 12장 2절.

14 〈요한복음〉, 11장 39~44절.

15 같은 책, 9장 1~12절.

보는 사람도 있다. 이 복음서는 헬레니스트적 요소가 강한 것으로 보아 바울의 영향하에 예수를 그리스 세계에서 재해석—예수의 신격화—하려고 한 것 같다. 예수는 자신의 사명이 메시아라는 것을 확신하고 죽음에 대해서도 적극적으로 대처했다는 것이다.

앞에서 언급한 바와 같이, 그리스도교가 본질적인 모습으로 자기를 형성해간 최초의 계기는 유대교와의 차별화다. 처음에 그리스도교는 유대교의 일파로 간주되었고, 예수와 그 제자들도 자기네 일을 율법의 온전한 계승 정도로 자인했다. 그러다가 1차 유대 전쟁을 계기로 로마 총독에 의해 시너고그에서 내몰리고 예루살렘에서 추방당한 뒤—이것을 디아스포라라고 한다—로 우선 선교지를 유대교의 힘이 미치지 않는 곳으로 옮기고 독자적 교회를 건설했으며,《구약성서》와는 구별되는《신약성서》를 만들면서 점차로 자기 모습을 갖추어나갔다. 신도 수는 유대교와는 비교할 수 없을 정도로 적었지만, 이 유대 전쟁 이후 유대인 신자는 비유대인 신자에 비해 현저하게 감소했다. 그러나 결과적으로 이런 현상은 그리스도교가 이민족 속으로 확산하여 장차 세계적 종교로 발전하는 기틀을 이루는 데 큰 도움이 되었다.

전도가 로마에까지 미친 뒤로 네로, 디오클레티아누스, 트라야누스, 도미티아누스 등의 그리스도교 박해와 탄압은 극심했다. 박해의 주된 이유는 그리스도교도가 황제 숭배를 거부한 데 있었다고 하나, 이 점에 대해서는 이론이 있다. 그러나 그런 박해와 탄압은 전국적이거나 지속적인 것이 아니었다. 이 점으로 인해 그리스도교가 탄압에 대해 강인한 저항력을 기르면서 역사 속에서 살아남게 된 것 같다. 말하자면 잦은 병이 사람을 강인하게 만들 듯이, 박해는 그리스도교를 더 강하게 만드는 역할을 한 셈이다.

교직자의 명칭과 그 발생에 관해서는 명확한 자료가 없다. 초창기에는 그런 것은 어디에도 있을 수 없다. 그러나 언제 어디서든 인간이 모이는 곳에서는 리더가 있기 마련이다. 이들을 사교라고도 부를 수 있을 것이다. 바울의 편지에는 사도, 예언자, 교사라는 교회의 세 그룹의 지도적 역할이 언급되어 있다.[16] 사도의 역할은 교회의 설립이고, 예언자와 교사의 역할은 복음의 선교 또는 해석이다. 감독(사교와 주교)과 집사의 명칭도 보인다.[17] 집사에 관해서는 이미 예루살렘 교회에서 언급한 바 있다.

C. 교부들의 역할: 교의의 정립과 이단 문제

초대 교회에는 사도들이 당연히 교회의 지도자로 임했으나 그들의 세대가 끝난 뒤에는 유대교 시대 이래의 전례에 따라 각 교회에 있기 마련인 장로(가칭)가 교회를 지도하게 되었다. 사도 시대 이후 8세기까지를 교부 시대라고 한다. 교부란 그리스도교의 정통적 교의를 확립하던 시기의 성직자 또는 교회에서 인정받은 교의를 교설한 사상가를 가리킨다.

1~2세기 사이 사도들이 세상을 떠난 뒤에도 교세는 더욱더 확대되어 소아시아 각지는 말할 것도 없고 시리아, 마케도니아, 그리스, 로마, 알렉산드리아 등 각지에 교회가 설립되었다.

초대 교회 시대에 사도들의 주요 과제는 특히 동족인 유대인들에 의한 박해와 순교에도 불구하고 세계를 향해 그리스도교를 선교하는 것이었다. 이를 위해서는 유대교와의 선명한 차별화가 필요했고, 그래서 복음서와 자기 정비도 필요했던 것이다.

이제 사교와 교부들의 과제는 그리스도교 자체 내에서 발생한 여러 이단적 견해를 시정하여 교리를 확립하고, 교회를 확고한 반석 위에 올려놓는 것이었다. 따라서 그 과제는 두 가지다. 첫째 과제는 사도 바울에서 아우구스티누스에 이르는 약 4세기 동안의 일로 정통 교의의 확립이다. 정확하게 말하면 이 기간은 교의 정립을 위한 준비 기간이다. 이 기간에

---

16 〈고린도전서〉, 12장 28절.

17 〈빌립보서〉, 1장 1절.

이어 교회는 조직을 통일적으로 정비해서 제도화했다. 둘째 과제는 교의의 정립이다. 이 과정에서 이단 문제가 불가피하게 등장한다. 이것을 조정하기 위해 4~5세기 동안에 여러 차례의 종교 회의가 개최되었다. 이 회의에서 패배한 이론이나 주장은 이단으로 단정되었다. 이단이란 정통에서 벗어난 견해를 가리킨다. 이단 논쟁은 어느 종교에 있어서나 교의를 정립하던 초기에는 있기 마련이지만, 그리스도교처럼 그리스도의 신인론(神人論)과 삼위일체론, 처녀 잉태 등 이성적으로 납득하기 어려운 교리를 바탕에 가지고 있는 종교에서는 이단 논쟁이 격할 수밖에 없다.

로마 중심의 그리스도교는 일찍부터 로마제국을 모델로 하는 교회, 즉 가톨릭이라는 명칭으로 불려오고 있었다. 이 명칭은 보편성과 정통성을 지향했다. 아울러 전례(의전)와 세례도 거의 현재의 형식으로 정착되었다. 교회의 보편성 및 전통성과 관련해서 주목되는 것은 《신약성서》의 성립이다. 사도신경도 이때쯤 이미 완성된 듯하다.

《신약성서》의 성립 2세기 초에 신약성서 정전을 위한 결집이 이루어졌다. 즉 125년경에 〈요한복음〉을 포함한 네 복음서를 하나로 통합하고 그 각각의 이름을 현행대로 부르게 되었다. 그러나 정전 결정이 그렇게 순조롭게 진행된 것은 아니다. 그노시스파의 주장도 있었고, 마르키온의 정문비판(正文批判)도 있었으며, 몬타누스 운동도 내부에서 거세게 일어났다. 그러나 여러 위전이 가려져서 네 복음서가 정전으로 인정되었으며, 거기에 바울과 베드로, 요한, 유다의 〈서한들〉과 누가의 〈사도행전〉도 일단 정전으로 선정되었다. 그러는 동안에 313년 그리스도교가 콘스탄티누스 대제(Constantinus I, 274~337)의 밀라노 칙령으로 공인되고, 325년 니케아공의회를 맞이했다. 363년 소아시아의 라오디케아에서 열린 라오디케아 회의에서는 〈요한계시록〉을 뺀 26개 문서를 정전으로 결정했다. 그러나 아타나시우스(Athanasius, 295~373)는 그의 〈제3부활제 서한〉(376)에서 〈요한계시록〉을 넣은 27개 문서를 확정하면서 "누구도 여기에 보태서도 안 되고 빼서도 안 된다"고 선언했다. 이 27개 문서가 393년의 힙포 회의에서 확인되었으며, 이어서 397년의 카르타고 회의에서 재확인됨으로써《신약성서》로 확정된 것이다. 뒷날 그리스 정교회로 발전하는 동방 교회 측에서도 692년 콘스탄티노플에서 개최된 툴르즈 회의에서 이것을 정전으로 인정했다.[18] 정전이 완성되기까지는 3세기의 시간이 필요했던 것이다. 그 중간에 디오클레티아누스 황제의 칙령(303), 즉 모든 성전(聖典)을 불태워버리라는 명령으로 인해《신약성서》의 형성 과정은 심한 우여곡절을 겪었다.

이단 중 제일 먼저 등장한 것이 그리스도의 가현설이다. 그리스도 가현설을 주장하는 그룹은 넓게는 그노시스파다. 그노시스파의 사상은 그리스도교 이전부터 있어 온 일종의 구제 신앙인데 그리스철학, 페르시아 종교, 유대교에서 영향을 받고 이것들을 혼합한 사상이다. 더욱이 그노시스주의의 전성기(135~160년경)는 그리스 – 로마의 혼융이 새로운 통합을 위해 모든 것을 수용하던 혼합주의 시대였기 때문에 이런 사상의 위력은 더욱 강력했다. 그리스도 가현설이란, 역사적 예수가 겪은 지상의 굴욕적 생활과 태어나기 전후의 천상의 영광(즉 신앙의 그리스도) 사이에는 외견상 모순이 있고, 지상의 예수는 하늘의 그리스도가 잠시 인간의 육체를 가지고 와서 제자들을 가르치고 갔다는 것이다. 그것은 지상의 역사적 예수를 부정하는 것이다. 그노시스주의가 교회 측에 위험시되는 이유는 그들이 역사적 예수를 부정한다는 것, 그리하여 예수의 죽음과 부활을 믿지 않는다는 것, 그들의 신은《구약성서》에서 말하는 신이 아

---

18 Henry Clarence Thiessen, *Introduction to the New Testament*, Grand Rapids, Mich. WM. B. Erdmans Pub, Co., 1952 참조. 이 책은《신약성서》를 구성하는 27개의 문서가 정전으로 채택되는 근거를 자세하게 설명하고 있다. 그에 따르면 정전으로 되는 데는 (1) 저자의 사도성, (2) 저술의 내용, (3) 내용의 보편성, (4) 영성 등이 고려되었다. 위에 적었듯이 27건의 문서가 정전으로 공인되는 데는 여러 차례의 종교 회의를 통한 확인이 필요했다.

니라는 것, 그리고 구제는 영적 조명을 받을 수 있는 소수자에게만 가능하다는 것 등이다.

그노시스파는 근본적으로 혼합주의적이기 때문에 신비적·주술적·철학적·비의적·점성술적·심령적 경향을 가진 여러 유파가 있어서 일률적으로 그 성격을 규정하기 어렵다. 그럼에도 그들은 한결같이 지적인 것을 앞세운다는 점에서는 일치한다. 그노시스파 중에서 가장 다루기 곤란한 이가 마르키온(Marcion)이었다. 그는 부유한 선주로서 거액을 로마 교회에 희사했으나 예수의 가현설을 믿고 유대교를 배척하여 《구약성서》의 신을 폐기했다. 교회에서 파문되었지만 따로 교회를 세워 바울의 일부 서간과 〈누가복음〉만을 가지고 이런 사상을 피력하는 독자적 정전을 편집하기도 했다. 이것을 《마르키온 성서》라고 한다.

그노시스주의가 그리스도교 밖에서부터 영향을 받아 일어난 것이라면 그리스도교 내부에서 발생한 이단으로는 몬타누스주의가 있다. 이것은 성령에 관한 해석상의 견해 차이로 일어난 사상이다. 성령은 삼위일체의 한 요소로서 예수가 제자들에게 그 도래를 약속한, '아버지(하느님)에게서 오는 진리의 영'이다. 그러나 2세기에는 벌써 예수의 재림에 대한 기대도 희박해지고 성령의 영감도 퇴색되었다. 이와 같이 세월이 지남에도 그 도래가 이루어지지 않고 교회가 세속으로 가라앉는 듯한 인상을 보이자 몬타누스주의가 초기의 예언자적 정열을 새로이 내뿜기 시작했다. 몬타누스(Montanus)는 소아시아의 부리기아 지방에 가까운 아르다바우 출신이다. 그곳은 황홀경에 드는 어떤 종교로 유명하다. 몬타누스는 그리스도교로 개종하여 스스로 성령의 도구로 자처했고, 거기에 두 여성이 예언자로 따라붙었다. 그들은 성령의 대변자가 되어 세상의 종말이 가까이 오고 하늘의 예루살렘이 부리기아에 건설될 것이니 신자들에게 그리로 오라고 외치고, 독신, 단식, 채식 등 금욕을 주장했다. 이런 사상은 그리스도교에 새로운 충격으로 작용해 상당히 오랫동안 지속되었다. 그리하여 예컨대 테르툴리아누스(Tertullianus, 160~220) 같은 유명한 교부조차 거기에 가담했다. 소아시아의 주교 회의에 여러 차례 의제로 올라와서 결국 이단으로 판단되긴 했으나, 뒷날 이 사상은 수도원의 금욕주의로 이어진 것이 아닌가 한다.

3. 로마제국의 그리스도교 정책 : 박해와 관용

로마는 영토가 너무 넓고 그 안에 사는 종족과 신앙 및 문화도 다양하여 일률적으로 다룰 수가 없기 때문에 황제의 권위와 군사적 통제를 유지하면서 영내의 각 민족에게는 그 전통과 종교와 문화의 독자성을 인정하여 자치권을 부여했다. 그것을 만민에 대한 황제의 관용으로 자인했다. 즉 로마 당국은 영내의 모든 민족에 대해 제국의 정책에 반항하지 않는 한 관용을 베푸는 것을 미덕으로 삼았다. 그 정책 중에 황제 숭배가 있었다. 각지에 황제의 사당을 지어놓고 모든 사람이 참배하도록 한 것이다. 그러나 특히 유대 민족은 전통적으로 고유한 자기네 종교, 절대적 유일신을 믿는 유대교를 가지고 있어서 황제 숭배를 쉽게 받아들일 수 없었다. 나아가 강한 민족의식은 로마제국에 대한 반감으로 작용했다.

로마의 일반 시민들 사이에서는 유대교와 그리스도교가 분명하게 구분되지 않았다. 그저 달갑지 않은 종족의 종교로 여겨졌을 뿐이다. 그것은 로마 당국의 경우도 마찬가지였다. 64년 로마의 대화재 사건이 유대인의 소행이라 하여 일으킨 네로의 그리스도교 박해는 참으로 억울하기 짝이 없는 처사였다. 그것은 방화범이 그리스도교도라는 막연한 추측에서 기인한 것이다. 제 어머니도 살해한 극악무도한 자에게 잘못 보였던 것이다. 이런 일들로 인했음인지 66년과 135년에는 1, 2차 유대 전쟁이 발발했다. 로마의 입장에서 그것들은 유대의 반란으로 일어난 것이다. 그리스도교가 로마 당국에 거슬리는 것은 만찬 때마다 그리스도의 부활과 재림을 말하고 로마의 황제를 숭배하지 않는 것이었다. 그럼에도 연루된 그리스도교 신자가 전향만 하면 처벌하지는 않았다.

그리스도교 성장에 결정적 역할을 한 시금석은 순교다. 순교는 신앙의 절대성과 철저함을 보여주는 단적인 증거다. 그 순교가 가장 많은 종교가 그리스도교다. 신앙을 지키기 위한 투쟁도 그만큼 철저할 수밖에 없다.

교회 측은 2세기 말까지 꾸준히 성장해 그리스어권을 넘어 3세기에는 라틴어권의 북아프리카로 급속하게 전진했다. 그보다 완만하긴 하지만 히스파니아와 갈리아 및 브리타니아에 상륙하는 기세를 보이기도 했다. 이집트에서는 그리스도교가 토착 종교에 침투했고, 190년까지는 시리아어권에 진출했다. 이쯤 시기에 그리스도교는 상층 계급의 사회에도 침투했다. 2세기 말은 그리스도교의 팽창기인데, 이 시기는 마르쿠스 아우렐리우스 황제의 통치기와 겹친다. 이 황제는 그리스도교 탄압책을 채용한 사람이지만 그 탄압이 극심한 것은 아니었던 것 같다. 그의 죽음과 함께 로마의 국세는 회복이 거의 불가능할 정도로 기울기 시작해 황제에 따라 탄압과 관용이 결정되곤 하는 양상을 보였다. 황제와 그리스도교의 관계, 즉 탄압과 관용은 매우 복잡하게 행해졌다. 그러나 3세기 말에는 교회가 황제의 측근 세력에까지 스며들었다. 황제의 모친이 그리스도교에 관심을 기울이는 경우도 있었다.

초기 그리스도교에는 독자적 철학이 없었기 때문에 일반적으로는 그리스철학을 끌어들여서 성서를 해석하거나 그리스도교를 동방의 이원론(페르시아 지방에서 전통적으로 믿어져 온 조로아스터교나 마니교)과 습합하려는 경향을 보였다. 전자는 신플라톤주의이고, 후자는 마니교 운동이다. 전자는 암모니오스 사카스(Ammonios Sakkas, ?175~242)에 의해 알렉산드리아에서 창시되어 로마의 플로티노스(Plotinos, 205~270)가 실질적으로 발전시켰고, 그의 친구 오리게네스(Origenes, ?185~?254)가 시도한 것이다. 또 플로티노스 사상은 플로티노스의 제자 포르피리오스(Porphyrios, ?232~?305)가 계승한 것으로, 플라톤의 사상을 범신론적 신비주의적으로 해석한 것이다. 이것은 뒤에 아우구스티누스 신학에 큰 영향을 끼쳤다.

후자, 즉 마니교 운동은 페르시아 출신의 마니(Mani, 216~?274)가 창시한 종교 운동이다. 그는 277년에 순교했다. 그의 종교적 목적은 조로아스터교, 불교, 유대교, 그리스도교를 혼합하여 국경과 지역을 초월한 범세계적 종교 공동체를 형성하는 것이었다. 그에 따르면 세상은 선과 악, 빛과 어둠의 영원한 싸움터인데 인간은 악의 물질적 감옥에 갇혀 있다. 인간은 육체적 욕망에서 해방되어야 선한 아버지인 빛의 세계로 돌아갈 수 있다. 이를 위해 금욕이 필요하다. 자기와 예수는 인간을 빛의 세계로 인도하는 사자다. 마니교 운동은 그노시스주의와 비슷한 데가 있어 그노시스주의의 잔존 세력이 마니교 운동에 가담해 그리스도교와 라이벌 관계를 형성했는데, 그 영향은 중세 후기에까지 미쳤다. 그러나 마니교 운동은 역사 속에서 이단으로 결정되었다.

A. 그리스도교의 공인과 국교화

콘스탄티누스 대제는 서로마가 멸망한 뒤 동로마가 비잔틴제국으로 발전하는 데 결정적 초석을 놓은 위대한 제왕이지만, 우리는 그리스도교의 공인과 관련해서만 언급한다. 그는 그리스도교가 결코 잊을 수 없는 황제다.

3세기 후반까지 교회는 착실하게 성장했다. 그 과정에서 교회는 정치적으로 말썽을 부리지도 않았다. 교세나 교인의 수로 보아 교회는 결코 무시할 수 없는 세력으로 자라고 있었다. 정치적 감각이 있는 지도자라면 이럴 때 힘으로 교회를 복속시키거나 아니면 동맹을 맺어 회유책을 쓰거나 둘 중의 하나를 택해야 할 것이다. 전자는 그의 선임자인 디오클레티아누스가 택한 태도이고, 후자는 콘스탄티누스 자신이 취한 정책이다. 디오클레티아누스 황제는 교회 파괴, 종교 문서 몰수, 성직자 투옥, 그리스도교도의 희생 등 네 차례에 걸친 칙령을 차례로 반포하여 많은 순교자와 배교자를 배출했다. 그러나 그는 사려 깊고 신중한 사람이어서 일반 신도들에게 주는 충격은 그전의 박해에 비해 그다지 크지 않았다.

콘스탄티누스 대제는 권력 획득의 최후 결전을 앞두고 마지막 밤 꿈에

'이 표지로 너는 승리할 것이다'라는 계시와 함께 그리스도 이름의 첫 대문자를 보았다. 그는 서둘러서 병사들의 전투모와 창에 p와 X의 합자를 그리게 했다. 312년의 이 전투에서 그는 크게 이겼고, 상대 황제는 전사했다. 313년 그는 전에 부제 리키니우스(Licinius, 270~325)와 연서로 약속했던 밀라노 칙령을 발표하고, 325년에는 니케아 종교 공의회를 소집·주재하여 그리스도교를 공인했다. 이로 인해 그리스도교는 다른 종교와 법적으로 대등한 위치에 놓이게 되었고 최근에 몰수된 재산을 반환받게 되었다. 그는 성직자에게 납세의 의무를 면제하고 재산 상속을 허용하여 일종의 특권 계급으로 대우했다. 대제의 지원에 힘입어 교세는 욱일승천의 기세로 발전했다. 마침내 392년 테오도시우스 1세(Theodosius I, 346~395)는 그리스도교를 국교로 결정했다. 그는 콘스탄티누스 대제의 그리스도교 옹호 정책을 철저하게 계승했다. 각처에 대성당을 건립하고 일요일을 휴일로 정했다. 특히 동방에서 교의와 관련된 여러 이론이 속출해 여러 차례의 공의회를 소집하지 않을 수 없었다. 그 공의회의 결과 그리스도교의 교의가 확립되었거니와, 그와 동시에 이단에 대한 탄압도 철저해졌다.

B. 교의의 확립: 그리스도론과 삼위일체론

여기서 말하는 교의란 구체적으로는 그리스도론, 이것과 연결된 삼위일체론 및 예수의 어머니 마리아의 격에 관한 신조를 가리킨다. 예수 그리스도는 죽은 지 3일 만에 부활한 것으로 성서에 기록되어 있을 뿐 아니라, 그 부활을 믿는 데서 그리스도교가 성립한다. 그리스도론은 예수 그리스도의 인성과 신성에 관한 이론이다. 그가 그냥 인간(인성론 또는 단성론)이라면 부활과 구원의 문제가 성립되지 않는다. 신이라야 부활할 수 있고 인간을 구원할 수 있다. 이것을 신성론(양성론)이라고 한다. 그리스도는 신이면서 동시에 인간이어야 한다는 것이다. 즉 그는 아버지인 신과 실체적으로 동일한 신의 아들이다. 한 인격 속에 양성이 있다는 것이다. 그러나 이것은 이성적 사유로는 도대체 받아들일 수 없다.[19] 거기에 성령이 첨가된다. 인간에게 정신이 있어 육체를 움직이게 하듯이 죽은 자가 살아나려면 신적 정신과 같은 것이 있어야 한다. 그것이 성령이다. 그리하여 아버지 신과 아들 신 및 성령은 통성으로는 하나이되 개별성으로는 세 페르소나다. 이것을 삼위일체라고 한다. 이것은 여러 공의회를 거친 끝에 나타난 결론이다. 여기까지 오는 데는 적어도 네 차례에 걸친 공의회가 있었고 그때마다 황제의 정치적 결정도 개입되었다. 그리스도의 성격 문제는 오늘에 이르기까지 그만큼 골치 아픈 것이었다. 아래에서 나는 중요한 네 가지 공의회의 개요만을 소개할 것이다.[20]

니케아공의회 안티오키아파의 영향을 받은 알렉산드리아의 장로 아리우스(Arius, ?250~336)는 '그리스도는 다른 피조물보다 앞서서 창조되었을 뿐 인간으로서 무에서 창조되었으며 따라서 그 본성도 신처럼 영원하지는 않다. 그는 반신반인(半神半人)이다'라고 주장했다. 그 교회의 주교인 알렉산드로스(Alexandros of Alexandreia, ?250~328)는 그리스도는 신의 아들로서 그 본성이 아버지인 신과 같이 영원하고 따라서 창조되지 않았으며, 이는 '로고스 그리스도'라고 주장했다. 알렉산드로스는 아리우스와 그 동조자들을 처벌했다. 그러나 아리우스의 주장에 동조하는 세력도 만만치 않았다. 그의 주장은 새로 이주해 와서 그리스도교에 입교한 게르만의 여러 종족에게 환영받았다. 이 문제를 해결하기 위해 콘스탄티누스 대제에 의해 소집된 것이 니케아[21]공의회(325)다. 이 회의의 결과로

---

19 비잔틴제국은 이것을 믿도록 강요했으나 시리아와 이집트는 거기에 반대하고 단성론을 믿었다. 뒷날 탄압을 피하기 위해 이들은 이슬람으로 기울기도 했다. 단성론자들이 이슬람에 받아들여지고 이슬람의 문화 창달에 번역을 통해 공헌한 데는 이런 배경이 있다.

20 알렉산드리아파 신학은 추상적이고 그리스도의 신성을 강조해 신비적 경향을 띤다. 반면 안티오키아파 신학은 그리스도의 인성을 존중하며 시리아 셈족의 영향하에 있다.

21 터키 포르포로스 해협 동쪽에 있는 오늘날의 이즈니크를 가리킨다.

아리우스는 파문당하고 추방되었으며, 회의는 그리스도의 신성론으로 귀결되었다. 그 결과를 간추린 것이 니케아 신조다. 이것을 뒤에 아타나시우스(Athanasius, ?293~373)는 신과 아들과 성령은 일체라고 하는 삼위일체설로 정립했다.

이상은 동방의 사정이고, 서방 측은 아프리카의 거장 테르툴리아누스 교부의 삼위일체론(아버지, 아들, 성령은 세 페르소나를 가진 하나의 실체다)과 예수 그리스도론(그리스도는 신이면서 인간인 하나의 페르소나다)으로 뭉쳐 있어서 분열이 없었다.

그러나 아타나시우스의 저 정립에는 애매한 것이 있다. 그는 우시아(ousia, 신성)와 히포스타스(hypostas, 페르소나)를 동일시했다. 이는 본질(통성)과 개별성(페르소나)을 구분함으로써 아버지(태어나지 않음), 아들(태어남), 성령(나옴)은 세 히포스타스, 즉 삼위이고, 이 삼위는 하나의 신성을 공유한다고 해석한 것이다. 다시 말해 하나의 신이 삼위를 이루고 있다는 것이다. 그리하여 아버지 신, 아들 신, 성령의 삼위는 절대적 통일체(우시아)면서 그 히포스타스 또는 위격은 각기 다르다고 하는 입장을 받아들인 것이다.

콘스탄티노폴리스공의회 테오도시우스 1세는 교회 내 교의의 통일과 정치적 분규를 수습하는 일환으로 삼위일체를 명확하게 하고자 콘스탄티노폴리스 총회(381)를 소집했다. 그 공의회 결과는 오늘날까지 동방교회에서 사용되고 있는 신앙 개조다.

니케아 정통 신앙을 공통의 기초로 하면서 그리스도의 인성과 신성의 문제가 새로 터져 나왔다. 예수 그리스도는 사람이면서 동시에 신이라는 두 성격을 가지고 있어야 한다. 그런데 이 양성을 인정하면서도 학파와 교회에 따라 신성을 강조하기도 하고 인성을 강조하기도 하여 서로 길항했다. 알렉산드리아 학파는 전자(신성)의 입장이고, 안티오키아 학파는 후자의 입장(인성)을 취했다. 그러나 자칫 한 걸음 더 나가면 전자는 그리스도 가현론에 빠질 위험이 있고, 후자는 예수의 인간으로서의 고통을 강조하여 그 신성을 경시할 위험에 빠진다. 즉 양자론(養子論)이 될 수도 있는 것이다. 문제는 부활에 있다. 양성을 조화시켜야 부활이 가능하기 때문이다.

그리스도가 세상에서 이룬 일은 죄 많은 우리의 필사성(必死性)을 신적이고 축복받은 불사성(不死性), 즉 부활로 바꾼 것이다. 이것은 그리스도가 완전히 신적일 경우에만 가능하다. 그런데 어떻게 그리스도가 완전한 신과 결합되는 완전한 인간으로 탄생할 수 있는가? 이것은 두 아들, 즉 영원한 아들과 양자인 아들을 생각할 수밖에 없게 한다. 그럴 수는 없다. 최선의 해결책은 예수의 혼은 로고스이고 신체만 인간이라는 것, 즉 예수는 인간의 혼과 신체를 가지고 있었으나 그 혼은 인간의 정신처럼 부패하는 것이 아니라 로고스로서 신적이며 불사적이라고 보는 것이다. 알렉산드리아 종교 회의에서 이것은 이단으로 단죄되었다.

에페소스공의회 이런 주장에 대해 이의를 제기한 것은 안티오키아 학파의 인성론이다. 이 이론은 예수의 수육에 대해 로고스가 완전한 인간 안에 사는 것이니, 그것은 마치 신이 신전 안에 사는 것과 같고, 인간과 신의 결합은 신체와 혼의 결합 또는 남편과 아내의 결합과 같은데 이것은 양자론을 상기시킨다고 했다. 예수 그리스도에 신성과 인성이라는 두 성격―이것을 양성론이라고 한다―을 하나로 결합시킬 수 없으니 인성을 존중하자는 것이다.

이것은 더 나아가 그의 어머니 마리아의 성격(聖格)에 관한 논쟁으로 연장되었다. 예수의 어머니는 종래 '신의 어머니(테오토코스Theotokos)', '인간의 어머니'라고 불려왔다. 전자는 그리스도의 인간성을 해칠 우려가 있고, 후자는 그 신성을 위태롭게 할 수 있다. 그래서 적당히 '그리스도의 어머니'로 하자고 타협했다.

그런데 안티오키아파의 네스토리우스(Nestorius, ?~451)는 '인간의 어머니'를 지지하는 발언을 한 것이다. 여기에 알렉산드로스파가 반발하고 나섰다. 이들은 그리스도의 양성 합일이 단순한 도덕적 결합이 아니라 존재론적 일치여야 한다고 주장한다. 알렉산드리아파와 안티오키아파 사이에는 넘을 수 없는 질투와 경쟁심이 끼어들어 더러는 그 논쟁이 이론적으로 정리하기 어려운 데까지 미쳤다.

이런 대립된 주장을 조절하기 위해 동로마의 황제 테오도시우스 2세 (Theodosius II, 401~450)가 소아시아의 에페소스공의회(431)를 소집했다. 이 공의회는 마리아의 성격에 관한 논쟁에서 출발해 다시 예수 그리스도의 성격 규정에까지 이른 논쟁으로 일어난 것이다.

일은 지저분하게 꼬였다. 알렉산드리아 학파의 키릴로스(Kyrillos, ?376~444)는 네스토리오스를 지지하는 안티오키아 총주교의 회의 도착이 늦어지자 자파에 속하는 200명의 주교들만으로 네스토리오스를 파문하고 '신의 어머니'를 선언해버렸다. 며칠 늦게 도착한 네스토리오스 지지파는 또 자파들만으로 키릴로스와 에페소스의 주교를 파면·파문했다. 그러자 황제는 네스토리오스와 키릴로스를 둘 다 파면해버렸다.

이 공의회로 예수 그리스도의 신성과 인성이 존재론적으로 일치함이 승인되었다. 네스토리오스 학파는 에페소스공의회에서 이단으로 규정되었다. 그러자 수천 명의 시리아 사제와 신도들이 들고 일어나서 그를 패퇴시킨 비잔틴 정부에 저항하고 그들의 민족주의에 불을 지폈다. 정부 측의 박해는 극심해서 많은 네스토리오스파는 페르시아로 피했다. 페르시아는 조로아스터교가 국교임에도 불구하고 이들이 의학과 천문학에 조예가 있으므로 이들을 받아들여서 궁전 가까이에 살게 했고, 사제들은 페르시아 각지에 그리스도교를 선교했다. 그들은 그곳에서 그리스철학을 시리아어로 번역하고 그리스 과학을 진작시켜 아라비아 철학과 과학의 기초를 닦았다. 이것이 중국에 전해져서 경교(景敎)가 된다.

칼케돈공의회 한 20년은 조용히 지나갔다. 그러다가 콘스탄티노폴리스 근교의 수도원장 에우티케스(Euthyches, 378~454)가 예수 그리스도의 단성론을 강하게 주장하고 나섰다. 그는 반네스토리오스주의자로 키릴로스를 열렬하게 지지했다. 예수 그리스도는 수육 이전에는 두 개의 본성(신성과 인성)을 가지고 있었으나 수육 이후에는 하나로 되었다는 것이다. 즉 수육 이후에 신성이 인성에 흡수된 것이다. 그리스도의 육신은 보통 인간의 육신과 다르게 살아 있을 때는 인성이지만 죽은 뒤에는 신성이라는 것이다. 수육 이전과 수육을 거친 이후의 본성이 달라진 것이다. 그렇게 되면 그리스도의 가현론으로 돌아가게 될 뿐 아니라 부활과 인간의 구원이 불가능하게 된다. 이 단성론은 콘스탄티노폴리스 총주교 플라비아누스(Flavianus)에 의해 이단으로 규정되었다. 단성론자들은 칼케돈 공의회에서 황제의 압력으로 비난받고 페르시아로 피했다. 이것은 바로 앞에서 소개했다.

그러나 얼마 뒤 알렉산드리아의 총주교 디오스코루스(Dioscorus)는 이 단성론을 지지하고 황제 테오도시우스 2세를 꼬드겨서 에페소스 교회 회의를 소집하게 하여 반대로 플라비아누스를 퇴위시켰다. 이것을 에페소스 강도 회의라고 한다.

이에 한 나라, 한 종교라는 종래의 이념에 따라 그리스도론에 종지부를 찍고자 마르키아누스 황제(Marcianus, 396~457)는 콘스탄티노폴리스에 가까운 칼케돈에서 공의회를 개최했다(451). 이 공의회는 주교가 600명이 참석한 규모가 가장 큰 공의회인데 로마 교황 측에서는 사자 3명과 기타 2명만이 참석했다. 여기에서 채택된 것이 칼케돈 신앙 정식(信仰定式)이다.

이 신조의 내용은 오늘날 우리가 일반적으로 믿는 성부, 성자, 성령이 하나라는 삼위일체론과 예수 그리스도는 신이면서 동시에 인간이라는 신인론, 즉 양성론이다. 예수 그리스도는 신의 어머니, 성 처녀 마리아에게서 태어났다는 것이다. 그리하여 칼케돈파라고 하면 그리스도 양성론을 주장하는 파를 가리킨다. 이 칼케돈공의회의 결정으로 그리스도 단성론을 주장하는 알렉산드리아파는 영구히 활동할 수 없게 되었다.

그럼에도 동방에서는 그리스도의 성격과 관련해서 단성론과 양성론이 하나로 통일되지 못하고―반면 서방에서는 테리툴리아누스 이후 삼위일체와 그리스도 양성론으로 통일되어 있었다―지리멸렬하여 장차 동서의 교회가 분리되는 먼 원인의 하나가 되었다는 것도 잊을 수 없다.

4. 교황과 교회의 권력 확장

이상은 콘스탄티누스 대제에 의해 수도가 콘스탄티노플로 옮겨간 뒤 그리스도교가 내적 진통을 겪으면서 교의를 확립한 사정과 과정을 주로 네 차례의 공의회를 통해 서술한 것이다. 공의회는 모두 황제가 동방 지역에서 소집했다. 그리스도교를 공인하고 국교화했을 뿐 아니라 공의회를 소집하고 교의를 선포한 것은 황제였다. 그러니 교회에 대한 황제의 권위는 절대적일 수밖에 없었다. 이것은 동로마의 경우다.

이와는 반대로 로마를 중심으로 한 서로마제국에서는 4세기 후반부터 이탈리아 반도와 이베리아반도를 향해 게르만족이 움직이기 시작했다. 로마를 중심으로 보면 라인 강을 경계로 서북쪽에서는 4세기 말부터 게르만족이 이동하기 시작했고, 도나우 강을 경계로 하는 동쪽에서는 훈족의 빈번한 경계선 침범이 로마를 괴롭혔다. 그 대표적인 것이 훈족 아틸라 왕(Attila, ?406~453)이다. 이런 외적과의 싸움으로 로마의 국력은 극도로 피폐해졌다. 그런 상황 속에서 흔히 일어나기 쉬운 것이 내적 결속의 이완과 분열이다. 연속된 군인 황제의 등장과 암살, 동서 로마에 각기 정제와 부제를 둔 것 등은 이를 표출한 한 예다. 자력으로 외침을 막을 능력이 소진된 서로마는 아이러니컬하게도 게르만족에게 로마 영토 내 거주를 허용하고 그들을 용병으로 기용하여 외적을 막도록 했다. 이이제이(以夷制夷)인 셈이다. 그러다가 용병 대장 오도아케르(Odoacer, 435~493)에게 멸망당했다. 476년의 일이다. 이보다 훨씬 이전에 이미 서코트족은 스페인에 침입하여 왕국을 세우고, 카르타고에는 반달 왕국이 외족에 의해 세워졌으며, 앵글로색슨족은 브리타니아에 침입했다. 정치와 군사권은 라틴족에서 게르만의 각 종족으로 넘어간 것이다.

타종교와 이교에 대한 탄압에 교황청은 더러 황제를 개입시켰으며, 민족 이동의 혼란기에 키비타스(Civitas, 도시 중심 질서 체제)가 자치 능력을 상실하자 교회는 국가 업무를 인수하는 데까지 나아갔다. 즉 키비타스의 중심에는 사교좌(司敎座)가 설치되었는데, 이것은 포교의 중심으로 기능하면서 빈민 구제와 도시 제반 시설의 보존 및 공공질서 유지를 담당했으며, 이를 위해 황제로부터 사법권을 획득하기도 했다. 교회는 행정권과 사법권을 장악한 것이다.

그런 와중에 그리스도교는 매우 빠르게 확장되어갔다. 새로 로마의 주인이 된 게르만의 각 종족은 세례를 받고 그리스도교에 입교한 것이다. 그리스도교는 도나우 강, 세느 강, 라인 강을 넘어 북쪽 브리타니아에 이르는 영역으로 확대되었다. 정권은 게르만족에 넘어가고 교권은 라틴계에 속해 있으나, 신앙은 게르만족 사이로 확산된 것이다. 게르만족의 대이동 과정에서 그리스와 로마의 고전적 문물은 완전히 황폐화되었다. 6~9세기에 이르는 그들의 이동 시기를 암흑시대라고 한다. 고대의 문물을 그나마 간직하고 있던 것은 교회다. 그 과정에서도 특히 로마 교회는 수위 교회로서 다른 교회에 비해 정치적으로나 재정적으로 우월한 형편에 있었다. 새로 주인이 된 게르만족은 무식해서 공문서를 읽을 능력도 없었다. 행정과 정치도 교회의 지도를 받지 않을 수 없게 되었다. 그래서 카롤루스 대제(Carolus Magnus, 742~814)는 시골에 묻혀 있던 그리스도교의 사교를 모셔다가 문명 퇴치 운동을 일으켰다. 이것이 중세 르네상스(또는 카롤링거 르네상스) 운동이고, 여기에서 비로소 고유한 중세 교육과 문화, 스콜라철학이 싹튼다. 그러니 중세 문화는 어쩔 수 없이 게르만이 로마화한 그리스도교 중심의 것이 되지 않을 수 없었다. 황제와 교황은 서로 협력해야 했다. 황제는 그리스도교에 귀의하여 교황령을 헌납하고 교황에게서 대관을 받았다. 로마 교황청은 군대를 갖지 않을 뿐 독자적 영토를 갖는 국가가 된 것이다. 교황의 권력이 강해질 수밖에 없다.

5. 교권과 왕권의 길항 관계와 교권의 부패

그리스도교는 공인되고 국교가 되었을 뿐 아니라 굉장히 많은 혜택을 받았다. 그러나 이런 지원으로 인해 폐단도 함께 생겼다. 신을 등에 업은 종교의 권위에 세속의 권력이 가해졌으니 그리스도교는 세상에 불가능한 것이 없게 된 것이다. 세속을 초월해야 할 교황이 전 유럽의 군사 동원에 개입하는 데까지 이르렀다. 십자군 동원이 그것이다. 이것은 뒷날 교회 부패의 원인으로 작용했다. 아래의 서술은 교황과 황제가 유착과 이반을 거치면서 그리스도교가 어떻게 세속의 지배권을 행사하게 되었으며 어떻게 부패해갔는가를 추적한 것이다.

교권과 왕권의 길항 관계 중세를 본격적으로 개창한 카롤루스 대제는 게르만족으로서 라틴족이 지배하는 교황청의 보호가 필요했던지 교황청에 일부 영토를 봉납하고 교황의 집행하에 황제 대관식을 가졌다. 그 뒤 황제의 비호하에 성직자와 교회의 소유지는 국가에 납부해야 하는 세금을 내지 않게 되고, 수도원은 소유지(장원)에서 나오는 수입으로 능히 유럽의 어느 제후보다도 그 재정이 튼튼해졌다. 봉건적 장원제도가 확립된 뒤 교회와 성직자들은 많은 토지를 소유하여 큰 재력을 누렸다. 서양 중세 시대에 이슬람은 중동과 북아프리카, 지중해, 이베리아반도와 일부의 남프랑스 지역을 석권하고 중앙아시아까지 진출했다. 유럽의 동쪽에는 비잔틴제국이 버티고 있었다. 이 시기 유럽은 대륙 안에 갇혀서 지중해에 깔때기 하나 띄울 수 없게 되었다. 땅에 의존해서 살려니 어쩔 수 없이 장원제도가 개발된 것이다. 게다가 승려 계급과 귀족, 그 비호를 받고 있는 무사계급은 농민을 시켜 농사를 짓게 되었다. 이로 인해 농노 제도가 장기간 정착되었다. 이것이 옹색한 서양 중세의 실상이다.

게르만족의 대이동기에 모든 국가 조직과 행정, 문물이 황폐해진 바탕에 그나마 질서와 문물을 유지하고 있던 것은 교회와 승직자들뿐이었다. 왕권이 쇠퇴한 중세 봉건시대에 교회는 전 세기에 걸쳐 유럽 전체에 지적·행정적·문화적·경제적 질서를 부여하는 거대 조직으로 발전했다. 유럽은 이 시대에 비로소 그리스도교라는 하나의 정신으로 통합되었다. 그뿐 아니라 중세 르네상스가 승려와 교회 중심으로 이루어진 뒤로 중세 학문 체계는 그리스도교적으로 편제되어 신학은 최고의 지위를 차지하게 되었다. 성서 문구는 법정의 법률과 같은 효력을 가졌다. 교회는 신에 의해 보장된 조직체이며 구원도 오직 교회를 통해서만 가능하기 때문에 지상의 세속적 권력이 감히 침범할 수 없는 초월적 존재임을 부인할 수 없다. 교권이 극한적으로 확대된 역사적 예는 1077년 하인리히 4세(Heinrich IV, 1050~1106)가 승직 임명권을 주장하다가 교황 그레고리우스 7세(Gregorius VII, ?1020~1085)에 의해 파문되자 이탈리아 북쪽에 있는 카노사의 성문 앞에서 3일 동안 맨발로 눈 속에 서서 사죄해 가까스로 파문을 철회받은 일이다. 1215년 교황 인노켄티우스 3세(Innocentius III, 1161~1216)는 "교황권은 태양 같고 황제권은 달 같다"는 말로 교황권을 우위에 놓았다. 14세기 초 교황 보니파티우스 8세(Bonifatius VIII, ?1235~1303)는 국가에 대한 교회의 우위와 교황권의 절대성을 주장하는 교서를 발표했다. 군주는 교황에게 납세했다. 교회는 아무것도 두려울 것이 없고 못할 일이라고는 없는 조직체로 형성되었다. 그러나 종교가 지배하는 세상에서는 이성이 유폐되지 않을 수 없다.

권력과 돈은 도를 넘으면 반드시 부패하는 것이 역사의 법칙이다. 교황청의 부패는 극에 달하여 교황직을 귀족들이 독점해 마치 개인 재산처럼 상속하는가 하면 어떤 때는 동시에 교황이 3명인 경우도 있었다. 하인리히 3세는 3명의 교황을 면직시키고 또 새 교황을 임명하는 등 교황 임명에 직접 개입했다. 이런 상황 속에서 왕권도 교권도 경쟁하듯이 부패의 수렁에 빠져들었다.

그레고리우스 7세 이후 교황들은 개혁을 통해 권위를 회복했고 그만큼 권력도 증대해졌다. 교황 인노켄티우스 3세 때 교황의 권력은 절정에 달했다. 십자군 원정은 중세의 국제전이다. 그러나 십자군 원정은 실패했고 결과적으로 엄청난 재정적 결핍을 초래했다. 이를 메우기 위해 교황들은 온갖 방법으로 인민을 수탈하는 타락의 나락으로 떨어져갔다. 교회의 부패는 교회가 세속에 개입하면서 시작된 것이다.

교황의 아비뇽 유수 1302년 프랑스의 왕 필리프 4세(Philippe Ⅳ, 1268~1314)는 국가의 재정난을 해결하기 위해 삼부회(승려, 귀족, 도시의 대표자로 구성)를 통해 교회령의 면세권 폐지를 결의하여 교황의 교서에 대항했다. 교황은 왕을 파문했으나, 왕은 무력으로 교황청을 로마에서 프랑스의 아비뇽으로 옮기고 그곳에 교황을 감금했다. 이것을 75년간(1302~1377)의 교황의 아비뇽 유수라고 한다. 이 기간에 교황이 군주에게 고분고분하지 않으면 군주는 다른 교황을 로마에 임명하곤 해서 교황이 동시에 둘 또는 셋이 되어 서로 대립하는 기현상이 벌어졌다. 아비뇽 유수는 교황의 역사에 치명적인 불명예로 기록되고 있다. 이 시기에는 승직을 매매하는 것이 관행처럼 되었으며, 추기경들도 자기에게 유리한 인물을 교황으로 옹립했고, 교황은 자기 마음에 드는 사람을 후계자로 삼기 위해서 자기 뜻을 받들어줄 추기경을 다수 임명하곤 했다. 좋은 가문에서는 대를 이어 교황을 배출했다. 교황의 타락은 세속 군주의 타락을 능가했다.

교권의 부정부패 중세에 그리스도교는 생활 양식과 사회 규범 등 문화 전반을 그리스도교 일색이 되게 만들었다. 오늘날 유럽의 도처에 남아 있는 그 많은 성당의 대부분은 가난하던 중세기에 만들어진 것들이다. 그만큼 수탈도 심했다. 성직자들은 사람들의 생활을 전반적으로 규제하여 신앙 만능을 연출하기도 했다. 십자군과 프랑스의 16세 소녀 잔다르크(Jeanne d'Arc, 1412~1431)의 구국 전쟁은 그러한 종교의식의 대표적 표출이다. 교회는 돈이 필요하면 마녀사냥과 면제부 발매를 통해 얼마든지 거두어들이고는 했다. 또한 도처에 굉장히 많은 재산도 확보했다. 교회는 사실 온갖 범죄의 소굴처럼 되어버렸다.

중세의 유럽인들은 어쩔 수 없이 그리스도교 신자가 되어 한편으로는 세속의 군주와 영주에 예속되고 또 한편으로는 교회에 예속되었다. 전자에게는 토지 임대로 예속되고, 후자의 경우 실제로는 질병 치료와 행운을 위한 기도밖에 없었음에도 예속되지 않을 수 없었던 것이다. 신자들은 교회 소득의 10분의 1 징수(십일조dime, tithe)를 의무로 알았다. 일요일만이 아니라 교회는 될 수 있는 대로 특별한 행사의 날을 많이 마련해 헌금을 걷는 기회로 이용했다.[22] 교회는 신자들이 토지를 헌납한 것처럼 위조문서를 만들어서 남의 토지를 갈취했으며,[23] 국왕과 영주의 대립에 개입하여 이를 정략적으로 이용해 토지 소유를 증대시켰다. 봉건시대 동안

---

22 1978년 한국일보 라이프 인간 세계사 시리즈의 《종교개혁》 35쪽에는 다음과 같은 기록이 있다. "루터 시대의 교회는 명확한 영토는 갖지 않았으나 하나의 국가를 이루고 있었다. 이 국가에는 교황이라는 군주가 있고 고위 성직자라는 제후가 있었으며 서구의 모든 기독교국은 그 신하였다. 종교 회의라는 입법부가 있고 교회법이라는 헌법이 있었으며 교황청이 법원과 재무부를 겸하고 있었다. 교회는 전쟁도 하고 조약도 체결하며 세금도 징수하는 국가였다. [……] 교회는 국왕들로부터 해마다 공납금을 걷고 있었다. 사교들도 취임할 때는 교회에 취임료를 바쳐야 했다. 교회당의 건립, 전쟁, 그 밖에 무수한 일을 구실 삼아 교회는 갖가지 방법으로 세금을 징수하고 있었다. 교회의 괜찮은 수입원으로 사면권이 있었다."

23 일본의 마르크스주의 사회학자 하야시 다쓰오(林達夫)는 18세기 브르타뉴의 한 승원의 고문서를 조사한 어떤 베네딕트파 승려가 1,200통의 차용증서 중 800통은 명백한 위증문서이고 나머지 400통의 문서도 과연 어느 것이 진짜 증서인지 확인할 자신이 없다고 한 증언을 기록하고 있다. 그는 또 교회 소유의 토지가 전 그리스도 국가 영토의 3분의 1에 달했다는 증언(Boissonnade, *Le travail dans l'Europe chrtienne au moyenge*, 102쪽)을 인용하고 있다.(林達夫, 《社會史的思想史》, 岩波書店, 1960, 102쪽 참조)

교회의 토지 소유는 전 그리스도 국가 소유의 3분의 1 면적에 달했다고 한다. 그 유명한 마녀사냥은 교회가 재산을 수탈하는 한 방법이었다. 세 마리 이상의 가축을 가진 농민이 죽으면 영주는 유족들이 경황없어 하는 그 장례 기간에 그중 제일 좋은 것을 차지하고 사교는 그다음으로 좋은 것을 취했는데 이것을 상속세(heriot) 또는 장례세(mortuary)라고 했다. 만일 영주가 사교를 겸하게 되면 한꺼번에 두 가지를 다 취한다.

교황의 부도덕은 상식을 넘어섰다. 교황은 자기의 조카를 교황으로 만드는 일을 다반사로 했고, 여러 정부를 두어 9명의 사생아를 낳은 교황도 있었다. 교황이 되기 전에 사생아를 낳은 사제는 한둘이 아니었다. 성직자들로 하여금 결혼을 못하게 한 것은 훨씬 뒤의 일이다. 어떤 교황은 자기가 교황이 된 것은 인생을 실컷 즐기도록 신이 허락한 것이라고 하면서 사치와 낭비로 교회 재정을 탕진했다. 그러한 재정 궁핍을 메우기 위해 이용된 것이 예컨대 마녀사냥과 사면권의 발동이었다.

게르만족의 대이동 이후, 특히 암흑기를 거치면서 대부분의 성직자들은 거의 문맹인이 되어 교부 시대에 이루어진 교의에 관해서도 아는 바가 없었다. 카롤루스 대제에 의한 중세 르네상스를 거치면서 겨우 문자를 해독하는 정도에 머물렀을 뿐이다. 하물며 일반 백성의 무지는 말할 처지가 못 되었다. 이런 무지 위에 교황청과 교회의 수탈이 자행되었다.

봉건시대 장원제 아래의 농민은 영주와 교회 양쪽에서 수탈되었다. 이농 현상이 생기지 않을 수 없었다. 이들은 떠돌이 장사꾼이 되어 모여 다니다가 한곳에 모여 살게 되었는데 이것이 근대 도시의 시작이다. 근대 도시는 처음부터 상업 도시였다.

종교가 세속에 개입하게 되면 그 사회는 건전성을 잃는다. 그런 예를 우리는 역사 속에서 숱하게 본다. 중세 말기 교황청의 죄악과 부패는 루터와 칼뱅에 의한 종교개혁을 초래하고, 결과적으로 전통적 양식과는 전혀 다른 새로운 양식의 문화를 갖는 세상을 만들게 된다.

이단자에 대한 극단적 처단 종교는 모든 사람이 두려워하는 죽음과 죽음 이후의 상벌(천당과 지옥)로 인간에게 겁을 주는데, 특히 그리스도교는 이교도나 이단자를 극형에 처함으로써 신자들이 교회와 성직자에 복종하지 않을 수 없게 했다. 세속적 미덕은 신 앞에서는 악덕일 수 있다. 세례 받지 않고 죽은 어린이는 지옥을 떠도는 영혼이 된다고 가르친다.

11세기에 들어 이단에 대한 교황 인노켄티우스 3세의 무차별적 분살과 교살의 단죄는 극에 달했다. 이단자 적발 제도는 교황 그레고리우스 9세(Gregorius IX, ?1165~1241)에 의해 창설되었다. 처음에는 수도사에게 전권을 주어 고발하도록 했으나, 시간이 지나 인노켄티우스 4세(Innocentius IV, ?~1254)는 전 유럽인으로 하여금 이단자를 고발하도록 하는 교서를 발표했다(1252). 여기에 황제 프리드리히 2세(Friedrich II, 1194~1250)가 가세해 자기 영토 안에 이 법령을 포고했다. 고발자에게는 증언이 유리하게 허용되었고, 피고에게 불리한 유대인·모리스코인·하층민 등의 증언은 채택되고 유리한 증언은 허용되지 않았다. 죄인을 분살할 장작을 기증하는 자에게는 면죄부가 주어졌다. 이단으로 지목되면 분살형에 처해지고 재산은 몰수되었다. 교회는 손에 피를 묻힐 수 없으니 처벌 행위는 관헌에게 맡겨졌다. 이런 이단 심문의 연장선상에서 마녀재판이 자행되었다는 것은 알려진 일이다. 마녀재판은 교회의 재정을 충당하는 수단으로 돈 많은 과부를 마녀로 규정해 화형으로 처단하고 재산을 몰수하는 재판이었다. 이것을 마녀사냥이라고도 한다.

교회와 교황청의 부정, 부패, 타락, 권력 남용의 극한에서 생겨난 것이 일반 백성을 대상으로 한 면죄부 발매다. 율리우스 2세(Julius II, 1443~1513)는 성 베드로 대성당 재건을 위해 면죄부라는 엄청난 사면권을 발동했다. 면죄부를 사기만 하면 십자군 원정에서 죽은 영혼도 장차 죽을 영혼도 지옥에서 벌떡벌떡 일어나 천당으로 간다고 교설한다. 살아서 신을 잘 모시지 않은 자는 죽어서 지옥에 떨어진다는 설교는 당시의 무식한 농민들을 위협하는 유용한 수단으로 이용되었다. 도미니코 수도사인 요한 테첼(Johann Tetzel, ?1465~1519)이 독일 농민들에게 특별 면죄부를 팔기 위해 벌인 설교 활동은 농민 수탈에 있어 특히 유명했다. 이를 보다 못한 아우구스티누스 수도회 소속 신학 교수 루터(Martin Luther, 1483~1546)가 연 종교개혁의 단서는 다 아는 일이다. 그러나 루터가 보인 개혁의 단서가 곧 교의에 대한 이성의 반항은 아니었다. 종교개혁의 방면에 주목하면 루터보다는 칼뱅 쪽이 더 주체적이고 적극적이며 실천적이라고 말할 수 있다.

6. 중세 암흑기의 빛과 그림자

면죄부 판매라든가 마녀재판 따위의 반이성적 착취가 가능했다는 것은 그만큼 인지가 발달하지 못했음을 반증한다. 무지한 자는 사태를 정확하게 파악하지도 못하고 그런 착취에 반항하지도 못한다. 성 아우구스티누스조차 병은 악마가 퍼뜨리는 것으로 알았고, 이것은 루터도 마찬가지였다. 과학 연구를 주창한 로저 베이컨(Roger Bacon, 1214~1294)은 장기간 옥에 갇혔고, 화학의 원형인 연금술은 악마의 기술로 간주되었으며, 18세기 종두법은 수녀들에 의해 거부되었다. 인체 해부는 부활을 가로막는 것이라 하여 부정되었다. 19세기 후반까지 종교는 과학의 발달을 가로막았다. 중세사가들은 흔히 '암흑시대'를 게르만족의 대이동기(6~9세기)로 한정하지만 그것은 중세인의 무지를 게르만족에게 전가시킨 신학자들의 간계이고, 사실은 과학 연구가 거부되었던 중세 천 년이 그대로 암흑시대다. 이성이 검은 그림자에 가리우고 종교적 맹목이 세상을 뒤덮으면 그것이 곧 암흑세계인 것이다.

이후 이슬람이 번역을 통해 가져간 고대 그리스 과학과 인문주의 문명과 문화를 다시 라틴어로 번역해 르네상스의 기운을 키우게 된다. 그리고 그런 과정에서 13세기에 아라비아를 거쳐서 아리스토텔레스의 자연학이 전해지면서 과학적 사유가 조금씩 움을 틔웠다. 토마스 아퀴나스

(Thomas Aquinas, 1224~1274)는 아라비아의 철학자 아베로에스(Averroës, 1126~1198)의 영향 아래 아리스토텔레스의 철학(이성)으로 그리스도교 교리(신앙)를 해석하고 체계화함으로써 합리주의의 작은 싹을 틔웠다. 비 잔틴제국이 오스만 터키에게 멸망당하자 그곳에 있던 고전학자들이 이 탈리아로 이주했고, 그들에 의해 이탈리아를 중심으로 고대 인문주의가 부활하여 르네상스 운동이 일어났다. 또한 이에 힘입어 헬레니즘 시대의 과학 사상도 재생되었다. 여기에 16세기의 과학 정신이 이어지면서 학문 과 사상의 자유가 되살아나는 계기가 되었다.

이것은 중세 그리스도 밀레니엄을 지성(과학)의 면에서 본 것이다. 그 러나 인생은 지적으로 열등하다고 해서 반드시 불행한 것은 아니다. 인 간의 행과 불행은 삶의 질 문제이므로 지식의 유무와는 상관없는 것이 다. 더러는 덜 아는 것이 인간을 덜 불행하게 하는 수도 있다. 사랑과 결 혼, 출생의 신비와 행복이 반드시 지식의 유무와 관련되는 것은 아니기 때문이다. 문명의 혜택을 많이 입고 생활이 편리해진 현대인이 고대인보 다 반드시 더 행복한 것은 아니다. 중세는 중세대로 더러는 먹장구름 사 이에서 햇볕이 내비치듯이 아름답고 화려한 삶의 장면도 가지고 있었다. 호이징가(Johan Huizinga, 1872~1945)의 《중세의 가을(Die Herbst des Mittelalters)》(1819)은 이것을 잘 보여주고 있다. 가을은 황혼기, 즉 말기를 가리킨다. 《중세의 가을》은 교황과 황제의 대립으로 정치적으로 어수선 하고 십자군 원정으로 매우 심란한 12세기 프랑스 부르고뉴 지방의 생활 과 문화를 사랑, 기사도, 죽음, 신분, 신앙, 예술, 언어와 그림 등 22개 항 목으로 나누어서 서술한 것인데 그런 문화의 실상은 마치 석양 노을처럼 아름답기 그지없다. 그 속에서 사는 사람의 삶의 애환이 아름답지 않을 수 없으리라. 특히 세상과 사람의 삶은 아름다운 눈을 가진 사람이 보면 아름답기 그지없는 것이다. 중세가 지적으로는 열등했지만, 삶의 애환에 는 여느 시대 어느 사회와 마찬가지로 빛도 있고 그림자도 있었다. 급격한 변화에 적응하기 힘겨운 사람들은 시간의 흐름이 느긋하던 그 시대가 그리울 수도 있을 것이다.

7. 신앙과 이성의 분리

모든 종교는 제각기 독자성을 가지고 있기 때문에 신앙 일반을 한 묶음으로 말하는 것은 옳지 않다. 특히 그리스도교는 절대자에 귀의하여 구원을 얻고 내세까지도 보장받는 계시 종교로 알려져 있다. 그 절대자는 만유를 창조했을 뿐 아니라, 수시로 역사적 세계에 간여하고 개개인의 삶에 직접적으로 영향을 미치며 마침내 인류의 종말을 결정하고 심판하는 인격신이다. 그리스도교의 신은 인격신이라는 것에 유의할 필요가 있다. 서양 중세의 정치는 그 신의 권위를 배경으로 하는 데 더하여 지상의 권력마저 향유하는 체제를 지니고 있었다. 그것은 신정 체제와 다를 바 없는 체제이기도 했다.

신앙이 절대화되고 세속의 권력을 획득하여 이데올로기화하면 그 권력과 권위는 부패하지 않을 수 없다. 그런 부패에 저항하는 것은 이성이다. 이성은 모든 것이 합리적이기를 바란다. 이성은 종교의 저러한 입장에서 보면 매우 성가신 적이요, 탄압의 대상이 되지 않을 수 없다. 여기에서 양자 사이의 길항이 생긴다. 신앙이 천 년 동안 전 유럽을 지배한 서양 중세기는 이성의 유폐기다. 이성이 유폐되면 사상은 노예화되고 이데올로기가 되며 지식은 암흑 속에서 숨을 죽인다.

이런 길항 관계를 청산하려면 신앙과 이성, 권위와 진리는 서로 간섭하지 않는 상호 무관심으로 갈라설 수밖에 없다. 이성은 진리를 구하는 데 반해, 신앙은 진리의 사항이 아니라 절대자에 대한 믿음이다. 진리라는 개념을 함께 사용하더라도 그 내용이 전혀 다르다. 현대인은 사후에 천당에 가기 위해서 신을 믿기보다는 신에 귀의함으로써 세속에 대해 초연한 마음의 평정을 얻고자 한다. 이것이 현대인의 종교관이다.

Ⅲ. 근대 과학과 사상·학문의 자유

헬레니즘 시대에 태양 중심적인 천문학이 없었던 것은 아니지만, 중세를 일관하여 태양 중심 사상은 죽어지냈다. 이 사상이 다시 숨을 쉴 수 있게 된 것은 폴란드 출신으로 이탈리아에 유학한 바 있는 코페르니쿠스 (Nicolaus Copernicus, 1473~1543)가 1543년 태양 중심 사상을 제기한 덕택이었다. 브루노는 이것을 지지하는 논설을 전 유럽의 이곳저곳에 퍼뜨리고 다니다가 붙잡혀서 교황청의 재판에 회부되어 화형에 처해졌다. 그의 죽음은 정확하게 말하면 사상적 자유의 희생인 것이다. 이 일이 유명해진 것은 그가 저명인사였기 때문이었지만, 그 외에도 유럽 각지에서 희생된 사상가와 과학자는 많다. 코페르니쿠스에 이어 이탈리아의 수학자 갈릴레오가 역학적 실험으로 태양 중심설을 지지하고, 독일의 브라헤 (Tycho Brahe, 1546~1601)와 케플러(Johannes Kepler, 1571~1630)는 관측을 통해 이를 증명했다. 이런 추세에 철학에서도 데카르트, 베이컨, 로크 등의 거장이 등장해 과학적 연구를 전폭적으로 지지하게 되었다. 일찍이 아베로에스는 궁색하게도 신학적 진리(계시)와 과학적 진리를 다 같이 진리로 인정한다는 이중진리설을 주장한 바 있으나, 16세기에 이르러 과학적 자연 연구(천문학)는 중세 천 년을 지배해온 아리스토텔레스와 프톨레마이오스(Claudios Ptolemaeos)의 지구 중심적 우주관을 거부했다. 이제 과학과 종교는 각기 제 갈 길을 찾아 나서게 되었다. 과학적 자연 연구는 뉴턴의 수리 역학적 천문학으로 1차 과학 혁명을 성공시켰으며 수학적 자연과학이 학문의 전형이 되도록 했다. 이 모든 것은 근대의 사상과 언론의 자유의 승리인 것이다.

17~18세기의 대표적 철학자와 과학자들은 파스칼(Blaise Pascal, 1623 ~1662)을 제외하고는 거의 이신론자였다. 이신론이란 자연신은 인정하지만 계시적 인격신은 인정하지 않는 신관을 가리킨다. 자연을 창조하고

자연 법칙으로 우주를 지배하는 신에 대한 믿음이 이신적 신앙이다. 이 신론은 그만큼 과학 쪽에 기울어져 있다. 그렇다고 그들이 종교를 부정하거나 교황에 대립각을 세우는 무신론자는 아니므로 이단이라고 처벌할 수도 없었다. 이런 이성의 승리를 자축한 것이 프랑스의 계몽주의 운동이었고, 그 영향하에서 폭발한 것이 앙시앵 레짐(ancien régime)을 거부한 프랑스 대혁명이다.

사상적 자유주의자들은 초자연적 계시의 정체를 폭로하는 것으로 종교에 대항했다. 그들은 성서 속에 숨어 있는 모순과 당착, 부도덕하고 비이성적인 요소를 척출했다. 그렇게 함으로써 이성과 합리주의의 진리성을 확보하고자 한 것이었다. 사실 성서에 대한 비유적·신화적 해석을 걷어내고 문자대로 해석한다면 그 문서는 불합리하기 그지없는 것이다. 사도신경을 정말로 믿을 사람은 아무도 없다. 성직자들은 영성을 말하지만 그것이 도대체 무엇이란 말인가? 영성의 결정체가 성서일텐데, 마치 이성이나 감성에 의존하듯이 성서에 의존하란 말인가? 성서에 나타난 신의 계시 또는 기적에 대한 믿음의 강요는 이성 모독이다. 19세기의 과학적 발견은 이러한 성서 불신을 더욱 가중시켰다.

이제 과학은 신앙에서 해방되어 독자적 발전을 이루게 되었다. 과학은 사실의 진리를 실험을 통해 객관적으로 증명하는 학문 체계다. 그것은 가장 보편적이어서 오늘날 누구도 과학과 과학적 진리에 대해 이의를 제기하지 않는다. 이에 비하면 종교는 증명 능력이 현저하게 떨어진다. 더욱이 근대 과학 혁명 이후 과학과 기술은 세계의 질서를 몽땅 바꾸어놓았다. 현대인은 과학기술에 의존하지 않고는 단 하루도 살 수 없을 만큼 그것에 예속되어 있다. 그만큼 종교는 사실의 진리에서 멀어지고 있다. 선진국에서 신자의 수가 현저하게 감소하는 것은 이런 추세를 보여준다.

달리 말하면 그것은 현대란 뿌리 없는 세속적 대중문화의 시대임을 시사한다. 종교가 없으면 그만큼 대중의 심성이 황폐해지는 것이 사실이다. 그러한 심성은 오락과 대중 연예물, 섹스와 스포츠, 마약의 환각과 도박 등에 열광하게 된다. 이런 현상을 목도하면 현대의 철학적 과제가 무엇이어야 하는가 하는 문제에 당도하지 않을 수 없다.

IV. 자유의 한계

우리는 이상에서 자유의 문제를 사상 및 언론의 측면과 신교의 측면에서 살펴보았다. 자유는 불가피하게 이기적 경향과 야합한다. 그리하여 자유가 무한히 용인되면 사람들은 이기주의자가 되게 마련이다. 고대 중국의 춘추시대에 양주는 남을 위해서는 머리카락 한 올도 뽑아줄 수 없다는 철저한 이기주의를 주장한 바 있거니와, 이것은 당시의 사회적 정세가 이런 주장을 펼 수 있을 만큼 자유로웠다는 것을 함축한다. 사회 정세가 경색되어 있었더라면, 가령 북한의 독재 체제하에서처럼 폐쇄되어 있다면, 이런 주장은 감히 내세울 수도 없을 것이다.

자유 지상주의는 곤란하다 현대 미국의 자유주의는 개인의 자유를 무한히 허용하고 있다고 말할 수 있다. 그 단적인 증거로 우리는 로버트 노직(Robert Norzick, 1938~2002)의 자유 지상주의를 들 수 있다. 그는 야경국가 이론을 받아들여 국가권력은 최소화되어야 하고 반면에 개인의 권리와 자유는 무한히 허용되어야 한다고 주장한다. 한 예로 그는 농구 선수로 유명한 마이클 조던(Michael Jordan~, 1963)이 마지막 해에 벌어들인 3100만 달러 중 일부를 국가가 세금으로 걷어서 가난한 사람들을 위한 구호금으로 쓰는 것은 부당하다고 주장한다. 왜냐하면 그것은 그가 벌어들인 돈인데 국가가 그것에 개입하는 것은 마치 그의 인생 일부를 강제로 징발하는 것과 다름없기 때문이다. 그 점에서 노직의 자유 지상주의는 양주의 사상과 다를 것이 없다.

자유 지상주의는 모든 것을 당사자 본인이 책임질 것을 요구한다. 그것은 아프리카 사람들이 가난한 것은 그들이 게으르기 때문이라고 하는 것과 다를 것이 없다. 그러나 그들이 가난한 이유를 조금만 살펴보면, 그것은 그들이 나태해서가 아니라 일할 수 있는 여건이 안 되어 있기 때문이다. 또한 이것을 소급해서 생각하면 유럽인들의 강점과 착취, 억압에도 일부의 책임이 있다고 말할 수밖에 없음을 알게 될 것이다. 그뿐 아니라 노직류의 이러한 자유주의가 팽배한다면 미국이라는 공동체의 존립도 위협받는다는 것을 알아야 한다. 아무리 개인의 자유가 소중하다 하더라도 그가 속하는 공동체가 부서질 지경이 되어서는 곤란하다. 결과적으로 그것은 자유의 향유를 부정하기 때문이다.

마이클 조던도 미국 시민으로 태어났고 미국이라는 공동체의 보호하에서 성장해 그 환경 속에서 자기의 소질을 살려 훌륭한 농구 선수가 되었다는 것, 즉 그는 태어나면서 기존의 공동체와 암묵적으로 약속한 법의 보호하에 살고 있을 뿐 아니라 그 속에서 받은 혜택이 많다는 것을 알아야 한다. 그가 속하는 공동체가 없는 상태에서도 과연 조던이 있을 수 있을까? 그가 탁월한 농구 선수로 성장할 수 있게 하고 그 능력을 돈으로 환산하는 사회가 아니었다면 그가 그 큰 돈을 벌 수 있었을까? 개인의 자유와 권리도 공동체가 존재하는 한에서 가능한 것이다. 개인은 언제나 공동체 안에서의 개인으로 태어나고 자라서 국민 구실을 하는 것이다. 무중력 상태의 개인이란 존재할 수 없다.

공동체와 그 속의 개인은 상호 의무를 지고 있다. 공동체는 공동체를 수호하고 개인 생활의 안녕과 평화를 보장해야 할 의무를 지고, 개인들은 그 공동체의 의무를 수행하기 위해 거기에 순응해야 할 책임이 있다. 이것이 개인에게 의무가 부과되는 이유다. 이 양자는 루소가 말하는 일반의지로써 이미 약속한 것이다. 이 일반의지에 의해 비로소 공동체가 성립하고 그 속에서 개인의 안정된 생활이 가능하다. 어떤 개인이 그 공동체에 순응할 의지가 없다면 그는 시민권을 포기하고 다른 나라로 이민을 가야 한다.

나무는 땅 밖으로 나와서 하늘을 향해 성장하는데, 그 부분보다 더 크게 지하에도 뿌리를 내리고 있다. 즉 지상의 부분과 지하의 부분이 거의 같다. 그래야 그 나무가 균형을 잡아서 넘어지지 않는다. 자유에도 허용되는 만큼의 책임이 부과되어야 한다.

우리나라의 경우 민주화 이후에 특히 언론의 자유가 거의 무한정하게 보장되고 있다. 그렇다고 해서 아무런 근거도 없이 남을 비방하고 터무니없는 말을 지어내어 유언비어를 퍼뜨리면 공동체의 존립을 위해 처벌받아야 마땅하다. 대다수의 선량한 국민은 그런 사람들과는 더불어 살고자 하지 않는다. 가령 비속한 성적 표현을 해서 정서적으로 불쾌감을 야기한다든가, 공동체의 일반 관행에 어긋나는 부도덕한 언사를 함부로 발설한다든가 하는 것들은 제재되어야 한다.

우리나라는 북한 정권과 적대 관계로 대립하고 있는데, 이런 상황에서 북한의 체제를 찬양·고무하고 자기가 살고 있는 정부와 국가를 비방하는 사람이 있다. 그것은 자유의 한계를 넘어서는 것일 뿐 아니라 공동체의 존립을 부정하는 것이요, 동족애라는 명분으로 미화될 수 있는 것도 아니다. 그것은 스파이보다도 더 위험하다. 왜냐하면 스파이는 지정받은 정보만 전하지만, 이 경우는 자진해서 대중을 현혹·선동하는 이적 행위를 하여 공동체의 균열을 조장하기 때문이다. 이런 행위야말로 반국가적이다. 그런 이적 행위자는 그 체제 아래에 가서 살도록 우리나라에서 추방해야 한다. 자유의 허용 한계를 정하는 것은 현대 정치의 과제다.

신앙의 자유가 지나치면 악으로 변한다 신앙의 경우도 마찬가지다. 그리스도교 신앙은 초월적 신의 권위를 믿고 그것에 의존하는 것이다. 이것을 가로막는 것은 용납할 수 없는 일이로되, 그렇다고 특정 종교에 세속적 권력까지 위탁하게 되면 신앙은 무소불위의 상태가 되고 절대적 존재로 화하여 부패하게 된다. 우리는 그 생생한 예를 서양 중세에서 보았다. 우리의 경우 고려 왕조에서는 불교를 국교로 했지만, 불교에 세속의 권력을 실어주지는 않았다. 도리어 세자로 책봉되지 못한 왕자들은 출가하여 세속을 떠나 스님이 되도록 했다. 종교는 세속에 개입해서는 안 된다.

종교는 이성의 규제를 부분적으로 벗어나기 때문에 종교가 부패하면 그 피해는 이루 말할 수가 없다. 지금 우리나라에서 언론의 자유를 빙자하여 종교인이 세속의 정치에 간여하는 것을 보게 되는데 이것은 아름답지도 못할 뿐 아니라 종교의 본질에도 어긋나는 일이다. 물론 종교인도 국민의 일원이다. 그러나 그는 일반 시민이 누리지 못하는 특혜를 누리고 있다는 것, 그리고 그가 담당하는 소임은 일반 시민의 소임과는 다르다는 것을 알아야 한다.

아무리 신교의 자유가 허용된다 하더라도 미신을 믿거나 유사 종교를 믿도록 방치할 수는 없다. 미신은 근거 없이 기복만을 바라고 노력을 하지 않기 때문에 국민을 도탄에 빠뜨릴 수 있다. 유사 종교는 무지한 국민들을 현혹시켜서 악의 구렁에 떨어지게 하는, 즉 혹세무민할 가능성이 크다. 종교라고 해서 무조건 그 신교의 자유를 허용할 수 없는 이유가 여기에 있다. 그러나 이것은 강제할 수 있는 문제가 아니므로 교육을 통한 계몽이 필요하다. 우리가 허용하는 종교는 세계적으로 용인된 고등 종교, 문화양식으로서 적용될 수 있는 종교인 것이다.

3장

평등 이념의
구현을 위하여

자유와 평등은 쌍개념이라고 했다. 고대에 노예가 족쇄에서 해방되기 위해 투쟁한 것은 일차적으로는 자유를 획득하기 위한 것이지만, 뒤집어 보면 그것은 동시에 평등에 대한 절규이기도 하다. 중세에는 그나마의 투쟁도 허용되지 않을 만큼 군주와 교회의 탄압과 착취가 막심해 농노들은 반항할 엄두조차 못 냈다. 군주는 기사들과 합세해 무력으로 농민을 수탈하고, 교회는 신의 권위와 영혼의 위협으로 그들을 착취했다. 평등에 대한 염원은 이미 고대로부터 모색되어왔으나, 평등 이념이 역사 속에서 구체적으로 숨을 쉬기 시작한 것은 근대 계몽사상의 세례를 입은 뒤인 산업혁명 이후의 일이다. 산업혁명에 의한 생산성의 증대는 곧 노동자들의 소외를 초래했기 때문이다. 그때부터 평등 이념을 위한 투쟁은 정치적 변혁과 함께 숨 가쁘게 진행되었다.

I. 평등 이념의 등장을 촉진한 역사적 현실: 산업혁명

근대 이전까지 서양의 주된 산업은 농업 또는 목축업이었다. 그것이 근대 이후 공업으로 바뀌어갔다. 특히 근대의 산업혁명은 인류의 운명과 역사를 바꿔놓는 큰 변화를 가져왔다. 그것이 초래한 영향은 다른 어떤 혁명과 비교할 수 없을 정도로 심대해서 오늘의 문명도 그 연장선상에 있다. 산업혁명이 가능하려면 몇 가지 선행 조건이 충족되어야 한다. 생산 기술의 향상, 축적된 자본, 풍부한 노동력, 광활한 시장, 기업 운영 능력 등이 그것이다. 이런 조건들은 자본주의의 무한한 발전을 전제한 것이기도 하다.

1. 산업혁명 : 노동자계급의 등장

산업혁명(1760~1830)은 면직 공업에서 시작되었다. 원래 목면은 열대 지방이나 아열대 지방에서 생산되기 때문에 유럽에는 없다. 유럽에서는 중세 이후 털옷을 입었는데 그 원료는 양털이었다. 옷감으로는 주로 모직물이 이용되었다. 일찍이 인도에 진출한 영국은 인도의 목면을 수입하여 면직물을 만들었다. 여성들은 값싸고 깨끗할 뿐 아니라 빨기 좋고 쓸모가 많은 면직물을 선호했다. 특히 아프리카의 흑인들은 이 깨끗한 면직물에 매료되었다. 영국 상인들은 서아프리카와 서인도 제도에 면직물을 팔고 아프리카에서는 노예를 사서 멕시코의 사탕, 담배, 목면, 커피를 재배할 노동력으로 파는 소위 노예 무역이 폭발적으로 이익을 가져왔다. 돌아오는 배에는 목면 원료가 실려 있었다. 당국은 처음에는 자국의 모직 산업을 보호하기 위해 목면 수입을 금했으나 세상에서는 면직물 산업이 대세를 이루었다.

갑작스럽게 늘어난 면직물 수요로 인해 종래의 소규모 공장으로는 24시간 가동해도 공급이 딸릴 지경이었다. 1770년대 중반 리처드 아크라이트(Richard Arkwright, 1732~1792)는 수력 방적기를 발명했다. 그는 그것에 새로 발명된 제임스 와트(James Watt, 1736~1819)의 증기기관을 동력으로 붙였다. 최초의 증기기관 방적기인 것이다. 이것이 매뉴팩처의 시작이다. 증기기관은 방적기 동력으로서 기능할 뿐 아니라 물류에 큰 힘을 실어 폭발적인 생산성 증가를 가져왔다. 대규모의 노동 인력이 필요하게 된 것이다. 여기에서 산업혁명이 시작된다.

산업혁명은 생산의 측면에서는 협조하고 이익 배분의 측면에서는 대립하지 않을 수 없는 두 계급, 부르주아와 프롤레타리아라는 쌍생아를 낳다. 물론 고대와 중세에도 계급은 있었다. 주인과 노예, 봉건(내지 장원) 귀족과 농노, 성직자와 신자, 주인과 머슴 등의 계급이 없었던 바는 아니다. 그러나 산업혁명 이후 두 계급의 대립은 운명적인 것이었다. 자본가는 자기네 이익을 확보하고 계속적으로 노동 인력을 재생산하기 위해 최저 생활을 보장하는 정도의 임금으로 노동력을 구입하고, 노동자는 생존을 위해 거기에 코뚜레를 꿸 수밖에 없다. 그러면서 단결된 힘으로 대항한다. 그것이 파업이다. 기계화로 인해 노동자들은 실업의 위기에 시달려야 했다. 그러나 노동자계급에 대한 배려는 좀처럼 상승하지 않았다. 부르주아는 정치와 결탁했다. 그들은 자기네 이익을 위해 계속해서 노동자들을 그런 현상에 묶어놓았기 때문에 노동자들은 정치에서도 소외되었다.

2. 산업혁명의 모순: 생산성의 향상과 노동자 계층의 소외

유럽의 노동조합은 일찍부터 있어왔다. 중세 말 농촌에서 소외된 인구가 소매업에 종사하면서 모여 살게 되었고, 이것이 근대 상업 도시의 발상이 되었다는 것은 전술한 바 있다. 그러나 그보다 이들이 도제를 이루어서 혹은 이익을 위해 혹은 친목을 위해 서로 연대를 이루게 된 것은 자연스러운 일이다. 인쇄, 제화, 양복, 제빵, 양조, 제혁 등의 업종에 종사하는 도시의 숙련업자들, 제유업자들, 양모를 빗질하는 농촌 전문업자들의 모임은 그 활동이나 모임의 양상으로 보아 근대 도시 노동자 결성의 원형이라 할 수 있다.

1776년에 완성된 와트의 증기기관으로 기계화에 동력이 붙자 생산성은 급격하게 상승하여 24시간 기계를 가동시켜야 했다. 이것은 공장 방적의 동력에 그치지 않았고, 증가하는 상품을 수송하기 위해 운하와 도로를 새로 건설하지 않을 수 없게 했다. 또한 석탄의 수요도 급격하게 증가했다. 새로운 노동력이 탄광 지대와 공장 지대에 폭발적으로 필요했던 것이다. 노동력을 증가시키기 위해서는 농촌의 인구를 징발할 수밖에 없었다. 그러지 않아도 남아도는 농촌의 인구는 무조건 공장이 있는 도시로 몰려들었다. 우리도 1960~1980년대에 겪은 바이지만, 인구의 이러한 이동으로 인해 도시는 노동자들로 북새를 이루었다. 노동자들의 급격한 증가는 언젠가 큰 문제를 야기할 토양이 되어가고 있었다. 그럼에도 정치권력은 신흥 부르주아 편에 가담하고 있었다.

그러나 노동자들의 임금은 최저 생활을 유지하는 선에 묶여 있었다. 왜냐하면 그렇게 해야 노동력을 계속해서 재생산할 수 있기 때문이다. 아직까지도 인권 개념은 형성되지 못했다. 여기가 노동자들의 숙명적 함정이다. 아무리 열심히 일을 해도 노동자는 가난의 굴레에서 헤어날 수가 없는 것이다. 생산성은 향상되는데도 노동자는 부에서 소외될 수밖에 없다는 이 모순, 이것이 산업혁명과 그 이후 전개된 자본주의 사회의 모순이다.

기계를 생산 동력으로 이용하게 됨으로써 유휴 노동이 발생하기 시작했다. 기계에 밀려서 노동자의 실직 사태가 생긴 것이다. 처음에 경공업 분야에서는 부인이나 어린이 등 미숙련 노동으로도 어느 정도 생산이 가능했다. 그런데 시간이 지나 숙련된 노동자가 저임금 노동으로 내려앉거나 실직하지 않을 수 없게 되었다. 기계화를 따라갈 수 없는 소생산업자도 몰락하기 시작했다. 이런 사태의 증폭으로 기계를 파괴하는 운동이 발생했고 한때는 수십만 명이 여기에 가담했다. 소생산업자와 노동자 그룹은 한 덩어리가 되어 근대 노동운동의 단서를 연 것이다. 급기야 1812년 기계 파괴자를 사형에 처하는 법률이 의회를 통과함으로써 노동자와 자본가의 대립은 더욱 격렬해졌다. 이것이 근대 노동운동의 기폭제가 되었다.

3. 저소득층의 정치로부터의 소외 : 차티스트운동

노동자계급의 정치로부터의 소외는 훨씬 뒷날까지 이어졌다. 그 대표적 예가 차티스트운동(1837년 인민 헌장 운동)이다. 영국의 정치권력은 15세기 이래 특권적 귀족이 장악하고 있었다. 그러나 산업혁명 등으로 인해 인구가 도시로 집중되는 사회 변동이 발생했기 때문에 선거구를 재조정하지 않을 수 없었다. 이 점에서 신흥 계급과 산업자본가, 중산 계급 및 노동자계급도 자기네 대표를 의회에 파견할 필요성을 공감했다. 선거법 개정은 상하 의회가 제안하고 국왕이 비준해야 한다. 그런데 비준된 개정법은 결과적으로 국왕에 의해 노동자와 저소득층을 배신하는 것으로 끝났다. 즉 개정법은 '부동산을 소유하든 안 하든 연 10파운드 이상의 임차료를 지불하는 사람들'에게는 선거권을 주었으나 그 이하의 저소득층과 하층 노동자들에게는 주지 않았던 것이다.

선거권은 동일한 교구에 거주하는 사람에게만 주어지는데, 17세기 초 영국에서 노동자들은 교구에서 보호하게 되어 있었다. 그러나 교구는 그 경비를 아끼기 위해 가능한 대로 노동자들의 이익을 억제하고 있었다. 그래서 설사 연간 10파운드의 임차료를 내는 정도일망정 경제 활동을 하는 사람에게는 주거권과 선거권이 허용되었으나, 단순히 임금에만 의존하는 노동자나 무직자에게는 선거권이 주어지지 않은 것이다. 한마디로 말하면 교구의 구호에만 의존하는 노동자의 경우 주권자 자격을 인정하지 않았던 것이다.[1] 이에 이어 1834년 '구빈법(救貧法)'이 개정되어—이 법의 개정으로 노동 능력이 있는 자는 구휼 대상에서 제외되었다—저소득층과 하층 노동자들을 위한 구빈부조(救貧扶助)마저 중단되었다. 저소득 노동자층이 불만스러워한 것은 당연하다. 선거법과 구빈법의 개정에서 보이듯이 자본가들과 자립적 기업인들이 권력(국왕)과 결탁하여 자기네

---

1 아담 스미스, 《국부론(상)》, 김수행 옮김, 비봉출판사, 2009, 177~186쪽 참조.

의 이익만을 도모하는 법률을 제정한 것은 노동자들이 품은 불만의 불길에 기름을 부은 격이다. 이것은 유산 계급에 의해 좌우되는 국가를 불신하게 했다. 권력과 결탁한 유산 계급의 행패는 이미 이때부터 시작되었던 것이다. 심지어 기계를 파괴하는 운동도 일어나고, 저임금 노동자 계층은 차티스트운동을 조직하기에 이른다.

처음 오언(Robert Owen, 1771~1858)의 지도하에 '전국 대합동 노동조합'을 조직하여 경제 개혁을 시도했으나 이것이 실패한 뒤 러벳(William Lovett, 1800~1877)이 초안한 '인민 헌장'에 서명하는 것으로 차티스트운동은 시작되었다. 주동자들에 대한 대량 체포, 군대 출동 등의 탄압에도 불구하고 그 운동은 그 뒤 10여 년간 계속되었고, 1848년에는 프랑스 2월 혁명의 영향도 있어 서명자가 125만 명에 이르렀다. 이 숫자는 당시 인구를 고려한다면 결코 작은 것이 아니다.

그 내용은 선거에 관련된 것으로서 성인 남자 보통 선거, 비밀 투표, 재산에 따른 피선거 자격 제한의 철폐, 의원의 세비 지급, 평등 선거구제, 즉 의원 정수 시정의 철저, 의회의 매년 개선 등의 요구였다. 대중은 폭동과 파업으로 정부에 항의했다. 사실 평등 선거는 그 당시로서는 미국에서만 논의가 가능했던 것이다. 러벳의 초안 속에는 '자본에는 정당한 이윤, 노동에는 정당한 보상'이 포함되어 있었다. 그는 '교육과 이성'에 의한 이상의 실현을 기대했던 것이다. 이 운동은 그 뒤 영국 경제의 상대적 안정으로 진정되었으나 영국 노동운동의 단서가 된 것은 확실하다. 차티스트운동의 저 청원은 매우 타당한 것이었지만 당시 의회는 그것을 거부했다. 그러나 역사의 대세는 마침내 그 청원대로 이루어졌다. 그것은 민주주의의 승리를 의미하지만 동시에 노동자들의 평등권 주장과 단결력 과시의 커다란 시금석이 되기도 했다.

Ⅱ. 사회주의 사상의 묘판 : 공상적 사회주의

레닌(Vladimir Il'ich Lenin, 1870~1924)은 마르크스 사상의 형성에 대해 당시 최선진국이었던 세 나라의 사상과 학술(독일고전철학, 프랑스 사회주의 사상, 영국고전경제학)을 거론하거니와, 이 세 가지는 그 뒤 마르크스 연구에 필수적 주제로 굳어졌다. 독일고전철학과 영국의 고전경제학에 대해서는 다음에 서술하기로 하고, 여기에서는 먼저 프랑스의 혁명적 학술 일반과 결합된 프랑스의 사회주의 사상을 소개한다.

노동자들이 소외되는 현상을 목도한 인사들 중에 사회주의 운동―사실은 사회주의 운동의 전 단계인 협동조합 운동―을 일으키거나 직접 그 운동을 실천하는 사상가들이 19세기 초에 프랑스와 영국에서 등장했다. 이들은 시대의 추세를 민감하게 깨달은 선구적 사상가들이다. 이들 중에는 귀족의 아들(생시몽Claude-Henri de Rouvroy comte de Saint-Simon, 1760~1825)도 있고, 중류 상인의 아들(푸리에Charls Fourier, 1772~1837)도 있으며, 소학교 출신이지만 본인이 노력해서 대기업을 일으킨 사람(오언)도 있다. 이들에게 공통적인 점은 사회의 모순을 철저하게 고발하고 이를 위해 한결같이 비정치적·인도주의적·계몽적으로 사회를 개혁하려고 했다는 것이다. 이들은 아직 계급의식으로 무장하여 노동자들을 계급적으로 단결시키지는 못한, 미숙한 단계의 사회주의자였다. 그 이론과 활동도 상호 연대성을 가진 것이 아니었다. 이들을 '공상적 사회주의자'라고 부른 것은 마르크스와 엥겔스(Friedrich Engels, 1820~1895)다. 마르크스·엥겔스가 그들을 그렇게 부르는 이유는 그들의 실천 사업이 노동자 계급의 해방이라는 뚜렷한 주제 의식과 이론적 무장 없이 자본가들에 의한 노동자들의 탄압과 착취에 대해 다분히 윤리적이며 박애주의적인 정신으로 대항했고, 따라서 그 사업의 실현성이 추상적이라는 데 있다. 다시 말하면 그들은 현실 사회를 비판하면서 그 현실 속에서 투쟁을 통해 노동자들의 어려움을 극복할 방책을 구현하기보다는, 노동자들을 연민한 나머지 현실 밖에서 이상 사회를 형성하려고 했다는 것이다. 이들의 이론은 과학적 사회주의에 비하면 계몽주의적 단계에 머물러 있었다.

마르크스가 《철학의 빈곤(Réponse à la philosophie de la misère de M. Proudhon misère de la philosophie)》(1847)에서 말하는 바로는 당시 프랑스의 프롤레타리아는 "스스로 계급을 구성할 만큼 충분히 발달하지 못하고, 따라서 프롤레타리아와 부르주아의 투쟁이 정치적 성격을 띠지 못하고, 나아가 생산력이 부르주아의 태내에서 충분히 발달하지 못해 프롤레타리아의 해방과 신사회 건설에 필요한 물질적 조건들이 나타나지 않은 동안 이들 이론가들은 피압박 계급의 요구를 도와 조직을 고안하고 사회를 경신할 과학을 탐구하는 공상가들이다. [……] 그들이 과학을 구하고 조직을 고안하는 투쟁의 초기에 있는 한, 그들은 빈곤 속에서 빈곤만을 인정할 뿐 낡은 사회를 무너뜨릴 혁명적 전복의 방면을 빈곤 속에서 찾지는 못한다". 한마디로 말하면 공상적 사회주의는 자본주의 발전의 초기에 그 모순에서 필연적으로 발생하는 프롤레타리아 해방을 위한 무기가 천재적 공상가들에 의해 이론적 · 실천적으로 표현된 것이다. 그것은 마르크스 · 엥겔스의 과학적 사회주의로 발전하는 과정에서 없어서는 안 될 중요한 교두보적 의의를 갖는다. 그 공상적 사회주의자로 흔히 생시몽, 샤를르 푸리에, 로버트 오언의 세 사람을 꼽는다.

생시몽 그는 투철한 계급의식도 없었고 노동자를 위해 투쟁한 일도 없었다. 하지만 종교적이고 도덕적인 교화를 통해 사회주의적 이상을 실현하고자 했고, 자본가와 노동자의 대립을 완화하여 가난한 노동자를 위로부터 구제하고자 했다. 그는 하루 16시간의 필경 작업으로 연명하면서도 저술에 열중했다.

그를 공상적 사회주의의 선구자로 만든 것은 오히려 그가 세상을 떠난 뒤 바자르(Saint-Amand Bazard, 1791~1832)에 의해서다. 그는 생시몽의 사상을 '생시몽주의'라고 명명하고, 그것을 표방한 강의(1829~1830)에서 생시몽주의의 사회주의 체계를 이루었다. 그는 생시몽의 이론을 정치하게 발전시켰다. 그중에서 특기할 만한 것은 '유산 상속권의 철폐'다. 게으르게 살면서도 재산을 증대시키는 특권층의 재산 상속제 때문에 노동자들은 가난의 굴레에서 벗어나지 못한다. 재산은 '각자에게는 그 능력에 따라, 또 각각의 능력에는 그 일에 따라' 배분되어야 한다. 죽은 자의 재산은 근로자의 연합체인 국가에 귀속되어야 하고, 국가는 유산 상속권을 철폐하여 재산의 새로운 배분을 통해 노동자를 소유권의 속박에서 해방시켜야 한다. 바자르의 이러한 사회주의 사상 속에는 상속 제도의 철폐 외에도 착취에 대항하는 경제 이론적 기초 부여, 사회적 효용에서의 사유재산제에 대한 비판 등이 있다.

바자르 외에 은행가 앙팡탱(Barthélemy – Prosper Enfantin, 1796~1864)은 종교적 측면에서 생시몽주의를 발전시켰다. 앙팡탱은 이자와 지대는 재산가가 노동자에게서 징수하는 할증금 또는 노동자가 게으른 토지 소유자나 자본가에게서 생산비를 빌리는 대신 지불해야 하는 세금이라고 주장했다. 이 두 사람은 협력해서 생시몽주의를 보급·발전시켰다. 기관지 〈지구〉를 발간해서 생시몽주의를 표방하는 공동 경제 가족, 공회당, 학교, 교회 등을 설립했다. 이 밖에 콩트(Auguste Comte, 1798~1857)는 생시몽이 인지의 발전 단계를 신학적 단계, 형이상학적 단계, 실증주의적 단계로 구분한 것을 그대로 계승하여 자기의 실증주의의 위상으로 삼았다. 엥겔스는 그를 가리켜서 "프랑스혁명을 계급투쟁으로 이해하고 더욱이 그것이 단순히 귀족과 부르주아 사이만이 아니라 귀족·부르주아와 무산자 사이의 계급투쟁이라고 이해한 것은 1802년 당시로는 가장 천재적인 발견이었다"고 평가했다. 본디 그에게 없던 계급의식의 각을 세워 그를 이해한 것이다.

샤를르 푸리에 그는 어려서 아버지 가게에 물건을 사러 온 손님에게 그 물건에 상처가 있다고 사실대로 말해주어 아버지에게서 꾸지람을 들었다고 한다. 그만큼 그는 정직한 사람이다. 가세가 기울어져서 한때 상점의 점원 견습자로 떠돌다가 마르세유의 한 미곡상에서 일했는데, 대혁명 전 일반 국민이 기근에 허덕이는 상황에서도 주인은 쌀값을 올리기 위해 쌀을 선창에 쌓아둔 채 팔지 않았고, 결국 쌀은 썩기 시작했다. 주인은 쌀을 바다에 버리라고 지시했다. 그는 상인과 상업에 대해 혐오를 느끼지 않을 수 없었다. 공업 도시 리용에서는 프롤레타리아가 생활고에 시달려 매일같이 파업과 폭동이 일어났다. 이것을 목도한 푸리에는 상업의 허위성을 넘어 문명에 대해 환멸하고 사회주의에 경도하게 되었다.

그의 사유는 산업주의와 자유주의적 자본주의에 대한 생시몽의 비판에서 출발한다. 그에 따르면 산업주의는 개인의 이익을 위해 대중의 이익을 희생시키는 것이다. 그는 당시의 문명적 질서를 자본주의적 질서로 이해하고, 이것은 상업적 허위에 기초하는 반인성적이고 부자연한 질서라고 보았다. 자본주의 사회는 경쟁하는 개인들의 집합이다. 이에 반해 그는 경쟁 없는 생산 공동체, 즉 사회주의 사회를 제창한다. 그 이상적 사회의 단위를 그는 '팔랑주(phalange)' 또는 '팔랑크스(phalanx)'라고 불렀다.[2] 그것은 협동조합체다.

자본주의 생산성의 원동력인 사유욕은 인정되지만 그 재산은 협동의 산물이므로 공유해야 한다. '일은 사람의 능력에 따라서 하고, 보수는 근면, 본능, 자본의 크기에 따라 배분'해야 하는 것이다. 그는 이러한 사회 구조를 갖는 사회를 건설할 것을 여러 저술에서 표명한 뒤, 그 이념을 실현시킬 독지가가 출현하길 기대했다. 그래서 10년 동안 매일 점심 때 집에 가서 독지가가 나타나길 기다렸으나 허사였다.

그의 제자인 콩시데랑(Victor - Prosper Considérant, 1808~1893)은 푸리에

2　이 말은 고대 마케도니아 왕 필립 2세(Philip Ⅱ, BC 359~BC 336)가 개발하여 백전백승하던 군의 전투 진형을 일컫는 이름이다. 이 이름에는 악덕으로 가득 찬 현대 사회를 격파하겠다는 뜻이 담겨 있다.

의 사상을 정리하고 널리 선전했으나 계급의식이 투철하지 못하다는 비판을 받고 있다. 그러나 콩시데랑의 《사회주의 원리, 민주주의 선언 (Principes du socialisme, Manifeste de la Démocratie)》(1847)은 마르크스·엥겔스의 《공산당 선언》의 저본이라고 알려져 있다. 또 한편에서는 그를 가리켜서 사회주의의 아버지라 부르고, 바라노프스키(Mikhail Ivanovich Tugan-Baranovsky, 1865~1919)는 과학적 사회주의가 그에게서 시작한다고 했으며, 크로포트킨(Peter Alexejewitsch Kropotkin, 1842~1921)은 무정부주의가 푸리에주의에서 생긴다고 말했다.

로버트 오언 그는 북웨일스 출신으로 소학교밖에 안 나왔지만 자수성가하여 면업 왕의 하나가 된 경영의 귀재였다. 그는 가난과 무지의 악덕에 오염되어 주정, 사기, 도박에 빠져 거리를 배회할 수밖에 없는 노동자들을 구제하기 위해 실제로 그들의 생활 개선을 실천한 행동가다. 이를 통해 노동자들의 복지를 증진하고 생산력을 크게 향상시킨 그는 공장 전체를 이상 사회로 만들었다. 그 도시 뉴래나크는 사회 개량주의의 메카가 되었다.

1816년 말 발생하기 시작한 상업 공황으로 노동자들의 생활이 지극히 곤궁해지자 그는 사회주의자로 변했다. 공황에도 불구하고 영국의 생산성은 크게 향상되었다. 그러나 그 이익을 자본자들이 독식했기 때문에 노동자들은 가난의 질곡을 벗어나지 못했다. 그는 노동자들을 위한 새로운 사회 건설을 시도했다. 이것이 그의 신사회 건설의 기초다. 그 신사회는 협동촌이다. 그는 그 사회를 신대륙에 건설했다. 일부 적극적 지지자들과 함께 미국 인디아나주에 독일인이 경영하던 3만 에이커의 공산촌 '하모니'를 3만 파운드에 사서 1825년 '뉴 하모니 평등촌(New Harmony Community of Equality)'을 세웠다. 당장에 8백 명이 호응해왔다. 1826년 신헌법을 제정하여 이상적 공산 사회를 그곳에 건설한 것이다. 평등촌에서는 '각자 자기의 능력만큼 일하고 자기의 욕망에 따라 받는다'는 공산주의 원칙을 적용하여 동일한 주거와 설비를 지급했다. 그러나 협동촌에서 행한 선거와 대의제에 대해서는 여러 이견이 속출하여 헌법을 7번이나 개정하곤 했다. 1828년 그는 3년 만에 땅을 주민들에게 매각하고 막대한 재산과 노력의 손실을 감수하면서 철수할 수밖에 없었다.

그는 미국에서 귀국한 뒤 1832년 화폐 대신에 노동자가 투입한 노동량을 표시한 어음, 즉 '국민 노동 평등 교환권(National Equitable Labour Exchange)'을 사용하는 조합을 만들어 운영했다. 가령 구두 한 켤레를 생산하는 데 드는 노동시간을 5시간, 자재비를 2시간으로 간주, 도합 7시간으로 계산한 어음을 교환소에 가져가면 그에 상응하는 물품을 가져올 수 있다. 이것은 중간 상인을 배제하고 노동량을 기준으로 거래하는 방책이다. 그러나 노동량의 계산이 너무 복잡한 데다가 만들기 쉬운 물건만 쌓이고 정말 필요한 것은 없어 역시 3년 만인 1834년 실패로 끝났다. 그는 〈신도덕 세계〉라는 잡지에 투고하는 등 활동을 이어갔으나, 그의 관심은 사회 개혁에서 인간 개조 방면으로 옮겨갔다. 차티스트운동에서 보이듯이 당시 노동자들의 관심은 정치적 방면에 있었음에도 그는 거기까지는 관여하지 않았다. 한편 그는 흔히 근대 사회주의의 창시자로 일컬어진다.

오언 이외에 이들 공상적 사회주의자들의 주요 관심사는 경제보다는 많은 재산을 상속받아 게으름을 피우면서도 잘 사는 계층에 대한 불만과 현존 사회에 대한 개혁에 있었다. 아담 스미스의 자연법에 입각한 경제적 자유주의에 대해 푸리에는 "사회적 운동에 관한 한, 어느 신분의 사람이든 나쁜 일을 생각하고, 어느 곳에서나 개인적 이익을 일반적 이익에 앞세운다. 만일 이 세상에 병이 없어지면 의사가 감소할 것이므로 의사는 많은 시민들이 병에 걸리기를 바란다. 모든 분쟁이 조정으로 해결된다면 동일한 일이 변호사에게도 나타날 것이다. 목사는 많은 사람이 죽고 더욱이 부자가 죽어서 1000프랑으로 매장되는 데 관심을 가지고 있다. 재판관은 재판소가 필요하게 되도록 해마다 적어도 4,500건의 범죄가 일어나길 기대한다. 고리대업자는 기근을 바라고 [……] 건축업자는 화재를 바란다"고 냉소하고 있다.

공상적 사회주의자들의 존재 의의는 마르크스·엥겔스의 과학적 사회주의가 형성될 묘판이 되었다는 데 있다. 그들의 이론과 활동이 없었더라면 마르크스·엥겔스의 과학적 사회주의가 과연 자랄 수 있었을까 싶을 정도로 그들의 영향은 컸다고 봐야 한다. 마르크스·엥겔스는 이들 공상적 사회주의자들 외에 무정부주의자 프루동(Pierre-Joseph Proudhon, 1809~1865), 영국의 혁신 사상가 고드윈(William Godwin, 1756~1836)의 영향도 받은 것으로 알려져 있다. 엥겔스는 "우리들 독일 사회주의자는 언제나 푸리에, 생시몽, 오언, ……의 사상을 계승하는 것을 자랑으로 여긴다"고 고백하고 있다. 나는 독일 철학보다는 이들의 주장이 마르크스·엥겔스에게 훨씬 큰 영향을 미쳤다고 평가한다.

Ⅲ. 마르크시즘의 형성 : 마르크스와 엥겔스

마르크스와 엥겔스는 서로 협조하면서 공산주의의 세계관 및 역사관과 공산주의 혁명의 실천 방안을 성안했다. 다시 말해 그들은 노동자들을 투철한 계급의식을 가진 프롤레타리아혁명의 주체로 삼고, 나아가 유물변증법과 유물사관을 확립하여 자본가의 노동자 착취 등에 대한 과학적 근거를 제공하면서, 프롤레타리아혁명을 위한 공산주의자의 행동원리, 투쟁의 전술 전략, 공산주의의 승리를 다지는 방략을 세웠다. 또한 이를 실천하는 투쟁 원리를 창안하여 공산주의 사회가 역사 발전 과정에서 필연적으로 도래할 것이라 말함으로써 세상에 새로운 사회 형태를 제시한 것이다. 마르크스·엥겔스가 등장하면서 제시한 이러한 일련의 사상을 공상적 사회주의와 구별해서 과학적 사회주의라고 한다.

마르크스는 그 사상을 형성함에 있어 엥겔스의 절대적 도움을 받았다. 엥겔스는 그 생애의 초반에는 마르크스의 사상적·실천적 동지였고, 후에는 마르크스의 후원자였으며, 마르크스가 죽은 뒤에는 계승자로서 역할을 했다. 마르크스가 죽은 지 24년 뒤에 그의 혁명 사상을 실천적으로 성공시킨 사람은 레닌이다. 그러나 레닌에게는 마르크스를 왜곡시킨 측면도 있다.

1. 마르크스·엥겔스의 기본 사상

마르크스주의의 형성에 크게 영향을 끼친 것 중의 하나는 독일고전철학, 즉 헤겔(Georg Wilhelm Friedrich Hegel, 1770~1831)의 변증법과 헤겔 좌파 및 포이에르바하(Ludwig Feuerbach, 1804~1872)의 유물론이라고 한다. 마르크스와 엥겔스가 사상가로서의 생애를 시작한 것은 헤겔의 관념론 비판을 통해서이며, 마르크시즘의 형성과 관련해서는 일반적으로 포이에르바하의 유물론이 거론된다. 그러나 마르크스·엥겔스의 유물론이 반드시 포이에르바하를 통해서 받아들여진 것은 아니다. 유물론은 포이에르바하가 아니더라도 철학에 관심을 갖는 초입자라면 누구나 가질 수 있는 사상이요, 철학의 초창기부터 있었던 것이다. 또 헤겔의 변증법이 마르크시즘을 형성하는 데 영향을 주었다고 하지만, 변증법은 대화 정신의 산물로서 정신세계에서 성립되는 것이지 물질의 영역에서 성립되는 것은 아니다. 물질은 질료적인 것으로서 인간의 이용 대상 내지 지배 대상일 뿐이다. 그리하여 위에서 소개한 바와 같이 마르크시즘 형성의 핵심은 산업혁명으로 인해 필연적으로 발생한 노동자 계층과 그들의 소외 및 이를 극복하기 위한 사상적 노력으로서의 공상적 사회주의다.

여기에서 유물론과 유물사관에 대해 한마디 해둘 필요가 있다.

유물론 유물론의 뿌리는 깊으며 그 영향력은 넓고 강력하다. 물리적 자연을 구성하고 있는 것은 말할 것도 없이 물질이고, 모든 생물이 생명을 부지하기 위해 먹는 자료도 물질이다. 이런 상식을 부인할 사람은 아무도 없다. 그러나 그것을 강조한 나머지 물질만이 모든 것의 근원이 되는 하부 구조이고 인간의 사유나 사유의 산물인 제도나 법, 문화 따위는 하부 구조에 의해 좌우되는 상부 구조라고 단정하는 데 문제가 있다.

유물론자들은 늘 유물론과 관념론을 대립시키고 후자는 전자에 의존하거나 부속한다고 주장한다. 과연 그러한지 두 가지 예만 검토해보기로 한다. 가령 가정 형편이 넉넉하지 못한 학생이 있다고 하자. 유물론자의 입장에서는 그의 물질적 상태로는 대학에 진학할 수 없다. 그러나 그는 책상머리 위의 벽에 '필승'이라고 써붙여놓고 매일 밤을 새워 공부를 해서 마침내 그가 원하는 대학에 진학했다. 그의 의지로 고생을 하면서 졸업도 하고 좋은 직장을 구해 가정의 형편을 개선해놓았다. 여기서 주의할 것은 그의 의지가 그의 물질적 가정 형편을 극복했다는 점이다. 성공적 인생을 영위한 위인들은 대개 이런 사람들이다. 굳은 신념(관념)이 어려운 사태를 뒤집는 것이다. 이것은 물질의 지배를 넘어선 관념(의지)의 승리다.

1930대 소련의 스탈린(Iosif Vissarionovich Dzhugashvili Stalin, 1879~1953)은 두 차례의 경제 5개년 계획을 통해 농업 국가인 소련을 중공업 국가로 바꿔놓았다. 계획경제의 위대한 승리다. 그 뒤 5개년 계획은 경제적 낙후성을 극복하는 정책으로 유행했다. 우리도 그랬다. 그러나 5개년 계획이란 무엇인가? 그것은 지금은 없는 미래를 향해 국가 산업을 점차적으로 변화시켜서 5년 뒤에는 이러저러한 구조를 갖는 국가로 형성하겠다는 치밀한 계획, 목표를 향한 관념의 관철이다. 그것이 단순히 물질에만 의존하는 것인가? 물질세계를 지배하고 변혁한 것인가?

인간도 그 구성 성분으로만 보면 물질 덩어리다. 그 점에서 인간은 물리학의 대상일 수 있다. 또 DNA로 보면 인간은 다른 생물과 별로 다르지 않은 생명체다. 그때 인간은 생물학의 대상이다. 그러나 그것으로 인간의 본질이 다하는 것은 아니다. 인간은 물질이나 DNA와는 상관없는 정신적·종교적 존재이고, 문화를 향유하는 정서적 존재이며, 법과 도덕을 준수하는 규범적 존재이다. 그러면서 자기를 우주의 중심에 놓고 사는 존귀한 존재다. 인간의 삶은 물질을 필요로 하지만 물질에 지배당하지 않고 그것을 극복하기도 한다.

이렇게 말한다고 해서 물질이 무가치하다거나 부차적인 것에 지나지 않는다고 주장하는 것은 아니다. 그러나 물질 못지않게 인간은 정신적 존재라는 것을 결코 소홀히 보아서는 안 된다. 정신은 물질이나 DNA의 연장선상에 있는 것이 아니다. 인간은 물질에 예속하기보다는 물질 위에 군림하면서 물질적 어려움을 정신으로 극복하는 존재인 것이다.

유물사관 유물사관(사적 유물론)은 인류의 역사가 '고대 원시 공동체→봉건적 노예제 사회→자본주의 사회→공산주의 사회'로 발전한다고 하는 이론이다. 이것은 공산주의 사회의 도래를 필연화하기 위한 이론적 장치다. 역사를 발전적으로 파악하는 것은 옳다. 그러나 그 발전이 그렇게 도식적으로 전개되는 것은 결코 아니다. 즉 역사의 진전은 하고많은 변수의 우여곡절을 겪으면서 더러는 완급이 있고 가끔은 비약이 있는 것이어서, 마치 꽃이 한동안 진동 운동을 하다가 다음 단계로 비약 진전하면서 피듯이 진행하는 것이지 한 단계에서 다음 단계로 기계적으로 진행하는 것이 아니다.

사적 유물론에 따르면, 산업사회를 이끄는 자본주의가 발달해 그 극에 달하면 자체 내의 모순(공황으로 인한 제국주의화)으로 인해 망하고, 그 다음 단계인 공산주의 사회로 필연적으로 발전한다. 즉 자본주의의 발전이 극에 달해 무너지면 그 다음 단계인 공산주의 사회가 출현한다는 것이다. 그러나 실제 역사 진행이 반드시 그렇게 되는 것은 아니다. 러시아와 중국, 중남미와 동구권 등의 프롤레타리아혁명은 고도 자본주의 사회에서 일어나지 않았고 저개발 농업 사회에서 일어났다. 즉 산업사회를 거치지 않고도 공산주의 사회로 나아갈 수 있다는 것이다. 혁명은 고도로 선진화된 사회에서는 일어나지 않는다. 이것은 도식적 발전 단계론, 즉 유물사관을 부정하는 것이다. 프롤레타리아혁명의 성공은 탁월한 영도자가 몽매한 농민을 이데올로기로 부추겨서 일으킨 것으로 의지의 산물이다. 역사의 진행을 도식화하는 것은 지적 월권이다.

2. 마르크스·엥겔스의 주요 저서

마르크스는 프롤레타리아를 주체로 하는 혁명이 가능하다고 보고 노동자들의 국제적 연대를 구상했다. 이것이 '국제노동자협회'(뒤에 국제 프롤레타리아 연대인 '제1사회주의인터내셔널'이 됨) 구성의 기초가 되거니와, 그 노동자 혁명의 이념적 당위성과 투쟁 원칙 및 전술 전략을 규정한 것이 《공산당 선언》이라는 것은 이미 다 아는 바다. 범유럽적으로 일어난 2월 혁명이 실패하자 마르크스는 엥겔스의 지원으로 영국 자본주의 경제학 연구에 몰두했고, 그 결과로 나온 것이 프롤레타리아 해방의 경전인 《자본론》이다. 《공산당 선언》과 《자본론》에 대해서는 아래에서 그 내용을 검토할 것이다.

마르크스·엥겔스의 저서는 이외에도 상당히 많다. 마르크스가 최초로 쓴 글은 학위논문 〈데모크리토스와 에피쿠로스의 자연철학의 차이〉(1841)다. 이것으로 그는 철학 교수로 살고자 했으나 당시 독일의 문화 정책 탓에 이 희망이 좌절되고 나서 혁명가로 돌변했다. 시인 하이네(Heinrich Heine, 1797~1856)와 꼭 같다. 그 뒤에 쓴 《신성 가족(Die heilige Familie)》(1845), 《독일 이데올로기(Die deutsche Ideologie)》(1845), 《공산당 선언》(1848)은 엥겔스와의 공저다.

학위논문은 그가 처음부터 유물론적 자연철학에 관심이 있었다는 것을 보여준다. 《신성 가족》은 헤겔 우파인 브루노 바우어(Bruno Bauer, 1809~1882)

를 좌파의 입장에서 비판한 것인데, 거기에서 마르크스는 포이에르바하를 높이 평가하고 있어 이것 또한 그가 좌파의 입장에 서 있었다는 것을 보여주는 예증이다. 《독일 이데올로기》는 인류 역사를 생산력을 통해 검토한 것이고, 《철학의 빈곤》(1847)은 프루동의 《빈곤의 철학(Système des contradictions économiques, ou philosophie de la misère)》(1846)을 비판한 것이다. 이 저서들과 더불어 《헤겔 법철학 비판 서설(Zur Kritik der Hegelschen Rechtphilosophie. Einleitung)》(1844), 《고타 강령 비판(Kritik des Gothaer Programms)》(1891)과 엥겔스의 《반(反)뒤링론(Anti Dühring)》(1878)은 마르크스주의 철학과 정치사상의 핵심을 이룬다. 고대 국가를 귀족이 노예를 억압하는 노예 소유 국가로, 봉건국가를 귀족이 농노와 농민을 억압하고 착취하는 국가로, 근대 대의 국가를 자본에 의한 임노동 착취 국가로 단정한 엥겔스의 《가족·사유재산 및 국가의 기원(Der Ursprung der Familie, des Privateigentums und des Staats)》(1884)은 사실 미국의 헨리 모건(Henry Morgan, 1818~1881)이 《고대사회(ancient society)》(1877)에서 시도한 원시사회 연구의 연장선에서 나온 것이다.[3]

이 저서들 외에도 엥겔스의 《국민경제학 비판 대강(Umrisse Zu einer Kritik der Nationalökonomie)》(1844), 마르크스의 《임노동과 자본(Lohnar beit und Kapital)》(1849), 《가치·가격 및 이윤(Value, Price and profit)》(1865), 《경제학 비판(Zur Kritik der politischen Ökonomie)》(1859), 《정치경제학 비판 요강(Grundrisse der Kritik der politischen Ökonomie)》(1857~1858) 등 경제학 관련 저서가 여러 권 있다. 그러나 이들 저서의 내용은 거의 《자본론》에 수용되어 있다고 해도 과언이 아니므로 이 내용에 대한 설명은 생략해도 무방하다.

《경제·철학 수고(Ökonomisch‒philosophische Manuskripte)》(1844)는 1932

---

3   사적 소유의 기원에 대해서는 저 아래 Ⅵ절의 '1. 사적 소유는 인간의 삶을 보장한다'
    (188쪽 이하)에서 상술했다.

년 소련의 '마르크스·엥겔스·레닌 연구소'에서 처음 공간한 것이다. 이 것은 마르크스·엥겔스의 사상이 레닌에 의해 교조적으로 굳어버린 뒤에 발간된 것으로서 마르크스 연구의 보조 자료에 불과하다. 그 외의 것들 은 두 사람의 사상적 발전 과정을 검토하는 데 유용한 자료로서 기능할 것이로되, 우리에게는 큰 도움이 되지 않을 것 같다. 나는 마르크스와 엥 겔스의 사상이 형성되는 과정을 주제적으로 연구하기보다는 마르크시즘 의 뼈대와 핵심을 밝히는 것을 목적으로 삼기 때문이다.

엥겔스의 저술은 처음부터 마르크스와 공동 보조를 취한 것이다. 그중 에서 특히 눈에 띄는 것은 자연변증법인데, 엄밀히 말해 자연계에서는 변증법이 성립되지 않는다. 자연은 변화할 뿐 발전하지 않기 때문이다.

《반듀링론》과 《포이에르바하론(Ludwig Feuerbach und der Ausgang der klassischen deutschen Philosophie)》(1888)은 마르크스·엥겔스 사상의 성립 과정을 보여주는 자료다. 엥겔스의 큰 업적은 마르크스가 사회주의 혁명 이론을 형성하는 데 물심양면으로 도움을 주고, 마르크스와 더불어 공산 주의 혁명을 위해 노력하고, 마르크스 사후에 그의 유고를 정리하여 《자 본론 Ⅱ, Ⅲ》을 발간함으로써 《자본론》을 완성했다는 것, 그리고 마르크 스 사후에 제2인터내셔널을 배후에서 지도한 것 등이다.

그러고 보면 그들의 역사적 작품은 《공산당 선언》과 《자본론》이다. 이 두 작품이 노동자 해방을 위한 성서, 즉 공산주의의 경전인 것이다. 그 외 그들의 저서는 마르크스·엥겔스를 전문적으로 연구하는 분에게는 필수 적이지만, 그들 철학의 정수를 파악하려는 일반 독자에게 필독서는 아니 다. 나는 아래에서 이 두 책을 분석함으로써 그들 사상의 핵심이 무엇이 고, 그것이 역사적으로 갖는 의의가 무엇이며, 현대 사회에 미친 영향은 어떠한가를 밝혀보고자 한다.[4]

---

4   《공산당 선언》은 백산서당에서 나온 1989년판(남상일 옮김)을 참고했고, 《자본론 1》은 비봉출판사에서 나온 2007년판(김수행 옮김)을 참고했다.

마르크스의 박사학위논문은 철학적이며 논리적인 문장으로 쓰였으나, 혁명가로 돌변한 뒤로 그의 문장은 선동적으로 변했다. 메모 형식의 기록들(《경제학·철학 수고》와 《독일 이데올로기》 등)도 마찬가지다. 선동의 대표적인 글이 《공산당 선언》이다. 이 선언은 47년 두 사람이 '국제노동자협회'에 가입하고 런던에서 개최된 그 2회 대회에 출석하여 위촉을 받아, 1847년 말~1848년 초에 작성하여 파리 2월 혁명이 발발하기 2~3일 전에 발표한 것이다. 그는 '만국의 노동자의 단결!'을 실현하기 위해 진력했으나 그것이 실패로 끝나자 서재에 들어앉아 영국의 자본주의 경제학을 연구한다. 그 결과가 《경제학 비판》과 《자본론》 등이다. 이것은 형식상 선동성을 지양하고 있으나, 그 내용은 노동자들의 혁명을 정당화하는 이론적 무장이다.

3. 혁명의 선동 : 《공산당 선언》

《공산당 선언》은 공산주의 혁명의 지침서이자 전술론이다. 동시에 공산주의자가 갖추어야 할 기본적 세계관이자 역사관이고, 투쟁의 당위성과 궁극 목표이며 행동 강령이다. 그 서론의 첫 문장은

> 하나의 유령이 지금 유럽을 배회하고 있다. [……] 구 유럽의 모든 열강은 이 유령을 몰아내기 위해 신성 동맹을 맺었다.

이고, 본론은

> 지금까지 존재한 모든 사회의 역사는 계급투쟁의 역사다.

로 시작되며, 마지막 문장은

공산주의자는 자신의 견해와 목적을 감추는 것을 경멸한다. 공산주의자는 자신의 목적이 오직 기존의 모든 사회적 조건을 힘으로 타도함으로써만 달성될 수 있다는 것을 공공연히 선포한다. 모든 지배계급을 공산주의 혁명 앞에 떨게 하라. 프롤레타리아는 잃는 것이라고는 쇠사슬밖에 없으며 얻을 것은 온 세상이다.

전 세계의 노동자여, 단결하라!

이다. 첫 번째 예문은 인간의 감성에 호소해 공포 분위기를 조성하는 것이며, 두 번째 예문은 역사에 대한 단정으로서 젊은 지식인들을 현혹하는 것이고, 마지막 예문은 젊은이들의 피를 끓게 하는 폭력 혁명의 선동이다. 그 어느 것 하나 선동적이지 않은 것이 없다. 그 책의 차례에 따라 내용을 요약하면 대충 아래와 같다.

부르주아와 프롤레타리아 다음은 근대 자본주의가 낳은 계급적 분열, 즉 부르주아와 프롤레타리아가 적대 관계에 있을 수밖에 없게 된 배경의 서술이다. 역사 과정은 자유민과 노예, 귀족과 평민, 영주와 농노, 길드 장인과 도제의 대립, 즉 억압자와 피억압자의 대립으로 이어져왔다. 근대에 억압자로 등장한 부르주아는 중세에는 농노였다. 그들이 농촌에서 일자리를 잃고 소매상인이 되어 떠돌다가 모여 살게 되어 도시를 형성하면서 부자로 성장한 것이다. 지리상의 발견으로 인도와 중국, 아메리카 식민지 등이 새로운 시장으로 떠오르고 매뉴팩처의 새로운 산업 체제가 등장하면서 중상주의 정책하에 이들은 거부를 축적했으며 나아가 산업혁명으로 대량생산 체제가 확립되면서 거대 자본가로 성장했다. 이들은 정치적 지배권도 획득하게 되었다. 이것이 자본가 계급이다.

부르주아지들이 저지른 부정적 역할은 다음과 같다. (1) 종래 봉건적·가부장적·전원적 관계를 종식시키고 모든 인간관계를 냉혹한 경제 관계로 전환시킴으로써 종교와 인권을 무시한 세속적이고 저열한 가치관을 만들었다. (2) 종래 후광을 받는 직업으로 추앙되던 의사, 법률가, 성직자, 시인, 과학자 등을 자신들의 임금 노동자로 전락시켰다. (3) 가족 관계를 돈의 관계로 전락시켰다. (4) 생산도구 개선(기계화)과 생산 관계 혁신(분업)을 통해 자신은 끊임없이 변혁·발전하면서 다른 산업 계급들에게는 종전의 산업 체제를 계속 유지하도록 해서 그들과의 차이를 벌려놓았다. (5) 생산물 시장을 세계를 향해 확장함은 물론이고 정신적 생산도 세계화하여 하나의 세계 문화를 형성했다. 그들은 또 미개 민족을 문명화해서 생산물의 구매를 강요했다(자본주의 세계화). (6) 농촌을 도시에 예속시키고 모든 생산을 도시에 집중시킴으로써 농촌을 공동화했다.

이리하여 부르주아들은 자유 경쟁 체제를 만들고 그것에 알맞게 사회적·정치적 지배를 확보했다. 이윤의 증대에 눈이 먼 자본주의 체제는 과잉 생산으로 인해 현대적 생산력의 반란, 즉 공황을 주기적으로 초래하기 마련이다. 공황을 타개하는 방책으로 새로운 시장과 자원(식민지) 및 노동력을 확보하기 위해 자본주의는 제국주의로 변신한다. 그러나 이 공황으로 인해 기존의 모든 생산력이 일시에 파괴되어 사회는 갑자기 야만 상태로 돌아가게 된다. 이것이 자본주의의 종말이다.

자본주의가 탄생시킨 프롤레타리아 계급도 자본주의와 마찬가지로 발전한다. 프롤레타리아란 가진 것이라고는 노동력밖에 없는, 그리하여 이 노동력을 팔아야 살아갈 수 있는 계층을 가리킨다. 그들의 노동력은 일반 상품과 다를 바 없다. 기계화와 분업으로 인해 노동은 기계에 예속되는 단순 노동으로 전락하고, 노동시간은 단축되며 이에 따라 임금은 생존과 종족 번식에 필요한 정도로 감소된다. 노동자의 고통은 증가될 수밖에 없다.

프롤레타리아와 공산주의자 공산주의는 국제적이고 혁명적인 노동자 조직이고 프롤레타리아는 국내적 규모의 노동자 조직이지만, 두 조직은 노동자 해방이라는 공동의 목표를 가지고 있으므로 서로 별도의 조직으로 나아가서는 안 된다. 공산주의자와 프롤레타리아의 두 원칙은 다음과 같다. (1) 국제성 원칙: 각국 프롤레타리아의 1국적(국내적) 투쟁에서 국제적 프롤레타리아의 공동 이해를 제기하고 공산주의를 전면에 내세운다. (2) 당파성 원칙: 두 조직은 부르주아지에 반대하며 언제 어디에서나 노동자계급 전체를 대변한다.

공산주의자는 이론적으로 프롤레타리아 운동의 노선, 조건, 궁극적 결과를 명확하게 인식하고, 실천적으로 모든 국가의 노동계급을 전면에서 선도한다.

공산주의자의 당면 목표는 프롤레타리아를 하나의 계급으로 형성하여 부르주아 지배를 타도하고, 프롤레타리아가 정치권력을 장악하도록 하는 것이다. 국제적 계급투쟁으로 공산주의 일당독재를 지향한다. 이를 위해 당장 해야 할 일은 사적 소유의 철폐다. 철폐되어야 할 사적 소유는 매뉴팩처 이후 자본가의 소유에 한정한다. 그것은 임금 노동자의 노동을 착취한 것이기 때문이다. 현하 노동자의 임금은 생존과 노동 재생산을 위해 필요한 최저 임금이다.

여기에서 마르크스·엥겔스의 논조는 갑자기 바뀐다. 논술식 서술이 아니라 마치 적을 앞에 놓고 공격하듯이 대적적인 자본가를 '당신'이라고 부르면서,

(1) 부르주아적 자유, 문화, 법, 제도, 사상 등도 부르주아적 당파성을 갖고 있으니 마땅히 폐지되어야 한다고 주장한다. "당신의 법이란 것이 실상은 당신의 계급 의지, 즉 당신 계급의 경제적 존재 조건에 의해 그 본질적 성격과 방향이 규정되는 의지가 법제화된 것에 지나지 않듯이, 당신의 바로 그 사상 역시 당신의 부르주아적 생산 조건과 부르주아적 소유 조건의 산물에 불과한 것이다."

(2) (아마 당시 공산주의자들에 대한 비난으로 인해 공산주의는 여성을 공유하므로 가족이 사라지고 교육도 파괴된다는 따위의 루머가 있었던 듯) 여성 공유론에 대해 거의 흥분된 반론이 이어진다. 부르주아적 가족의 토대는 자본과 사적 이익인데 그런 체제하에서 여성은 생산의 도구일 뿐이라는 것이다. 도구는 공유되어야 한다. 그렇다면 부르주아적 여성관이야말로 부인 공유론이다. 그것이 가족 파괴인 것이다. 교육도 마찬가지라고 하면서 여성 공유론과 가족 파괴의 탓을 자본주의 쪽에 전가시키고 있다.

(3) 공산주의자가 나라와 국적을 폐지하려 한다는 비난에 대해 그들은 "노동자에게는 본디 국가란 없다. 프롤레타리아는 계급을 가지고 민족을 넘어선다. 즉 계급 우선이다"라고 절규한다.

이 장을 마치면서 마르크스와 엥겔스는 프롤레타리아가 부르주아지를 혁명으로 타도하고 부르주아지가 가지고 있는 자본과 생산 조건을 빼앗고 독재권을 획득하는 과정의 조치를 10가지로 열거하고 있다. (1) 토지 소유를 폐지하고 모든 지대를 공공의 목적으로 활용한다. (2) 소득에 대해 높은 누진과세를 적용한다. (3) 모든 상속권을 폐지한다. (4) 모든 망명자와 반역자의 재산을 몰수한다. (5) 국가 자본과 배타적 독점을 가진 국립은행을 통해 신용을 국가의 수중에 집중시킨다. (6) 전달과 운송 수단을 국가의 수중에 집중시킨다. (7) 국가 소유의 공장과 생산도구를 증대한다. 황무지를 개간하고 공동의 계획에 따라 토지를 개선한다. (8) 모두가 똑같이 노동의 의무를 진다. 특히 농업을 위한 산업군을 편성한다. (9) 농업과 제조업을 결합한다. 인구를 전국적으로 보다 균등하게 분배함으로써 도시와 농촌 간의 차별을 점차 폐지한다. (10) 공립 학교에서 모든 어린이에게 무상 교육을 실시한다. 이렇게 함으로써 전 인류가 프롤레타리아가 되는 자유·평등 사회가 성립된다.

사회주의·공산주의 문헌 마르크스·엥겔스의 도전적 논조는 이 대목에서 절정에 오른다. 여기에서 말하는 문헌은 당대 또는 이전의 여러 사회주의자들이 남긴 문건을 가리킨다. 그 문헌에 대해 마르크스는 자기류의 비판과 독설을 퍼붓고 있다. 즉 공산주의가 아닌 사회주의에 대한 야유와 저주다. 그 중간의 모든 명제는 이것들을 합리화하기 위한 것이다. 그러기에 이 선언문은 당장 세상을 뒤엎겠다는 실천적 결의와 흥분된 감격을 가지고 읽어야 실감할 수 있는 문건이다. 실천을 동반하지 않은 지성은 세상을 해석만 하고 변혁하지는 않기 때문에 무시해도 좋은 무기력한 것이다. 행동하는 지성이란 이런 데서 나온 것이다.

마르크스·엥겔스는 야유와 독설, 빈정거림, 욕설, 악에 바친 저주로 일관하는데 그것은 독일 관념론 비판에서 절정에 이른다. 남을 존경하고 사랑하며 자기를 낮추는 것이 사람됨의 기본이라고 배운 사람들은 도저히 읽어나갈 수 없을 정도로 역겨운 악담으로 가득 차 있다. 그러면서도 공상적 사회주의에 대해서는 비교적 우호적으로 서술하고 있다. 그러나 '비판적 – 공상적 사회주의·공산주의'를 제외한 '반동적 사회주의(봉건적 사회주의, 쁘띠부르주아 사회주의, 독일 사회주의 또는 '진정한' 사회주의)'와 '보수적 사회주의 또는 부르주아 사회주의'에 대해서는 사회주의가 자라온 중세 이래 그들의 고유한 역사적 상황과 과정을 기술하고 있다. 그 내용은 기존의 사회주의에 대한 비판과 비난이다. '독일 사회주의 또는 진정한 사회주의'라는 말에서 '진정한'이라고 한 것은 그들의 자찬을 빈정거린 것이다.

기존의 여러 반대파에 관한 공산주의자의 입장 여기에서 마르크스·엥겔스는 공산주의자들이 노동계급의 당면한 이익을 위해 싸우는 동시에 각국 프롤레타리아와 협력하는 방책을 제시하고 있다. 그중에서도 유럽에서 가장 큰 사회주의 조직(사회 민주당)을 이루고 있던 독일은 프롤레타리아혁명의 서곡이 될 수 있을 것이라고 기대하고 격려한다. 그들은 공산주의 혁명의 핵심은 소유의 문제임을 강조하도록 한다.

앞에서 나는 《공산당 선언》이 공산주의자들의 투쟁 목표이자 행동 강령이며 선전 선동술이라고 했다. 이 선언을 읽고 마음에 남는 것은, 적의 주장은 무조건 반대하고 자기주장은 끝까지 포기하지 말라는 것과 상대방을 향해서는 극단적이고 극악한 적대적 언어를 사용해야 한다는 것이다. 대중에게는 그렇게 해야 폐부에 와 닿는 효과가 있기 때문이다. 교양이니 품위니 하는 것은 그들의 눈에는 위선일 뿐이다.

4. 착취의 근원 분석 : 《자본론 I》

레닌이 지적하는 영국의 자본주의 고전경제학은 근대경제학의 아버지라고 하는 아담 스미스가 《국부론(The Wealth of Nations)》(1776)에서 보여준 정치경제학과 이것을 사회주의적으로 계승한 리카도(David Ricardo, 1772~1823)의 정치경제학을 가리킨다. 마르크스의 정치경제학(《자본론》)은 이 영국고전경제학을 계승하여 자본주의의 생성과 발전 및 소멸의 과정을 과학적으로 분석해서 그 경제적 운동 법칙을 해명한 것이다. 뒤에서 보겠지만, 마르크스의 정치경제학은 영국고전경제학의 성과를 받아들여 노동 가치설을 완성하고 잉여가치의 근원을 해명함으로써 자본에 의한 노동 착취의 근거를 구명한, 노동자 해방의 경전이다.

마르크스는 엥겔스의 《국민경제학 비판 개요》에 감명받았다고 한다. 마르크스의 경제학 연구에는 엥겔스의 자극이 컸던 것이다. 1848년 《공산당 선언》을 발표한 직후 2월 혁명 때 마르크스와 엥겔스는 유럽 각지를 전전하면서 혁명에 적극적으로 가담했는데, 그중에는 〈신라인 신문〉 발행도 있다. 그러나 2월 혁명이 실패한 후(1849) 그들은 런던으로 이주했다.[5] 마르크스는 그곳에서 엥겔스의 재정적 지원을 받아 생활하면서 고전경제학 연구에 몰두한다.

---

5   영국에는 엥겔스가 경영하는 기업이 있어서 생활 문제를 해결할 수 있었다.

A. 마르크스경제학의 맥과 배경

근대경제학은 아담 스미스의 《국부론》에서 출발한다. 마르크스의 《자본론 I》(1885년의 《자본론 II》와, 1894년의 《자본론 III》은 마르크스 사후에 엥겔스가 유고를 정리해서 발간했다)도 《국부론》 없이는 생각할 수 없다. 근대경제학의 흐름을 한마디로 말하면, 스미스의 이 《국부론》을 계승한 리카도 전기 학파의 사회주의를 다시 계승한 마르크스의 이데올로기 경제학으로 가느냐, 리카도 후기 학파의 일반 이론 경제학으로 가느냐 하는 이 양자의 전개 과정이라고 할 수 있다. 후자는(그 대표적 인물은 존 스튜어트 밀 John Stuart Mill, 1806~1873이다) 여러 번의 경제적 위기에 처하면서 많은 경제학자들의 전승과 상호 비판을 통해 자본주의 경제학으로 다양하게 발전한 데 반해, 전자는 마르크스의 혁명적 이데올로기로 교조화되었다.

마르크스경제학은 혁명 이데올로기로 교조화되었기 때문에 상호 비판이란 거의 불가능하다. 경제적 위기를 극복하는 데는 경제학자들 외에 자본가들의 고민과 탁월한 경영 능력 및 정치가의 노력이 크게 공헌했다. 19~20세기에 이르러 마르크스를 계승하는 입장에 대한 이념 논쟁(룩셈부르크Rosa Luxemburg, 1871~1919; 힐퍼딩Rudolf Hilferding, 1877~1941; 베른슈타인Eduard Bernstein, 1850~1932; 카우츠키Karl Johann Kautsky, 1854~1938 등)이 있었으나, 레닌에 의해 마르크스 경제 이론이 혁명 이데올로기로 굳어져 비판을 통한 발전과 변화를 볼 수 없게 되었다. 마르크스의 정치경제학은 이제 연구자에 따라 바뀔 수 있는 이론 체계가 아니다. 노동자 해방의 교조적 이데올로기인 것이다.

《국부론》 이 책은 모두 5편으로 되어 있는데 1편과 2편은 상품, 노동, 자본, 지대 등에 관한 경제학이고, 3편은 국부의 증진에 미치는 경제 정책을 역사적으로 검토한 것이며, 4편과 5편은 경제학과 관련되는 정치적 주제(중상주의, 식민지 정책, 국가의 제 경비 등)를 역시 역사적으로 검토한 것이다. 스미스 경제 이론의 주된 주제는 중상주의를 지양하고 국부의 증진책으로서 노동 생산성 증진을 천명한 것이다.

그에 따르면 노동 생산성 증진책에는 두 가지가 있다. 첫째는 분업이고, 둘째는 생산 노동 인구의 증가를 위한 자본 축적이다. 《국부론》이 쓰일 당시는 매뉴팩처 시대요, 아크라이트에 의한 수력 방적기 발명과 거기에 거대 동력을 붙인 와트의 증기기관에 힘입어 동력이 풍부해지고 물류가 활발해짐으로써 산업혁명이 진척되던 시대였는데, 그가 노동력 증가와 분업을 생산성 제고를 위한 필요충분조건으로 인식했다는 것은 그의 형안을 보증하고 있다. 그는 또한 자본 축적을 위한 첩경은 절약임을 역설한다. 이것은 자본주의가 단순히 노동자 착취가 아니라 근검절약 정신의 발양임을 보여준다. 그는 철저한 경제 제일주의를 신봉하는 사상가다.

우리가 매일 식사를 마련할 수 있는 것은 푸줏간 주인, 양조장 주인, 빵집 주인의 자비심 덕분이 아니라, 그들이 자기 이익을 챙기려는 생각 덕분이다. 우리는 저들의 자비심에 호소하지 않고 저들의 자애심에 호소하며, 우리의 필요가 아니라 저들의 이익만을 그들에게 말할 뿐이다. 거지 이외에는 아무도 전적으로 동포들의 자비심에만 의지해서 살아가려고 하지 않는다.[6]

일반적으로 말해서 사실 각 개인은 공공의 이익을 증진하려고 의도하지도 않고 공공의 이익을 그가 얼마나 촉진하는지도 모른다. 외국 노동보다 본국 노동의 유지를 선호하는 것은 오로지 자기 자신의 안전을 위해서이고, 노동 생산물이 최대의 가치를 갖도록 그 노동을 이끈 것은 오로지 자기 자신의 이익을 위해서다. 이 경우 그는 다른 많은 경우에서처럼, 보이지 않는 손에 이끌려서 그가 전혀 의도하지 않았던 목적을 달성하게 된다. 그가

---

6   스미스, 《국부론》(상), 19쪽 참조. 부분적으로 문장을 나의 표현으로 고쳤다.

의도하지 않았던 것이라고 해서 반드시 사회에 좋지 않은 것은 아니다. 그가 자기 자신의 이익을 추구함으로써 흔히 그 자신이 진실로 사회의 이익을 증진하려고 의도하는 경우보다 더 효과적으로 그것을 증진시킨다. 나는 공공의 이익을 위해 사업한다고 떠드는 사람들이 좋은 일을 많이 하는 것을 본 적이 없다.[7]

이것은 스미스 경제학의 성격을 가장 극명하게 보여주는 명제이기도 하지만, 특히 '보이지 않는 손'은 그의 경제학이 자연법에 가장 합치하는 것임을 보여주기도 한다. 다시 말하면 개인은 이기적으로 경제적 이익을 추구하지만 부지불식간에 간접적으로 공공의 이익에 공헌할 수 있으니, 이기와 이타가 상반되는 것이 아니라는 것이다. 이러한 자연법에 입각해서 그의 자유주의가 성립한다. 그 자유주의는 가능한 한 국가는 경제 질서에 개입하지 말고 일이 되어가는 대로 맡겨두라는 것이다. 상품의 값도 시장에 맡겨두면 소위 보이지 않는 손에 의해 가장 적절하게 결정된다는 것이다. 이것이 그의 경제적 자유주의이거니와, 자본주의경제는 바로 이 자유주의를 기반으로 해서 발전한다.

이러한 경제학이 반세기 뒤, 즉 프랑스혁명 이후 산업혁명이 진행되던 1817년, 전술한 바와 같이 데이비드 리카도 전기 학파는 '(생산물의 가치는) 그 생산물에 투입된 노동에 의해 결정된다'는 투하 노동 가치설을 주장함으로써 노동자를 옹호하는 사회주의를 표방하게 되었다. 그 자신은 부르주아 경제학자임에도 그의 주장에 공감하고 그 이론을 더 발전시킨 일단의 학자들의 주장을 '리카도파 사회주의'라고 부른다. 이 학파에 속하는 사람들은 자본가와 노동자가 기업의 이윤을 놓고 대립할 때 그 이윤은 전적으로 노동의 산물이므로 그 전부를 노동자가 차지해야 한다는

---

7   같은 책, 552쪽.

소위 노동 전수권(勞動 全收權)을 주장했다. 그 학파에 속하면서 마르크스에게 영향을 준 사람들로는 오언도 있고, 오언의 영향을 받은 그레이(John Gray, 1798~1850), 탐슨(William Thompson, 1775 ~1833), 브레이(John Francis Bray, 1809~1897), 라벤스턴(Percy Ravenstone), 하지스킨(Thomas Hodgskin, 1787~1869) 등이 있다. 이들이 마르크스의 주목을 받아 사회주의자로 인식된 것은 당연하다. 다른 한편 리카도 후기의 경제 이론은 존 스튜어트 밀에 의해 자본주의 경제학으로 갈라져 나가서 후학들에 의해 계승되었다 함은 전술한 바 있다.

그러나 1825년 이후 영국 경제에는 약 10년 주기로 공황이 내습했고, 산업혁명 덕택으로 경제가 비약적으로 상승했지만, 저 앞에서 말한 차티스트운동에서 보았듯이 노동자들의 정치적·경제적 입장에는 하등의 진전이 없었다. 노동자계급에 대한 밀의 입장은 소극적이고 방위적이었다. 그리하여 그로부터 꼭 반세기 만에, 리카도의 사회주의적 입장은 노동자 해방을 외치는 마르크스에 의해 계승되었고, 그의《자본론》은 사회주의 경제학의 성립으로 이어진다. 이후 정치경제학은 마르크스의 사회주의 경제학과 자본주의 경제학이라는 두 주류를 형성한다.

고전적 정치경제학에 이어 1870년대에 등장한 산업자본주의는 자본의 집중·집적으로 인해, 마르크스가 예고한 바와 같이 서서히 독점자본주의로 이행하게 되었고, 이것은 다시 새로운 시장과 자원 및 노동력 확보를 위한 경쟁 체제로서의 제국주의 체제로 변형되어갔다. 이로 인해 제국들 간의 충돌은 불가피하게 되었다. 그것이 1,2차 세계대전이다.

B. 마르크스《자본론 I》분석

《자본론》은 모두 3부로 되어 있다. 1부는 자본의 생산 과정이고, 2부는 자본의 유통 과정이며, 3부는 자본주의적 생산의 총과정이다. 나는 그중 1부를 분석의 대상으로 삼는다.

마르크스주의자들은 스미스와 마르크스 사이가 연속적인가 비연속적인가 하는 논쟁을 일으키고, 대개는 마르크스의 위대한 창조성을 강조하기 위해 비연속성을 주장한다. 그러려면 스미스를 부르주아 옹호론자로 몰아붙여야 한다. 이 입론의 주된 근거는 그가 사적 소유를 정당화했고, 경제적 자유를 옹호했으며, 자본의 축적을 경제적 진보의 기반으로서 강조했다는 것 등이다. 나아가 가치론, 잉여가치론 등 당시의 경제적 제 관계를 부르주아의 언어로 분석했다는 점을 덧붙인다. 마르크스주의자들은 위의 비연속성을 주장하면서 그것이 사적 유물론적 인식이라고 한다. 마르크스의 창의성뿐 아니라 자기네의 역사 인식이 과학적이라는 것을 변증하기 위해서도 비연속성을 개입시킨다. 그러나 그들의 이론에서 노동자 착취, 노동의 소외 등 마르크시즘의 이데올로기를 제거하면 고전적 경제학만 남는다. 마르크스가 영국고전경제학 연구에서 얻은 총결론은 바로 이 노동자 착취와 노동의 소외이거니와, 마르크스는 이것을 노동자 해방을 위한 정치적 이데올로기로 전환시킨 것이다.

그러면서 또 한편으로는 마르크스경제학이야말로 스미스–리카도를 잇는 정통적 정치경제학이라고 보는 입장도 있다. 앞의 경우와는 반대로 이것은 마르크스를 스미스와의 연속성 측면에서 보는 입장이다. 이것은 지나친 아전인수이긴 해도 아주 틀린 진단은 아니다. 왜냐하면 스미스 없는 마르크스는 생각할 수 없기 때문이다. 이렇게 보면 마르크스는 스미스와는 뗄 수 없는 연속선상에 있다고 보아야 한다. 이것은 마르크스 경제학이 지닌 학문적 연구의 측면이다. 이것을 다시 부연하면 다음과 같다.

한편으로 마르크스의 정치경제학은 (1) 영국의 정치경제학이 부르주아를 옹호하는 쪽으로 편향된 것을 비판함으로써 노동자 해방을 위한 정당화 작업으로 사용된 것이다. 이 대목은《자본론》의 도처에서 잉여가치 이론으로 서술되어 있다. 이 입장에서 보면 그 책은 노동자계급 해방의 이데올로기다. 이 대목은《공산당 선언》과 연관해서 해석해야 한다. 그러나 또 다른 한편으로 (2)《자본론》은 스스로 스미스와 리카도의 정치경제학의 정통 계승으로 자처하면서, 이들이 간과한 문제를 발견하여 비판하거나 또는 그들의 이론이 빠진 함정이나 불합리한 점을 찾아 이를 비판적으로 수정하는 것이다. 이 경우《자본론》은 객관적이고 과학적인 경제학 저술이다. 한마디로 말하면 마르크스의《자본론》은 과학성과 당파성이 뒤섞인 저술로서, 정치적 측면과 경제학 측면의 절묘한 혁명론적 결합이라고 할 수 있다.

스미스의《국부론》은 마르크스의《자본론》보다 약 한 세기 앞서 출간된 것으로, 산업혁명 직후에 쓰인 것이다. 이때는 자본가에 의한 노동의 착취가 심하기는 했어도 아직 부르주아와 프롤레타리아의 계급적 대립이 첨예화된 시대는 아니었다. 말하자면 그 대립의 맹아기—전 이데올로기 시대—였던 것이다. 자본가와 노동자를 계급으로 대립시키게 된 것은 적어도 공상적 사회주의와 차티스트운동 이후, 특히 마르크스·엥겔스 시대를 기다려야 한다.

이 말은 스미스와 마르크스는 노동자 문제에 있어서는 연속적이지 않다는 것이다. 노동자 문제는 마르크스에 의해 정치적 이데올로기로 격상된 그 시대 이후의 가장 중요한 역사적 주제다. 그런데 레닌이 그것을 혁명의 이데올로기로 만듦으로 해서 마침내 경제 문제는 정치 문제로 흡수되어 경제학으로서는 존립할 수 없게 되고 말았다. 이 지점이 사회주의 내지 공산주의 정치의 무덤이 된 것이다.

나는 아래에서 마르크스의 이런 역사적 위상과 노동자 문제 및 경제학 문제를 고려하면서《자본론 I》중 세 가지 주제를 골라 약술하고자 한다.

(ㄱ) 노동의 이중성격과 상품의 물신성

스미스는《국부론》의 앞부분에서 상품 가치를 교환 가치와 사용 가치로 구분해서 규정하고 있다. 그는 또 상품 가치는 투입된 노동이 결정한다는 것을 해리 사냥과 사슴 사냥의 경우를 예로 들어 다음과 같이 지적하고 있다.

> 예컨대 수렵 민족 사이에서 한 마리의 해리를 잡는 것이 보통 한 마리의 사슴을 잡는 것보다 두 배의 노동을 요한다면, 한 마리의 해리는 당연히 두 마리의 사슴과 교환되거나 두 마리의 사슴과 같은 가치를 지녀야 할 것이다. 일반적으로 이틀 또는 두 시간의 노동 생산물이 하루 또는 한 시간의 노동 생산물의 두 배의 가치를 가져야 하는 것은 당연하다.[8]

이것은 상품 가치의 실체를 노동에서 찾는 것으로서 흔히 노동 가치설이라고 한다. 상품 생산에 투입한 노동량에 의해 상품의 가치가 결정된다는 것이다. 이미 오언은 노동량을 상품 교환의 기준으로 삼은 바 있다.

노동의 이중성 상품에 교환 가치와 사용 가치가 구분되는 것과 마찬가지로, 상품 가치를 구성하는 노동에도 '상품에 의해 구입되는 노동'과 '상품에 구현되는 노동'이 있다. 전자는 지배 노동이고, 후자는 투하 노동이다. 투하 노동이란 상품 생산을 위해 투입되는 노동을 가리킨다. 마르크스는 이 명제가 불충분한 대로 가치의 실체를 노동에서 찾은 것은 잘한 일이지만, 그 노동을 노동시간의 크기에서 찾은 것에 대해 약간 불만스러워했다. 그에 따르면 스미스는 이것을 추상적 인간의 노동으로 환원하고, 지배 노동과 투하 노동을 명확하게 구분하지 않았다는 것이다. 노동에는 양으로 환원되는 노동과 환원되기 어려운 질적인 노동이 있다. 우리나라 농촌에서 남자의 노임과 부녀자의 노임을 구분하는 것은 동일한 시간의 노동이라도 그 생산성에 있어서는 차이가 나기 때문이다. 이러한 질적 차이 때문에 숙련공의 노동과 미숙련공의 노동이 구분되는 것이다.

---

8 같은 책, 6장.

마르크스는 이 노동의 이중성을 비판적으로 지적함으로써 노동의 질적 통일성 또는 동등성을 발견하여 이것을 추상적 인간 노동이라 하고, 상품 가치의 실체를 분명히 했다. 또한 가치량과의 관계도 곁들여 노동의 생산성 상승과 가치 저하, 가치 형태, 상품의 물신성, 화폐, 잉여가치 등 자본주의경제의 특수 성격까지 언급한다. 여기에서는 상품의 물신성을 먼저 언급하고, 이어서 잉여가치를 논급할 것이다.

상품의 물신성 마르크스에 따르면 상품은 '형이상학적 천착과 신학적 요설'로 가득 찬 물건이다. 그것이 상품의 물신성이다. 물신성이란 상품이라는 물건이 지닌 신비성을 가리킨다. 상품은 물리학적이고 화학적인 (기타 자연과학적인) 성질, 즉 자연적인 여러 성질을 가지고 있다. 가령 TV는 화면, 화질, 해상도, 서라운드 음향 등의 장치를 지니고 있는 것으로서 언제든지 우리에게 화면과 정보를 전달해주는 가전제품이다. 거기에는 물리적, 화학적, 전자 공학적, 음향학적인 여러 자연적 성질이 결합되어 있다. 즉 그것은 자연적 제 성질의 결합물이다. 그러나 TV는 상품으로서는 인간의 사회적 결합을 가져다준다. 다시 말하면 TV는 상품으로서 사회적 존재로 전환되어 있다. 이것이 인간을 매료시키는 상품이 지닌 신비성이라는 것이다.[9]

상품을 그렇게 사회적 존재로 전환하는 근거는 어디에 있는가? 그 근거는 애당초 사회성을 가진, 상품을 만드는 노동이다. 다시 말하면 상품이 가진 자연적 성질이 마치 물신처럼 사회적 관계를 전개하는 듯이 보이지만, 사실 그것은 처음부터 인간의 노동이 지닌 사회적 성격을 자연적 성격으로 대상화해서 표현한 것에 불과하다. 상품의 물신성이란 노동을 통해서 본 상품의 성격인 것이다. 즉 인간의 사회적 노동에 의한 생산물이 상품의 형태를 통해 자기를 표현한 것이다. 노동의 사회성은 상품

---

9   마르크스, 《자본론 I》, 1장 4절 참조.

의 교환을 통해 완전히 실현된다.

상품을 통한 인간관계(인격)의 물상화 또는 그 반대 현상인 물상의 인격화를 마르크스는 자본주의 사회의 큰 특징으로 규정하고 있다. 그는 자본의 인격화를 그 예(자본가)로 들고 있다.

그러나 상품에 대한 이 같은 물신성 논의는 마르크스가 단순히 사용물 내지 교환물에 불과한 별것도 아닌 상품을 가지고, 그것이 노동을 통해 자연적 성격에서 다시 사회적 성격으로 전환된다는 점을 지적하여 '형이상학적 천착과 신화적 요설'을 농한 것에 지나지 않는다. 자본주의 사회에서만이 아니라 어느 시대 어느 사회에서든 도대체 상품 생산이란 자연의 것(자원)에 노동을 투하해서 인간이 필요로 하는 물건으로 변화시키는 것이다. 그것이 가치다. 가치란 인간의 요구에 응하여 자연물에 덧붙여진 어떤 것이다. 마르크스는 그것을 물건이 지닌 신비성이라고 한 것이다. 그렇다면 가치란 자연물이 신들려서 자기를 표현한 것이다. 가치가 신비성을 지닌 것이라면 가치를 창출하는 인간의 노동은 자연물을 신들리게 하는 것에 다름 아니다.

가치는 쓸모나 아름다움을 지닌 것이고, 노동은 그 가치를 창출하는 능력이기 때문에 고귀한 것이다. 상품에 무슨 신비성이 있는가? 상품은 상품일 뿐이다. 상품에는 물론 예술 작품도 포함되어 있다. 거래 대상이 되는 것이면 무엇이든 상품이 될 수 있기 때문이다. 그렇다고 모든 상품이 물신성을 가지고 있는 것은 아니다. 상품에 신비성이 있다면 그 신비성은 상품이 소모품으로 전락해도 남아 있어야 한다. 그러나 일상적 사용물은 쓰고 낡으면 버리고 마는 것, 비물신적 소모품인 것이다.

조각이든 회화든 건축물이든, 그것이 종교적 영상과 신앙심 또는 예술적 상상력이 투입되어 만들어진 종교적 작품이나 예술 작품으로서 우리에게 경건성과 엄숙성과 심미성을 가져다준다면 그것이야말로 물신성이라고 할 수 있다. 설사 이런 것들이 상품으로 거래된다고 하더라도 이것들은 소비재 상품과는 엄연히 구분되어야 한다. 마르크스가 말하는 상품 가치는 우리의 사용 목적에 상응하는 소비재 상품 가치일 뿐이므로 형이 상학적 내지 신화적으로 논설할 요소를 가지고 있지 않다. 상품의 물신 성을 논하는 것은 마르크스 자신의 요설이다.

(ㄴ) 절대적 잉여가치와 상대적 잉여가치의 문제

노동자의 노동으로 생산된 상품은 그것에 투하된 노동력 이상의 가치를 창출한다. 마르크스에 따르면 그것이 자본가에게 돌아가는 잉여가치, 즉 이윤이다. 노동자는 그만큼 노동을 착취당하는 셈이다. 그리하여 마르크스는 잉여가치에 대해《자본론 Ⅰ》의 3~5편에 걸쳐 상론하고 있다.

잉여가치율을 한마디로 정리하면 분모를 필요노동(v)으로 하고 분자를 잉여노동(m)으로 하는 공식으로 표현할 수 있다. 이것이 자본, 즉 자본가에 의한 노동력 착취율이다.

노동자의 노동시간은 두 부분으로 구성된다. 첫째는 자본가에게서 보수로 보상받는 노동시간, 즉 필요노동시간(상품의 생산에 필요한 노동시간)이고, 둘째는 필요노동시간을 초과하는 잉여노동시간이다. 첫 번째만으로는 자본가에게 돌아갈 이익이 창출되지 않는다. 본전만 회수되는 것이다. 반면 두 번째 부분에서 창출되는 가치가 잉여가치다. 자본가가 잉여가치를 창출하는 데는 노동시간을 조절하는 것이 관건이다. 여기에는 두 가지 방법이 있다. 하나는 노동시간을 무상으로 연장하는 것이고, 다른 하나는 작업 과정을 단순화해서 노동시간을 단축하는 것이다. 이때는 그만큼 노임을 삭감할 수 있다. 전자에서 창출되는 가치를 절대적 잉여가치라 하고, 후자에서 창출되는 가치를 상대적 잉여가치라고 한다.

마르크스가 장장 3~5편에 걸쳐 장황하게 설명한 것을 이렇게 정리하면 너무 단순화한 감이 없지 않으나, 요지는 그렇다.

노동자 착취의 예 역사적으로 늘 문제되었던 노사 간의 갈등 내지 투쟁은 이 노동시간과 관련되어 있다. 오늘날은 우리나라에서도 법으로 정해진 노동시간을 초과하는 노동에 대해서는 초과 수당을 지불하지만, 불과 30~40년 전만 해도 자본가 마음대로 노동시간을 연장하거나 단축했다. 마르크스는 1860년대 영국 산업에서의 노동자 상태를 영국 의회의 심의록, 조사 위원회와 관청의 보고, 특히 공장 감독관의 보고 등을 통해 조사한 바 있다. 그 내용에 따르면,

> 레스 제조업의 경우 9~10세의 아동이 새벽 2시, 3시, 4시에 불결한 잠자리에서 끌려 나와 겨우 입에 풀칠만이라도 하기 위해 밤 10시, 11시, 12시까지 노동하도록 강요당하고 있다. 그들의 팔다리는 말라비틀어지고 신체는 왜소해지며 얼굴은 창백해지고, 그들의 인간성은 완전히 목석처럼 무감각 상태로 굳어져서 보기만 해도 소름이 끼칠 지경이다.[10]

손발이 잘리고 신체가 위축되고 얼굴은 창백해지고 신심이 망가지는 것은 말할 것도 없다. 이런 일은 비단 레스 제조업에만 국한되지 않고 성냥 공장, 도자기 공장, 빵집, 제육점 등 모든 제조업체나 산업체에 일반화되었던 것이다. 매일 12~15시간의 노동을 하고도 야간 작업에 동원되는 것은 다반사였던 것 같다.[11] 마르크스는 같은 책 10장 2절의 한 주석(22)에서 공장 감독관의 보고서를 인용하여 다음과 같이 기록하고 있다.

> 이 공장주들 중 일부는 12세 내지 15세 소년 5명을 금요일 오전 6시부터 다음날인 토요일 오후 4시까지 식사 시간과 한밤중의 한 시간의 수면 시간 이외에는 조금도 휴식을 주지 않고 혹사시켰다는 이유로 고소당했다. 그런

---

10 같은 책, 10장 3절.
11 같은 책, 10장 참조.

데 이 아동들은 넝마 구덩이 속에서 30시간을 쉴 새 없이 일하지 않으면 안 되었는데, 그곳은 모직 누더기를 찢는 곳으로, 그 안의 공기는 성인 노동자라도 계속 손수건으로 입을 가려 보호하지 않으면 안 될 정도로 티끌과 털부스러기 등으로 가득 차 있다.[12]

엥겔스는 《영국 노동자계급의 상황(Die Lage der arbeitenden Klasse in England)》(1845)에서 노동자는 아침 5시 30분까지는 공장에 가야 하는데 2~3분이라도 지각하면 벌을 받고, 10분 늦으면 아침 식사를 거르고 공장에 가야 하며, 12시간 노동 중 2시간 30분밖에 늦지 않았는데도 하루 노임의 4분의 1을 잃는다고 적고 있다. 마르크스는 이 문장을 그대로 자기 책의 주에 전재하고 있다.

그 이전으로 소급하면 노동력 착취의 참상은 더 가혹했던 것 같다. 산업혁명 당시 노동자들의 참상을 그린 기록물들은 눈물과 분노 없이는 읽을 수 없다.

16세기 중반 이후 영국이 외국으로 진출하면서 국력을 기르고 부국강병을 이루어 팍스 브리태니카(Pax Britanica)의 기반을 다지던 시대의 뒤안길에는 이런 비참한 비인간적 노동자 착취가 있었다는 것을 잊을 수 없다. 마르크스의 증언은 그 일부에 지나지 않지만 그 시대 영국의 부는 노동자의 이러한 피땀과 눈물로 창출된 것이다. 그 시대는 영국이 자랑하는 황금기였다. 역사의 진행에는 늘 빛과 그림자가 함께 있기 마련이지만 우리는 여기에서 역사의 교훈을 배워야 한다. 이런 참상을 보면서 노동자에게 연민의 정을 감출 수는 없으리라.

우리나라에서도 불과 40~50년 전 급격한 산업화 과정(소위 유신 독재 시대)을 겪으면서 벌어졌던 전태일 자살 사건이 사회를 어지럽게 흔들었다. YH 가발 공장 사건은 전국의 노동계와 정계를 뒤집어 놓은 바 있다.

---

12 같은 책, 10장 3절.

이런 사건들은 종국적으로는 정권이 뒤집히는 결과를 초래했다. 이 모든 비인간적 작태의 배후에는 정치가의 지나친 지배욕은 물론이고 잉여가치를 획득하기 위한 자본가들의 과욕도 도사리고 있었다. 오늘날 우리는 독재적 정치가와 자본가, 기업인들 사이의 이 같은 정경유착을 잊고 있지만, 이런 일들로 인해 오늘의 재벌 기업에 대한 기본적 이미지가 나빠졌던 것도 사실이다. 그러니 노동자들을 위한 과거의 투쟁을 이해하지 않을 수 없다. 솔직히 말하면 오늘의 재벌 기업은 그 노동자들의 희생을 발판으로 해서 발전한 것이다. 오늘날도 외국 노동자들의 노임 착취, 노동 상해 등 많은 참상이 심심치 않게 언론에 보도되곤 한다. 저 앞에서 소개한 공상적 사회주의 사상이나 차티스트운동은 모두 그냥 역사적 문서로서만 이해할 것이 아니라 이런 구체적 정황을 염두에 두고 실존적으로 이해해야 한다. 이리하여 자본가와 노동자 사이에는 수세기에 걸친 투쟁이 계속되었고, 그 결과 노동의 재생산을 위한 노동자들의 생활 보장과 인간으로서 할 수 있는 하루 노동의 적정량과 노동시간, 노동자의 인권 보장 및 그들의 문화 향유권 등에 대한 법적·도덕적 규정인 노동법과 인권법이 제정되었다.

현재 우리나라의 노동문제, 즉 노동의 신체적 조건과 도덕적 측면, 작업 환경, 노임 등의 측면에서 노동자에 대한 대우는 현저하게 개선된 것이 사실이다. 경우에 따라서는 대기업과 중소기업 사이에 임금 격차가 너무 현격해서 오히려 노동자들 사이에 위화감이 깊게 파이는 경우도 있다. 그러나 그러한 고임금에도 노동자들의 투쟁은 여전하다. 그 투쟁은 이제 노동시간 문제나 노임 문제를 둘러싼 투쟁을 넘어서 정치적 투쟁으로 옮겨간 것이다. 그 투쟁에 특히 이데올로기가 덧입혀진 것은 우리가 분단국가로서 북한을 의식한 측면이 크게 작용하는 것 같다. 6. 25전쟁의 여진은 아직도 완전히 꺼지지 않고 있다.

기계에 의한 대량생산 문제 그러나 여기에서 주목해야 할 것은 마르크스가 불변자본이라고 부르는 기계화 문제다. 그는 노동자의 노동력만이 이윤을 창출한다고 보고 기계의 이윤 창출에 대해서는 그다지 언급하지 않고 있으나, 사실은 기계야말로 대량생산에 의한 이윤 창출의 원동력이라는 것을 간과해서는 안 된다. 하기는 마르크스가 생존하던 시대에는 전기도 아직 발명되지 않았던 시대였던 만큼 대량생산에 대해 생각해보았자 증기기관의 이용 정도였을 것이다. 증기기관을 움직이게 하는 데 필요한 에너지도 고작 석탄이었을 뿐 전기, 전자, 원자력에 대해서는 상상도 못했을 것이다. 에디슨이 전기를 동력으로 사용한 것을 발명한 것은 1880년이니까 마르크스 생애의 말년에 해당한다. 그리고 보면 기계를 불변자본으로 파악한 것도 잘못이지만 착취 개념에만 집착한 나머지 자본주의의 생산성 자체를 제대로 파악하지 못했던 것도 사실이다.

기업가의 경영 능력 이것은 노동을 단순화해서 이해한 것이고, 사실 이윤은 동일한 노동시간을 어떻게 높은 생산성을 창출하도록 활용하느냐 하는 등 기업가의 경영 능력과 관련이 있다. 가치 창출에는 기업가의 창의성이 크게 관여한다. 이런 것이 기계화와 직접적으로 관련되는 것은 아니다. 그러나 마르크스가 생각한 것은 고작 노동시간을 단축시킴으로써 노임을 삭감하는 착취, 즉 상대적 잉여가치의 창출 정도였다. 그는 기계화가 노동력을 현저하게 감소시키고 이것이 사회적으로는 취업의 기회를 저하시켜서 취업 노동자들을 실업의 위험에 빠뜨리고 있다고 보았다. 그러나 기업은 그 부족한 부분의 시간을 기계화, 협업, 분업에 의한 노동 능력의 확대로 대체하고 있다.

상대적 잉여가치의 문제에서 노임을 삭감하는 것도 큰 문제이지만, 무노동 무임금이라는 원칙의 적용으로 파업을 억제하는 효과도 있고 미취업자를 압박하는 역효과도 있다. 일자리 창출에는 이 상대적 잉여가치의 문제가 크게 작용하고 있는 것이 사실이다.

자본주의 사회에서 잉여가치 문제를 노동자 착취 수단으로만 이해한다면, 공산주의 사회에서 이 문제는 어떻게 논의되는가? 잉여가치가 전혀 문제되지 않을 만큼 착취가 없다면, 즉 이윤의 창출이 없다면 생산성은 전혀 증가하지 않을 것이고, 따라서 경제는 성장하지 않을 것이며, 노동자의 생활은 향상되지 않을 것이다. 왜냐하면 모든 생산력은 노동에 대한 보상, 원료, 생산수단의 감가 보상 등 불변자본의 유지만으로 족하겠기 때문이다. 그런 환경 조건하에서는 노동자들의 행복 증진도 있을 수 없다. 삶의 질 향상도 고려해야 하지 않을까?

마르크스는 생산만 하면 그것에 이윤이 첨가되어 팔리는 것으로 알고 구매자의 입장을 고려하지 않았다. 다시 말하면 마르크스는 효용량의 문제, 즉 제품에 대한 구매자들의 만족도 따위는 전혀 생각하지 않았다. 결과적으로 구매자에게 매력 없는 생산물이 쌓이게 된다. 공산주의 사회의 생산성 저하에는 이런 문제도 있다.

자본가 – 노동자 관계의 새로운 정립　오늘날 자본가 – 노동자 관계를 마르크스 시대에서처럼 단순히 착취 – 피착취의 관계로만 이해해서는 안 된다. 양자는 서로의 생존을 존중하고 산업 평화의 증진을 위해 협력해야 한다. 그들은 다 같이 한편으로는 자본가이면서 동시에 소비자이며 노동자이기 때문에 소비자를 위한 평화에 협조해야 한다. 자본주의 사회든 공산주의 사회든 소비자 없는 산업은 존재할 수 없기 때문이다.[13]

이것을 자본가와 노동자가 서로 인정하고 계약하지 않으면, 즉 자본가의 이윤을 전제하지 않고 노동자의 생활을 보장하지 않으면, 자본가는 어떻게 노동력을 구매할 것이며 노동자는 어떻게 노동력을 판매할 수 있겠는가? 오늘날 우리나라에서도 자본가와 노동자의 관계는 무한하게 대립하고 투쟁하는 대립 관계가 아니다. 자본가는 상품 생산을 위해 일정 시간 노동력을 구입하는 구매자이고 노동자는 자기 생활을 영위하기 위

13　소비자 문제에 대해서는 이 책 250쪽 이하에서 다루고 있다.

해 자기 노동력을 일정 시간 판매하는 자로서, 상호 계약에 의해 노동력을 사고파는 관계의 쌍방이 되어 있다. 이제 양자는 산업 평화를 위해, 좋은 상품을 생산·공급함으로써 모든 소비자의 행복을 증진하기 위해, 상호 이익을 위해, 협조하고 보완하는 관계로 전환되어야 한다. 그럼으로써 노동자들이 단순히 생계를 해결하기 위해 취업한 사람으로만 대접받지 않고 가치 창출의 주역으로 존경받는 사회를 형성할 수 있을 것이다.

(ㄷ) 독점·공황·제국주의

자본은 본성상 증가되길 바란다. 증가되지 않으면 생산성이 제고되지 않는다. 스미스에 따르면 이를 위해서 자본은 연속적으로 축적되어야 한다. 축적을 위해서는 근검절약이 필수적이다. 근검절약은 부자가 되기 위한 귀중한 미덕으로 간주되고 있다.

실제로 비마르크스경제학자들은 통상 모든 경제 행위의 동기는 소비자를 최대한 만족시키려는 데 있다고 생각한다. 따라서 축적은 소비욕의 억제로 간주된다. 사람들을 축적 쪽으로 유인하기 위해서는 이윤이라는 보상이 필요하다. 이윤율이 높을수록 축적은 늘어나고, 이윤율이 낮을수록 축적은 줄어든다. 이러한 가정 아래 복잡한 이론이 세워진다. 그러나 마르크스는 자본가를 사갈시하고 있다. 그에 따르면 자본가는 수전노와 마찬가지로 절대적 치부 충동을 가지고 있다. 수전노의 경우에는 개인적 열망으로 그치지만, 자본가의 경우에 그것은 하나의 나사에 불과하다.

자본가는 절대적 치부욕을 수전노와 공유하고 있다. 수전노의 경우에는 개인적 열광으로 나타나지만 자본가의 경우에는 사회적 메커니즘 — 여기에서 자본가는 하나의 나사에 지나지 않는다 — 의 작용으로 나타난다. 더욱이 자본주의적 생산의 발전은 한 사업에 투하되는 자본액을 끊임없이 증대시키지 않을 수 없도록 만들며, 그리고 경쟁은 자본주의적 생산 양식의 내재적 법칙을 외적 강제 법칙으로 각 개별 자본가에게 강요한다. 경쟁은 그로 하여금 자기의 자본을 유지하기 위해 그것을 끊임없이 확대하지 않을 수 없게 하는데, 그는 누진적 축적에 의해서만 자기의 자본을 확대할 수 있다.[14]

자본가가 자본을 축적하지 않을 수 없는 이유로서 마르크스는 자본가의 수전노적 본성과 경쟁을 들고 있다.

자본의 축적이 확대되지 않으면 경쟁에서 패배하게 마련이다. 패배하지 않기 위해서는 무한 축적으로 나아가지 않을 수 없다. 이것이 자본주의의 본성이다. 생산을 위한 축적, 축적을 위한 축적으로 이어지는 것이 자본의 생리다. 잉여가치는 다시 축적으로 전환되게 마련이다. 자본의 이러한 확대 재생산에서 성공한 산업자본가는 자본의 유통 과정에 직접 개입하여 금융 산업을 지배하려 하고 상업 이윤과 이자까지 챙기려고 한다. 현대의 대기업은 직접 토지를 매입하고 소유해서 지대까지 스스로 챙기기 때문에 유럽의 근대 초에 그렇게 말썽 많던 지대 문제는 우리나라에서는 거의 발생하지 않는다.

자본가들은 카르텔, 트러스트(합병), 콘체른 등의 방법을 통해 과당 경쟁을 지양하고 기업을 병탄하거나 산하 계열로 흡수한다. 그리고 독점을 위해서는 상품 값을 대폭 낮추어 자금력이 부족한 경쟁적 상대 기업을 쓰러뜨린다. 상품 값을 낮추기 위해서는 생산 규모를 늘리고 노동 생산력을 높여야 한다. 생산력을 높이기 위해서는 새 기계의 힘을 이용해야 하는데, 자본의 축적이 증대함에 따라 생산력의 발전은 결과적으로 생산 과잉 상태를 초래한다. 이것은 불변자본 증대의 입장에서 본 것이다.

반면 불변자본의 상대적 증가는 가변자본의 상대적 감소를 가져온다.

---

14 마르크스,《자본론 Ⅲ》, 7편 24장 3절(807쪽) 참조.

이로 인해 노동자의 실업이 야기된다. 즉 대규모의 산업 예비군과 실업자가 발생하는 현상을 낳는다. 노동자들의 생활은 악화되고 소비는 감소한다. 즉 노동자계급의 궁핍화는 구매력의 저하를 초래하고 상품은 시장과 창고에 쌓여 생산과 소비, 공급과 수요의 균형이 붕괴되어 결국 공황으로 폭발한다. 이런 현상은 '기계에 의한 대량생산→ 실업자 증대→노동자계급의 궁핍화 → 공황 → 중산층의 몰락 및 자본의 집중과 독점'으로 도식화된다. 공황은 일부 기업의 도산을 희생양으로 하여 생산과 소비의 모순을 순간적으로 해결한다. 자본주의 생산 체제는 공황의 쇼크에서 벗어나 침체에서 회복으로, 다시 번영으로 상승하지만 이런 현상은 10년 주기로 반복된다. 그냥 단순하게 반복되는 게 아니라 노동자들의 반발을 수반하는 정치적 위기를 부른다. 여기에서 마르크스는 자본주의의 위기를 본다. 즉 자본주의는 자체 내의 모순이 심화되고, 노동자계급은 주체적으로 의식화 · 조직화되어 혁명의 주체로 등장한다. 자본주의는 필연적으로 사회주의로 전환되는 것이다.

이것을 레닌은 자본주의의 제국주의화로 설명한다. 즉 레닌에 따르면 자본주의는 공황을 타개하는 방책으로 새로운 시장과 자원(식민지) 및 노동력 확보를 위해 제국주의로 표변한다. 그것은 외국으로의 자본 침투, 즉 착취의 국제적 확대인 것이다. 여기에 필연적으로 따르는 것이 전쟁이다. 1, 2차 세계대전은 시장과 자원 및 노동력을 찾아 제국주의가 외국으로 침투해 빚어진 결과인 것이다. 거기까지는 레닌의 진단이 옳았다.[15] 그 제

---

15 한때 우리나라 정치인과 경제학자 중에는 외국 자본을 매판자본이라고 하고 그것이 들어오면 민족 자본이 침탈당하고 만다는 이론을 내세워 이를 정치적으로 이용하여 규탄한 사람들이 있다. 외국 자본을 무조건 침략의 마수로 보는 것은 제국주의 시대의 발상법이다. 레닌의 예상대로 역사가 진행되었는지, 매판자본이라고 해서 외국 자본을 그냥막고만 있을 수 있는 건지 생각해볼 필요가 있다. 현대는 국제화 시대다. 경제 쇄국주의는 발전할 수 없다. 개혁과 개방을 통해 경제는 발전한다. 정치 체제로는 여전히 공산주의를 고수하면서도 경제적으로는 개혁과 개방을 통해 자본주의적 시장경제 체제를 받

국주의 체제가 무너진 뒤에는 필연적으로 공산주의 사회가 도래하리라고 그는 마르크스의 예언을 반복한다.

과연 제국주의 체제가 무너진 뒤에, 즉 2차 세계대전이 종결된 뒤에 그들의 예견대로 공산주의 사회가 필연적으로 도래했는가? 동구권이 공산화된 것은 역사적 사실이다. 그러나 그것은 2차 대전을 승리로 이끈 소련의 강력한 정치적 흡인력 때문이었지, 역사의 필연적 진행 법칙에 따른 것은 아니다. 소련도 동구의 공산권도 생산성 저하로 인해 1980년대에 소멸하고 말았다. 소련은 해체되어 구소련으로 돌아가고 분열되었던 독일은 통일되었으며 기타 동구권의 여러 나라는 자본주의적 자유주의 체제로 독립했다. 공산주의 체제하의 지도자들은 예외 없이 죽음을 당하는 비극을 연출했다. 그 원인은 한마디로 생산성 저하. 이것의 원인은 다시 레닌과 스탈린에 의한 마르크스주의의 교조화와 왜곡에 있다. 더 근원적으로는 사회주의 체제 자체에 있다. 이에 대해서는 뒤에 자세히 서술할 것이다.

IV. 마르크시즘의 계승과 수정

마르크시즘이 투쟁과 혁명의 이데올로기로 굳어진 뒤로는 마치 성경처럼 수정되지 않은 채 후대로 전해졌다. 그것은 처음부터 계급투쟁으로서 국내적 차원의 것이 아니라 국제성을 띤 것이었다. 마르크스는 이 국제적 투쟁을 위해 혼신의 노력을 다했다. 그것을 계승한 것이 사회주의인터내셔널 운동이다. 나는 아래에서 인터내셔널의 소개에 이어, 공산주의와 그 개념이 부분적으로 엇갈리는 사회주의와 무정부주의를 검토할 것이다.

아들여서 발전한 현대의 대표적 예를 우리는 중국과 베트남에서 본다.

1. 사회주의인터내셔널[16]

전술한 바와 같이 마르크스는 노동자 해방을 국가의 한계를 넘어 인류적 과제—노동자를 프롤레타리아로 파악하는 것—로 간주하고, 이를 달성하기 위해 노력했다. 그 최초의 형태는 1864년 런던에서 개최된 국제노동자협회였다. 이 협회에서 마르크스는 총무 위원의 한 사람으로 선출되어 매우 중요한 역할을 했다. 이하의 기술은 인터내셔널의 초기 사정과 그 뒤의 전개 과정을 요약한 것이다.

제1인터내셔널(1862~1876)　1848년 2월 혁명 직전에 《공산당 선언》을 발표하고 마르크스와 엥겔스는 영국 런던으로 갔다. 1864년 9월 런던에서 개최된 대집회에서 국제노동자협회—이것을 흔히 제1인터내셔널이라고 한다—가 결성되었는데 마르크스는 그 협회의 중심인물이 되었다. 그는 이 협회가 존속하는 대부분의 기간 동안 협회의 최고 의결 기관인 총무 위원회 위원으로서 그 정책 결정에 결정적 역할을 수행하기도 했지만, 동시에 그것은 마르크스가 유럽의 노동자계급을 얻는 계기가 되기도 했다. 그는 이 협회의 창립사를 발표했다.

이 협회는 각국 노동자계급 정당의 연합체가 아니다. 당시 그런 국가별 조직은 없었다. 도리어 협회는 각국의 개별적 노동자 단체가 중앙적 조직(국제노동자협회)과 연계하고 협력해서 유기적으로 운동하도록 계도하는 역할을 했다. 1860년대 후반 유럽에 국가 단위 사회주의 정당이 유일하게 독일에 있었지만, 그 정당은 당세의 확장과 유지에 전념하느라 인터내셔널에는 신경을 쓰지 못했다.

이 제1인터내셔널의 업적은 노동자들의 임금 인상, 노동조건 개선 등을 위한 투쟁을 지지하고, 동쪽으로는 러시아에서 서쪽으로는 미국에 이

16　이하 P. M. Sweezy, *Socialism*, Mcgraw‒Hill, 1949, 8~9장 참조.

르기까지 광범하게 사회주의 사상을 전파한 것이다. 노동자의 계급적 이익을 위해서는 국적을 초월하여 단결해야 한다는 마르크스·엥겔스의 과학적 사회주의 사상도 넓게 홍보했다. 1871년 파리 코뮌은 이것을 지지하는 측에 섰다. 그러나 정치 단체에는 반드시 뒤따르기 마련인 내부 분열이 여기에서도 일어났다. 이로 인해 1872년 총무 위원회가 헤이그에서 뉴욕으로 옮겨가고 이와 함께 국제노동자협회는 와해되고 말았다. 파리 코뮌의 실패도 이 와해에 한 요인으로 작용했다. 1876년 제1인터내셔널, 즉 국제노동자협회는 정식으로 해산되었다.

제1인터내셔널과 제2인터내셔널의 중간기(1876~1889) 이 시기에 유럽의 선진국에 사회주의 정당이 설립되었다. 가장 모범적인 나라는 독일이었다. 원래 독일에서는 1850년대 이후 자본주의가 급속하게 발전했으나, 국가는 통일을 이루지 못하고 여러 봉건적 연방으로 갈라져 있었다. 이것을 통일하는 데는 두 가지 길밖에 없었다. 하나는 중산 계급과 노동자 계급이 협력해서 봉건적 정권을 무너뜨리는 것이고, 다른 또 하나는 한 연방국이 주도권을 가지고 흡수 통일하는 것이다. 전자는 1848년의 2월 혁명 실패로 무산되었다. 반면 후자는 프러시아의 재상 비스마르크(Otto von Bismarke, 1815~1898)가 성취했다. 그러나 노동자들의 정치적 권리는 향상되지 못했다. 비스마르크는 노동자 문제에 냉담했던 것이다.

1863년 라살(F. J. G. Lassalle, 1825~1864)은 '전 독일 노동자 동맹'을 결성했다. 라살은 비스마르크의 어용이라는 의혹을 입어 마르크스·엥겔스 측과는 소원한 관계에 있었으나, 1년 만에 죽었다. 한편 마르크스·엥겔스의 옛 친구 리프크네히트(Wilhelm Liebknecht, 1826~ 1900)와 베벨(August Bebel, 1840~1913)의 지도하에 남독일에서 제2노동자계급 운동이 일어났다. 이 조직과 앞의 '전 독일 노동자 동맹'은 1869년에 합류하여 당명을 독일 사회 민주당(사민당)이라고 했는데, 이는 유럽 최대의 사회주의 정당이 되었다. 이 정당은 1895년 과학적 사회주의의 창시자인 엥겔스가 죽을 때까지 그에게서 직접 사상적·정신적 지도를 받았다.

영국에서는 도시 노동자의 임금이 상승한 데다 1867년 선거권을 획득하는 등으로 인해 노동운동이 현저하게 후퇴했다. 1880~1890년대에 신조합주의가 대두하긴 했지만, 그것은 비마르크스적인 것이었다. 프랑스역시 파리 코뮌 실패 이후 잔혹한 탄압으로 지도자를 잃어 사회주의 운동은 현저하게 후퇴했다. 영국 망명 중에 마르크스의 사위가 된 라파르그(Paul Lafargue, 1842~1911)가 지도자의 자리에 있었으나 내부 분열로 큰활동을 하지 못했다.

제2인터내셔널(1889~1914) 제2인터내셔널은 프랑스혁명 100주년 축하행사를 기념해서 1889년 파리에서 결성되었다. 유럽 각국과 미국에서 모두 390여 명의 대표가 참가했다. 그러나 뚜렷한 지도 이념도 탁월한 지도자도 없어 활발하게 활동하지 못했다. 예컨대 인터내셔널의 중추적 역할을 해야 할 총무 위원회도 없이 그냥 각국의 도시(브뤼셀, 취리히, 런던)를순회하며 2~3년 간격으로 대회를 여는 게 고작이었다. 1900년 파리 대회 때 가까스로 중앙의 사무 기구를 구성했으나 그나마 하는 일이라고는연락과 정보 수집 정도였다. 전 세계의 노동자를 계급으로 결속하려는마르크스의 꿈은 그냥 꿈으로 끝나는 듯했다.

이 시기에 주목할 만한 사건은 압도적 세력을 과시하던 독일의 사회민주당이 3분(좌파: 로자 룩셈부르크, 우파: 알트 베른슈타인, 중앙파: 카알 카우츠키)되었다는 것이다. 좌파와 중앙파는 마르크스의 정통 계승자로 자처하여 서로 협조했으나, 우파는《자본론》발간 이후에 일어난 사건들에 비추어 마르크스 사상 중 일부를 수정해야 한다는 입장이었다. 이 입장을수정주의라고 한다. 좌파와 우파는 극단적으로 대립했다. 자본주의가 공황과 전쟁으로 나아가는 국면에서 좌파는 자본주의 국가를 타도하고 새로운 사회주의 사회로 길을 열기 위해 노동자계급 혁명을 일으켜야 한다는 입장이었다. 반면 우파는 그런 파국은 없고 자본주의는 무한히 확대할 수 있다고 보는, 사회주의 자체에 대해 다분히 부정적인 입장이었다. 중앙파는 말로는 좌파의 입장에 서 있으면서 실제로는 우파적으로 행동했다. 이들은 독일 사회 민주당의 맥을 형성한다.

　이런 3분 현상은 제2인터내셔널 자체에도 있었다. 좌파에는 레닌이 영도하는 러시아의 볼셰비키가 있고, 중앙파에는 독일 사회 민주당이 있으며, 우파에는 영국의 페비언 협회와 노동당이 자리한다. 이들은 베른슈타인과 다분히 정치적 견해를 같이한다. 대체로 자본주의가 활발하게 작동하면 경제가 성장하므로 사회주의는 위축되고, 반대로 자본주의가 어려운 처지에 빠지면 노동자의 불만이 고조되어 사회주의가 득세하게 된다. 정치도 마찬가지다. 강한 리더십 앞에서 민중은 움츠러들며, 반대로 리더십이 허약하면 민중이 준동하고 거기에 포퓰리즘이 편승한다. 그러다가 포퓰리즘이 지나치게 활개를 치면 (저개발국에서는) 군부가 등장하기도 한다. 그렇게 출렁거리는 것이 역사적 사회의 진행 양상이다.

　마르크스가 예견한 바와 같이, 이제 사회의 역사적 진행은 바야흐로 자본주의의 발전이 독점자본주의 체제를 지나 공황을 겪게 되고, 제국주의 체제가 확립되어 약자에 대한 착취로 치닫고 있어 머지않아 전쟁이 닥쳐올 징후가 농후하게 드러나고 있었다. 이러한 위기의 국면을 맞이하여 국제성을 띤 사회주의는 국가의 정책에 편드느냐 아니면 그것에 역행하느냐 하는 중대한 기로에 서지 않을 수 없게 된다.

　닥쳐올 전쟁을 앞에 두고 인터내셔널은 전쟁에 참여하지 않기로 결의했다. 마침내 1914년 1차 세계대전이 발발했다. 그러나 그 결의는 무색하게 되었다. 위에서 말한 사회주의의 3분할은 이 전쟁에 그대로 반영되었다. 우파는 자기 나라의 전승 정책을 택하고, 좌파는 반전·혁명 정책을 수행했으며, 중앙파는 평화주의의 입장을 택해 중립국으로 돌아섰다. 이로써 같은 해 제2인터내셔널은 끝났다. 전쟁은 1918년에 종결되었다. 결과는 우파의 지원을 받은 독일의 패망이다. 그러나 제국주의 체제는 계속 팽창하고 있었다. 전쟁의 앙금이 완전히 빠지지는 않은 것이다.

제2인터내셔널이 실패로 끝난 뒤 중간파를 중심으로 이것을 복원하려는 움직임이 더러 있었으나 그 활동은 신통하지 못했고, 1924년 5월에 함부르크에서 잔존하던 무리를 모아 '사회주의 노동자 인터내셔널(The Labor and Socialist International)'을 결성했다. 이것을 2.5인터내셔널이라고도 한다. 이것은 2인터내셔널과 3인터내셔널의 사이라는 뜻이다. 그러나 이것은 너무 무능하여 인터내셔널의 역사에 독자적인 것으로 넣을 형편도 못 되었다. 2.5에는 그런 뜻도 있다.

제3인터내셔널(1919~1948)　전쟁의 혼미 속에서 국제적 사회주의는 특별한 활동 없이 세월을 보냈다. 그러나 종전 1년 전(1917) 3월 러시아에서는 혁명이 일어나 황제가 퇴위하고, 10월에는 볼셰비키, 즉 좌파의 레닌이 사회주의 혁명에 성공했다.

1917년 인터내셔널에서는 중앙파가 중심이 되어 스톡홀름에서 옛날 방식의 인터내셔널을 소집했으나, 연합국 측이 자국민의 여권을 발행해 주지 않아 대회가 무산되었다. 또 1919년 2월 베른에서 개최된 대회도 실패했다. 이제 그러한 방식, 즉 옛날의 것을 회복하려는 인터내셔널의 방식은 있을 수 없게 되었다. 독일에서 중앙파는 주저앉고 좌파인 독립당과 스파르타쿠스(로자 룩셈부르크와 카알 리프크네히트 지도하의 좌파)가 갑자기 득세했다. 러시아혁명을 두려워한 독일의 우파와 군부가 결탁해 좌파의 이 두 대표를 암살했다. 러시아혁명을 성공시킴으로써 지도력을 크게 획득한 레닌이 1919년 3월 모스크바에서 소집하여 제3인터내셔널을 결성했다. 이것을 공산주의 인터내셔널(또는 코민테른)이라고 한다.

러시아혁명은 대성공을 거두었고, 이는 동부 유럽과 중부 유럽에 파급되었다. 1920년에 소집된 2차 세계 대회는 코민테른 지도자가 작성한 정책을 그대로 채택했다. 그 정책은 볼셰비키당이 혁명을 위해 참모 본부를 둔 것과 마찬가지로 세계 혁명을 위해 참모 본부를 둔다는 것인데, 이것은 앞의 제1·2의 인터내셔널과 성격을 달리한다. 즉 이것은 분산된 지역의 사회주의 단체를 조정하는 기구(제1인터내셔널)도 아니고, 각국의 느슨한 연합체(제2인터내셔널)도 아닌, 긴밀하게 통합된 지부를 각국에 두고 엄격한 규율과 상부의 지도에 절대 복종할 것을 요구하는 단일한 국제 공산당 조직이었다. 지부는 1국 1당을 원칙으로 한다. 그러므로 각국의 공산당은 코민테른 지도부의 승인하에 설립될 수 있다. 그것은 철저한 군대식 조직이었다. 볼셰비키를 핵으로 하는 이 공산주의 인터내셔널은 공산당 일당독재를 유감없이 실현했다.

처음에는 이 전투적 공산주의가 유럽에서도 성공하는 듯했으나 점차 동유럽과 중유럽에서도 이탈하기 시작했다. 그러나 제2인터내셔널이 실패한 식민지 지역이나 후진 지역에서는 코민테른이 크게 성공하여, 1921년 3회 대회에서는 52개국에서 대표자가 파견되었다. 이들 나라에서 러시아는 명실공히 공산주의의 종주국이 되었다. 1924년 레닌의 뒤를 계승한 스탈린은 농업 집단화와 2차례의 5개년 계획경제(1928~1937)를 성공시켜 러시아를 중공업 국가로 성장시켰고, 2차 세계대전을 승리로 이끌어 소비에트 연방(소련)을 형성했으며, 동유럽의 각국을 위성 국가로 아우르는 거대 세력을 형성했다. 이때가 공산주의 최고 전성기였다. 영국과 프랑스의 획책에 의한 것이긴 하지만, 2차 세계대전 과정에서 파시즘 독일과 코민테른 러시아가 영국과 프랑스에 대항하기 위해 동맹을 맺었다는 것, 즉 공산주의가 파시즘과 결탁했다는 것은 코민테른에게는 피할 수 없는 실책이었다. 1943년 독일이 러시아를 침공하고 나서 2년 뒤, 코미테른 해산이 그것을 구성하는 각국 당에 의해 결의되었다. 스탈린이 죽고 그가 2천 5백만 명을 학살한 잔인무도한 지배자였다는 것이 흐루시초프(Nikita Khrushchyov, 1894~1971)에 의해 폭로되어 스탈린 비판이 시작되었다.

2차 세계대전과 그 이후의 사회주의 동향 2차 세계대전은 이탈리아에 파쇼당이 등장하고 독일에는 나치당이 권력을 장악한 상황에서 이탈리아가 에티오피아를 병합하고(1935), 독일이 오스트리아를 합병(1938), 이어서 체코슬로바키아와 폴란드에 침입(1939)하는 데서 시작되었다. 이 침입에 대해 영국과 프랑스는 독일에 선전을 포고했다. 그전부터 동양에서는 군국주의 일본이 한국과 만주를 병탄하고 나아가 중국에 침입하는 것으로 이미 전단이 열렸다. 이어서 동남아로 진출하는 일본의 확장세를 미국과 영국이 반대하자 드디어 일본은 미국 하와이 진주만을 기습함으로써 태평양전쟁을 발발시켰다(1941). 독일, 이탈리아, 일본 이 3국을 기축국이라고 한다. 미국은 연합군 측에 가담하는 전세가 되었고, 미국, 영국, 프랑스를 연합국이라고 불렀다. 이런 정세하에 유럽에서는 소비에트 동맹을 제외한 총 3억 5천만 명 내지 4억 명 중 3분의 2를 파시즘 세력에게 빼앗겼다. 노동조합은 궤멸하고, 사회주의 정당은 불법화되었으며, 사회 민주주의자와 공산주의자는 살해·투옥되거나 망명했다. 앞에서 지적한 바와 같이, 독일과 소련의 동맹으로 사회주의자들은 얼굴을 들지 못하게 되었다. 공산주의의 소련이 히틀러의 독일과 동맹했기 때문이다. 그러나 독일이 이 동맹을 파기하고 갑자기 스탈린그라드(모스크바)에 침입한 뒤 소련이 힘겹게 이것을 막아냄으로써 공산주의는 크게 신장하는 기세를 얻었다. 소련이 연합국에 가담한 것이다.

전후에 동유럽은 소련의 강한 흡인력으로 인해 소련의 위성 국가로 편입되었으며, 서유럽은 전승국인 영국, 미국, 프랑스의 영향으로 자유 민주주의 국가로 자리 잡게 되었다. 자유 민주주의 체제하에서 사회주의는 노동당(영국), 사회 민주당(독일), 사회당(프랑스)으로 합법적으로 발전하게 되어 국가 관리의 일익을 담당하게 되었다.

일본은 동남아시아를 석권하여 전쟁 보급 노선을 확보했으나 전쟁 수행 능력에는 한계가 있었다. 미국의 반격을 견뎌내지 못하고 패망한 것이다. 2차 세계대전의 결과, 파시스트와 제국주의는 괴멸하고 그들의 식민지였던 지역은 독립국가로 새로 태어났다. 그러나 강대국인 미국과 소련의 흡인력으로 인해 신생국들은 자유 민주주의와 공산주의 둘 중 하나를 택할 수밖에 없었다. 독일과 한국의 양분은 미국과 소련 대결의 대표적 표본이었다.

아시아의 경우 세계에서 인구가 가장 많은 중국에서 반일·반외세를 위해 자발적으로 사회주의를 받아들이는 정세가 일어났다. 그리하여 공산주의는 전 지구의 거의 6분의 1을 차지하는 땅에서 세력을 확장하고 있었다. 중국 공산당은 모범적으로 성장하여 2차 세계대전이 끝난 1948년에는 중화인민공화국을 건설하는 데까지 나아갔다. 2차 세계대전 후 패전국 일본과 한반도 남쪽(남한)은 자유 민주주의 국가로 재생하고 북쪽(북한)은 공산국가가 되었으며, 베트남도 남북으로 분열되어 자유 국가와 공산국가로 나뉘었다. 2차 세계대전에 직접 가담하지 못한 우리나라도 미국과 소련의 세력 확장 정책으로 인해 남북으로 분할되는 비운을 겪었으며, 좌우 이데올로기는 민족 심성을 잔혹하게 갈라놓았다. 이것은 뒤이어 세계 전쟁의 성격을 띤 처참한 한국전쟁으로 발전했다.

민족 내전은 우리나라에 국한된 것이 아니었다. 베트남의 남북 전쟁에 개입한 미국은 남쪽을 지원하여 월남에 가담함으로써 대리전을 치르는 양상을 보였으나 패퇴하고 말았다. 아시아 지역에서는 공산주의에 대한 경험이 부족한 탓인지 좌우 이데올로기가 초래한 대립상이 유난히 극심해 엄청난 살상을 가져왔다. 베트남은 공산주의 정권으로 통일되었다. 중남미 지역의 경우 특히 쿠바가 선명하게 공산주의를 표방했고, 이외에 사회주의 정당은 합법화되어 정권을 담당하기도 한다. 이렇게 보면 전후 공산주의는 주로 선진 자본주의 단계에 들어오지 못한 후진사회에 강하게 침투했던 것이다.

앞에서 언급한 바와 같이, 공산주의 종주국인 소련은 스탈린의 죽음과 함께 급격하게 정치적 내분에 휘말리게 되었는데 그 주된 원인은 특히 소비 경제의 현저한 위축이었다. 이것은 공산주의 경제 체제의 중대한 결함을 시사한다. 흐루시초프의 스탈린 비판이 보수 반동 세력에 밀려 몰락하고 역사의 흐름은 다시 보수 측으로 회귀하다가, 고르바초프(Mikhail Gorbachev, 1931~)의 개방 개혁 정책을 통해 그 경제적 낙후성이 천하에 노출되었다. 동서 베를린의 장벽이 무너지고 독일이 통일되면서 한꺼번에 동유럽의 위성국들은 각자 자기의 길을 찾아갔고, 동시에 공산주의는 궤멸했다. 소련은 러시아로 회귀했고, 이제 그곳에서도 공산당은 여러 정당 중의 하나에 불과하게 되었다. 오직 중국과 쿠바, 베트남 그리고 북한의 인민 공화국, 중앙아시아의 일부 신생국만이 공산주의 정권을 떠받들고 있을 뿐이다. 그러나 중국은 자본주의 시장경제를 받아들여 개방하고 저임금 노동으로 기초를 다져 지금은 엄청난 부를 축적하면서 승승장구하고 있다. 쿠바는 그렇다 치고, 왕조 세습 체제를 유지하고 있는 북한은 거대 세력에 대항하면서 지배 체제를 유지하기 위해 핵무기를 가지고자 남한을 볼모로 하면서 쇄국 정책을 철저하게 고수하고 있어 서민 경제는 말이 아니게 망가져 있다. 여기에 더해 몇 해에 걸친 흉작과 경제 정책의 실패는 인민의 삶을 극한 상황으로 몰아넣었다. 공산주의를 지탱하는 마지막 보루인 배급 제도마저 흔들리는 지경이 되어 이제 북한은 인민의 생존을 보장하기 어렵게 되었다. 인민의 동요를 막기 위한 조치로 선군 정치를 펼치고 있는데, 사실 군이라는 것은 완전한 소비 사회다. 그러면서도 약소국이 살아남기 위한 몸부림인 듯 주체사상을 떠받들고 있었으나, 이 고육책마저 90년대 이후에는 위력이 없다.

2. 마르크스주의의 여러 유형 : 사회주의·공산주의·무정부주의

재산의 사적 소유로 인해 불평등이 생긴다는 것은 상식에 속한다. 사회주의는 재산의 사적 소유를 철폐하고 만인이 평등하고 자유롭게 사는 세상을 만들고자 한다. 이런 이상을 지향하는 사상의 표현으로 유사한 뉘앙스를 가진 개념에는 사회주의, 공산주의, 무정부주의 등이 있는데, 이 개념들을 정리할 필요가 있다.

A. 사회주의 – 공산주의

사회주의라는 개념이 힘을 가진 사회 과학적 개념으로 역사 속에 등장한 것은 근대 자본주의의 등장 이후, 특히 1700년대 후반 이후다. 그래서 우리는 산업혁명 이후 사회주의 사상의 등장에 대해 서술했다. 그에 따르면 사회주의란 자본주의 발전 과정에서 불가피하게 그 대립 개념으로 등장한, 노동자 해방을 핵심으로 하는 개념이다. 자본주의란 본질적으로 재산의 사적 소유를 보장하고 이를 위해 자유 경쟁을 원리로 하는 시장 경제를 의미하므로 자유주의를 기초에 놓는다. 자본주의 사회에서 노동자는 개인적으로 거대 자본에 대항할 수 없으므로 무리를 지어서 대항하는 형태, 즉 조합이 나타나게 된다. 노동조합, 협동조합 따위가 그 예다. 이에 반해 사회주의 사회는 재산을 공유로 하고 통제 경제를 실시하므로 개인의 자유를 제한하지 않을 수 없다.

공산주의는 사회주의의 모태로서 이미 그리스·로마 시대에도 사용된 개념이며, 특히 토머스 모어의《유토피아》에서는 '사회 전 구성원의 재산 공유'라는 의미로 부각되었다.

사회주의의 최고 원칙은 '일하지 않는 자는 먹지도 말라'는 것이다. 이 원칙은 무위도식하는 일부의 유산 상속자, 자본가, 귀족 계층과 자기들을 구별하기 위한 표어이기도 하지만, 또한 평등성의 기초일 뿐 아니라 인간적 삶의 도덕적 원리이기도 하다. 이 점에서는 사회주의와 공산주의 사이에 차이가 없다. 생산제를 공유한다는 점에서도 두 사상은 일치한다. 양자가 구별되는 점은 소비재의 배분 문제다.

레닌에 따르면 마르크스는 공산주의 사회의 발전을 두 단계로 나누어

고찰했다. 낮은 단계는 사회주의 단계이고 높은 단계는 공산주의 단계다. 이것을 기준으로 해서 사회주의와 공산주의가 주장하는 단적인 모토를 가지고 양자를 구분한다면 이렇게 말하면 된다. 전자인 사회주의 사회의 단계, 즉 아직 완성되지 않은 공산주의 단계에서 '각자는 능력에 따라 일하고 그 노동에 따라 분배한다'는 것이다. 즉 모든 생활 자료는 각자가 제공한 노동량에 따라 분배되는데, 그 노동량은 노동시간에 노동의 강도를 가미해서 측정된다.

후자인 완성된 공산주의 사회는 자유와 평등이 완전히 실현된 최후의 이상적 평등 사회다. 그곳에서는 육체노동과 정신노동의 차이도 없고 도시와 농촌의 차이도 없을 뿐 아니라 도대체 먹기 위해서 일하는 게 아니라 그냥 일 자체가 즐거워서 자기가 하고 싶은 일을 하게 된다. "그때 비로소 좁은 부르주아적 권리의 지평선은 완전히 무너지고 사회는 그 깃발 위에 이렇게 적을 수 있다. '각자는 능력에 따라 일하고 필요에 따라 분배한다!'"[17] 이것은 능력으로 사람을 차별하지 않는다는 것이다.

공산주의 사회에서는 생산재와 소비재가 모두 공유된다. 은행 등 신용 기관과 교통·운수기관, 모든 농토와 공장도 공유로 전환된다.[18] 모든 인민에게는 평등한 노동 의무가 부과된다. 인민에게 배분되지 않는 재산은 다음과 같은 것이다. (1) 소비된 생산수단의 보전 부분, (2) 생산 확충에 필요한 첨가분, (3) 천재지변 등 재해로 인한 생산 교란에 대비한 예비 기금 또는 보험 기금, (4) 생산에 속하지 않는 국가의 행정 비용, (5) 교육, 위생 등의 비용, (6) 노동 불능자에 대한 비용 등. 공산주의 사회는 한마디로 영원한 자유와 평등이 실현된 행복의 사회다.

그러나 이런 논의는 근본적으로 자본주의 생산력이 고도로 발전되었

---

17 마르크스, 《고타 강령 비판》.
18 마르크스, 《공산당 선언》.

을 때 가능한 것이다. 지금은 그것을 향해 발전하는 단계, 즉 사회주의 단계다. 사회주의 단계에서는 기계화, 분업, 소비재의 사유를 통해 생산성 증진을 도모해야 하기 때문에 소비재의 사유는 용인되어야 한다. 그리하여 각자의 노동으로 생기는 개인적 수익은 그 개인에게 허용된다. 이것은 생산성 제고를 위한 유인책이다. 그것을 관리할 국가는 있어야 한다. 사회주의 사회는 자본주의에 기식해서 그 생산성을 제고해야 하는 단계다. 그래서 마르크스는 사회주의 단계를 '사회 혁명의 1단계' 또는 '공산주의의 1단계'라고 부른다.

마르크스주의의 궁극 목표는 물론 완전한 공산주의의 실현이다. 그러나 19세기 중엽의 역사적 상황은 공산주의 사회와는 거리가 너무 먼, 자본주의 사회의 초·중기 단계에 있었다. 그럼에도 마르크스·엥겔스는 《공산당 선언》을 발표했다. 즉 그들은 '공산당'이라는 명칭을 택한 것이다. 아직은 공산주의를 운위할 단계가 아님에도 급격한 미래지향적 의지를 선언하고자 이 개념을 앞당겨 사용한 것이다. 1848년 단계에서 그들이 공산당 개념을 사용한 것은 사적 유물론에도 어긋난다. 왜냐하면 공산주의 사회는 반드시 자본주의 사회와 사회주의 사회의 단계를 거쳐서 비로소 실현되는 것이라고 하면서도 이 단계를 건너뛰고 있기 때문이다. 그러나 공산당 선언으로 인해 일반 대중의 가슴 속에 미래에 대한 기대를 얼마나 부풀게 했는지 모른다. 대중은 포퓰리즘에 약하기 때문이다.

엥겔스가 1890년《공산당 선언》의 독일어판 서문에서 밝힌 바에 따르면 사회주의라는 개념을 피하고 공산주의 또는 공산당이라는 개념을 택한 이유는 다음과 같다. 1847년 당시 사회주의자로 간주된 사람들 중에는 (1) 여러 가지 공상적 체계의 신봉자, 특히 영국의 오언주의자들과 프랑스의 푸리에주의자들, (2) 자본과 이윤에는 손상을 가하지 않고 자신들의 만병통치약과 온갖 잡동사니로 사회적 병폐를 제거하고자 하는, 잡다한 유형의 사회적 돌팔이 의사들, 이 두 종류가 있었다. (1)은 당시에는 일개 분파로 축소되어 세력을 잃고 점차 사라져가는 추세에 있었고, (2)는 마치 시장의 약장사처럼 떠벌이는, 돌팔이 의사와 같은 수준의 사회 개혁주의자들이었다. "이들은 노동운동의 외부에 있으면서 '지식인' 계급의 지지를 구했다. 그러나 단순한 정치적 혁명만으로는 부족하다는 것을 깨닫고 사회의 근본적 재구성을 요구하는 노동계급이 있었는데 이들은 자신들을 공산주의자라고 불렀다. 이것은 다듬어지지 않고 단지 본능적인, 그리고 때로는 다소 조잡하기도 한 공산주의자였다. [……] 1847년에는 사회주의란 곧 부르주아 운동을 뜻했으며 공산주의는 노동계급 운동을 가리켰다."[19] 사회주의와 공산주의라는 개념은 그때나 지금이나 시대와 사회적 정세에 따라 그 뉘앙스를 달리한다. 마르크스·엥겔스는 투박하지만 사회를 근본적으로 재구성하려는 강한 의지와 투쟁력을 갖춘 '공산주의'·'공산당' 쪽을 택한 것이다. 노동자의 해방은 노동계급 자신의 행동이어야 하기 때문이었다. 우리나라에서는 6·25 민족 전쟁으로 최악의 상황을 체험한 데다가 지금도 공산당 일당독재 체제와 대결 상태에 있어서 공산주의가 기피 개념으로 취급되고 있지만, 사회주의는 서유럽의 경우처럼 어느 정도 용인되고 있다.

그러다가 1차 세계대전 후 제2인터내셔널에 속하는 사회주의자들이 분열·대립하게 되었다. 공산주의자들은 공산주의 사회 건설을 실현하는 방법을 강력한 파괴를 통한 혁명과 결합시켰고, 이에 반해 사회주의자들은 평화적 개혁을 전술로 택했기 때문이다. 즉 전자는 프롤레타리아 독재를 한꺼번에 성취하려는 길을 택했으나, 후자는 민주주의적 방법에 의한 점진적인 개선을 주장했다. 그리하여 오늘날 이 양자를 구별하는 단적인 징표는 혁명에 의한 프롤레타리아 독재냐, 민주주의적 절차에 의한 평화적 개혁이냐에 있다. 마르크스와 엥겔스는 공산주의자였다. 두 개념의 차이는 그 실현 방법에 있을 뿐 이념상으로는 근본을 같이 한다.

---

19   마르크스,《공산당 선언》, 43쪽 참조.

B. 사회주의 – 무정부주의

무정부주의 본래의 모습은 개인주의적인 것이다. 고대 그리스의 기인으로 우리는 디오게네스를 떠올린다. 그가 속한 키니코스파에서 국가권력은 개인의 자유를 침해하는 매우 성가신 것으로 간주되었다. 원시 그리스도교와 중세의 천년기설(chiliasm), 중국 고대의 노장사상도 무정부주의적이고, 우리 마음의 고향은 언제나 정치권력에서 완전히 벗어난 세계로서 무정부주의적이다. 우리가 서정적 예술에 매혹되는 것은 그것에 권력의 냄새가 없기 때문이다. 아담 스미스의 자유방임주의나 야경국가론에서 보이듯이 근대에 이르러서도 무정부주의자들은 국가권력이 최소화되는 게 바람직하다고 여겼다. 없어지거나 최소화되길 원하는 것에는 국가권력만이 아니라 자본의 지배도 있다. 이렇게 무정부주의는 개인주의적 자유주의와 짝을 이루고 있었다. 무정부주의의 고향은 이상경을 동경하는 자유주의와 개인주의다. 그러나 무정부주의는 허무주의에 빠질 가능성을 지닌다. 우리가 여기에서 문제 삼는 무정부주의는 사회주의와 관련된 것이다. 사실 사회주의나 공산주의도 이상 사회를 실현하려고 한다는 점에서는 무정부주의의 기본 성향과 통하는 바가 있다고 생각된다.

17~18세기의 사회주의자들은 인간 이성이 자연 속에 숨어 있는 기본 질서를 찾아 그것에 순응하면 사회에는 조화와 질서가 선다는 자연법사상에 입각해서 무정부주의를 고취했다. 그 대표적 인물로는 영국의 고드윈과 프랑스의 프루동, 독일의 슈티르너(Max Stirner, 1806~1856), 러시아의 바쿠닌(Mikhail Bakunin, 1814~1876), 크로포트킨 등이 있다. 고드윈은 영국의 자유주의와 무정부주의를 연결한 사람이고, 크로포트킨은 푸리에의 팔랑주 사상에서 무정부주의에 대한 아이디어를 얻었다. 프루동은 오언이 구상한 '노동 평등 교환 조합'에서 역시 무정부주의로 나아갔으며, 슈티르너는 극단적 개인주의자로서 그 개인(자기)이 '유일자'라고 주장했다.

공산주의와 무정부주의는 그 구분이 모호하다. 공산주의도 궁극적으로는 국가의 소멸을 통해 자유와 평등의 왕국을 건설하고자 하기 때문이다. 게다가 무정부주의는 마르크스의 과학적 사회주의에 힘입어 자기네의 이상 사회가 필연적으로 곧 도래한다는 확신으로 부풀어 있었다. 양자의 차이는 공산주의가 노동자 해방을 위해 계획적이고 조직적인 단체 행동(혁명)을 필요로 하는 데 반해 무정부주의는 그것을 극도로 혐오한다는 데 있다. 이 점에서 무정부주의는 비타협적이고 이기적이며 개인주의적이다. 자본주의가 초기 규모를 완전히 벗어나서 대규모 생산을 통해 국민 일반의 생활을 향상시키는 데 공헌하게 되자 무정부주의는 투쟁 대상 앞에서 혼란을 일으키게 되고, 사회주의 및 공산주의와 적극적으로 대립하게 되었다. 사회주의와 공산주의는 너무 안일하고 무성의하다는 것이다. 특히 무정부주의는 19세기 후반부터 테러로 나아가 무차별적으로 미운 놈은 죽이고는 해서 무정부주의라면 곧 폭력 행위와 동일시되었다.

C. 공산주의 – 사회 민주주의

오늘날 지배적인 좌파 사상에는 공산주의와 사회 민주주의가 있다. 구소련, 중국, 북한, 쿠바는 공산주의 정권이 지배하고, 독일, 프랑스, 이탈리아 등은 공산당을 용인하면서도 사회주의를 지향하는 사회 민주주의 정당의 집권이 가능하다. 영국의 노동당도 내용 면에서는 이와 큰 차이가 없다. 이러한 분열은 레닌이 주도하여 결성한 제3인터내셔널(공산주의 인터내셔널)과 관련되어 있다. 이것을 계기로 종전의 사회주의 진영은 레닌 중심의 공산주의 진영과 전쟁 이전의 제2인터내셔널을 재건·계승하려는 사회주의 계열로 분열되었다. 공산주의 측에서는 1912년 바젤 대회의 결의(반전 결의)를 배신한 것으로 사회주의 계열을 규탄하고, 사회주의 측에서는 그 뒤 공산주의 정권의 오류를 공격하여 양자의 대립은 극심해졌다. 공산주의는 공산당 일당독재를 지향하고, 사회 민주주의는 선거라는 민주 절차를 통해 정권을 획득하여 노동자와 저소득층의 복지를 증진하는 사회주의 정책을 실현한다. 권력의 형태는 나라에 따라 다를 수 있다.

V. 마르크시즘의 성공과 왜곡 : 레닌과 스탈린

혁명에 대한 마르크스의 집념은 그가 죽은 지 24년 되는 1917년 러시아의 레닌에 의해 비로소 성취되었다. 그만큼 마르크스의 혁명 이론은 강력한 실천력을 내포하고 있었다. 레닌은 젊어서 형이 알렉산드르 3세 (Alexandre Ⅲ, 1845~1894)의 암살 계획에 연루되어 사형에 처해지자 혁명가가 되기로 결심하고 일찍부터 마르크시즘을 연구하고 실천하는 데 가담했다. 시베리아 유형도 체험했다. 그 기간에도 그의 마르크스 연구는 중단되지 않았다. 농업국인 제정 러시아에서는 1903년 이래 여러 차례의 대규모 반정부 데모가 발발하고는 했다. 그러나 그는 다른 혁명론자들과 마찬가지로 외국으로 나가 볼셰비키당을 창설하고, 마르크스 연구를 발표하고, 당의 소수파 멘셰비키를 추방하여 대표적 혁명 지도자로 부상함으로써 국내 혁명 세력을 지도했다. 또한 그는 1917년 10월 혁명에 성공하여 초대 인민 위원회의 의장에 선출되어 국가권력을 장악했다. 그는 1차 세계대전을 제국주의 전쟁으로 규정하고 제2인터내셔널에서 러시아 공산당이 자국 정부를 옹호한 것을 비판하면서 공산주의의 국제주의적 성격을 부각시킨 코민테른을 창립했다. 이것으로 러시아는 국제 공산주의의 종주국으로서 각국의 공산당을 영도하는 지위를 가진 국가로 등장하는 기틀을 마련했다.

그는 자본주의가 제국주의가 될 때 반드시 멸망한다는 이론을 제시하고, 프롤레타리아 독재의 국가 형태를 확립했다. 또한 공산주의로 가는 과도기의 사회주의를 건설할 방책으로 공업 국영화와 농업 집단화를 제시했다. 따라서 모든 농토는 국유화되었다. 나아가서 그는 국제 프롤레타리아 운동을 통해 식민지 문제와 민족 문제를 해결하려고 했다. 그는 또 마르크스 연구소를 정부 기관으로 창설하고 마르크스 이론을 교조화함으로써 마르크스 연구의 자유로운 길을 가로막았다. 여기에서 마르크시즘은 정체되고 말았다.

마르크스의 사적 유물론에 따르면 자본주의가 고도로 발달하면 과잉 독점 체제가 되고 그 후 공황을 거쳐 제국주의 체제가 강화되는데, 이때 자본주의는 붕괴되고 역사는 그다음 단계로 나아간다. 그것이 공산주의 체제다. 레닌에 의해 마르크스가 그렇게도 염원하던 혁명은 성취되었다. 그러나 그 혁명은 사적 유물론의 예견에 따른 것이 아니다. 혁명 당시의 러시아는 낙후된 농업 국가로서 자본주의와는 한참 거리가 있었다. 그런데 혁명이 성공한 것이다.

자력으로 성공한 혁명, 즉 러시아혁명을 위시하여 중국, 베트남, 기타 중남미 혁명은 모두 낙후된 농촌 사회에서 성공했다. 그 성공의 가장 큰 요인은 저개발 사회의 소위 인텔리들이 그럴듯하게 도식화된 이데올로기에 현혹되어 이것을 무비판적으로 복창하면서 적당히 몽매한 농민을 선동해 농민들의 가슴에 봉기의 불길을 당긴 데 있다. 선진 자본주의 사회에서 혁명이 일어나지 않는 이유는 그 사회의 구성원들이 이데올로기의 선동에 동요되지 않을 만큼 지적으로 성숙해 있기 때문이다. 말하자면 이제까지의 혁명은 가난하고 몽매한 자들을 선동하여 그들로 하여금 봉기하도록 한, 강력하게 도식화된 포퓰리즘의 성공인 것이다.

마르크스가 염원하던 공산주의의 국제화도 레닌에 의한 코민테른으로 일단 한을 풀었다. 공산당 일당독재의 유한도 당이 장악한 국가권력의 독재로 푼 셈이다. 그러나 그것으로 인해 자유는 극단적으로 제한되어 코민테른 체제하의 공산주의는 공포의 대상으로 받아들여지는 지경이 되었다. 뒷날 코민테른에 가입한 국가들이 자진해서 코민테른에서 탈퇴한 이유가 그것이다. 마르크시즘을 교조화하여 일체의 비판을 봉쇄했기 때문이다. 그 이후 마르크스나 공산주의를 연구할 때 그의 문장과 어록을 인용하여 사태를 설명하는 것 외에 다른 견해를 개진하는 것은 일체 허용되지 않았다.

레닌이 죽자 권력을 쟁취한 스탈린은 어려서부터 지하조직인 혁명운동에 가담하여 6차례 유형을 떠났으나 다섯 번 탈출하면서 국내 노동자 혁명운동을 위해 투쟁했다. 그는 일찍이 볼셰비키의 중앙 위원이 되어 국내 혁명운동의 책임자로 페테르부르크(레닌그라드)에서 활동했으며, 2월 혁명 이후 당내 지위를 공고히 하여 국내 반혁명을 진압하고 중앙 위원회 서기장이 되었다(1922). 그 뒤 레닌이 죽자 트로스키파를 제거하고는 그의 후계자로 등장, 레닌의 국가 독재 정책을 답습해서 일국 사회주의 건설을 표방하고 공업화와 농업 집단화 정책을 확립했다.

그는 계획경제를 통해 농업국 러시아를 일약 중공업 국가로 전환시키는 데 성공했다. 그는 또 군의 최고 사령관으로서 독소 전쟁과 2차 세계대전을 승리로 이끌었다. 동시에 그는 명실공히 공산당 일당독재를 확립해 동유럽과 중유럽을 위성국으로 아우르는 소련(소비에트 연방)을 형성해서 전 세계의 강대국으로 군림하게 했다. 동구권의 공산화는 2차 세계대전 이후 소련이라는 강력한 국가권력이 개입하여 강제로 흡인해서 이룬 것이지만, 어쨌든 외견상 마르크시즘은 찬란한 성공을 과시할 만했다.

공산당 일당독재는 실제로는 국가 독재다. 스탈린은 레닌과 마찬가지로 모든 권력을 국가에 집약시켰다. 국가는 관료화되기 마련이거니와 거기에는 최고의 지배자가 있어야 하기 때문에 개인의 독재화는 불가피하다. 스탈린의 독재 정치는 사실 공포 정치였다. 그 시대에는 공장 출근에 지각하면 15~16세의 어린이도 재판에 넘겨지고, 어른의 경우 20분 늦으면 그날부터 돌아오지 못하는 사람이 되었다. 노동 수용소에 보내지는 것이다. 1932년 스탈린이 직접 만든 '세 낟 보리 이삭법'에 따르면 콜호스 농민이 기근을 이기지 못해 땅에 떨어진 보리 이삭 세 낟을 주우면 엄벌에 처해져서 집에 돌아가지 못하는 사람이 되었다고 한다. 1932~1933년의 1년 동안 1억 2천 5백만 명 이상이 이 법률에 의해 처벌되었다고 한다.[20] 이것이 레닌을 이은 스탈린의 국가 경영이었다. 마르크스는 이것을

20 聽濤 弘, 《カ—ル · マルクスの辨明》, 大月書店, 2009 참조.

어떻게 받아들일까? 마르크스를 창조적으로 수정한 공산주의라고 할까, 아니면 왜곡이라고 할까? 과연 이것이 소멸될 자본주의 다음에 오는 공산주의 국가인가?

　민주주의적 절차에 의한 권력 이양이 없는 일당독재국가라면 어느 곳에서나 1인 독재로 나아갈 수밖에 없다. 독재 체제하에서는 자유가 신장할 수 없다는 것을 역사적 사실이 증명한다. 개인은 국가의 소모적 재료에 불과하다. 이것이 자유와 평등이 보장되는 공산주의 사회인가?

　공산주의는 생산재와 소비재를 공유한다고 했다. 모든 생산과 소비를 노조가 결정하고 지도하고 점검하기에는 노조로는 역부족일 뿐 아니라 그 본질에도 어긋난다. 게다가 결과적으로 노조는 귀족화되고 말 것이다. 어쩔 수 없이 최대 권력 기관인 국가가 그것을 담당할 수밖에 없다. 즉 생산재와 소비재의 공유는 실제로는 국유일 수밖에 없다. 레닌과 스탈린은 그 길을 택했다. 그러나 그렇게 함으로써 과연 생산과 소비가 원만하게 수행되었는가? 그렇지 못했기 때문에 소련이 무너진 것이다. 공유라는 개념에 대해 마르크스는 엄격하게 규정하지 않았고, 그 후배들은 부득이 '공유＝국유'로 그 개념을 수행할 수밖에 없었지만, 이것은 마르크스 자신의 성찰력의 한계이기도 하고 마르크시즘의 왜곡이기도 하다. 왜곡이라기보다는 어쩔 수 없는 결말이다. 그리고 여기가 공산주의의 함정인 것이다.

　1953년 스탈린이 죽자 흐루시초프는 그가 무수한 인명을 살해하고 유형에 처하는 등 엄청난 반이성적 비행을 범했다고 비판했다. 소위 스탈린 비판인 것이다. 한동안 반동적 브레즈네프(Leonid Brezhnev, 1906~1982) 정권에 밀려 스탈린 비판은 주춤했으나, 고르바초프가 등장하여 페레스트로이카 기치를 내걸고 개방정책으로 전환하자 소련의 정체가 드러났다. 그동안 생산성이 저하되고 인민 생활의 질이 형편없었던 것이 백일하에 폭로된 것이다. 국가가 저지른 모든 정책과 발표는 과장된 거짓이었던 것이다. 1980년대를 맞아 동서 독일 통일을 계기로 동유럽과 중유럽의 여러 나라와 위성국이 제각기 독립하여 소련의 영향권에서 벗어났다. 그러한 분열의 주된 원인은 공산주의의 생산성 부진으로 인해 인간 삶의 질이 자본주의 사회에 비해 현저하게 낙후되었음을 깨닫게 된 데에 있다. 자본주의 국가인 미국과의 경쟁에서도 소련은 대항할 수 없었던 것이다. 소련은 다시 옛날의 러시아로 회귀했다. 공산당 일당독재를 포기하고 민주주의 체제로 이행했다. 이것으로 70여 년에 걸친 공산주의의 정치 실험은 끝난 것이다.

Ⅵ. 공산주의에 대한 비판적 검토

1980년대 소련과 동구 공산권은 궤멸했다. 이미 멸망한 것을 가지고 지면을 채운다는 것이 좀 어색하기도 하다. 그런데도 공산주의 국가는 지구상에 상존한다. 중국, 베트남, 쿠바, 북한 등이 그것이다. 그중 중국과 베트남은 정치 형태로만 공산주의 국가로 남아 있을 뿐 사회 구성과 경제 운영은 자본주의 시장경제 체제를 취하고 있다. 중국이 민주화되는 것은 시간문제다. 국민 소득이 증진되고 문화 수준이 상승하면 국민의 정치적 자유에 대한 욕구는 불가피하게 제기되기 마련이며, 그리되면 국가도 그것을 수용하지 않을 수 없겠기 때문이다.

그 70여 년 동안 공산주의는 평등 이념의 구현이라는 명목 아래 인류에게 굉장히 많은 해악을 끼친 것이 사실이다. 공산주의는 도처에서 혁명을 위한 소요와 폭동, 전쟁과 살육, 정적 살해를 일삼아왔다. 공산주의자들은 혹은 반동이라는 이름으로 혹은 보수주의자라는 구실로 수많은 인민을 살해했다. 흐루시초프에 의하면 스탈린이 직접 살해한 인명만 해도 2천 5백만 명이고, 시베리아에 유형을 보내서 죽게 한 사람도 부지기수다.[21] 중국의 모택동(毛澤東, 1893~1976)이 죽인 사람도 6천만 명이 넘는다고 한다. 동구 공산권에서는 또 얼마나 많은 사람을 살해했겠는가? 정치적으로 대립하는 자들에 대한 공산주의자들의 이 같은 무자비한 살해 행위는 이미 세상에 알려진 일이다. 이런 일들로 인해 자유세계에서 공산주의는 무서운 사상으로 각인되어 있다. 그럼에도 영국의 정치학자 라스키와 프랑스의 실존주의 사상가 사르트르(Jean Paul Sartre, 1905~1980)는 히틀러의 6백만 유대인 학살은 소리 높게 규탄하면서 스탈린의 잔학성과 모택동의 대량 학살에 대해서는 함구한다. 두 지성인은 공산당 당원이고 특히 라스키는 유태인이다.

우리는 북쪽의 잔악한 공산주의 국가와 대치하고 있다. 그들이 6·25 민족 전쟁 때 저지른 잔학상은 말로 다 표현할 수 없다. 지금도 북의 공산국가에서는 자기네의 권력과 권위에 걸리적거리는 자를 무자비하게 처치하고 있다. 그런 권력이 과연 지구상에 존재해야 할 이유가 있는지와 관련해 나는 아래에서 그 권력의 근원인 마르크시즘을 비판적으로 검토하고자 한다.

1. 사적 소유는 인간의 삶을 보장한다

사회주의자들은 언제나 사적 소유가 없는 원시 공동체를 이상향으로 삼는다는 것, 그곳은 공산주의자가 반드시 복원하고자 하는 요람이라는 것, 사회주의에서는 원시시대는 물론이고 그리스도교의 초대 교회와 고·중세의 수도원 및 불교 수도승들의 공동체 생활까지 이상 사회의 하나로 간주한다는 것은 기술한 바 있다. 그러나 재산의 사유를 거부하는 공동체

---

21 흐루시초프는 20회 소련 공산당 대회에서 스탈린이 17회 공산당 대회 중앙 위원 139명 중 98명을 총살하고, 대의원 1,966명 중 1,108명을 반혁명죄로 체포했다고 보고했다.

에서는 가정이라는 것이 성립될 수 없다는 것, 그리고 이는 가정을 갖게 되면 자녀의 양육을 위해 재산의 사유에 대한 욕망이 발동하기 때문이라는 것도 기술했다.[22]

루소는 저서《인간 불평등 기원론(Discours sur l'origine et les Fondements de l'inégalité)》(1755)에서 인간은 누구나 빈손으로 태어나서 빈손으로 죽으니 평등한데 사유재산제 때문에 불평등해졌다고 주장한다. 인간이 너무 이기적이어서 그로 인해 재산의 사유가 생기고 이것이 가져오는 해악이 크고 많다는 것이다. 중요한 것은 불평등한 사회 현상을 열거하는 것이 아니라 사적 소유가 발생하게 된 기원이다. 그러나 루소는 그 기원에 대해서는 언급한 바 없다.

사적 소유는 어디에서 유래하는가? 엥겔스의《가족·사유재산 및 국가의 기원》은 이 문제를 다루고 있다. 마르크스와 엥겔스는 원시 공동체 이념의 정착을 위해 미국 헨리 모건의《고대사회》의 연구에 열중했고 이것을 유물사관 정립에 참작하려고 했으며, 그 결과 나온 것이《가족·사유재산 및 국가의 기원》이다. 이 저술의 대부분은 모건의 주장을 해설하거나 요약한 것이고, 뒷부분에 자기 견해가 약간 덧붙여져 있다. 그러므로 엥겔스 주장의 근거는 모건에게 있다고 해도 과언이 아니다.

모건의《고대사회》는 결혼 방식과 재산의 상속 형태에 대해서는 상론하고 있으나 재산의 사적 소유의 기원에 대해서는 대우혼(對偶婚) 이후에 발생했다고만 언급하고 있다. 엥겔스의《가족·사유재산 및 국가의 기원》도 마찬가지다. 집단생활 속에서는 사적 소유가 필요 없다는 것이다. 당연한 말이다.

대우혼 이후에 사적 소유가 생겼다는 것을 알면서도 사적 소유를 부정하는 것은 인간 삶의 방식을 근본적으로 부정하는 것이다. 다시 말하면

22　이 책, 38쪽 이하.

사적 소유를 부정하는 것은 우리 삶의 방식을 대우혼 이전의 원시 상태로 돌려놓겠다는 것이다. 그것이 공산주의자들의 주장이다. 그러나 대우혼은 이미 아담과 이브 이래 인간 삶의 기본 방식이 되었다.

인간은 처음부터 남녀로 태어나기 때문에 원초적으로 결혼을 하게 되어 있다. 결혼 방식은 시대와 문명 형태에 따라 집단혼, 대우혼, 일처다부혼, 일부다처혼, 일부일처혼 등 여러 가지가 있을 수 있으나, 대우혼 시대 때부터 이미 독립적 가정을 형성하게 되므로 독자적 재산을 갖지 않을 수 없었을 것이다. 말하자면 사유재산 관념은 독립된 가정을 이루어 자기의 아내(또는 남편)와 자식을 갖기 시작했을 때 이미 형성되었다는 것이다. 그러나 더 근원적으로는 도대체 결혼이라는 것이 행해져서 자식을 갖게 된 시대, 즉 인류 탄생의 원점에서 이미 사적 소유는 싹트기 마련이다.

아담과 이브가 에덴동산에서 추방된 이후 아담은 밭 갈고 이브는 길쌈을 할 수밖에 없었을 것이다. 그들이 카인과 아벨 및 셋을 낳아 길렀다는 것은 그때 벌써 재산 축적이 있었다는 것이다. 자식을 길러야 한다는 것, 바로 그것이 사적 소유의 근원지라고 나는 생각한다. 한마디로 사적 소유는 인간 삶의 가장 자연스러운 보장이었던 것이다. 사유재산제는 그렇게 자연스럽게 발생된 것이다. 특히 여성 중심 사회일수록 사적 소유는 현저했을 것이다. 열 달 동안 뱃속에 품었다가 산고를 거쳐 낳은 자식을 부양하는 것에 엄마는 본능적으로 아빠보다 더 애착을 갖기 때문이다. 엄마는 자식을 낳아서 기르고 가정의 식생활과 의생활을 전반적으로 관리한다. 옛날로 갈수록 여성 중심 사회가 되기 마련이다. 그것은 자연권이다. 그러한 자연권을 평등 이념을 앞세워 제한하려면 굉장한 반자연적인 강제력이 필요하다. 공산주의 사회에 자유가 없는 가장 큰 이유는 바로 가장 자연스럽게 발생한 이 사적 소유를 인위적으로 금지한 데 있다. 사적 소유를 타기하는 이유는 지나친 소유욕의 발동으로 불필요하게 많은 재산을 몇 사람이 독점함으로써 아무것도 갖지 못하는 사람이 생겨나기 때문인 것이다. 그러나 아무리 그 이념이 좋더라도 그것이 반자연적이면 인민의 저항을 받을 수밖에 없다. 어떤 강제력도 인민의 자발적 저항을 억제할 수는 없다. 마르크시즘의 실패 원인은 이데올로기에 집착한 나머지 이처럼 인간의 자연성을 억압했다는 데 있다.

근대의 선구적 사상가 중에서 재산권을 자연권의 하나로서 보장한 사람은 로크다.(《정치론Two Treatises of Government》, 1690) 그는 재산권을 생명·자유와 함께 자연 상태에서도 자연법의 보호 아래 두었다. 재산은 생존을 보장하는 기본적 능력이기 때문이다.[23]

로크의 자연권은 아담 스미스로 이어진다. 아담 스미스가 자기 땅에 발붙인 낚시질에 대해 땅주인이 지대를 요구하는 것은 당연하다고 말한 것은 이해된다. 그러나 자기 땅의 한계인 단애(斷崖) 밑 바다에서 채취되는 해산물(비싼 약초 원료)에 대해서도 지대를 물려야 한다고 한 것은 지나치다. 설사 그 해산물이 단애 밑 바위에 붙어 있는 것이라 하더라도 그것은 바다의 산물이지 땅주인의 노력으로 만들어진 것은 아니다. 또 그것을 채취하기 위해 반드시 그 땅을 이용해야 하는 것도 아닐 뿐더러 바다는 그의 것이 아니다.

모든 생물은 영양을 섭취해야 생존할 수 있기 때문에 영양물을 놓고 타인과 경쟁하기 마련이다. 나무는 땅 속에서는 영양과 수분을 놓고 다른 나무와 경쟁하고 지상에서는 태양 빛을 두고 경쟁한다. 모든 동물이 먹이를 가지고 다투는 것은 늘 있는 일이다. 그 점에서는 인간도 예외일 수 없다. 모든 분쟁은 개별적으로나 집단적으로 소유를 둘러싸고 발생한다. 분쟁의 원인은 생활 자원이 부족하고 경쟁 상대가 있다는 데 있다. 경쟁은 자연스러운 것이고 이 경쟁을 통해 인류가 발전한다.

---

23 로크의 사유재산권에 대해서는 이 책 47쪽 이하에서 설명한 바 있다.

2. 이데올로기는 허위의식이다

《공산당 선언》이 궁극적으로 노린 것은 전 세계의 프롤레타리아를 단결시켜서 자본주의를 타도하고 공산주의 일당의 독재국가를 건설하는 것이다. 그 이념과 목표는 선명하고 직관적으로 소호하는 힘도 강하다. 그들의 문장은 선동력이 넘쳐서 젊은이의 피를 끓게 한다. 특히 혁명의 고취는 현실에 불만을 품은 젊은 세대를 흥분시키기에 충분하다.

마르크스·엥겔스는 프롤레타리아를 착취당하는 노동자계급이라는 범국제적 조직으로 만들고자 했거니와, 그렇게 함으로써 프롤레타리아의 보편적 계급성과 광범하고 강력한 조직성을 담보할 수 있었다. 몇 차례의 실패에도 불구하고 그들이 인터내셔널에 집착한 이유는 거기에 있다. 레닌은 강력한 국가권력을 배경으로 하여 인터내셔널을 코민테른으로 성공시켰다. 그러나 그것은 오래 가지 못했다. 결국 공산주의는 실패했는데, 그 이유는 무엇인가?

첫째, 마르크스·엥겔스는 역사의 진행을 지나치게 이데올로기로 단순화했다. 즉 그들은 역사를 단계별로 도식화하여 자본주의 단계에 이어 공산주의 사회가 곧 도래하리라고 보았다. 이런 예상은 공상과 멀지 않다. 그들은 자신들이 말하는 과학적 사회주의가 객관성과 실증성을 보증한다고 자인한다. 하지만 실제로 그들의 이론은 공상적 사회주의에 비해 철학과 경제학을 체계적으로 치밀하게 서술했을 뿐, 그들의 명제가 자연과학처럼 예상에 적중한다는 것은 아니다. 도대체 인간 사회는 자연처럼 법측화해서 파악할 수 있는 대상이 아니다. 이데올로기는 원천적으로 객관성을 담보하지 못하는 허위의식, 그나마 저개발 사회의 유치한 인텔리겐치아에게나 먹혀드는 허위의식이다.

마르크스와 엥겔스는 공산주의 사회가 필연적으로 도래할 것이라 확신했다. 그러나 이러한 공상적 예언대로 역사가 발전하리라고 보는 태도는 너무 비현실적이다. 그들은 공산주의 혁명의 3대 요건으로 (1) 자본주의의 고도 발전, (2) 강력한 자본가 계급의 존재, (3) 대량의 산업 노동자의 존재를 거론했다. 하지만 실제로 공산주의 혁명이 일어난 러시아, 중국, 동구권, 중남미 등은 결코 그런 요건을 갖춘 곳이 아니었다. 그와 반대로 이 지역들은 독재적인 국가권력이 지배하는 비자본주의적 구조를 가지고 있었고, 농민이 압도적으로 많았다. 혁명이란 압제하에 신음하는 민중이 특정한 리더의 지시로 봉기하여 일어나는 것이지 그렇게 도식적으로 발생하는 것이 아니다.

마르크스는 인간을 이념에 의해 움직이는 존재로 본다. 하지만 이것은 유물론의 원칙에도 어긋날 뿐더러, 개인적으로는 더러 그런 사람이 아예 없지 않겠으나 인간이 본성적으로 이념에 의해 움직인다는 것은 거의 불가능하다. 인간은 자기 이익을 먼저 챙기지 노동자 일반이나 조직을 위해 나를 희생하거나 양보하는 이념의 도구가 아니다. 인간은 본성상 개인적이고 이기적이기 때문이다. 인간을 포함한 모든 생명체는 위기를 당하면 자기가 살아남기 위해서 극단적인 일도 저지르는 그런 존재자다. 인터내셔널 이전에 자국의 공산당이 우선시된 것이 그 예다. 제2인터내셔널이 1차 세계대전에 참여하지 않기로 결의해놓고도 독일 공산당이 자기 조국을 위해 전쟁에 참여함으로써 결의를 배신하고 마침내 인터내셔널 자체를 해산하도록 한 것은 바로 이 점을 보여주고 있다. 코민테른이 부서진 이유도 마찬가지다. 겉으로는 이데올로기를 선전하면서 위기의 상황에서는 자기를 챙기는 것도 같은 이유다. 스탈린은 독소 전쟁에서 위기에 몰리자 프롤레타리아의 단결에 호소하지 않고 그대들의 조국을 구하라고 러시아 국민의 단결을 촉구했다.

그들은 자본주의경제의 발전을 너무 안이하게 평가하고 역사의 진행을 공산화의 방향으로 낙관적으로 해석했다. 사실 19세기의 자본주의경제는 그들이 예견한 대로 독점과 공황으로 가기도 했지만, 그때마다 위기를 벗어나 파이를 키워서 노동자들에게 많은 것을 나눠 줌으로써 노동자들의 목소리를 낮출 수 있었다. 배가 부르면 이념 따위는 잊어버리기 마련이다. 이데올로기는 투쟁에 필요한 구호에 불과하다.

본질적으로 이데올로기란 전체주의 체제에서만 필요한 당의정이다. 전체주의라는 것은 민도가 낮은 곳에서만 먹혀드는 정치 체제다. 민주주의 체제하에서는 전 국민을 하나로 묶을 필요도 없거니와 그렇게 해서도 안 되고 되지도 않는다. 자유가 위축되고 개성이 마멸되기 때문이다. 이데올로기는 독재자가 전 국민을 명령일하에 일사불란하게 움직이도록 하는 데 필요한 선동적 구호다.

특히 공산주의 이데올로기는 그 단순성과 명료성과 직관성으로 인해 남을 설득하는 데 굉장히 편리하고 또 큰 위력을 가진 무기임에는 틀림 없다. 이데올로기적 설명은 현실을 단순화해서 말하기 때문에 그 논리가 매우 간단할 뿐 아니라 이데올로기 자체는 처지에 따라 얼마든지 변용할 수 있으므로 말이 청산유수처럼 유창하다. 그래서 늘 자유세계는 이데올로기의 설득력에 있어서는 공산주의에 밀리기 마련이다. 특히 저개발 사회에서 그 효과는 대단하다. 그러나 개발된 자유세계에는 그런 이데올로기가 있을 수도 있을 필요도 없다.

《공산당 선언》에서 보이듯이 공산주의자들에게는 승리만 있을 뿐 협상, 타협, 양보라는 것이 없다. 그들의 경전에는 실패도 참회도 없다. 공상주의에서 반성이나 참회는 곧 패배의 자인이거나 배신이다. 그들의 전략은 마지막 순간까지 자기주장을 버티는 것이다. 또 거기에서 나타나듯이 그들은 엄청난 욕설과 거짓을 퍼붓는다. 그들은 전문적 학술서에서도 상대방을 향해 '무식', '천박', '반동', '피상적', '속류', '풋내기', '통속' 따위의 용어를 거리낌 없이 사용하고 일상적 언어 사용에서도 '개새끼', '까부순다', '몰살한다', '괴뢰 집단', '도당' 따위의 낱말을 늘 입에 물고 다니기 때문에 점잖은 사람은 더불어 논의하려고 하지 않는다. 그것은 사태 자체에 대한 논의를 인격적 공격으로 대치함으로써 상대방을 억압하려는 야비한 술법이다. 그들에게서 고상한 품위는 찾아볼 수 없다. 그러나 개인이든 조직이든 반성은 발전을 위한 초석이다. 시대와 정세의 변화에 따라 반성과 참회를 통해 자기를 수정할 수 있어야 발전한다.

독일의 사회 민주당, 영국의 노동당, 프랑스와 스웨덴 등의 사회당은 혁명과 공산당 일당독재를 포기하고 민주주의적 절차에 의해 정권을 획득했으며, 이에 따라 노동자들의 애로를 복지 증진을 통해 해결하는 정책을 취하고 있다. 자기 수정을 통해 유연해진 것이다.

그러나 레닌은 마르크스를 공산주의 이데올로기를 실현할 유일한 구세주로 받아들여 마르크시즘을 절대화했다. 그 결과 마르크스의 말에 대한 수정이나 비판은 용납되지 않고 오직 그것을 실천할 수단만이 강구되었다. 교조주의가 형성된 것이다. 마르크스의 교조화는 공산주의의 자살과 다름없다.

둘째, 공산주의는 평등과 공정성을 구분하지 못했다. 인간 사회에서, 특히 경제적 평등과 관련해서 우리가 추구해야 할 것은 무조건적·산술적 평등이 아니라 공정성, 즉 사회정의가 보장되는 평등인 것이다. 그러나 공산주의자들의 평등성은 그리스 신화에 나오는 프로크루스테스 침대, 즉 사람을 침대에 눕히고 키가 큰 놈은 큰 만큼 자르고 모자란 놈은 모자란 만큼 늘이는 침대를 연상시킨다. 이것이 그들이 말하는 평등이다. 그러나 이것은 능력의 평균화다. 사람에는 유능한 사람도 있고 무능한 사람도 있다. 예능에 유능한 사람도 있고 과학이나 경영에 재능을 가진 사람도 있다. 부지런한 사람도 있고 게으른 사람도 있다. 그러니 잘 사는 사람과 못 사는 사람이 생기기 마련이다. 그런데 일을 안 해도 필요한 만큼 준다는데 누가 능력과 열심을 다해 일을 하겠는가? 이것은 능력과 열심을 평균 이하로 저하시킨다. 생산성이 오를 수 없다. 이것이 공산주의 정치 실험의 결과로 소련과 동구권이 한꺼번에 무너진 이유다.

셋째, 투쟁의 문제다. 마르크시스트들은 자기네 주장을 유물변증법 또는 변증법적유물론이라고 한다. 그들은 세계의 구성 원리에서는 유물론을 취하고, 인간의 역사적 사회의 변화는 변증법적으로 해석한다. 그런데 그 변증법이 화해의 변증법이 아니라 노동자 해방을 위한 투쟁의 변증법이라는 데 문제가 있다. 투쟁의 목표는 혁명의 쟁취에 있다. 투쟁에는 적대적 파괴와 살육이 불가피하게 동반된다. 적을 다 죽여놓으면 내부에서 또 부패와 보수화라는 적이 생긴다. 역사는 살육으로 영일이 없고, 그것은 멸망으로 가는 첩경이다. 역사가 발전하려면 관용과 사랑으로 상대를 포용해야 한다. 사랑이 강한 이유가 여기에 있다. 마르크시스트가 진정으로 혁명을 성취하려면 투쟁을 사랑으로 바꾸는 자기 혁명을 완성해야 한다.

3. 공산주의 사회는 인간을 사육한다

자연스러운 경제 질서는 자유 경쟁으로 운영되는 시장경제다. 시장은 원시시대부터 존재한 가장 자연스러운 교환의 장이다. 그 체제에서는 자유가 기본이다. 거기에 질서를 부여하는 것은 스미스의 말대로 '보이지 않는 손'밖에 없다. 자유는 개인과 공동체의 개성 계발과 창의성을 무한히 보장하므로 문명과 문화 진보의 원동력이다. 그 자유 경쟁이 지나쳐서 더러 경제 질서를 문란하게 하는 폐단이 있으므로 경쟁의 무한한 허용은 제한되어야 한다는 주장은 일리 있다. 하지만 원칙적으로 시장경제에서는 자유 경쟁이 용인되어야 한다. 이것이 1970년대 이후 미국 경제를 지켜온 신자유주의다. 신자유주의의 폐단에 대해서는 별도로 검토할 것이다.

시장경제를 부정한 결과 평등 이념의 강제적 실현은 인간의 타고난 자연성을 거스른다. 사회주의는 시장을 국가가 통제할 수 있게 하기 위해 여러 가지로 모색했으나 하나도 성공하지 못했다. 레닌에서부터 고르

196

바초프 직전까지 사회주의 지도자들이 반시장경제를 건설하기 위해 많은 시도를 했지만 그 시도들은 끝내 성공하지 못하고 1980년대에 무너졌다. 그동안 있었던 시도는 결국 국가 통제뿐이었다. 국가 통제는 스탈린 체제에서 보이듯이 자유를 억압하는 것이다. 그의 통치 기간에 인간은 소모품으로 전락했고 국가를 형성하는 단순한 질료에 불과했다. 그러니 인권이 존중될 리 없다. 자연성을 어기고서는 아무것도 이룰 수 없다는 것을 보여준 것이다.

인간은 누구나 자연적·사회적 차별성 속에서 태어나 제각기 독자적 능력과 재능을 가지고 경쟁하면서 살아간다. 이에 따라 사적 소유에도 차별이 생긴다. 평등 이념은 이러한 차별을 규제를 통해 균일화하고자 한다. 본인이 타고난 차별성을 극복하려는 각고의 노력을 진작시키지 않고 이데올로기로 인간 사회를 균등화하려고 하는 것은 자연스럽지 않다.

특히 공산주의는 소비재는 물론이고 생산재까지도 공유(국유)로 하는 일당독재 체제다. 이것은 크게 두 가지 문제를 야기한다. 그 하나는 사유재산을 인정하지 않는 것이고, 그 둘은 개인의 자유와 개성의 제한이다. 전자는 경제적 자유의 제한이고, 후자는 시민적 자유의 제한이다.

경제적 자유의 제한 국가는 소비재의 생산과 분배를 계획적으로 수행해야 하기 때문에 개인의 취향 따위를 일일이 고려할 수 없다. 물건에 대한 개인의 기호가 무시되는 것은 말할 것도 없거니와, 그와 더불어 물건의 효용 가치도 무시된다. 게다가 필요로 하는 시기와 장소도 무시된다. 개인이든 공동체든 인간 사회는 늘 같은 모양으로 진행되지 않는다. 작년과 지금, 이곳과 저곳이 꼭 같지는 않다는 것이다. 사람마다 기호도 다르다. 기후, 인구, 작물 생산, 정치적 정세, 교육 등의 여러 변수에 따라 늘 차이가 나게 마련이므로 반드시 계획대로 되지 않는다. 가령 날씨는 농작물의 성장과 수확에 결정적 영향을 미치는데, 날씨를 농사에 맞추어 멀리 정확하게 예측할 수는 없다. 4월 파종기에 많은 비가 쏟아질 것이라는 예측을 금년 농사를 계획하는 2월에 할 수는 없는 것이다. 자동차를 생산하기 위해서는 여러 곳에서 생산된 굉장히 많은 부품을 모아서 조립해야 하는데, 그 모든 부품을 넘치거나 모자라지 않게 생산한다는 것은 거의 불가능하다. 어떤 부품은 모자라고 어떤 것은 과잉 생산되어 균형을 이루기 어렵다. 경우에 따라서는 나사 하나가 모자라서 완제품을 못 만드는 수도 있다. 여기에서 경제적 차질이 생겨나기 마련이다. 국가는 이로 인해 비롯되는 손실을 부담해야 한다.

공산주의 사회에서는 모든 사람이 남보다 더 열심히 능력을 발휘하려고 하지 않는다. 경쟁력이 저하되면 생산성이 떨어지게 마련이다. 계획 경제는 5개년 경제 계획이나 우주선 개발 등 큰 프로젝트에는 적합하지만 자질구레한 소비재 생산에는 참으로 성가신 일이 많은 경제 체제다. 공산이 한꺼번에 몰락한 이유는 바로 이러한 생산성 저하다.

시민적 자유의 제한 무엇보다도 자유 민주주의 국가의 국민들이 공산주의를 기피하는 이유는 그 사회에 일반 시민의 자유—거주의 자유, 직업 선택의 자유, 양심의 자유, 집회와 결사의 자유, 언론의 자유, 신앙의 자유, 인권 등—가 보장되어 있지 않다는 데 있다.

공산주의의 일당독재는 1인 독재를 낳거니와, 이 1인 독재자의 명령하에 모두가 일사불란하게 움직이도록 되어 있다. 설사 헌법에 시민의 자유가 보장되어 있을지라도 실제로는 1인의 지배하에 국가가 운영되고 있는 것이다. 그리고 이 1인의 명령에 저항하거나 불순종하면 죽음을 면치 못한다. 우리는 스탈린 치하의 소련이나 김일성 왕조가 지배하는 북한, 기타 공산권에서 엄청나게 많은 사람이 알게 모르게 죽임을 당한 사실을 알고 있다. 우리는 6. 25전쟁 과정에서 그 참상을 생생하게 체험했다. 공산주의 사회에 정치적 자유가 없다는 것은 이미 알려진 일이다.

물론 공산주의 사회에도 자본주의 사회에서 찾아볼 수 없는 장점이 있다. 그 대표적 예가 완전 고용이다. 공산주의 사회에서는 국가가 모든 국민을 먹여 살린다. 배급제가 그것이다. 그러니 국민의 입장에서는 먹고 살기 위해 애쓸 필요가 없다. 국민은 무슨 일이든 국가가 정해주는 일에 종사하면 된다. 그것이 그 개인의 적성에 맞는 일인지, 맞지 않아서 중도에 얼마든지 바꿀 수 있는지는 알려져 있지 않다. 그곳에는 이론상으로는 실업자가 없고 따라서 거지가 없다. 말하자면 국민은 국가에 의해 배급제로 사육되는 것이다. 이런 상황에서는 개인의 창의성이 충분히 발휘되기 어렵다.

4. 생산성 저하와 삶의 질 문제

마르크스에 따르면 자본주의는 갈수록 이윤율이 저하된다. 마르크스가 지적하는 이윤율 저하의 이유에는 세 가지가 있다. (1) 기계화(불변자본의 증대)로 인한 이윤율의 저하, (2) 기계화로 인한 실업자의 급증, (3) 독점 자본주의의 출현이 그것이다.

(1) 자본에는 불변자본과 가변자본이 있다. 마르크스는 인간의 노동은 가변자본이고 기계는 불변자본이라고 했다. 그에 따르면 인간의 노동력은 가치 창조의 근원이거니와, 기계화로 인해 가변자본이 하락하면 동시에 상품의 가치가 하락한다. 그의 착오는 기계를 불변자본으로 본 데 있다. 그러나 사실 기계는 가변자본으로서 대량생산을 초래하여 도리어 상품을 대중에게 싼값으로 공급함으로써 이윤율을 상승시킨다.

(2) 마르크스는 기계화로 인해 생기는 두 번째 문제로 작업의 자동화로 인한 대량 실업의 발생을 들었다. 그것은 충분히 예상되는 것이다. 그러나 현대 자본주의의 경영 방식에 따르면 자동화로 인한 대량생산과 상품의 고급화를 통해 이윤이 증대하고 노동자에게 고임금을 지불함으로써 노동자는 상품을 구매하는 고급 소비자로 전환된다. 즉 고임금으로 인해 노동자들의 삶의 질이 향상되고 고급 상품을 구매·향유하게 된다는 것

이다. 결과적으로 기계화는 문명의 증진을 초래한다.

(3) 마르크스와 레닌이 예견한 바에 따르면 자본주의는 궁극적으로 제국주의로 표변하여 전쟁을 일으키게 된다. 이것을 그들은 자본 집중의 법칙이라고 한다. 그 결과 자본주의는 멸망한다. 공산주의 체제에서는 이를 극복하기 위해 생산재와 소비재를 공유화한다. 생필품은 국가가 공급하는데 이것이 배급제다. 배급제는 생활에 필요한 모든 제품이 충분히 공급 가능함을 함축한다. 이 충분성에 결함이 생기면 경제 질서가 교란되고 인민은 혼란에 빠진다.

그러나 현대 자본주의 체제하의 기업은 자본 공개를 통해 주식회사를 발전시켜 주식시장에서 자본을 공급받는다. 기업은 개인의 소유가 아니라 주주들의 공유물(법인체)이 되고, 주주들은 한편으로는 기업에 자본을 공급하면서 또 한편으로는 그 기업의 발전을 통해 이익을 보장받는다. 주주들은 유능한 경영자(CEO)를 영입하여 일정 기간 경영자 책임하에 회사를 경영하도록 위임한다. 자본주의는 공산주의처럼 일체를 국유화함으로써 개인의 자유를 희생하는 공산주의와는 달리 개인의 자유를 보장하면서 동시에 이익의 분배도 도모한다. 자본주의 사회에서는 창의력을 충분히 발휘해야 하는 경쟁이 불가피하다. 그러나 이러한 경쟁을 통해 사회가 발전하고 생산은 증대되며 인간의 삶의 질도 증진된다. 경제가 파탄나는 곳에서는 삶의 질을 보장할 수 없다.

자본주의 체제의 최대의 적은 노동자 착취다. 노동의 종류와 질에 따라 노동이 구분되는 것은 불가피하다. 오늘날 기업은 정규직과 비정규직을 구분하여 비정규직 노동을 착취하고 있어 이것이 큰 사회 문제로 등장하고 있다. 이로 인해 실생활의 영위마저 위협받는 저소득층이 있다는 것은 우리 사회의 크나큰 치부다. 이 문제를 해결하는 것이 정치권에 부여된 과제다.

5. 생산재의 국유화는 실패한다

공산주의자들이 크게 외치는 것은 생산재와 소비재를 모두 공유화하자는 것이다. 소비재의 공유화는 배급제를 위해 반드시 필요하다. 그러나 생산재의 공유화에 대해서는 그것이 구체적으로 도대체 어떻게 하자는 것인지 얼른 이해되지 않는다. [24]

생산재란 달리 말하면 생산 계획을 위시하여 기계, 전기, 원료, 운송 수단, 정보 등 제품 생산을 위해 필요한 노동자의 노동력 이외의 모든 자산을 가리킨다. 이것은 자본가가 투입한 자산이다. 공산주의자들은 그것을 혁명으로 탈취해서 공유화하겠다는 것, 즉 생산수단을 집단적 형태로 소유하겠다는 것이다. 여기에서 궁금한 것은 공유의 주체가 구체적으로 누구냐 하는 것이다. 공유화에는 국유, 노동조합 소유, 협동조합 소유, 공동 경영 등 여러 형태가 있을 수 있다. 줄여서 말하면, 공유화는 국가 귀속인가 노조 귀속인가? 마르크스·엥겔스는 어떤 때는 사회화라고도 하고, 어떤 때는 국유화라고도 하며, 어떤 때는 노동조합 귀속이라고 하여 일관성이 없다. 이것은 공유라는 개념에 대해 깊게 성찰하지 않았다는 증거다.

공산주의의 마지막 결론은 생산재의 국유화다. 레닌과 스탈린은 바로 이 길로 갔다. 생산재의 국유화란 국가가 정치뿐 아니라 경제의 최후의 주체가 된다는 것이다. 동시에 국가는 모든 생산 계획을 세우고 운영하는 주체다. 그뿐 아니라 그 국가는 공산당 일당이 독재하는 국가여야 한다고 했다.

레닌과 스탈린은 토지도 국유화하여 농민이 집단농장에서 일하도록 했다. 또한 노동의 결과물은 모두 국유화하고 그 결과물의 배분은 배급

---

24 이 문제는 이 책의 3장 V절 '마르크시즘의 성공과 왜곡: 레닌과 스탈린'에서도 다룬 바 있다.

제로 했다. 이것은 농노제와 다를 것이 없다. 그런데 모든 조직체는 질서가 잡히면 반드시 관료화하는 본성을 가지고 있다. 국가도 예외가 아니다. 관료 체제는 상의하달을 본질로 하는데, 한 사람이 장기적으로 윗자리에 있으면 자연스럽게 독재자가 만들어지는 것이다. 이것은 공산당 일당독재가 아니라 최고 지배자 일인 독재인 것이다.

그러나 공산주의의 원칙상 생산재의 국유화는 있어서도 안 된다. 왜냐하면 그 체제하에서는 궁극적으로 국가가 소멸되어야 하기 때문이다. 소멸되어야 할 조직에 생산재를 귀속시킬 수는 없다. 그렇다면 노동조합에 귀속시켜야 할까?

생산재의 사적 소유가 설사 착취의 원천이라고 하더라도 생산재를 노동조합에 귀속시킬 수는 없다. 왜냐하면 노동조합은 생산도구의 하나인 노동력을 팔아 생계를 유지하는 노동자들의 집합인데 이것은 근본적으로 복지·의료·연금 등의 노동환경, 임금·인권 등의 노동조건을 위해 결사하는 조직이지, 생산을 계획하고 운영하는 주체는 아니기 때문이다. 경험 부족은 연구를 통해 충전한다 하더라도 생산재를 소유한다는 원리는 그 조직의 생성 목적과 본질에 어긋난다. 노동자들은 잉여가치가 자기들을 착취해서 발생한 것이요, 따라서 그것은 무조건 자기네 것이라고 한다. 아무리 노동력이 남아돌더라도 그 노동력을 활용해서 생산에 투입하는 기업이 없으면 그것은 죽은 노동력이다. 노동은 생산수단의 하나일 뿐이지 생산의 주체는 아니다. 현대 산업은 노동자 없이 운영되는 단계에 들어왔다. 노동자를 이렇게 철저하게 소외시키는 것이 과연 옳은 일인가 하는 것은 다른 차원의 문제다.

모든 재산을 국유화한 국가가 잘 운영되려면 일체가 유기적으로 움직여야 하는데, 이를 위해서 인간 개인은 그 속에 속하는 단순한 조직의 한 단위, 즉 기계 부속의 하나로서 그 조직의 운영에 순응해야 한다. 거기에서 일탈하는 것은 반동이다. 질서 유지를 위해 반동은 제거되어야 한다.

일찍이 스파르타는 그러한 국가의 하나였는데 한때 강성한 듯하다가 곧 역사 속에서 사라지고 말았다. 공산주의가 주장하는 국가 지상주의는 스파르타와 크게 다르지 않을 것이다. 그뿐 아니라 재산 운영을 담당할 국가마저 소멸되면 인간의 삶은 어떻게 운영되는가?

그런 체제하에서 개인은 자유롭게 살아 있는 인간이 아니다. 인간은 희로애락을 마음껏 표현하고 자기 능력과 제반 사정에 따라 자유롭게 자기를 신장할 수 있고 원하는 바를 성취할 수 있는 삶의 주체여야 한다. 그러한 주체여야 창의성을 발휘할 수 있다. 개인의 자유가 보장되지 않는 사회에서는 창의성이 말라 죽고 만다.

여기에 현대의 우리 국가가 어떤 국가여야 하는가 하는 문제가 생긴다. 진정한 현대 국가는 사회계약론자들의 말처럼 개인들이 자연스럽게 협의해서 만든 조직체요, 따라서 그 속에 살고 있는 개인들을 주인으로 모셔야 하는 조직체인 것이다. 민주주의란 그런 것이다. 그러나 살아 있는 개인의 희생을 딛고 그 위에 군림하면서 그 개인을 존중하지 않는 그런 국가의 존재 의의가 무엇일까?

6. 마르크시즘이 남긴 과제: 평등

인간은 누구나 자연적·사회적으로 불평등하게 세상에 태어난다. 그중에서도 상속된 신분 차이와 빈부 차이는 인간들 사이를 적대 관계로 갈라놓는다. 다행히 신분 차이로 인한 불평등은 근대 이후 인권의 신장으로 많이 해소되었다. 자유의 무한한 용인을 전제로 하는 자본주의적 시장경제의 발달은 이 점에서 공헌한 바가 크다. 반면 자본주의 시장경제가 빈부 격차를 심화시키는 데 결정적인 역할을 한 것도 사실이다. 우리의 삶을 가장 집요하고 강력하게 짓누르는 것은 빈부 격차다. 마르크스가 남긴 과제는 이 빈부 격차의 해소, 즉 경제적 평등이다. 그러나 그것을 실현할 구체적 방도에 대해서는 혁명이라는 것밖에는 따로 정답이 없다. 마르크스는 평등에 집착하고 이를 실현하는 것에 골몰한 나머지 어쩔 수 없이 혁명에 호소할 수밖에 없었을 것이다. 그것은 예수가 인류 구원을 하느님에게 지나치게 의존하다 보니 최후의 심판을 들먹이지 않을 수 없었던 것과 같다. 이런 집착은 허상을 낳는다. 그런데도 경제적 평등이 쉽게 이루어지지 않는 이유는 그 불평등이 자연적 결정에 뿌리박고 있기 때문이다.

위에서 살펴본 바와 같이, 자유를 신장시키면 평등이 위축되고 평등을 보장하려면 자유가 제한받는다. 자본주의적 자유 민주주의는 자유를 최대한 보장하지만 빈부 격차를 불가피하게 파생시킨다. 반면 공산주의 체제는 평등을 실현하기 위해 어쩔 수 없이 자유에 제한을 가한다. 자유와 평등은 다 같이 인간을 위한 쌍개념이면서도 이렇게 서로 모순된다. 시장경제 체제에서 자유를 보장하지 않으면 생산성이 제고되지 않는다. 평등 이념을 구현하기 위해 시장경제에 간섭해도 생산성이 제고되지 않는다. 이것이 현대 정치의 고민이다.

현대의 정치적 해결책은 복지다. 그러나 민주정 체제하에서의 복지는 포퓰리즘에 휘말리지 않을 수 없다. 왜냐하면 민주정은 선거를 통해 지도자를 선출하는데, 그러자면 지도자로 선출되고자 하는 자는 가능한 한 많은 표를 얻기 위해 선거민들에게 말의 선심을 쓰지 않을 수 없기 때문이다. 금권과 선동이 난무하는 것도 같은 이유에서다. 이것을 막을 수 있는 유일한 방법은 국민의 현명함이다. 이성적으로 계발된 국민은 그것이 포퓰리즘인지 아닌지를 판단할 수 있다. 평등을 실현할 수 있는 현대적 방법은 현명한 국민을 양성하는 것이다.[25]

---

25 이것과 관련해서는 이 책의 5장 Ⅲ절 '경제적 평등의 문제: 박애주의 경제학'을 참조할 것.

4장

세계화와
평화의 문제

사람들은 현대를 지구촌 시대 또는 세계화 시대라고 한다. 지구촌이란 지구가 한 마을처럼 가깝고 좁아졌다는 것이다. 시간은 짧아지고 공간은 단축된 것이다. 통신 기술은 엄청나게 발달해서 전자우편은 순식간에 지구의 끝에서 끝으로 전달된다. 공간의 연속성과 시간의 지속성이 사라진 것이다. 여객기로 족히 하루면 지구를 한 바퀴 돌 수 있게 되었다. 콜럼버스 시대로부터 불과 500년 사이에 세상은 이렇게 바뀌었다.

　변한 것이 어찌 시간과 공간만이겠는가? 과학기술은 말할 것도 없고 산업 형태와 삶의 방식, 문명과 문화의 내용 등을 위시하여 온갖 것이 다 바뀌었다. 짧은 시간 속에서의 변화는 마치 급류를 타는 것처럼 현기증 나는 일이다. 인류의 유년 시대는 석기·철기 시대였는데 지금은 최첨단 과학기술 시대가 되었다. 그런 급격한 변화 속을 우리는 살아왔고 또 지금 살고 있다.

　이제 지구촌 시대에 사는 우리는 세계화 시대를 성찰하지 않을 수 없다. 현대가 처한 시대적 상황을 점검하고 그것을 토대로 해서 내일을 전망해야 할 것이다. 이것이 이 장의 과제다.

　평화는 일차적으로 전쟁이 없는 상태를 가리킨다. 도대체 전쟁이라는 것은 개인들 사이든 조직체들 사이든 자기가 상대방 위에 군림하겠다는 의식, 나도 너에게 질 수 없다는 경쟁의식에서 발생한다. 다시 말하면 상대가 너무 잘난 척하고 나를 능멸하는데 이것을 견디지 못하고 감정으로 격화되면 전쟁으로 발전하는 것이다. 그러한 의식이 모든 분란의 근원이다. 지금 세계의 도처에서 일어나고 있는 분란은 모두 동일한 패턴을 가지고 있다. 경쟁적으로 핵무기를 개발하는 것도 같은 이유에서 연유한다. 물론 그 배후에는 상대방이 나를 매우 성가시게 한다는 구실도 있다. 전쟁이 없어지려면 이러한 경쟁의식이나 남을 얕보는 의식이 지양되어야 한다.

어쨌든 전쟁이 없어지려면 한판 붙어서 지든 이기든 되게 얻어터져봐야 한다. 단순한 수양만으로는 안 되고 체험이 필요하다. 체험보다 더 귀중한 교훈은 없다. 싸우기 좋아하는 자는 크게 싸워서 자기가 지고 망가져서 고생을 잔뜩 해봐야 한다. 히틀러 시대를 전후하여 독일은 기고만장했으나 1, 2차 세계대전에서 패하여 엄청난 고생을 했다. 그들은 특히 유대인을 살해한 것을 통절하게 참회했다. 그들은 기회가 있을 때마다 참회하고 보상했다. 그 결과 그들은 공존을 배웠다. 독일은 지금 세계 평화에 공헌하고 있다. 그러나 그런 체험을 뼛속 깊이 느끼지 못한 채 패전 후 불과 5년 만에 이웃의 불행을 기회로 다시 살아나 세계 제2경제 대국으로 등장한 일본은 아직도 지배욕에 사로잡혀 이웃을 괴롭히는 행동을 한다. 이것은 세계 평화에 위협적 요소로 작용하고 있다. 일본인에게는 더 많은 시련이 필요한가 보다.

반면 일제 치하에 망국의 한을 체험한 한국은 해방과 함께 남북으로 분단된 뒤 5년 만에 세계대전에 준하는 내전을 치르고는 세계 최빈국으로 전락해 모진 고생을 했으나 외국의 지원과 자체 내의 노력으로 지금은 꽤 경제적으로 성공한 나라가 되었다. 지금 한국은 자기네의 그 지난한 체험을 통해 어려운 이웃들의 사정을 이해하고 이를 도우려고 애쓰고 있다. 공생은 공영을 가져온다. 이를 위해서는 경쟁이 아닌 양보와 협조가 선행해야 한다.

I. 인류사의 성찰

모든 역사는 서술자의 안목으로 본 역사다. 한국사는 한국인이 겪은 역사이고 유럽사는 유럽인의 시각에서 기술된 역사다. 그러다가 서술의 주체가 없어지면 역사 자체도 없어진다. 잉카 문명은 유적으로 말할 뿐 기록은 없다. 반대로 기록을 통해 없던 사실(史實)도 있게 하고, 있던 사실(事實)도 없게 하는 것이 역사 서술이기도 하다. 전자의 대표적 예는 지금 중국에서 한창 벌어지고 있는 역사 날조다. 후자의 예는 일본인들의 역사 왜곡이다. 역사 서술에서 빼놓을 수 없는 것이 평가인데 이거야말로 주관적이지 않을 수 없다.

근세 이후의 세계사는 유럽을 중심으로 서술된 것이다. 그들은 다른 민족을 거의 야만인으로 평가했다. 그러므로 엄격한 의미의 객관적 세계에 사는 신에게서나 가능할 뿐 현실적으로는 존재할 수 없다. 그중에서 보편사에 비교적 가까이 간 것이 토인비(Arnold Joseph Toynbee, 1889~1975)의 문명의 성쇠에 대한 기록이다. 이것은 역사상에 등장했던 여러 문명을 도전과 응전이라는 개념으로 설명한 것인데, 엄격하게 말하면 이것은 당해 문명의 개성을 기술한 것이지 하나의 흐름으로 파악한 세계사는 아니다. 그렇다고 세계사를 포기할 수는 없다. 가능한 한 거기에 가까이 가려고 노력할 수밖에 없다.

오늘은 어제의 연장이다. 오늘은 과거의 지속이면서 동시에 미래에로의 단속적 연속이다. 오늘은 과거를 단절하면서 그 과거를 미래로 연결하는 고리다. 오늘은 지속과 단절이라는 모순의 통일이다. 여기에 미래로 향하는 오늘의 창조성도 있거니와 과거로 회귀하는 정체성도 있다. 정체성은 퇴보의 원천이다. 그런가 하면 과거의 업보에 대한 반성과 용서도 있다. 반성과 용서를 통해 인간은 성숙한다.

21세기인 오늘의 세계는 어제의 세계와 너무 다르다. 하루가 멀다 하고 세상은 변하고 있다. 그만큼 변화의 템포가 빨라진 것이다. 이에 따라

인지의 발달도 비약적으로 상승한다. 그 속에 사는 사람들은 늘 자기가 사는 현대가 가장 힘들고 중요한 것처럼 착각한다. 급변하는 현재에 매여 있으면 현기증이 나기 때문이다.

인류 역사의 진행에 어떤 목표가 있는지 없는지는 신만이 안다. 하지만 지금까지 진행된 여정을 보면 인류의 역사는 분명히 진보의 과정을 걸어왔다. 석기 문명에서 철기 문명으로, 개별적·특수적인 데서 일반적·보편적인 데로, 억압에서 해방과 자유로, 일면적·편파적인 데서 전면적 균형으로, 자기중심적·민족적 독존에서 피아가 공존하는 인류의 차원으로, 독선에서 타협으로, 무지에서 지성으로, 독재적 전제정에서 민주정으로, 적대적 관계에서 타협과 상호 이해로, 증오에서 사랑으로……. 이렇게 인류사가 발전되어온 것은 사실이다. 생업과 과학기술의 면에서 보더라도 인류의 역사는 발전해왔다. 그만큼 생산성은 향상되었고 인간의 삶도 육체적으로는 덜 고달파졌다.

지난 6세기 동남아시아, 아프리카, 라틴아메리카는 참으로 처참하기 그지없는 암흑시대였다. 지리상의 발견 이후 서구 열강은 과학기술과 자본주의를 앞세운 제국주의가 되었다. 그들이 무력으로 식민지를 확보하는 것에 광분하여 서유럽 외의 지역에서는 독립국가를 찾아보기 힘들었다. 더러는 아예 대륙을 통째로 자기네 것으로 만들기도 했다. 그 식민지 쟁탈전의 연장선에서 1, 2차 세계대전이 전개되었음은 다 아는 사실이다. 식민지의 물적·인적 수탈은 이루 다 말할 수 없다.

제국주의 수탈에 이은 이데올로기의 대립이 빚은 갈등의 참상도 이만저만이 아니었다. 2차 세계대전은 종전의 세계정세를 근본적으로 바꿔놓았다. 우선 자본주의 국가의 위상이 변했다. 전전의 6개 열강 중 독일, 일본, 이탈리아가 탈락했다. 승전국 영국과 프랑스도 많은 식민지를 잃었다. 영광은 자본주의 미국과 공산주의 소련이 차지했다.

2차 대전 중 동구권 6개국[1]은 독일이 점령하고 있었는데, 독일이 패망하자 소련의 사주를 받아 그곳에 소련식 공산주의 체제가 들어섰다. 처음에는 명령하달식 계획경제로 제법 파괴된 것을 복구하고 산업도 일으키는 듯했다. 여기에 중국을 더하면 소련은 세계 인구와 생산력의 거의 3분의 2를 차지하는 강대 공산주의 종주국으로 등장했다. 특히 소련은 철의 장막으로 자본주의 사회를 격리시켰다. 미국과 소련의 이러한 대립이 이데올로기 대립을 형성했다. 여기에 전후 식민지 체제에서 독립한 신생국들이 좌우로 갈라져서 숱한 분쟁으로 두 강대국의 대리전을 치러야 했다.

　그러나 자본주의 미국 중심의 서유럽 제국과 일본 등이 전자 공학을 진흥시키고 이것을 산업 기술에 응용하여 큰 경제적 부를 축적하는 동안, 동구권은 정체에서 벗어나지 못했다. 공산당 간부들의 전횡과 부패로 경제가 쪼그라들었던 것이다. 공산주의 체제 자체가 생산성을 위축시켰다. 70년대 소련은 베트남과 쿠바에 막대한 원조를 퍼부었고, 아프가니스탄에 침입하여 10년간 이중투우하면서 국내 총생산의 10%를 군사비로 지출해야 했다. 그 통에 소련 경제가 바닥난 것이다. 이것은 브레즈네프와 코시긴(Aleksei Nikolaevich Kosygin, 1904~1980) 시대의 일이다. 고르바초프가 소련 경제의 뚜껑을 열어보니 엉망이었던 것이다. 뒤늦은 개방·개혁 정치는 이것을 회복하지 못했다. 종주국이 저 모양이니 위성국이 망하는 것은 너무나 당연하다. 전후에 독립한 신생 국가들은 자기 성장에 열중했다.

　인류 역사의 초창기 원시시대에 인간의 의식은 거의 본능적 감정이 지배했다. 감정은 선악을 자기중심적으로 판단하는, 동물적 본능의 지배하

1　6개국은 폴란드, 헝가리, 루마니아, 불가리아, 유고슬라비아, 알바니아, 체코슬로바키아를 가리키고, 거기에 동독을 포함시켜서 동구권이라고 한다.

에 있는 낮은 차원의 의식이다. 그러다가 인지가 발달함에 따라 나와 남을 동시에 생각하고 남의 입장에서 나를 반성하는 이성이 발언하기 시작했다. 인간의 지적 능력도 시대에 따라 발전하는 것이다. 이제 하나의 원리로 만유를 해석하는 지성적 능력인 과학이 문명을 이끌기에 이르렀다. 그러나 아무리 과학이 발달하더라도 감정의 지배가 남아 있는 한 인류의 완전한 평화는 요원하다. 감성은 감각적 지각 능력을 가리키는 개념이지만 이것도 이성의 단계로 승화되어야 한다. 오늘날 인류는 그 단계로 나아가고 있다. 한편 감성은 사회적 사태를 판단하는 데 창조적으로 기여하는 문화 창달의 원동력으로 작용한다. 즉 감성 능력은 예술의 창조와 향유 능력이기도 한 것이다.

다니엘 벨(Daniel Bell, 1919~2011)이 《이데올로기의 종언(The End of Ideology)》(1960)이라는 책을 써서 식자들을 놀라게 하고 선풍적 인기를 얻은 것은 1950년대의 일이다. 이 책은 산업화를 이룩한 서구 사회의 관점에서 새로운 시대와 사회의 성격을 멀리 내다보며 예언적으로 진단한 것이다. 그러한 서유럽의 선진사회를 제외한 지역, 즉 동구권과 아시아, 아프리카, 남미의 각 지역은 그 뒤로 30여 년 동안 이데올로기의 대립으로 심한 고통을 겪었다. 1980년대를 맞이하면서 동구권이 하루 아침에 무너지자 마르크시즘은 시대에 낙오하는 것이 되고 말았다. 벨의 예견은 이때 비로소 실현되어 이제 정말 이데올로기의 시대는 지나갔다. 이데올로기 시대가 막을 내린 지 이미 30~40년이 지나가고 있다. 지금은 과학기술이 삶의 방식과 사회 형태를 결정하고 지배한다. 과학기술의 발달로 인해 생산성은 향상되고 노동자들에게도 인권이 보장되며 그만큼의 이익이 배당되어 생활고를 벗고 삶의 질을 어느 정도 향상시킬 수 있게 되었다. 사회 보장이 오늘의 시대정신이 되었다.

이제 노동의 개념도 바뀌어야 할 것이다. 아담 스미스와 마르크스가 보는 노동은 주로 육체노동이었다. 그러나 공산품 생산과 판매 중심의 산업사회를 넘어 지식 산업사회가 되면 육체노동은 현저히 줄어든다. 대신 정신노동이 주류를 이룬다. 그 첨단에 오른 사람들의 생활수준은 옛날 봉건 영주의 생활수준을 훨씬 능가한다. 이들이 어찌 종래의 개념으로 말하는 노동자인가? 이들을 종래 개념의 노동자로 간주하고 그들을 노동의 질곡에서 해방하겠다고 한다면 그들 자신이 웃을 것이다. 오늘날 노동은 한편으로는 먹고 살기 위한 힘든 고역이기도 하지만, 또 한편으로는 삶을 즐기는 수단이며 여가 선용의 수단이기도 하다.

인권도 크게 신장되었다. 인권의 신장과 함께 자유도 크게 확장된 것이 사실이다. 인권을 탄압하고 자유를 억압하는 독재자는 발을 붙이지 못하는 세상이 되어가고 있다. 독재는 국민의 무지를 자양분으로 해서 유지되는 것인데 인지의 계발과 과학기술이 가져다준 정보 교환의 활성화로 인해 그렇게 무지몽매하게 독재를 용인할 국민은 이제 없다. 독재는 지구상에서 영구히 사라지는 과정에 있다. 독재에 대한 저항은 지금 저개발 사회의 주도 이념이 되었다.

개성과 자유 및 인권의 존중, 이것은 세계적 현상이 되고 있다. 사람 위에 사람 없고 사람 밑에 사람 없는 인권 평등이 이 시대의 두드러진 현상이다. 이는 평화를 향한 발걸음이 아닐 수 없다.

생활에서도 점차 여유를 보이기 시작하는 것 같다. 선진국에서는 말할 것도 없지만 개발도상국에서도 이제 입는 것만은 거의 해결된 것 같다. 인류 공통의 과제는 이들 낙후 사회를 하루 빨리 그 기아의 구렁텅이에서 구해내어 공동선을 구현하는 것이다. 이것이 진정한 평화 구현의 첫걸음이라고 나는 생각한다.

현대는 과학기술 시대다. 현대의 자연과학은 극소의 나노 영역에서 극대의 우주 창성의 시점에 이르기까지 그 연구 영역을 확대·심화해가고 있다. 그와 함께 현대 기술은 인간의 편리를 무한히 보장하고 있다. 여기에 위험이 없는 바는 아니지만, 그래도 지난 세월과 같은 비인간적 착취와 탄압은 현저하게 줄었다.

　이런 시대는 달리 이성의 시대라고 말할 수 있다. 이성은 나를 남의 입장에서 되돌아보는 지적 능력이다. 진실로 인류의 평화를 갈구하는 이성은 과거의 죄를 뉘우치고 그 죄를 용서할 수 있다. 이성이 지배하는 곳에 지난날의 구원(仇怨)은 없다. 오늘이 바로 그런 정신을 지향하고 있다고 나는 생각한다.

　이제 전쟁과 혁명의 시대는 가고 평화를 논의할 시대가 도래한 것이다. 오늘의 평화는 국지적 평화가 아니라 세계 평화여야 한다. 이런 평화를 놓고 일찍이 고민한 선철의 견해를 먼저 음미할 필요가 있다. 나는 이 문제를 4장 Ⅲ절 '칸트의 영구평화론'에서 검토할 것이다.

Ⅱ. 세계화 시대의 도래

　세계화(globalization)는 먼저 선진 자본주의경제의 발달이 가져온 세계사적 현상이다. 그것은 현대 경제가 초래한 불가피한 현실이기도 하다. 다국적 기업이 확산되면서 산업자본과 금융자본은 전 세계를 향해 발전했다. 자본은 개별 국가의 주권도 뛰어넘을 만큼의 힘을 갖게 되었다. 아무리 반민족적 매판자본이니 뭐니 해서 그것을 거부하려고 기를 써도 그 경제적 능력은 그런 저항을 무시하고 당당하게 남의 나라에 들어가서 그 나라의 경제 발전을 도와주고 있다. 그러한 경제적 힘을 강화하기 위해 유럽의 여러 나라는 하나의 경제 공동체를 형성했다. 이런 추세로 미루어서 '세계 공화국'의 형성을 운운하는 사람도 있다. 그 도도한 자본주의 경제 쓰나미는 전 지구를 덮치는 듯한 추세를 보이고 있다. 거기에 동참하지 못하는 후진국이나 저개발 사회는 굉장히 피곤하다.

　그리하여 일부 사회의 지식인들은 문화 다원주의의 피해를 내세워 저항하기도 한다. 그들은 지역주의자들이다. 이슬람의 근본주의도 거기에 저항하면서 자기의 정체성을 확보하려고 한다. 혹자는 마르크시즘이 노동자를 세계적 계급으로 결집시켜 개별 국가를 넘어서는 공산주의 국가를 만들려고 했으나 실패하고 만 것을 예증하면서, 세계화도 결국 실패하고 말 것이라고 예단하기도 한다. 또 자연 보호주의자들과 생태주의자들은 과학기술의 발달로 인한 에너지 과용이 지구온난화 현상과 환경 파괴를 초래하고 이 때문에 인간의 삶이 현저하게 불편하고 불건전해졌음을 거론하면서 세계화를 저지하려고 한다. 그러나 세계화는 그냥 자본주의적 경제의 승리만을 구가하지 않고 현대의 엄청난 과학기술을 동반하고 있어서 이런 저항들에 밀려서 쉽게 물러설 것 같지 않다. 도리어 세계화를 거부하거나 세계화에서 낙오하는 사회와 종족은 고립되어 역사의 진행에서 탈락될 수밖에 없을 것이다.

그 점에서 EU는 많은 것을 시사한다. 왜냐하면 거기에 속하는 나라들이 단일한 화폐를 사용하는 경제적 통합과 정치 체제로서의 범유럽 의회를 구성했기 때문이다.[2] 물론 이는 그 나라들이 중세 시대에 동일한 언어

---

2 EU는 여러 단계를 거쳐서 이루어졌다. 맨 처음에는 1차 세계대전 후 전쟁 중에 겪은 참화를 피하자는 목적으로 1923년 오스트리아의 칼레르기 백작(Richard Coudenhove - Kalergi, 1859~1966)이 이를 주장하고 나섰다. 두 번째 단계는 두 번의 대전을 일으키고 패망한 독일의 경제를 통제하기 위해 그 핵심이 되는 석탄과 철광업을 유럽 제국이 공동 관리하자는 프랑스 외상 쉬망(Robert Schmang, 1886~1963)의 제안을 받아들여서 1952년 '유럽 석탄·철광 공동체 조약(ECSC)'을 결성했다. 2차 대전 이후 미국이 강대국으로 등장하여 세계 정세를 주도하게 되자 작은 나라로 나누어진 유럽은 몸집을 키워야겠다는 생각을 하게 되었을 것이다. 1957년 로마에서 '유럽 경제 공동체(EEC)'와 '유럽 원자력 공동체(EURATOM)' 설립 조약을 체결하고 이듬해 발족했다. EEC는 가맹국 간의 관세와 무역 제한을 철폐하고 공동 관세를 설정해서 가맹국 간의 자본과 노동력의 자유로운 이동을 도와 경제 발전을 꾀하자는 것이었다. 1967년 이 세 가지를 발전적으로 통합해서 만든 것이 '유럽 공동체(EC)'다. 1987년에는 '1992년 말까지 역내의 국경을 폐지하고 사람과 물자와 돈이 자유롭게 이동할 수 있게 하자'는 '단일 유럽 의정서'가 채택되었다. 1991년 통화 통합, 공통 외교, 공통 안전보장 정책, 공통 시민권을 도입하는 '유럽 연합(EU)' 창설안이 채택되었다. 같은 해 '단일 화폐 유로안'이 도입되어 2002년부터 시행되고 있다. 지금 EU에는 동구권 10개국을 포함하여 27개국이 가입되어 있고, 앞으로 EU

(라틴어), 동일한 종교(그리스도교), 동일한 경제 및 정치 체제(장원제와 봉건주의) 아래에서 살아본 역사적 체험을 기초로 했기 때문에 가능했겠지만 종전에는 생각하지 못했던 일이다. 중세 유럽, 특히 신성 로마제국 시대 때 분할된 여러 나라 왕들이 혈족 관계에 있었다는 데서 EU의 성립 근거를 찾는 사람도 있다. 말하자면 한 집안사람들이 여러 나라를 통치한 것으로서 분할된 국가가 사실은 통일되어 있었다는 것이다. 그러나 근대 이후 유럽은 개별화로 치달았다. 개별적 민족 국가 건설이 그때의 시대정신이었던 것이다. 그러나 그 분화가 여러 가지 면에서 불편하고 장래 삶의 발전에 유용하지 않다는 것을 깨닫게 된 것이다. 오늘의 시대정신은 통합과 융합이다.

이런 EU에 자극을 받아 각 대륙에서 중남미 경제 연합이라든가 북미 경제 연합 같은 것이 탄생했고, 동남아시아와 동아시아(한국, 중국, 일본)의 경제 협력 운동이 일어났다. 이런 경향은 앞으로 더 넓은 지역으로 확대될 가능성이 있다. FTA는 경제적 차원의 통합을 위한 한 단계일 수 있다.

EU와 같은 체제 아래에서 국경이라는 개념은 큰 의미를 갖지 못한다. 국가는 국민과 국토를 배타적 기반으로 해서 형성되고 운영되는 조직인데 물류와 인간의 이동에 국경 개념이 없어진 것은 이미 오래되었거니와, EU에 속하는 시민들이 직업에 따라 국경을 자유로이 넘나들 수 있다면 국경 개념은 희박해질 수밖에 없다. 다국적 기업은 이미 타국에 기업을 설립해서 그곳 시민을 고용하고 그 나라에 세금을 납부함으로써 이익을 공유하고 있다. 더 나아가 각기 자기가 세금을 바치는 나라의 시민이 될 수 있다고 한다면 ─ 이것은 주거 선택의 자유에 속하는 권리다 ─ 국

대통령제를 두기로 합의하고 있다. 지금까지는 유럽 그리스도교 문화권에 한정되어 있으나 향후 이슬람권의 터키를 가입시키면 십자군 이전의 비잔틴제국까지 포함하는 것이 될 것이다. 그러면 종교를 초월하는 이성적 공동체가 탄생되는 것이다. 이것이 성립되면 이슬람교권에도 큰 충격으로 작용할 것이요, 그만큼 세계 평화에 도움이 될 것이다.

경 개념은 의의를 상실할 수밖에 없다. 이것은 국가의 정치적 통합을 촉진하는 역할을 할 것이다. 국가란 시민이 납부한 세금을 관리하고 시민의 권익을 보호해줄 복지 기관에 불과할 것이기 때문이다. 국가 개념이 이렇게 약화되면 전쟁이 일어날 가능성도 현저하게 감소한다. 이것은 국가의 정치적 통합을 촉진하는 작용도 할 것이다.

그리하여 지구촌 시대를 신유목민 시대라고 부르는 사람도 있다. 신유목민 시대란 사람들의 주거지가 농경 사회처럼 붙박이로 일정하지 않아 직업에 따라 세계 어디든지 수시로 이동할 수 있게 된 시대를 뜻한다. 글로벌 시대인 만큼 기업이 다국적화되고 또한 다국적 인종을 고용하므로 누구든지 국제인이 될 수밖에 없고, 피고용인은 발령에 따라 어느 지역으로든 이동하여 근무하지 않을 수 없게 된 것이다. 신유목민에게 필요한 것은 빠른 정보다. 신유목민은 거미에 비유된다. 이전의 정착 시대가 개미처럼 열심히 움직여야 하는 시대라면, 오늘날은 거미처럼 가만히 앉아서 정보로 모든 정세를 판단하고는 기민하게 움직여야 하는 시대다. 그들은 기동성이 뛰어나야 한다. 그래서 신유목민은 네트워크로 일하는 사람을 가리킨다. 그에게는 창의성과 독창성이 요구된다.

앞에서 보았듯이 지금은 이데올로기 시대도 아니고 혁명의 시대도 아니다. 자기가 자기를 보호하고 이웃과 더불어 평화롭게 살아야 하는 시대다. 자연과도 친화를 도모해야 한다. 자연에 창의성을 가지고 적응해야 한다. 여정 속에서의 삶, 그것이 오늘날의 생활 방식이다.

과학기술은 보편 지향적이다. 과학기술의 이러한 본성과 놀라운 발달에 힘입어 현대인의 삶은 현저하게 획일화되었다. 의복, 가옥 구조, 생활용품, 통신수단, 교통수단 등을 위시해서 인간의 행위 양식과 용의 등 많은 것이 세계적으로 획일화되고 보편화되었다. 동시에 수많은 사람이 동일한 TV가 전해주는 정보를 듣게 되면 정보도 획일화될 수밖에 없다.

삶의 방식으로서의 문화는 본질적으로 개성적인 것이다. 외견상 삶의 형식인 문명은 획일화되고 삶의 내용인 문화는 다양화되는 양상을 보이는 것 같기도 하다. 그러나 현대에 이르러 인간의 교류가 활발해져서 전에는 잘 보이지 않던 것이 두드러져 보여 문화가 다양해지는 것처럼 보일 뿐 본질적으로는 문화도 보편화되고 있다. 예컨대 언어가 그렇다. 이제 영어 하나만 잘하고 스마트폰만 이용할 수 있으면 세계 어디를 가도 불편하지 않다. 언어를 넘어 풍습과 생활 방식도 획일화로 치닫고 있다.

현대에는 국가 체제와 정치 운영 방식도 획일화되고 있다. 독재와 전제 체제가 붕괴되는 것은 말할 것도 없고 모든 나라가 민주주의 체제로 바뀌어가고 있다. 그것은 인권과 자유가 확대되기 때문에 어쩔 수 없이 가게 되는 길이다. 이것은 국가 생활의 획일화를 가리킨다.

세계화는 보편 지향적으로 나아가고 있는 추세, 전 지구상의 인간이 동일한 문화와 문명 속에서 인종이나 피부색의 차별 없이 살아가는 것을 가리킨다. 인종과 문화의 차이로 인한 분쟁(차별화)은 사라지는 추세에 있다. 다시 말하면 세계화는 분쟁의 해소를 가져온다.

이제 피를 중심에 놓는 민족 개념은 희박해졌다. 민족은 피나 문화를 기본으로 하는 집단적·아메바적 개념이다. 이에 비해 산업사회에 사는 현대인은 원자적이다. 전자는 본능과 전승에 근거하기 때문에 감정이 지배한다. 그것은 정체적 농경 사회의 개념이다. 후자는 개체 독립적이며 기능적이다. 이것은 동태적 현대 사회를 반영한다. 물론 민족주의에는 정서적 만족감이 따른다. 이에 비하면 원자 사회는 무미건조하다. 이러한 추세를 중심에 놓고 보면 자아 집중적인 민족주의를 신봉하고 그것을 가지고 국민을 통치하는 정치 체제는 시대의 미아가 되지 않을 수 없다.

어떤 이는 이민 온 외래인이 토착 민족의 문화에 쉽게 동화되지 않고 여전히 자기 문화와 생활 방식을 고수할 뿐 아니라 자기 주장을 고집한다는 점에서 다문화에 대해 비판적 견해를 예시하고 민족주의를 은연중에 부추기는 경우도 있다. 영국, 프랑스, 독일 등 선진국이 앞다투어 다문화 정책의 실패를 실토하고 있는 것은 그 좋은 예다. 반면 후진사회에서 선진사회로 이민한 사람들은 그 선진사회에 동화되어 그 사회를 위해 많은 공헌을 하고 있다. 또 선진사회의 인사들이 사명감을 가지고 후진사회에 와서 교육과 의료 등에 헌신적으로 봉사하면서 대를 이어 그 사회의 문화 발전에 지대한 공헌을 하기도 한다. 문제는 선진사회에서 노동력의 부족을 메우기 위해 집단적으로 이민을 받아들인 결과, 그 이민자들이 세력을 형성해서 선진사회의 제도를 이용하여 자기네 문화와 생활 관습을 고수하려고 하는 데 있다. 어찌 보면 자업자득이고 인과응보이기도 하다. 늦고 빠른 차이는 있겠으나 인류 문명과 문화의 지구촌화는 불가피한 현상이다. 이민자들은 독자적 민족 없이 세계 각국에서 꿈을 실현하고자 이민 와서 형성한 나라인 미국의 경우를 참고해야 할 것이다.

인권과 지식도 평준화되고 있다. 신분 상승을 위한 모든 교육과 기회는 평등하게 주어져 있다. 지식조차도 인터넷에 모두 내장되어 있어 권위라는 것이 있을 수 없게 되었다. 말하자면 귀천과 남녀노소의 차별이 완전히 없어지는 추세에 있는 것이다. 이 점에서는 인권의 평등이 보장되어 있다. 이제 남은 것은 경제적 평등이다.

다문화화와 함께 감정의 지배도 끝났다. 이성이 사태를 결정하게 되었다. 그렇게 하지 않고서는 살아남을 길이 없게 된 것이다. 감정은 정서의 함양, 즉 예술의 진흥으로 발전되어야 한다. 세계화가 획일화를 초래한다면, 그럴수록 문화는 다양화되어야 한다. 지나친 일양화로 인해 인간의 정서적 획일화라는 위험성에 빠질 우려가 있기 때문이다. 문화의 다양성을 통해 인간은 각자 자기의 개성을 충분히 발휘할 수 있어야 하고, 그렇게 해서 균형을 유지해야 한다. 이런 세계화의 추세에 맞추어 한국인도 스스로 자기를 규제하여 세계 시민으로서 갖추어야 할 금도(襟度)와 품위를 가져야 할 것이다. 한국인이 시급히 고쳐야 할 것은 공공 의식의 결핍이다.

Ⅲ. 칸트 영구평화론의 현대적 의미

평화를 이야기하기 위해서는 먼저 선철들의 평화론부터 검토해야 할 것이다. 지금부터 200여 년 전 칸트(Immanuel Kant, 1724~1804)는 평화에 대한 철학적 성찰을 발표했다. 그것이 유명한 그의 《영구평화론(Zum ewign Frieden)》(1795)이다. 이 저술은 권리와 법을 근거로 해서 전쟁 없는 영구적 평화를 구상한 것이다. 평화는 전쟁 없는 상태를 가리키는데, 전쟁은 본질적으로 국가 간에 이익의 상충으로 일어나는 싸움이다. 그다지 두껍지 않은 이 책은 서언과 본론 1, 2장, 두 개의 추가 조항 그리고 두 개의 부록 등 크게 세 부분으로 되어 있다.[3]

평화는 인간이 행복한 삶을 위해 최선을 다해 이성적으로 추구하는 것이다. 칸트는 권리와 법으로 평화의 달성을 보장해놓고 있다. 그것이 1장에서 천명하는 '국가 간의 영구 평화를 위한 예비 조항' 6개다. 그 6개 조항은 다음과 같다.

① 장차 전쟁의 화근이 될 수 있는 내용을 암암리에 유보한 채로 맺은 어떤 평화 조약도 결코 평화 조약으로 간주되어서는 안 된다.
② 어떤 독립국가도 (크고 작고에 관계없이) 상속, 교환, 매매 혹은 증여에 의해 다른 국가의 소유로 전락될 수 없다.
③ 상비군은 조만간 완전히 폐지되어야 한다.
④ 국가 간의 대외적 분쟁과 관련하여 어떠한 국채도 발행되어서는 안 된다.
⑤ 어떤 국가도 다른 국가의 체제와 통치에 폭력으로 간섭해서는 안 된다.
⑥ 어떤 국가도 다른 나라와의 전쟁 동안에 장래의 평화 시기에 상호 신뢰를 불가능하게 할 것이 틀림없는 다음과 같은 적대 행위, 예컨대 암살자나 독살자의 고용, 항복 조약의 파기, 적국에서의 반역 선동 등을 해서는 안 된다.

---

3   임마누엘 칸트, 《영구평화론》, 이한구 옮김, 서광사, 2008 참조.

이어서 칸트는 2장 '국가 간의 영구 평화를 위한 확정 조항' 3개를 열거하고 있다. 그것은 아래와 같다.

① 모든 국가의 시민적 정치 체제는 공화정 체제여야 한다.[4]
② 국제법은 자유로운 국가들의 연방 체제에 기초하지 않으면 안 된다.
③ 세계 시민법은 보편적 우호의 조건들에 국한되어야 한다.

마지막의 추가 조항은 다음 두 가지다.

① 영구 평화의 보증에 대하여
② 영구 평화를 위한 비밀 조항

이 책에서 칸트가 표명하는 견해 가운데 가장 어려운 것은 예비 조항 중에서 2항과 3항이다. 2항은 어떤 나라도 다른 나라를 병탄할 수 없다는 것이다. 그리고 3항은 이 2항을 원천적으로 보장하기 위한 장치로서 상비군을 갖지 말라는 것이다. 2항보다 더 어려운 것은 3항이다. 왜냐하면 현대의 강대국들은 칸트 시대 때보다 더 거대한 상비군을 경쟁적으로 확보하고 있고 이를 강화하고 있기 때문이다. 군비 경쟁은 갈수록 심화되고 있다.

우리가 여기에서 그에게 경청하는 것은 그 견해가 현대에도 타당하기 때문에 그것을 답습하려는 것이 아니라 그의 평화 애호 정신 때문이다. 물론 논자 중에는 그의 국가 간의 제휴론, 즉 국가연합이 현대의 UN과 유사한 점이 있다고 하여 그의 선견지명을 찬탄하는 사람이 있다. 그들은 이 정신을 이어받으면 매우 유용하리라고 기대한다. 그렇다 하더라도

---

4 칸트에 따르면 통치 형식에는 공화정과 전체정이 있는데, 전자는 입법과 행정이 구분되어 있는 정체를 가리킨다.

국가연합이라는 그 아이디어가 바로 오늘날의 UN으로 연결되는 것은 아닐 뿐더러 오늘의 UN은 그것을 훨씬 뛰어넘고 있다. 또 더러는 칸트의 이성 존중 정신을 계승하도록 권하는 사람도 있다. 충분히 경청할 만한 아이디어이고 이것은 아무리 강조해도 넘치지 않는다. 나는 아래에서 그의 견해를 현대적 입장에서 검토하고자 한다.

영원한 평화는 인간이 희구하고 애써서 실현하고자 하는 바이지만 그것은 인간의 힘만으로 되는 것은 아니라고 보는 것이 칸트의 입장이다. 그는 인류의 역사를 근원적으로 배후에서 합목적적으로 지배하는 것이 자연의 이념(Idee)이라고 한다. 즉 인간의 역사는 자연의 이념의 지배를 받고 있다는 것이다. 자연의 이념이라는 개념은 신의 섭리라고 하면 이해하기 쉬울 것 같은데, 내용을 보면 꼭 신의 섭리 개념과 같지도 않다. 자연이 전쟁을 일으켜서 인간으로 하여금 극지에까지 가서 살도록 내몰았다는 것이 자연의 이념의 한 예다. 에스키모인이 거기에 속한다. 이것은 헤겔이 말하는 '이성의 간지'를 연상시킨다.

그러나 인간은 전쟁에 내몰려서 그런 극지에까지 갔다고 하더라도 다른 야생동물들은 또 어찌하여 그런 곳에까지 갔으며 갈 수 있는가? 바다에 막혀서 원시인들이나 동물들이 도저히 건너갈 수 없을 것 같은 지구의 오지에까지 가서 사는 생명체를 놓고 여러 이론이 등장하고 있지만 아직껏 정설이라고 할 만한 것은 없다. 아메리카 인디언은 아시아 인종과 외모도 비슷하고 생활 관습도 유사한 점이 있다. 이에 대해 먼 옛날 러시아의 추코트 반도와 알래스카가 아직 떨어지지 않고 연속해 있을 때 아시아 종족이 육로를 통해 그곳으로 이주했는데 그 뒤 두 지역이 떨어지면서 그 사이가 바다로 메워지게 되었다고 해석하는 공상적 견해가 있다. 이것은 몇만 년 이전의 빙하 시대를 전제한 견해로서 신빙성이 떨어진다. 극한의 빙하 지대를 이동했다는 것은 상상하기 어렵다. 칸트의 설명에도 어딘지 일관성이 없어 보인다. 이처럼 일관성이 없는 설명은 이것에 국한되지 않는다.

《영구평화론》을 우리말로 옮긴 이한구 교수가 소개하는 바에 따르면 칸트는 "중국이 그 지리적 위치로 인해 강력한 적대국을 갖지 않았으므로 모든 자유를 상실해버렸다"고 인식했다.[5] 여기에 대해서도 두 가지가 의심스럽다. 첫째 강력한 적대국이 없으면 국내적으로 자유가 없다는 말이 무엇을 의미하는지 분명치 않고, 둘째 저 명제가 실제의 중국 역사에 부합하지 않는다는 것이다.

(1) 첫 번째 의문과 관련해서: 칸트는 전쟁이 있어야 전쟁에 이기기 위해 부를 축적하고 부를 축적하기 위해서는 높은 생산성이 제고되어야 하며 이를 위해서는 창의력이 발양되어야 하는데, 이것은 인간의 자유가 허용되어야 가능하다고 추론한다. 즉 전쟁이 자유 창달의 근원인 듯이 인식하고 있다. 이런 논의는 칸트 시대가 지닌 인식의 한계 때문에 생긴 것이 아닌가 한다. 칸트 시대 때 그의 나라에서는 군 복무가 전 국민적 차원의 의무가 아니었던 것 같다. 그러나 내가 경험한 두 차례의 큰 전쟁에서는 강제와 강압에 이은 살해는 있었어도 자유는 없었다. 내가 보기에 중국에 자유가 없었던 이유는 관의 무자비한 통제와 가렴주구 때문이지 외적의 침임이 없어서가 아니다. 외적의 침입이 없어서 자유가 신장되지 않았다는 것은 역사의 실상을 모르는 이야기다. 외적이 없으면 내적으로 평화 상태를 이루어 오히려 자유가 신장되거나 아니면 내부적 균열이 생기는 법이다.

(2) 두 번째 의문과 관련해서: 실제로 중국은 일찍부터 외적에 시달려 왔다. 어마어마한 만리장성을 쌓은 것은 그 때문이다. 가장 무서운 외적은 흉노족, 즉 서역(지금의 중동과 중앙아시아) 종족이었다. 서융과의 싸움으로 중국의 국력이 쇠진한 것은 한두 번이 아니다. 이에 이어 중국은 동

---

5   같은 책, 97쪽.

이, 남만, 북적을 위험한 적으로 열거하고 있다. 실제로 중국은 역사상 여러 차례 외적의 지배를 받아왔다. 고대의 중국(은)은 빼놓더라도 수당 이후 5호 16국 시대와 남북조시대의 근 300년간 장강(양자강) 이북을 이민족의 지배하에 두었고, 송 이후에는 몽골족이 세운 세계 최강의 원 제국의 지배하에 있었으며, 명 이후를 지배한 청은 여진족이 건설한 나라인 것이다. 그리하여 중국 역사의 상당 기간이 외세의 지배에 있었다고 말할 수 있다.

인간의 인식은 과거와 현재의 지식에 의존한다. 아무리 위대한 천재라 하더라도 그 한계를 초극할 수는 없다. 예컨대 칸트 시대에는 중국에 대한 인식이 매우 한정되어 있어서 헤겔은 중국을 거의 원시 상태의 나라로 간주했다. 막스 베버(Max Weber, 1864~1920)조차도 거기에서 크게 벗어나지 않았다. 그리고 그러한 인식의 연장선상에서 중국을 분할 합병하려고 한 것이 아편 전쟁 이후 유럽 제국이 취한 대중국 전략이었다. 오늘날의 중국을 예상한 사람은 당시에는 아무도 없었다. 그것이 인지의 한계인 것이다. 칸트 생존 시 중국에 대한 유럽 지식인의 인식은 너무 한정되어 있었다. 그런 상황에서 칸트의 평화론은 유럽 중심적 발상의 한계를 벗어나지 못한다. 이러한 발상은 이미 EU로 성취된 셈이다. 그러나 오늘날 지구촌 시대의 평화론은 제3세계까지 모두 포괄하는, 즉 지구상에서 포괄되지 않는 지역이 전혀 없는 범위의 논의여야 한다.

그럼에도 칸트의 이 저술은 우리에게 중요한 시사를 주고 있는 게 사실이다. 오늘의 세계는 칸트가 기대했던 국가연합을 훨씬 뛰어넘어 국제연합(UN)을 결성하여 평화 유지에 공헌하고 있다. 오늘의 UN에는 세계에 존재하는 크고 작은 모든 나라가 가입되어 있다. 또 EU는 새로운 국가 통합의 한 가능성을 보여주고 있다. FTA는 일종의 경제 차원의 통합이다. 나의 이런 예시는 칸트 이후의 인지의 향상과 세태의 변화를 보여주기 위한 것이다. 인류 역사의 먼 장래에는 EU와 같은 국가 통합이 전 지구촌의 사항이 되지 않는다는 보증이 없다. 대륙 단위의 통합은 충분히 고려할 만하다. 인간은 '자연의 이념'에 의해서 사태를 해결하는 자가 아니라 필요에 의해 삶의 한계를 극복하는 예지적 존재다. 권리와 법은 그러한 예지의 한 이성적 표현일 뿐이다.

그러나 우리가 여기에서 논하는 평화는 권리와 법으로 전쟁을 억제하는 소극적 평화가 아니라 세계화 시대의 평화, 상호 협조를 통해 공존공영하는 평화다. 우리는 두 차례의 세계대전, 이에 준하는 한국전쟁과 베트남전쟁을 통해 전쟁의 심대한 참상을 경험했다. 중동을 중심으로 하는 테러와의 전쟁은 지금도 계속되고 있다. 이것들은 칸트 시대에는 상상도 못한 체험들이다. 이로 인해 현대전이 얼마나 무서운 것인가를 알게 된다. 아직도 세계의 도처에는 전화의 포성이 멈추지 않고 있다. 게다가 사회 내부적 갈등을 극복하지 못한 단계에서 겪는 크고 작은 규모의 분쟁도 아직 끊이지 않고 있다. 그럼에도 인류의 역사와 문명은 평화를 향해 전진하고 있다. 우리의 성찰은 그곳을 겨냥해서 이루어져야 한다.

칸트의 평화론은 국제법에 의거한다고 했다. 법은 인간 이성에 의존해서 비로소 효력을 갖는 것, 인간 이성의 산물이다. 이성의 철학자 칸트는 이 이성에 의존해서 평화를 보장받으려고 했거니와, 나는 이 점을 고려해서 칸트의 평화론을 높이 평가한다.

Ⅳ. 공정성으로서의 사회정의의 문제

인류 평화의 기본 조건은 자유와 평등의 구현이다. 이 두 가지가 구현되면 전쟁도 지양될 수 있다. 자유의 문제는 현재 극빈 저개발국이나 잔존하는 공산주의 독재국가 또는 일부 세습적 전제 왕조에서는 여전히 심각한 과제로 남아 있으나 공산권이 몰락한 이후 상당히 개선되었다. 아프리카와 중동의 여러 독재국가에서 일어난 자유를 위한 투쟁도 거의 마무리 단계에 접어든 것 같다. 이런 추세라면 머지않아 자유와 인권의 문제는 상당한 진전을 보일 것이다. 그럼에도 이들 여러 지역에서 일고 있는 반독재 투쟁이 바로 민주주의의 성취로 가느냐 하는 것은 별개 문제다. 나는 민주주의가 반드시 최선의 정치 형태인지 확신할 수는 없지만 현재로서는 전 구성원의 참여라는 점에서 그 이상은 없는 것 같다. 그런데도 그 길을 커다란 장애 요인이 가로막고 있는데 그것은 다름 아닌 종교의 현실 정치 개입이다. 그 대표적 예가 정교일치다. 세계 평화를 위한 종교의 기여에 대해서는 뒤에서 따로 음미할 것이고, 여기에서는 사회정의의 문제를 먼저 검토하고자 한다.

평등의 문제, 특히 경제적 평등 문제와 관련해서는 공산주의 정권이 등장하여 적극적으로 추진했으나, 그러한 지역마저 1980년대에 붕괴되었다. 자본주의적 민주주의를 채택하고 있는 나라에서 빈부 격차는 태생적 병리 현상이다. 그러한 나라는 경제가 발전하면 할수록 빈부 격차가 심화되는 본성과 경향을 안고 있다. 복지를 우선적으로 내세운 사회주의 정권도 종단에는 국가 경제의 결손을 가져와서 더 이상 추진하지 못하고 있는 형편이다. 경제적 성장과 균형 있는 배분의 조화가 문제다.

평화에 이르는 길은 물론 자유와 평등의 구현에서 출발한다. 그러나 특히 경제적 평등 문제는 기회균등만으로는 해결되지 않는다. 자연적 차별성을 극복하는 데 한계가 있기 때문이다. 그보다 더 심각한 문제는 사회적 불평등이다. 이를 위해 나는 아래에서 공정성으로서의 사회정의 문제를 검토할 것이다. 정의 개념의 핵심에는 공정성이 있다. 설사 경제적으로 차별을 당해도 그것이 공정성이 보장된 것이라면 억울하지는 않기 때문이다. 이에 공정성으로서의 정의론이 대두되는 것이다.

샌델의 정의론 우리나라 출판계에 마이클 샌델(Michael J. Sandel, 1953~)

의 《정의란 무엇인가(Justice: what's the right thing to do)》(2009)[6]가 선풍적 인기리에 베스트셀러에 오른 적이 있다. 소설도 아닌 정치 철학책이 이렇게 대중의 관심을 끄는 것은 그만큼 우리 사회의 도처에 부정부패가 활개치고 있어 정의에 대한 갈구가 크다는 것을 반증한다.

이 책은 장마다 서로 대립되는 두 개의 정의 개념을 예시하는 것으로 시작한다. 그 예는 우리에게 신변적으로 익숙한 것이거나 역사적으로 유명한 것들이어서 이해하기가 매우 쉽게 되어 있다. 정의 개념을 끌어오는 원천도 아리스토텔레스, 공리주의, 칸트뿐이다. 아리스토텔레스의 정의 개념은 국가가 훌륭한 시민을 만드는 것이고, 공리주의의 정의론은 현대 민주주의의 다수자 우선주의(다수결 원칙)에 걸맞는 것으로서 다수자가 선호하는 것을 택하는 것이 정의라고 보는 것이다. 이는 다분히 고대 그리스 시대의 소피스트인 트라시마코스의 주장에 가깝다. 칸트의 정의관은 모든 사람이 이성적으로 자기 자신을 결정하여 그 결정을 의무로 삼아야 한다는 보편주의적 당위론 위에 서 있다. 이것은 동양의 합리적 유교 윤리와 유사한 점이 많다. 내가 싫어하는 일을 남에게 시키지 말고, 남이 나에게 하기를 바라는 일을 남에게 하라는 명법 등은 양자에 공통된다.

샌델은 특히 자유를 무한히 허용하는 시장경제 원칙에 입각한 미국의 자유 지상주의를 비판적으로 검토하면서 이를 지양한 공동선의 구현을 주창한다. 자유 지상주의는 개인의 자유와 재산을 무제한적으로 보장해야 한다는 주장으로서 공동체의 존립을 위협할 가능성을 지닌다. 그러나 샌델의 이 책은 공정성을 정의의 준칙으로 삼기는 하지만 평등의 문제를 근원적으로 제기하는 사회주의에 대한 적극적 배려가 없다. 다시 말해 샌델의 정의론은 자본주의 한계 안에서의 정의론인 것이다. 게다가 공동선의 확보도 그리 간단하지 않다. 나는 사회주의의 입장을 고려하면서

---

6   마이클 샌델, 《정의란 무엇인가》, 이창신 옮김, 김영사, 2010.

이 문제에 접근하려고 하거니와, 이를 위해서는 샌델보다 한 세대 이전에 역시 하버드 대학에서 평생 정치 철학을 강의한 존 롤즈(John Rawls, 1921~2002)의 《정의론(A Theory of Justice)》(1971)[7]이 훨씬 설득력 있다고 생각한다. 아래에서 나는 그의 정의론을 소개하고자 한다.

롤즈의 배분 정의론 우리는 저 앞에서 플라톤의 부인 공유론과 유아의 국가 양육에 대해 언급한 바 있는데, 그것은 인간을 자연적·사회적 우연에서 건져내어 평등한 위치에 놓기 위한 하나의 시안이었다.

노동자를 착취의 굴레에서 해방시키는 것은 공산주의의 최대 과제다. 공산주의자가 가장 염원하는 것은 인간의 경제적, 정치적, 사회적, 문화적, …… 평등의 확립이다. 고려 시대 무신 정권하에서 노예 반란을 주도한 만적이 "왕후장상에 씨가 있느냐"고 외친 것은 이런 차별성에 저항하는 한 맺힌 절규였다.

공정으로서의 사회정의를 논할 때 심각하게 고려해야 할 것이 바로 이 평등성이다. 롤즈는 이 점을 고려한 현대의 정의론자다. 그의 정의론에서 특징적인 것은 무지의 베일(veil of ignorance)을 전제하는 것이다. 이것은 가정된 원초적 상태, 즉 계약론자들이 말하는 자연 상태다. 그뿐 아니라 당사자들은 상호 무관심해야 하고 타인의 이해관계에 대해서도 관심이 없어야 한다. 종교, 윤리적 요소, 심리 상태 등에 대해서도 마찬가지다.

공정으로서의 정의에서 평등한 원초적 입장(original position)이라는 것은 전통적인 사회계약론에서 말하는 자연 상태에 해당한다. 〔……〕 이러한 상황이 갖는 본질적 특징은 아무도 자신의 사회적 지위나 계층상의 위치를 모르며, 누구도 자기가 어떤 소질이나 능력, 지능, 체력 등을 천부적으로 타고났는지 모른다는 점이다. 심지어 당사자들은 자신의 가치관이나 특수

---

7   존 롤즈, 《정의론》, 황경식 옮김, 이학사, 2003.

한 심리적 상황까지도 모른다고 가정된다. 정의의 원칙들은 무지의 베일 속에서 선택된다. 그 결과 원칙들을 선택함에 있어서 아무도 타고난 우연의 결과나 사회적 여건의 우연성으로 인해 유리하거나 불리하지 않다는 점이 보장된다. 모든 사람이 유사한 상황 속에 처하게 되어 아무도 자신의 특정 조건에 유리한 원칙들을 구상할 수 없는 까닭에, 정의의 원칙들은 공정한 합의나 약정의 결과가 된다.[8]

무지의 베일은 평등의 보장이다. 그리고 이것이 롤즈 정의론의 논리적 대전제다. 이것은 자연적·사회적 우연을 배제하기 위한 장치다.

이 전제 위에서 롤즈는 정의의 원칙을 제시한다. 그 원칙에는 두 가지가 있다. 첫 번째 원칙은 자유의 원칙, 즉 모든 사람은 최대한의 기본적 자유에 대한 평등한 권리를 갖는다는 평등한 자유 원칙이다. 롤즈는 자유를 절대적으로 우선하고 있다. 그는 자유가 인간적 삶의 기본 원칙이라는 것을 확인한다. 이것은 근대 이후의 자유주의적 시장 원리를 반영하고 있다고 말할 수도 있다. 이 자유의 원칙으로 우리는 공산주의의 무조건적 평등을 극복할 수 있다. 이것은 다음의 원칙에서 더욱 선명하게 드러난다.

두 번째 원칙은 두 부분으로 구성되어 있다. 그 첫 부분은 기회균등의 원칙이고, 다음은 차등(불평등)의 원칙이다. 전자는 소득과 부의 분배, 조직 등의 존재 방식에 관한 공정한 기회균등의 원칙이고, 후자는 거기에 차등을 둘 수 있는 원칙이다. 롤즈에 따르면 이 두 원칙 사이에는 축자적 우선순위가 있다. 축자적 우선순위란 영어의 알파벳에서 A는 B에 앞서 있어서 그 순서를 뒤집을 수는 없는 것과 같은, 말하자면 절대적 순위다. 아무리 평등을 이론적으로나 인위적으로 조정하려고 하더라도 현실 사회에서는 차별이 있기 마련이다. 어찌 보면 이 편이 자연의 의도인지도

---

8 같은 책, 46쪽. 부분적으로 문장을 내 문체로 고쳤다.

모른다. 그래서 이런 현실을 고려하여 롤즈는 자유 우선의 원칙을 기초로 하여 두 번째 원칙을 제시한 것이다.

두 번째 원칙에서 공정한 기회균등의 원칙은 직업, 직책, 교육, 권력 등 부의 분배와 조직 등의 모든 부문에서 각자가 자기의 능력과 기능을 충분히 발휘하여 자연적이고 사회적인 우연을 극복할 수 있게 하는 것이다. 이것은 자유 우선의 원칙과 더불어 자유 경쟁의 원리를 허용하는 것이다. 예컨대 직업 선택을 통해 돈을 더 많이 벌 수 있는 일에 종사할 사람도 있고, 돈은 좀 덜 벌더라도 자기의 적성에 맞는 직업을 선택할 사람도 있다. 교수직이나 연구직은 반드시 돈을 많이 버는 직종은 아니다. 그것은 천성적으로 지적 탐구를 좋아하지만 돈벌이에는 자신 없는 사람이 선택할 수 있는 직업이다. 종교인도 마찬가지다. 또 같은 직종이라도 더 부지런하고 열심히 일하는 사람과 게으름 피우는 사람의 수입이 공산주의 체제하에서처럼 똑같아서는 안 된다. 노력 여하에 따라 수입의 차등이 생기게 함으로써 경쟁을 유도할 필요가 있다. 만일 이런 경쟁이 없다면 사회는 발전할 수 없을 것이다. 인류의 문명은 경쟁을 통해 발전하는 것이다.

기회균등을 보장하되 경쟁을 유도함으로써 각자의 노력과 능력 및 재능의 차이에 따른 사회적·경제적 불평등이 생기지 않을 수 없다. 그러나 그 불평등은 최소 수혜자에게 최대의 이익을 가져다준다는 조건하에서 용인되어야 한다는 것이다. 다시 말하면 그것은 "사회적 경제적 불평등, 예를 들면 재산과 권력의 불평등을 허용하되 그것이 모든 사람, 그중에서도 특히 사회의 최소 수혜자에게 그 불평등을 보상할 만한 이득을 가져오는 경우에만 정당한"[9] 그런 불평등이다. 거듭 말하거니와 이 불평등은 최소 수혜자에게 가장 큰 이익이 돌아가도록 하는 한에서 용인되는 불평등이다.

---

9   같은 책, 49쪽.

이것을 다시 우선순위의 입장에서 요약하면 다음과 같다. 평등한 자유 원칙과 공정한 기회균등 원칙이나 차등 원칙이 충돌할 경우에는 자유 원칙이 우선이고, 기회균등 원칙과 차등 원칙이 충돌할 경우에는 기회균등 원칙이 우선하지 않으면 안 된다. 롤즈는 차등 원칙 중에서도 그 수혜를 가장 혜택을 받지 못하는 계층에게 돌아가도록 조처했다. 이것을 가지고 롤즈는 불평등을 시정하고 자유와 평등의 조화를 도모한 것이다.

이렇게 해서 롤즈는 경쟁도 허용하고 기회균등도 보장하는 자유로운 사회 형성을 구상한 것이다. 그리고 자유와 기회균등을 허용하는 한 차등은 생기게 마련인데, 그는 그것을 최소화하는 원칙까지 제시한다. 나는 이런 정의론이면 자유를 보장하면서도 능히 공산주의의 염원인 평등 이념을 수용할 수 있다고 믿는다.

롤즈의 이러한 주장은 종래 공리주의가 들고 다니던 최대 다수의 최대 행복의 원칙에는 배치되는 것으로, 칸트의 보편성 원칙 또는 유교의 합리주의에 가깝다고 할 것이다.

이상은 그의 정의론 1부 '원리론'에서 제시된 것이다. 그는 2부 '제도론'에서 이런 원칙에 합의한 뒤에 이것을 현실적으로 구현할 방책을 제시하고 있다. 그것은 이 원칙들을 입법화하는 것이다. 헌법이 제정되고 제도가 정해지는 것은 이 단계에서의 일이다. 이를 위해 그는 예컨대 제헌 위원회를 제안한다. 현실적인 입법 과정에서는 무지 상태에 묻어두었던 것이 점차 알려지게 마련인데 자기에게 유리하다고 해서 이미 합의한 것을 뒤집는 일이 있어서는 안 되므로 제헌 위원은 이성적이어야 한다.

마르크스가 피 흘리는 혁명을 통해 이루고자 한 평등의 문제를 롤즈는 정의론이라는 체계적 논저를 통해 평화적으로 성취할 수 있게 한 것이다. 물론 시대적 상황이 다르기도 하고 그 시대의 다른 요구들과의 연계

성도 있겠지만, 우리는 타자를 적대시하는 태도로 살기보다는 타자와의 관계 속에서 비로소 자아로서 살고 있다는 것을 깨닫고 타자와 상부상조하는 인생관을 확립해야 할 것이다. 이러한 인생관에서야 비로소 마르크스의 원한에 찬 혁명 사상을 극복할 수 있는 것이다.

5장

세계화 시대의
과제

높은 산에 올라서 내려다보면 전경이 보이듯이, 선진국에서 보면 후진국의 실상이 보이고 시공을 초월해서 보면 인류 문명의 현 상황이 보인다. 지금 우리가 서 있는 문명의 위치에서도 어느 정도는 내일의 문명과 삶의 방식이 어렴풋이 눈에 들어온다. 아래의 서술은 그 풍경의 소묘다.

　많은 사람들이 미래 세계를 예견했다. 멀리는 성경의 요한계시록이 제시하는 세계 종말론에서 중세 노스트라다무스의 미래 예언, 17세기 스웨덴의 과학자 스웨덴보리(Emanuel Swedenborg, 1688~1772)의 27년에 걸친 영계(靈界) 대여행과 예언, 조선조의 정감록(鄭鑑錄)이나 중국의 주역 또는 조선조 말 정역(正易)의 예언 또는 마르크스·엥겔스의 자본주의 멸망과 공산당 일당독재 체제의 필연적 도래 등에 이르기까지 많은 미래 예견이 있다. 그러나 그 예견들은 대개 과거를 감안하고 현재의 추세를 미루어서 미래를 해석한 전망일 뿐이다. 미래를 직접 본다는 것은 인간의 지각 구조상 절대로 불가능하다. 만일 미래에 발생할 일을 직접 본 사람이 있다고 한다면 그것은 환청, 환시 등 환각이거나 일종의 정신 착란이다. 예견은 과거와 현재에 반복하는 어떤 리듬이나 흐름의 경향을 발견하고 그것을 더 정치하게 다듬어서 미래를 전망하는 것이다. 그것은 상상력의 소산이다. 상상력과 예견에는 비슷한 점이 있다. 상상력은 예술 작품과 과학적 발견의 원점이다. 그러나 그것도 과거와 현재의 지각(경험)을 기초로 해서 무엇인가를 새로 만드는 것이다. 예견도 마찬가지다. 이것도 과거와 현재의 지각을 근거로 해서 미래를 구상하는 것이다. 영성론자들이 말하는 미래 예견, 임신과 함께 태아의 운명을 예시하는 태몽이나 독실한 신자가 생활의 변화를 앞두고 자기나 가족이 꾸는 꿈은 때로 미래를 예시하는 듯도 한데 여기에 대한 과학적 해답은 아직 없는 것 같다.

오늘날 지구적 차원에서의 가까운 문제는 에너지 과용 등으로 인한 지구온난화 문제와 함께 인간 삶의 영역의 확대로 인한 생태계 파괴 문제, 인구의 증가 또는 감소 문제, 식량문제, 빈부 격차 문제, 종교적 갈등 문제 등이다.

I. 과학기술이 해결해야 할 문제

종교와 철학이 사유하는 데 반해 과학과 기술 자체는 사유하지 않는다. 이 말은 과학자가 사유하지 않는다는 뜻이 아니다. 과학기술은 자기 외의 것만을 대상으로 해서 연구하고 발견하며 조작한다. 즉 종교와 철학이 사유하는 데 반해 과학기술은 사유하지 않는다는 말은 과학기술은 그 자체로는 자기를 반성하고 규제하지 않는다는 뜻이다. 과학기술은 타자에 대해서는 잘 알지만 자기 자신은 모른다. 과학기술 자체에 대해서는 과학자와 기술자가 안다. 과학기술은 인간이 이용하기에 따라 선용될 수도 있고 악용될 수도 있는 일종의 도구적인 것이다. 그런 점에서 과학기술의 발달은 맹목적이지 않을 수 없다. 맹목적이라는 말은 그 발달이 무한하게 진행될 수 있다는 것이다. 어디까지 가능할까?

우리는 이제까지 과학기술을 생산성 제고를 위해 사용해왔다. 그러나 인간은 그것을 지나치게 이용해서 에너지 과용을 초래했고, 그 결과 예컨대 지구온난화를 초래했다. 지구온난화란 지구와 지구를 둘러싼 대기의 기온이 상승하여 전반적으로 지구가 더워졌다는 것이다. 북극과 남극의 빙하가 빠르게 녹아내리는 것도, 해면의 온도가 상승하여 이변을 일으키는 것도 그 결과로 나타난 현상이다. 그리하여 오늘날 지구는 이전 시대의 지구가 아니다. 한반도도 종전에는 온대에 속해 있었으나 지금은 아열대로 바뀌어가고 있다고 한다. 지구온난화로 인해 지구의 도처에서 기상 이변이 발생하고 있다. 같은 시간에 이곳은 너무 더워서 못 견디는데 저곳은 춥거나 홍수가 발생해서 고생을 하고 있다. 대기권에 구멍이 뚫려서 오존층이 열리고 자외선이 직접 인체에 영향을 미쳐서 인간의 건강을 해치고 있다. 지구촌의 이곳저곳에서 과학기술의 발달을 저지해야 한다는 여론이 일고 있다.

이것은 지구온난화를 예시한 것에 불과하지만, 이것 말고도 과학이 해결해야 할 문제는 체르노빌과 후쿠야마의 원자력 사고를 위시해서 수질 오염, 수자원 고갈, 석면 오염, 환경 파괴로 인한 동식물 감소와 변종 발생, 산림 파괴, 해양 오염, 우주 개발의 한계, 세포를 통한 생명체 복제, 유전자 조작, 새로운 질병의 발생 등 열거하기에 숨차다.

그러나 과학기술은 사유하지 않기 때문에 그 발달을 스스로 저지할 수가 없다. 오직 인간만이 그것을 저지할 수 있는데, 특히 개발 도상에 있는 사회에서는 이러한 저지를 용납하지 않는다. 개도국들도 선진국만큼 잘 살 수 있을 때까지는 과학기술을 발전시켜야 한다고 주장할 텐데 이것을 저지시킬 명분은 어디에도 없는 것이다. 오늘의 선진국들은 개도국들의 낙후에 일부의 책임이 있기 때문이다.

선진사회에서도 과학기술의 발달은 본능적으로 전진하기 때문에 스스로 그 발달을 정지하려고 하지 않는다. 아니, 오히려 그 발달을 경쟁적으로 촉진하고 있다. 도대체 인간의 지적 욕망은 발달의 중지를 허용하지 않는다. 그로 인해 선진국과 개도국 사이의 격차는 갈수록 더 벌어지게 되어 이것은 결국 세계화 자체를 가로막거나 분쟁을 일으키는 요인으로 작용할 가능성이 크다. 이제야말로 인간 이성을 발동하여 균형 있는 발전을 도모하는 노력이 절실히 요구되는 시점이다.

　그러나 낙후성을 극복하는 일이 결코 불가능한 일은 아니다. 계몽주의 세례를 입은 뒤로 인간은 이성에 의지하게 되었고, 이로 인해 많은 문제를 합리적으로 해결할 수 있었다. 그중에 가장 두드러진 것은 자기를 개방하고 자기를 혁신하는 일이다. 최근의 예로 중국이 있다. 유럽인들이 언제 중국이 자기네처럼 갑자기 경제적으로나 과학기술적으로 발전하리라고 예상했는가? 세계적 석학인 토인비조차도 오늘의 중국을 예상하지 못했다. 마테오 리치(Matteo Ricci, 1552~1610)에 의해 중국에 서양 문물이 도입된 이래 서양인들은 중국을 마치 원시 상태인 양 인식하고 중국을 그냥 통째로 집어먹을 것처럼 얕보았다. 그러나 지금 중국은 경제·군사 면에서 세계적 강국으로 도약하고 있다. 경제와 군사만이 아니라 과학기술도 미국과 유럽을 위협할 지경에 이르렀다. 그런 여건을 기반으로 해서 이웃 나라를 옛날의 종속국으로 격하시키는 역사 왜곡을 서슴없이 저지르고 있다. 오만해진 것이다.

　마찬가지로 현재의 개도국도 자각한다면 오래지 않아 선진 대열에 설 수 있다. 문제는 그들이 경제와 과학기술에 자기네의 에너지를 얼마나 경주하느냐 하는 것이다. 이렇게 낙후성을 극복하게 하는 것은 사고의 혁신이다. 이것은 교육이 보장한다. 이러한 성공 사례를 가장 극명하게 보여준 예가 한국이다. 한국은 불과 60년 이내에 정치적 민주화와 경제적 자립을 동시에 성취했다. 빈부 격차 문제, 관료와 정치의 부정부패, 엄격한 법치주의의 확립, 인성의 도덕적 정화 등을 개선함으로써 삶의 질을 높이면 우리도 선진국 대열에 진입할 수 있다.

　나는 인간의 이성을 믿는다. 그 예로 이데올로기 대립이 격화되었을 때 미국과 소련이 스타워즈를 중단하는 데 합의한 일이다. 인간은 어려움에 처하면 자기를 반성하고 자제하여 상대방을 믿고 상부상조하는 지혜와 능력을 갖고 있다. 에너지 과소비로 인한 지구온난화 문제도 언젠가는 과학적으로 해결할 수 있고, 선진국과 후진국 사이의 빈부 격차도 이성적으로 해결할 수 있다고 믿는다.

생태학적 고민　인구 증가, 인간 삶의 방식의 변화, 특히 생산성의 급성장으로 인해 자연‒생태계는 파괴되고 그 결과 자연 속에 살던 생명체에 급격한 변화가 왔다. 생태계의 이러한 변화로 인해 많은 동식물의 종이 갑자기 소멸하기도 하고 새로운 변종이 나타나기도 한다. 한국의 호랑이는 일찍이 자취를 감추었다. 그 많던 여우와 늑대도 이제 국내에는 거의 없다. 봄이면 어김없이 찾아오던 제비도 농약을 쓰기 시작한 뒤로는 모습이 보이지 않는다. 시멘트집에 제 집을 지을 수도 없고 집 지을 논흙도 없다. 논밭에 먹거리도 없을 것이다. 가을 마루 밑의 귀뚜라미 소리도 못 들은 지 오래다. 최근에는 벌과 나비도 사라진다고 한다. 벌 나비가 하던 꽃의 교배를 사람 품을 사서 붓으로 한다. 그런가 하면 인적이 끊긴 DMZ에서는 새로운 종이 숱하게 생겨난다고 보고되고 있다. 이런 변화는 비단 동물이나 조류에 국한된 것이 아니라 식물과 바다의 어류들에게도 해당하는 말이며, 우리나라에 한정된 현상이 아니라 지구촌 전체에 걸친 생태계의 변화인 것이다. 그 변화는 꽃가루의 교배에서 보이듯이 인간 삶의 양식에 큰 영향을 미친다. 먹거리에도 물론 변화를 초래한다. 개량을 통해 특정 작물을 굉장히 크게 개량하기도 하고, 과일에 당분을 풍부하게 만들기도 한다.

　야생동물의 낙원이라는 아프리카와 남미의 초원에서도 동물의 서식지가 크게 줄어들고 있다. 최근에는 지구의 심장이라는 아마존 강 유역의 원시림을 위시해서 각 대륙의 거대 산림이 개발이라는 이름으로 남획되고 있다. 산짐승들의 서식지가 위협받고 있는 것이다. 동물이 감소되기 시작한 것에는 국내외를 막론하고 인간의 자연 개발에 의한 자연 훼손과 잔인하고 야만적인 동물 남획이 큰 몫을 했다. 동물 애호가나 채

식주의자들의 경우에 생명에 대한 이러한 경시는 분통 터지는 일인 것이다. 그래서 일부 환경 애호가들은 지나친 개발을 반대하고 그것에 저항한다.

인간이 좀 더 편리하게 살기 위해서는 자연을 개발하지 않을 수 없다. 애당초 기차와 자동차가 없었더라면 구태여 철길을 내고 고속도로를 만들고 터널을 뚫어서 자연을 훼손할 필요도 없었을 것이다. 산업화로 인해 도시로의 인구 밀집 사태가 생겨서 도시의 가옥 구조가 고층 아파트로 바뀌는 것은 어쩔 수 없다고 치더라도, 물과 공기가 오염되고 대기가 산성화되어서 인간의 삶에 막대한 지장을 초래하는 것은 막지 않으면 안 된다. 다시 말해 인간의 건전한 삶을 위해서는 인간의 서식지인 자연 − 생태계도 건강하게 복원되어야 하는 것이다.

이에 더하여 현대 과학의 무제약적 발전이 가져올 가공스러운 현상도 문제다. 즉 현대 과학기술이 지나치게 발달하여 도리어 인간에게 위해를 초래하지 않을까 하는 걱정이 생기는 것이다. 가령 유전자 조작을 통해 생명체를 인공적으로 다수 복제하는 데까지 이른다면 인류는 어찌 되는가? 마치 손오공처럼 자식을 낳지 않고도 나의 세포 일부를 이용하여 인공적으로 나를 다수 복제할 수 있게 되고, 그 복제 인간을 다시 어린이로 환원시켜서 내 자식으로 삼을 수 있게도 할 수 있을 것 아닌가? 그 복제 인간의 인지 능력은 어찌 되는가? 내가 가지고 있는 모든 기억을 그대로 가지고 있는가? 인간이 지금처럼 음식물을 직접 먹지 않고 대용식으로 또는 다른 간단한 방법으로 우주 공간이나 다른 천체에서 살아갈 수 있게 된다면 어찌 되겠는가? 그 새로운 인간의 내장, 살과 뼈는 지금의 인간과는 전혀 다른 것이 되어야 할 것이다. 그 새로운 인간이란 우리가 다른 천체에서 왔다고 떠들어대는 ET가 아니고 무엇인가? 생명 공학의 발달로 동물과 식물이 구분 없이 동일한 계열선상에서 생존한다면 인간은 어떤 종으로 취급되겠는가? 이런 것들은 현대 과학과 생태학의 과제다.

이런 변화에 편승해서 인간도 변한다. 인간의 생식 능력은 퇴화하고 말 것이다.

이성 능력에 대한 신뢰 그러나 나는 인간만이 가진 이성 능력을 신뢰하기 때문에 그렇게 크게 걱정하지 않는다. 인간은 참으로 위대한 존재다. 이성을 가졌다는 것이 이렇게 위대한 것인 줄 나는 미처 몰랐다.

인간의 지능은 자기의 편익을 위해 일차적으로 대상을 변화시킨다. 대상을 가공해서 자기의 용구와 이용물로 바꾸고 많은 궁리 끝에 무엇인가를 발명하고 새로운 것을 창조해서 자기의 삶에 도움이 되도록 했다. 발명과 발견은 그런 것이다. 인간은 또 자기의 삶에 장애가 되는 것을 그냥 자기 앞에 두고 보지 못한다. 기어이 그것을 변화시키고 변경해서 장애를 없앤다. 그것이 지금의 자연 정복에까지 이른 것이다.

그러나 거기에 한계가 오면 인간은 이차적으로 자기를 변화시킬 줄 안다. 이것이 특히 이성적 존재로서 인간의 가장 큰 장점이다. 건강에 좋다고 하면 평소에 하기 싫던 운동에 열을 올린다. 주말이면 등산과 자전거 타기로 전국이 운동장으로 바뀐다. 에베레스트는 높아서 감히 올라갈 엄두도 못 내던 산인데 한국인에게 그 등반은 그렇게 어려운 것이 아닌 것이 되었다. 건강에 좋다니까 평소에는 맛없고 냄새 난다고 기피하던 음식도 찾아 먹는다. 한국의 유산균 식품이 건강에 좋다고 해서 새 바람을 타고 있는 이유도 바로 그것이다. 이성의 자기 규제 능력이 이론에 그치지 않고 실천으로 옮아간 것이다.

에너지 개발의 문제 지금까지 우리는 주로 목재, 석탄, 기름 등 자원 에너지에 의존해왔다. 에너지가 물질인 이상 그것은 불가피하다. 전기 에너지의 경우 주로 화력이나 수력 또는 풍력, 조력, 원자력에 의존하는 것이다. 이제 태양열을 이용하는 단계에 와 있다. 더 먼 태양계, 아니 우주 안의 다른 별에서 오는 광선이 가진 에너지인들 왜 이용하지 못할까?

더러는 수확을 끝낸 사탕수수를 이용한다고도 한다. 이것은 사탕수수가 가지고 있는 에너지를 뽑아내는 것이다. 그렇게 본다면 에너지를 전혀 갖지 않은 물체는 없을 성싶다. 모든 물체는 크든 작든 에너지 담지물이다. 그렇다면 무한히 많은 바닷물을 이용하지 말라는 법도 없을 것이다.

심지어 식물이 가지고 있는 생명력도 에너지원으로 이용할 수 있을 것이다. 가령 땅에 묻힌 콩이 발아해서 땅 위로 자라는 데는 엄청난 에너지가 필요하다. 아무리 땅이 단단해도 콩의 새싹은 땅을 뚫고 지상으로 나온다. 콩나물 기르듯이 많은 콩을 길러 거기에서 나오는 에너지를 이용할 수도 있을 것이다. 에너지 문제만을 가지고 본다면 아직도 과학기술에 개발할 여지가 많다는 것이 나의 의견이다. 다만 그 경제성이 문제다.

그런가 하면 과학기술은 핵폭탄을 제조하기도 하고 엄청난 양의 수소탄을 만들어서 인류의 생명을 위협하기도 한다. 그런 거대 살상 무기가 아니라도 인간의 생명을 빼앗는 데는 몇 마리의 세균만으로도 족하다. 세균은 보이지 않게 전염되기 때문에 어느 점에서는 거대 살상 무기보다 더 위협적일 수 있다. 이런 인류 차원의 위험에 대비하여 세계 각국의 정상들이 모여 핵탄두와 핵 원료의 감축을 논의하고 있다. 혹자는 그 회의 자체를 백안시하지만, 나는 인간의 이성이 그 문제도 점진적으로 해결해 나갈 수 있을 것으로 믿는다.

과학 연구의 한계 지금 선진국의 과학기술은 이미 인류가 충분히 편리한 생활을 영위할 수 있을 정도로 발달했다. 후진국도 곧 거기에 따라붙을 것이다. 이제 과학기술은 그만 발달했으면 좋겠다는 의견도 제기된다. 더 발전해보았자 인류적 차원의 반윤리적 함정에 빠지고 더 큰 위험에 부딪힐 수 있다는 기우도 제기됨 직하다. 그것이 일면의 진리성을 담지하고 있는 것도 사실이고 또 현실적으로 그런 위기가 노출되고 있는 것도 사실이다. 그렇지만 아무도 과학기술의 발달을 제지할 수 없다. 왜냐하면 전술한 바와 같이, 과학기술은 사유하지 않기 때문이다.

그렇다고 과학기술의 발달이 무한정 전진하지는 않을 것이다. 언제 멈출 수 있는가? 과학 연구의 인구가 현격하게 감소해서 과학 연구 자체가 연구를 수행할 수 없을 때, 또는 예컨대 남극 탐험, 수중 탐험, 태양열 이용 등으로 에너지 개발 등이 완료되어 에너지 걱정이 완전히 사라질 때나 연구거리가 없어졌을 때, 다시 말하면 연구 주체가 급격하게 감소하고 연구 대상이 소멸되었을 때 과학기술의 발달은 멈출 수밖에 없을 것이다. 그때가 언제인지는 아무도 모른다. 그러나 이론상으로는 그런 때가 있을 것이다.

Ⅱ. 인구와 식량문제

지금 세계 인구는 70억에 육박한다. 인류가 발생한 이래 최대의 수치다. 그 대부분은 개발도상국에 몰려 있다. 인구 증가도 이 지역에 집중되어 있어서 선진사회의 인구 감소나 증가의 둔화와 대조를 이루고 있다.

우리나라에서는 1980년대에 인구의 과잉 증대를 우려하여 자녀 덜 낳기 운동을 국가 차원에서 추진한 바 있다. 둘만 낳아 잘 기르자고 했다. 우리나라의 임신 중절 정책은 크게 성공한 것으로 보고되었다. 한때 중국에서는 하나만 낳도록 강요한 적이 있다. 그러나 남아 선호 사상이 남아 있어 여아를 낳으면 엎어놓아 죽게 하거나 신고를 하지 않은 것으로 알려져 있다. 비인간적 영아 살해인 것이다. 신고되지 않은 아이는 국적도 못 갖고 취학도 할 수 없어 결과적으로 무국적·미취학 상태로 있다고 한다. 이런 말들이 진실인지 아닌지 모르지만 이것은 커다란 인권 탄압이 아닐 수 없다. 인권을 보호해야 할 공산국가가 앞장서서 인권을 탄압한다는 것은 있을 수 없는 일이다.

지난 시절 우리도 그랬지만, 전쟁 상태나 낙후된 지역에서 인구가 폭증하는 주요 원인은 문명과 문화의 후진성으로 인해 오락거리가 없다는 데 있다. 농촌에서도 즐길 수 있는 오락거리가 충분히 갖추어지면 인구 증가는 상당히 완화될 수 있다. 인지가 계발되지 않아 자식들의 장래에 대한 고민이 거의 없을 정도로 무지몽매했다는 것도 인구 폭증의 한 원인이 되었다. 인구 증가에는 노동력의 필요성도 내포되어 있다. 즉 조혼을 통해 노동력을 확보하려 했던 것이 인구 폭증으로 이어진 것이다. 또한 조혼을 하다 보니 여성의 가임 기간은 긴 데다가 생활 환경과 위생 상태는 열악하고 의료 시설과 의사는 절대적으로 부족해서 영아 사망률이 높았고, 이로 인해 살아남는 자가 적어 계속 임신을 하게 된 것이다.

인구 증가를 억제하는 이유는 말할 것도 없이 식량 생산이 인구의 증가를 따라가지 못하기 때문이다. 그런데 먹고 살 만하니까 이제는 그 반대 현상이 드러나고 있다. 즉 인구의 감소를 걱정하게 되었다는 것이다. 우리나라의 경우도 갑자기 노령 사회로 접어들었다. 노인 인구는 급증하는데 젊은이들이 아이를 낳지 않아 생산성 문제가 야기되면서 여러 가지로 산아 장려책을 국가 차원에서 채택하고 있다. 다산자는 누진적으로 지원한다. 이것 때문에 빚어지는 부작용도 많다.[1] 그러나 인구 증가 정책은 아직 큰 효과를 보지 못하는 것 같다.

특히 여성들이 임신을 기피한다. 그 이유는 여러 가지다. 첫째, 여성의 사회 진출이 크게 증가했다. 이는 여성들이 경제적으로 자립했다는 것을 의미한다. 여기에 독신주의가 등장하여 결혼을 인생의 필수적인 것으로 여기지 않는다. 둘째, 교육 기간이 장기화됨에 따라 취업을 하고 결혼을

---

1 한때 선진국에서 젊은이들이 3D를 기피해서 외국인 노동자를 수입했다. 그런데 그들이 결혼해서 많은 자녀를 낳아 기르다 보니 다출산 촉진 정책의 혜택을 가져가게 되었다. 학교도 외국인 아이들로 북적거렸다. 그러니 선진국 청년들이 화가 난 것이다. 자기네가 낸 세금이 결과적으로 외국인을 위한 자금으로 흘러들어 갔기 때문이다. 젊은이들이 이곳저곳으로 몰려다니며 데모로 항의하는 것을 나는 많이 목도했다.

할 수 있는 나이에 이르면 벌써 30세가 훨씬 넘는다. 즉 만혼으로 인해 가임 기간이 종전의 반으로 줄어든 것이다. 자녀를 기르고 교육시키는 데 드는 시간도 길고 투자해야 할 노동과 비용도 커 감당하기 힘들다. 아기를 맡길 만한 사회적 시설도 아직 열악한 편이다. 산아 적령기를 넘기고 낳은 자식 중에는 장애아도 많다고 한다. 그뿐 아니라 산업사회에 필연적으로 따르는 자연 훼손이나 대기 오염, 스트레스 등으로 인해 남성들의 불임율이 높아지는 것도 인구 감소 원인의 하나로 간주되고 있다.

인구의 증가로 지구촌이 포화 상태를 이루고 있는데, 이에 대한 본능적 두려움도 없을 수 없다. 쥐가 쓰나미를 미리 알고 대피하듯이 여성의 본능이 인구의 증가를 두려워하는 것이다. 선진국의 인구는 감소하고 후진국의 인구는 폭발적으로 증가한다.

단위 사회마다 사정은 다르지만, 인류적 차원에서 보면 인구는 폭증하는 추세에 있다. 폭증하는 인구에 비례해서 식량 생산은 증가하지 않는다. 저개발 사회일수록 생산성은 열악하다. 그러니 기아 현상이 발생하지 않을 수 없다. 이것은 인구의 증가와 식량의 증가가 비례적으로 증가하지 않는 데서 오는 결과다.

이 문제를 해결하는 길은 두 가지다. 첫째, 저개발 사회의 인구 증가를 억제하는 것이다. 강제적으로 임신을 억제하는 것은 인권 유린이므로 이것은 장기적 계몽, 즉 교육에 의존할 수밖에 없다. 80년대 우리의 경험을 좀 더 세련되게 하면 도움이 될 수도 있을 것이다. 우리나라도 저개발국 지원에 나서고 있지만, 특히 선진국들은 그러한 지원을 아끼지 말아야 한다. 더구나 일찍이 지금의 후진국을 강점하여 착취한 경험을 가진 선진국이라면 더 말할 필요가 없다. 교육과 위생을 위시하여 식량 지원, 생산성 향상을 위한 정보 지원, 선진화 과정에서 겪은 경험의 전수 등 지원해야 할 항목은 많다.

둘째, 대량생산을 위한 영농 기술의 개발이다. 다수확 품종의 개발, 이

모작·삼모작 농법의 개발, 작은 농지에서 다수확을 거둘 수 있는 방법의 개발, 농기구 개선을 통한 노동력 절약 방법의 개발, 신품종 개발, 새로운 먹거리 연구를 통한 음식 문화의 다양화 등 연구해야 할 분야는 굉장히 많다. 요는 이런 모든 정보를 저개발 사회와 공유해야 한다는 것이다. 이런 것과 관련해서 우리나라 젊은이가 지구촌 세계에 나아가서 할 수 있는 일은 많다. 취업거리를 굳이 국내에서만 찾을 것은 아니다. 지금은 지구촌 시대다.

나는 최근에 매우 희망적인 현상을 보고 있다. 산업화 과정에서 도시로 몰렸던 인구가 이제는 다시 귀농을 하고 있다는 것이다. 도시 생활의 여러 가지 불안 요인, 예컨대 조기 퇴직, 환경의 여의치 않음, 자녀의 불건전한 교육 문제, 내일의 생활에 대한 불안 등으로 인해 도시민들이 농촌을 다시 찾게 되었다. 농촌도 바뀌어서 지금의 농촌은 가난하던 옛날의 그 농촌이 아니다. 농법 개량, 작물 개선, 새로운 재배법, 농기구의 개량 등으로 고소득을 올리는 농민이 새로 등장한 것이다. 지금의 농사는 옛날처럼 큰 전답을 필요로 하지도 않고 많은 인력을 필요로 하는 것도 아니다. 천재로 인한 실패의 경우, 그전처럼 농민 개인의 손실로 방치하지도 않는다. 어느 정도의 보호망이 있는 것이다.

이것은 우루과이 라운드의 기우와 충격을 기회로 전환해서 이루어낸 결과다. 무슨 뜻인가? 인간은 다가오는 충격에 맞아 쓰러지는 게 아니라 그것을 기회로 전환해서 자기를 바꾸는 능력, 즉 이성의 능력을 가지고 있다는 것이다. 이제 농촌은 기성세대의 단순한 향수의 대상이 아니라 부의 원천으로 돌아가고 있는 것이다. 오늘의 귀농은 고소득을 위한 귀농인 것이다. 나는 이런 체험과 기술을 저개발국에 전수하길 바란다.

우리나라에서는 FTA 문제를 두고 특히 농촌의 작물과 축산에 굉장한 위협이라고 하는데, 나는 조금도 비관하지 않는다. 우리나라 사람들의 지적 능력과 노력으로 능히 농산물과 축산물을 경쟁력 있게 개량하여 한 단계 더 개선할 것으로 믿기 때문이다. 우루과이 라운드의 충격을 충분히 극복하고 이제 우리는 농산물 수출국으로도 발전했다. 최근 귀농 인구가 증가하는 추세는 우리 농촌의 청사진을 보여주고 있다. 이런 일련의 변화는 황폐화된 자연의 복원에도 크게 도움이 될 것이다.

복원된 자연 속의 농촌에서 옛날의 서정적 정서가 물안개처럼 피어나서 고귀한 인성이 자라나는 터전이 되길 기원한다. 최근에 본 중국 영화, 장쯔이의 〈집으로 가는 길〉(1999)에 나오는 로맨스와 풍경처럼.

물론 인구의 증가와 억제를 인위적으로 조절하는 것이 불가능한 것은 아니다. 현대 과학기술의 능력으로는 남녀가 직접 교접하지 않고도 정자와 난자를 실험실에서 결합시켜서 자식을 만들 수 있고 그 성까지 자유롭게 결정할 수 있으며, 양육도 공공시설을 통해서 할 수 있다. 말하자면 인간을 공장에서 생산하고 사육장에서 기를 수 있을 것이다. 과학기술이 더 발달하면 심지어 정자와 난자를 인공적으로 만들 수도 있을 것이다. 식량문제도 우주인 식품으로 해결할 수 있을 것이다. 그렇게 해서 사회주의가 소원하는 무소유의 원시 공동체를 만들 수도 있을 것이다. 그러나 그렇게 되면 남녀의 차이도 무의미해지고 인간으로서는 너무 자연스럽지 않다. 자연스럽지 않은 것은 인간에게는 적합하지 않다. 부적합한 것을 꿈꾸는 것은 환상일 뿐이다.

Ⅲ. 경제적 평등의 문제: 박애주의 경제학

우리는 자본주의 독점 체제도 자본주의가 초래한 전쟁도 겪었다. 현대는 산업자본주의 단계를 지나 금융자본주의 시대다. 현대 경제를 이끄는 것은 금융 산업이다. 이 금융업이 빈번히 문제를 일으킨다. 1929년의 세계 공황도 27년의 금융공황에서 시작되었다. 이 금융업이 비대해져서 몇

해 전에는 너무 많이 축적된 자본을 소화시킬 길이 없어 소위 모기지 대출의 형식으로 가난한 사람들과 학생들에게까지 마구 돈을 빌려주었다. 그러나 그들은 원금도 이자도 갚을 능력이 없었다. 결국 2008년 9월 미국의 투자 은행 리먼 브라더스가 파산하고 말았다. 그러다가 2011년에는 세계 최대의 증권사가 모여 있는 월가가 도산 위기를 맞았다. 리먼 브라더스의 파산에 놀란 미국 정부는 금융시장의 붕괴를 막기 위해 7천 억 달러의 구제 금융을 쏟아부었다. 그 돈은 국민의 혈세로 걷은 돈이다. 그러나 대형 금융 회사 CEO들은 이 돈을 자기네의 퇴직금과 보너스와 연봉을 챙기는 데 써버린 것이다. 이런 이기적 탐욕을 규탄하는 데모가 '월가를 점령하라!'라는 구호 아래 전 세계로 번져나갔고, 2011년은 이 데모로 지새웠다. 1% 대 99%의 부의 독점, 이는 부자가 1%이고 서민은 99%인데 1%인 부자가 국부의 60%를 차지하고 있다는 것이다. 99%의 서민은 1% 부자들의 경제적 지배하에 있는 것이다. 서민은 그 정도로 부에서 소외되어 있다. 신자유주의의 수정은 불가피하다.

이제 자본주의의 본질을 수정해야 한다. 그러나 그 수정은 자본주의 체제를 그냥 두고서는 불가능하다. 왜냐하면 그런 수정은 1%의 부자들에게 맡기는 것인데 그들은 이익의 최대 확보라는 본능을 버리고 뼈를 깎는 자기 수정을 할 수 없기 때문이다. 그런데도 최근에 자본가 자신의 입에서 그 수정의 불가피성이 토로되기도 한다. 그렇다고 사회주의에 맡길 수도 없다. 그들은 무조건 무산자 계층에게 재산을 고루 분배하는 데 주력할 텐데 그렇게 되면 생산성이 저하되어 결국 재산 자체가 고갈되겠기 때문이다. 그것은 함께 거지가 되는 길이다. 우리의 수정 목표는 생산성 증가와 균등 분배를 다 같이 보장받는 것이다.

박애 정신의 발양 종래의 자본주의나 사회주의에 맡겨서는 이 문제가 근본적으로 해결될 수 없으니 자본주의의 수정은 자유와 평등이라는 이념을 훨씬 뛰어넘는 차원에서 이루어져야 한다. 그 답을 나는 종교 정신에서 찾고자 하는 것이다. 이 점에서 보면 답은 이미 나와 있다. 프랑스혁명의 구호에 자유, 평등, 박애라는 것이 있다. 이때의 박애는 물론 그리스도교의 사랑을 의미하겠지만, 지금 그 사랑을 반드시 그리스도교의 사랑에 국한시킬 필요는 없다. 일본의 한 유명한 경영인인 이나모리 가즈오(稻盛和夫)는 불교의 자비 정신을 받아들여서 이 일을 실천하고 있다. 그는 베푸는 즐거움이 버는 즐거움 못지않다고 토로하기도 한다. 미국의 거부 빌 게이츠(William H. Gates)와 워런 버핏(Warren Edward Buffett)의 기부 행위는 인류애의 발로다. 빌 게이츠의 자선 행위는 너무 유명하여 세계인이 다 아는 바이고, 워런 버핏은 자진해서 세금을 더 내겠으니 고지서를 발부해달라고 정부에 요구한다. 최근 대만의 대기업가 장룽파(長榮發)는 자기의 전 재산을 사회에 환원한다고 발표하면서 "돈을 버는 데서 얻는 행복은 잠깐"이라고 했다. 그의 재산은 1조 8천억 원으로 추산된다. 그에 앞서 대만에서는 궈타이밍(郭台銘), 인옌량(尹衍梁), 타이성이(戴勝益) 등이 거금을 기부했는데 이 4인이 기부한 금액은 11조 4천억 원으로 대만 내정부(內政部) 금년(2012) 예산의 2배라고 한다.

이 모든 기부 행위는 사랑의 실천이다. 한국에서도 이웃 사랑의 실천이 확산되고 있다. 이것은 한국인의 인간 사랑의 표출이다. 기부와 사랑의 실천은 반드시 돈이 많아야 하는 것도 아니다. 손수레에 폐지를 모아 팔아서 살아가는 가난한 사람이 한 푼 두 푼 모은 생명 줄 같은 돈을 이웃을 위해 희사하는 예가 한국에는 숱하게 있다. 노인들을 위해 점심밥을 지어 드리는 사람들도 많다. 이웃 사랑은 국경을 벗어나 세계로 뻗어나가고 있다. 이태석 신부는 아프리카에 사랑의 신화를 심고 죽었다. 한국인의 이웃 사랑은 개미 정신의 발양이다. 문제는 이러한 사랑의 정신과 그 실천을 어떻게 제도화하여 보편화하는가 하는 것이다. 그것은 단순한 물질의 문제를 넘어 정신의 사항이기 때문에 결코 간단하지 않다.

이익 창출의 근원 이를 위해서는 먼저 기업의 재산 형성 가능 조건부터 성찰해야 한다. 여기에는 세 가지 요건이 필수적이다. (1) 기업인 개인이 가진 능력과 노력, (2) 그를 도와 기업을 일으키는 데 힘을 보탠 노동력, (3) 재산 형성을 가능하게 한 사회, 즉 시장이 그것이다. 첫째는 기업인이고, 둘째는 노동자이며, 셋째는 소비자 사회다. 첫 번째 것에는 절약과 저축으로 형성된 자본이 포함된다. 그러나 아무리 능력이 탁월하고 노력을 다해도 거기에 힘을 보태서 무엇인가를 이룩하지 않는다면 그 능력과 노력은 실현될 수 없다. 이 힘은 노동력이다. 그리고 그것을 수용하고 이용함으로써 그 기업이 지속될 수 있도록 도와주는 소비자 사회가 없으면 그것은 무용지물이다. 기업이 이익을 창출하는 곳이 도대체 어디인가? 소비자 사회인 시장이다. 장사는 수요에 달려 있다. 손님이 있어야 장사가 된다. 의사도 환자가 있어야 비로소 의사고, 변호사도 고객이 있어야 변호사다. 계속 투자만 하다가 마지막에 이익을 내게 하는 것은 시장, 즉 소비자 사회다.

요새는 그 수요를 더 확대하기 위해, 광고와 선전 등으로 소비자에게 온갖 아양을 떤다. 소비자는 왕이라고 아첨도 한다. 말만 그럴 뿐 실제로 소비자를 위해 하는 일은 아무것도 없다. "사은!" 어쩌고 하는 것도 많이 팔기 위한 선전일 뿐이다. 심지어 기업인들은 부정품, 짝퉁, 위해 물질 등을 팔기도 하고 조작도 마다하지 않는다. 식품 부정, 농산물 부정, 의약품 부정, 제품 부정, 거래 부정……. 그 부정품을 가지고 소비자의 등을 치려는 상인이 판을 치고 있다. 소비자는 이렇게 우롱당하고 있다. 그러면서도 고객은 은행에 저축하고 주식에 투자하는 등—물론 자기를 위한 것이긴 하지만—결과적으로 기업을 돕고 있다. 기업의 성장을 위해 국가도 도움을 준다. 대기업, 특히 우리나라의 재벌 기업은 본질적으로 국민기업이다.

서양의 근대 경제사에서 지대의 문제는 매우 중요한 테마로 다루어지고 있다. 노동력은 착취할 수 있어도 지대는 착취할 수 없었던 것이다. 그러나 한국에서는 이것이 전혀 문제로 제기되지도 않는다. 예컨대 산업화의 초기 단계인 1970년대에 정부는 외국에서 차관을 도입해서 기업인들에게 대출했다. 그 대출을 받기는 하늘의 별 따기지만 대출만 받으면 돈 벌기는 땅 짚고 헤엄치기였다. 당시 땅값은 형편없는 헐값이었다. 땅을 사두기만 하면 몇 해 뒤에는 엄청난 돈이 벌렸다. 땅값은 나날이 천정부지로 올랐기 때문이다. 오늘의 재벌 기업들은 그렇게 해서 생성된 면이 적지 않다. 말하자면 국가는 차관을 들여다 재벌의 돈벌이를 시켜준 셈이다. 그 차관은 누가 갚는가? 국민이 갚는다. 그래서 나는 오늘의 재벌 기업을 국민 기업이라고 하는 것이다. 도와준 소비자를 사랑해야 하는 것은 기업의 도리이자 의무다.

소비자의 소외 그런데 이 소비자들을 고려한 사람은 아무도 없다. 아담 스미스는 시장을 '보이지 않는 손'에 맡겼다. 기업인과 노동자가 만든 상품에 가격을 결정하는 것은 소비 사회를 지배하는 보이지 않는 손이라는 것, 기업가에게 이익을 가져다주는 것도 이 보이지 않는 손이라는 것이다. 자본가는 소비자를 하늘처럼 받들어야 하는데도 소비자를 농락하면서까지 이익을 확보하려고 안간힘을 쓰면서 자기는 책임에서 빠진 채 보이지도 않는 신에게 맡겨버린 것이다. 자본가가 소비자를 신에게 맡기고 본 척 만 척한다는 것은 배은망덕이거나 흡혈귀 정신이다. 이런 작태가 기업가에게만 있는 것은 아니다.

노동자에게 자비심 많기로 유명한 마르크스조차도 이에 대해서는 한마디도 언급하지 않았다. 그는 노동자들의 권익만 챙기려고 기를 썼지 소비자는 고려하지도 않았다. 그는 노동자들만을 생각해서 그들의 저항 수단으로 파업을 부추기고 혁명을 고취하지만 소비자들의 권익 옹호에 대해서는 말이 없다. 소비자의 처지를 아예 몰랐다면 인식 부족이고, 알고도 모른 척했다면 인간애의 결핍이다. 그는 노동자의 세계 지배를 위한 혁명에만 집착했기 때문에 기업가의 이익 창출을 위해 실제로 착취당하는 곳을 간과한 것이다. 이것은 무엇을 의미하는가? 기업가와 노동자 집단이 소비자에게서 짜낸 노획물을 놓고 저희들끼리 아귀다툼하면서 정작 소비자는 하이에나에게 던져준 꼴이다. 조그마한 박애심만 있어도 그렇게까지 무자비하지는 않을 것이다. 노동자들이야 노동조합으로 결속해서 투쟁하고 마르크스의 교시를 받아 혁명을 통해 자본가의 생산수단을 탈취해서 공산주의 일당독재를 꿈꾼다고 하지만, 소비자들이 할 수 있는 것은 고작 소비자 연맹밖에 없다. 근본적으로 소비자들은 결속력이 부족하다. 그래서 그냥 당하고만 있는 것이다. 그들이 저항할 수 있는 수단은 고작 불매 운동밖에 없다. 그러나 그것은 얼마나 무기력한가? 법이 보호하는 것 말고는 달리 방도가 없다.

새 시대의 노동 개념 생산 과정을 기계화함으로써 생산성은 크게 향상되었다. 18세기에는 방적기와 증기기관이 발명되었고, 19세기에는 전기를, 20세기에는 석유를 동력원으로 이용해서 중공업과 화학 공업이 일어났으며, 자동차 산업과 항공 산업이 발달했다. 20세기 후반에는 전자기를 이용해서 IT 산업을 일으켜 인간의 노동력을 최소화했다. 현재에도 고용주들은 정규직과 비정규직을 구분해서 노임의 차이를 두어 비정규직의 노동력을 착취함으로써 기업의 이익을 극대화하고 있다. 공산주의자들은 이런 현상을 상대적 잉여가치의 최대화라고 추론할 만하다. 그들은 자본에 의한 착취의 대상으로 노동자만을 생각한다.

그러나 달리도 생각해봐야 한다. 무조건 자본가만 탓할 것은 아니다. 공산주의자들은 공산권이 공멸한 지금도 걸핏하면 자본가의 노동자 착취를 들먹이는데, 그러면 공산주의 체제하에 있을 때 노동자들의 삶의 질은 어떠했는가? 그때가 좋았으면 왜 공산권은 한꺼번에 무너졌는가? 솔직히 말하면 현대의 노동자들은 마르크스가 말하는 착취 대상이 되지 못해서 실업 상태, 유휴 노동으로 남아 있는 것이다. 착취 대상이 되지 못하면 실업자가 된다. 이렇게 보면 노동자는 자기의 삶을 위해 기업 운영에 참여하는 사람이지 단순한 착취의 대상만은 아니다. 현대의 노동자들은 자본가와 더불어 가치 창출에 참여하여 이익을 공유하려고 노동력을 제공하는 동업자인 것이다. 최근에는 노동자 없는 자동화로 치닫고 있다. 이것이 현대 문명의 특징이다.

노동자란 임금 생활자를 지칭하는 것이 일반적이다. 그래서 사무 노조도 있고 공무원 노조도 있다. 그러나 노동자 중에는 승진해서 고위 경영인, 나아가 CEO가 되기를 바라는 사람도 있다. 실제로 고위 공무원과 기업의 CEO들은 그들 중에서 나온다. 이들을 출세주의 노동자라고 부르기도 한다. 그들은 일정 수준 이상의 고위직에 오르면 노동조합원이 될 수 없도록 규정하고 있을 것이다. 그런데 한번 고위 공무원이 되고 기업의 CEO가 되면 기업을 도맡아 운영함으로써 도리어 기업주나 투자자들의 이익을 좌우하기도 한다. 이들을 단순히 임금 노동자라고 해야 할까? 노동자 개념을 수정할 필요가 있는 것이다.

착취 대상으로서의 소비자 공산주의자와 자본주의자가 보지 못한 것은 고객인 소비자다. 착취라는 용어를 굳이 사용한다면, 소비자들이야말로 진짜 착취의 대상이다. 소비자에는 노동자도 속하고 자본가도 속한다.

물론 노동자가 취업을 안 하면 착취당할 것도 없다. 소비자도 물품을 구입하지 않으면 착취당할 일이 없다. 그러나 지금 전기세탁기 없이 세탁할 수 있는 개천이 있는가? 개천이 있다고 해도 그곳에서 세탁을 했다가는 자연을 오염시켰다고 처벌받는다. 이것도 착취와는 별개로 현대 문명이 가지고 있는 한 본질적 형태다.

현대 국가에서 소비자들을 위한 조치는 소위 사회복지라고 하는 것이다. 스웨덴과 덴마크 등 북유럽 국가들이 모범을 보이고 있다. 그러나 나는 거기에 의존하고자 하지 않는다. 민주주의 정치 체제를 채택하는 한, 권력 획득을 위해 선거는 필수적 수단이다. 그러나 선거에는 엄청난 포퓰리즘과 유언비어, 흑색선전 등이 난무하여 옥석을 가리기가 결코 쉽지 않고, 대중은 거기에 현혹되기 마련이다. 대중이란 본디 뿌리 없이 횡행하는 달콤한 말에 휩쓸리는 집단이다. 그러나 그 대중이 권력을 배분하는 것이 민주주의 정치 제도다. 모순이지만 어쩔 수 없는 자가당착이다. 그래서 국가의 장래를 진심으로 고민하지 않고 목전의 이익에만 신경 쓰는 속류 정치인들이 내뱉는 그런 포퓰리즘에 휩쓸리면 그리스, 이탈리아, 포르투갈, 스페인 등의 국가처럼 국가 부도에 몰리지 않을 수 없다. 복지는 늘 이런 위험 요인을 안고 있다는 것을 알아야 한다.

박애주의 경제학 경제가치를 창출하는 데는 세 요소, 즉 기업가, 노동자 및 소비자가 참여해야 한다고 했다. 이 3자는 각기 창출된 가치에 대해 각기 3분의 1의 권리를 갖는다. 그러니 기업이 형성한 재산의 3분의 1은 기업인의 능력과 노력에 대한 보상에 속하고, 3분의 1은 거기에 참여한 노동자의 몫이며, 나머지 3분의 1은 소비자의 것으로 보아야 한다. 이 마지막 부분은 사회에 환원되어야 한다. 이런 시스템을 신사회주의(neo-socialism)라고 부를 수도 있다. 이 원칙은 물론 사랑의 실현을 구체화한 것인 만큼 그 명칭에 사랑의 개념을 표현하는 것은 필수적이다. 그런 점에서 이 제도를 박애 자본주의(benevolence or philanthropy capitalism)라고 불러도 무방할 것이다. 그러나 이 제도가 실현되기 위해서는 자본주의와 사회주의를 지양한 이름을 가져야 하므로 나는 그것을 가칭 박애주의 경제학(philanthropy economy)이라 부르고 싶다.

기업의 공기업화 모든 기업을 전부 사회에 환원하는 것은 무의미하다. 어떤 기업은 사회복지 원칙상 공유화해서는 안 되는 것도 있을 것이다. 이런 것들은 전문가의 의견을 들어서 입법기관에서 결정하면 된다.
공기업화는 어떤 형태여야 하는가? 레닌과 스탈린의 정책에서 보이듯이 국유화는 실패하기 쉽다. 여기에서 말하는 공기업화는 공사화, 준국유화를 가리킨다.
공기업화의 기준은 무엇인가? 그것은 기업의 자산이 당해 국가 총예

산의 10%를 초과하는 기업으로서 이미 창업자로부터 3대까지 상속이 만료되었거나 창업된 지 100년이 경과한 기업이다. 여기에 그 기업의 연륜을 첨가할 수도 있을 것이다.

재산 규모는 누가 결정하는가? 그것은 감사원, 공정 거래 위원회, 국세청에서 공동으로 검증하면 된다. 기업을 사회에 환원하는 시기는 그런 거대 기업을 운영하던 기업주(3대째 상속인)가 사망하거나 창업한 지 100년이 되는 시점으로 한다.

거대 기업을 공기업화하는 이유는 기업의 이윤을 공유화하자는 데 그 목적이 있다. 다시 말하면 기업을 공유화함으로써 거기에서 발생하는 이윤을 국가가 환수해서 모든 국민에게 혜택이 돌아가도록 하자는 것이다. 이것은 이윤의 사회화인 것이다. 이때 이윤이란 종래 자본가에게 돌아가던 몫이다. 공기업의 이러한 확대로 빈부 격차가 해소될 수 있으면 경제적 평균화에 큰 도움이 될 것이다. 이것은 일방적 시혜로 진행되는 복지와는 그 개념이 근본적으로 다를 수 있다.

유족과 투자자는 이익을 어떻게 배분하는가? 영업 이익의 3분의 1은 국가에 귀속시키고, 나머지 3분의 2를 유족과 투자자가 배분하면 된다. 물론 이 모든 배분은 주식으로 처분되는 것을 원칙으로 하되, 수혜자의 의견을 들어 결정할 수 있어야 한다.

기업인의 몫으로 정해진 것을 유족에게 상속시킬지, 아니면 달리 처분할지는 전적으로 유언자와 유족의 권리에 속한다. 마르크스는 생산성 증가의 원인을 기계화에만 돌리고 경영자의 능력에 대해서는 전혀 고려하지 않았는데, 같은 기업이라도 누가 경영하느냐에 따라 생산성이 크게 달라지는 것을 그는 보지 못한 것이다. 기업가가 그 기업을 키우는 데 들인 공로(경영 능력)는 존중받아야 한다.

사회에 환원된 공기업은 이사회를 구성하여 이사회 중심으로 운영된다. 이사회는 투자자 몫과 노동자 몫 그리고 유족 몫으로 나누되 전부 10명의 이사로 구성된다. 유족 몫의 이사는 2명, 노동자 몫의 이사는 3명으로 하되 투자자 몫의 이사는 5명으로 하여 회사가 이윤 추구에 힘을 쓰도록 한다. 이들이 서로 협의하여 이사 중에서 또는 외부 영입으로 이사장을 선출하여 기업의 최고 책임자로 정한다. 이사장을 외부에서 영입할 경우는 투자자 몫의 이사를 4명으로 한다. 국가는 그 공기업이 사회 발전을 위해 유용하게 운영되도록 조정할 의무를 진다. 그리하여 예를 들면 기업 운영이 손실을 가져온다든가 위기에 처할 때 긴급 명령을 내릴 수 있게 한다. 국가권력이 이 조언의 한계를 넘어 간섭해서는 안 된다. 이러한 공기업은 객관적 기관, 예컨대 감사원이나 재무부나 경제 기획원 같은 국가 기관의 감독하에 두는 것이 좋을 것이다. 기업인 만큼 영업세는 내야 한다.

국민 개세주의(皆稅主義) 원칙 여기에 한 가지 덧붙일 것이 있다. 현대 국가는 납세를 국민의 의무로 규정하고 있으면서도 탈세에 대해서는 직무 유기를 범하고 있다. 설사 탈세액을 거두어들이는 데 드는 비용이 탈세 금액을 초과하는 경우라도 탈세는 반드시 거두어들여야 한다. 그것이 사회정의이기 때문이다. 면세자도 봉급 생활자 전체의 30%를 넘어서면 안 된다. 그리고 복지의 수혜는 사회복지 차원에서 높일 수 있다. 이것이 진정한 복지 국가의 모습이다.

소비자를 기만한 자의 중죄 처벌 소비자야말로 선량하기 그지없는 사람들이다. 이런 사람들에게 사기를 치고 부정을 저지른 자에 대해서는 다른 범법자보다 한결 엄하게 처벌해야 한다. 이는 그런 종류의 범죄를 근절시키기 위해서다. 이런 종류의 범죄는 피해자가 특정하지 않기 때문에 엄하게 처벌하지 않으면 범죄가 되풀이되고 확산될 가능성이 크다.

Ⅳ. 종교적 갈등의 문제

사람의 삶에 가장 큰 영향을 미치는 것은 경제와 종교다. 전자는 먹는 문제로서 물질적 사항이고 후자는 인간이 최후적으로 귀의하는 믿음의 사항, 즉 정신적 사항이다. 인간이 정신과 물질로 구성되어 있는지라 이 두 가지는 인간의 삶에 대해 결정적일 수밖에 없다. 인간적 삶의 크고 작은 모든 문제는 근원적으로 이 두 가지 요인 때문에 발생하는 셈이다. 거기에 세 번째 요인으로 권력 문제가 따른다. 경제에 대한 견해는 위에서 밝힌 바 있다.

어떤 종교도 전쟁을 부추기지는 않는다. 그럼에도 특히 셈족에 근원을 둔 종교는 독선을 바닥에 가지고 있기 때문인지[2] 그 종교에 의존해서 살아온 과거를 돌아보면 인간들은 전쟁으로 인해 영일이 없었다. 전쟁의 원인은 대개 경제적 이해이거나 권력 다툼이거니와, 이 두 가지 이기심 앞에서 종교란 한없이 무력했다. 그렇게 평화를 설법하고 인간의 영혼 정화를 외치고 기도하는 종교인들은 정신적 평화 상품을 판매하는 영혼 장사에 불과한가? 세계 종교이고자 하는 종교도 결국 국가의 권력에 귀속되는, 권력의 하수인에 불과하다면 그 교의는 정치적 이데올로기와 하나도 다를 게 없지 않은가?

이데올로기 대립과 이단자 우리는 지난 세월 이데올로기의 대립으로 동서 간의 열전과 냉전이 끊임없이 발생한 것을 경험을 통해 알고 있다. 우리의 민족 전쟁도, 베트남의 남북 전쟁도, 중국의 내전도, 동유럽 각국의 내전도 다 이데올로기의 대립으로 인해 발생한 전쟁이었다. 이데올로

---

2 그리스도교의 교의(dogma)는 이성적으로 사리를 따져서 정해진 것이 아니라 그냥 그렇게 독단(dogma)으로 결정한 것이다. 여기에 종교의 독선이 근거한다.

기란 이렇게 사활을 걸고 싸울 만큼 강한 대립을 초래한다. 그것은 국가 권력을 탈취하여 자기가 주도권을 행사하는 국가를 만들려는 욕망의 발현이기 때문이다.

이데올로기에 못지않게 심각하고 내적으로 깊고 오래가는 것이 종교적 대립이다. 이데올로기가 지상 권력의 다툼이라면, 종교의 대립은 지상과 천상을 놓고 벌이는 싸움이다. 이단자 문제의 초기 형태의 편린을 우리는 정통과 이단의 대립을 통해서 본 바 있다.[3]

십자군 전쟁 종교전쟁의 역사적 예를 우리는 1095∼1272년간에 여러 차례에 걸쳐 진행된 십자군 원정에서 본다. 십자군 전쟁은 유럽이 민족 대이동의 암흑기를 벗어나 장원 경제 체제로 어느 정도 경제력을 갖추게 되고 교황의 절대 권력 체제로 질서를 잡아가는 중에, 동방 교회의 중심지인 콘스탄티노플을 이슬람으로부터 수호하고 7세기 이후 이슬람에게 귀속된 예루살렘을 회복한다는 대의명분으로 200년에 걸쳐 이슬람에 침입한, 동서 간의 전쟁이었다.[4]

11세기의 이슬람은 아바스왕조 시대인데, 이때 이슬람교를 믿기 시작한 터키계의 셀주크족이 왕국을 세워 소아시아의 대부분을 차지하고 비잔틴제국의 수도 콘스탄티노플을 위협했다. 이에 다급해진 비잔틴제국의 황제 알렉시우스 1세(Alexius I, 1048∼1118)는 로마의 우르바누스 2세(Urbanus II, ?1042∼1099) 교황에게 군사 원조를 청했다. 이 소식을 접한 교황 우르바누스 2세는 이슬람으로부터 동방 교회의 본산 콘스탄티노플을 지켜내겠다는 사명감과 함께 이미 분리된 동서 교회의 통일에 대한 야망도 가지고 있었던 것 같다. 그는 1095년 11월 28일 프랑스 중남부 클레르몽에 교회 회의를 소집하여 수많은 주교와 기사들 앞에서 이미 357년

---

3   이 책 106쪽 이하 참조.

4   ビジュアル叢書,《十字軍全史》, 新人物往來社, 2011 참조.

전(638)에 이슬람의 수중에 떨어진 성지 예루살렘까지 더해 '하느님에게서 완전히 버림받은 인종이 크리스천들의 땅을 침공하고 살인, 약탈, 방화하여 두 도시가 폐허가 되었으니" 이것을 회복하지 않으면 안 되겠다고 열변했다.[5] 그는 이 연설을 시작으로 각지로 다니면서 호소하는 한편, 주교들을 통해 군사 동원을 독려했다. 로마 가톨릭과 콘스탄티노플 정교회가 결정적으로 분리된 것은 1054년이었으나, 정통성은 동쪽 정교회에서 인정받는 데다 로마 교황들은 부패와 황제와의 갈등에 시달리던 터라 내부 갈등을 해소하고 교회를 통일한다는 것은 교황에게 주어진 큰 기회였다.

1차 십자군(1096~1099) 직전에 민중 십자군이라는 것이 있었다. 이것은 은둔 수사인 피에르(Pierre l'Ermite, ?~1098)가 1095년 이곳저곳 다니면서 선동하여 모인 집단인데, 주로 독일과 프랑스의 민중이 중심 집단이었다. 그런데 독일 쪽의 두 민중 집단은 각기 유대인 학살과 약탈에 탐닉하다가 헝가리군에게 격파되고 괴멸되었다.[6] 피에르가 인솔한 프랑스 민중 집단은 콘스탄티노플에 도착하여 보스포루스 해협을 건너 터키군과 싸웠으나 대패하고 귀국했다. 그러나 이것은 교황이나 국왕이 십자군을 표방하여 소집한 것이 아니므로 십자군 원정에는 산입하지 않는다.[7]

1차 십자군은 국왕의 참여 없이 교황의 호소에 호응한 제후들이 이끌

---

5   이슬람에서는 예루살렘을 점령한 뒤에도 성지순례를 허용하고 있었다. 11세기는 성지 순례가 크게 유행하던 시대였다. 이 전쟁의 주목적은 콘스탄티노플 수호와 동서 교회의 통합이지 성지순례의 방해를 풀겠다는 것은 아닌 것 같다.

6   유대인을 학살한 이유는 유대인들이 각지의 대주교의 허가를 얻어 새로 생기는 도시에 들어와서 고리대금업으로 민중을 착취해서 부를 이루었던 것에 있다.

7   십자군 원정을 몇 차례로 보는가 하는 데는 정설이 없다. 6~14살의 어린이들로 구성된 십자군(소년 십자군)도 있고, 십자군이라는 명분으로 군사를 모아 실제로는 유럽 내의 이단자를 학살한 일도 있으며, 이슬람 이외의 지역으로 출동한 것도 있어서 이런 것들까지 십자군 원정으로 넣으면 10차례 이상이 될 것이다. 그러나 대개는 7~9차로 본다. 나는 비교적 규모가 큰 원정만 소개한다.

었다. 많은 농민들이 참여했지만 개중에는 '순례를 통해 죄가 면죄된다' 는 교황의 유혹을 믿고 죄를 사면받으려는 기사, 사후에 천당에 가겠다 는 열혈 신자, 채권자를 피해온 채무자들도 섞여 있었다. 집결지를 콘스 탄티노플로 하고 1096년 여름에서 가을 사이에 출발했다. 1097년 4월에 는 보스포루스 해협을 건너 소아시아로 향했다. 여름의 더위, 물과 음식 의 부족, 질병 등으로 고생이 심했다. 시리아의 수도 안티오키아를 향해 남하하는 도중 한 부대는 일탈했다. 북부 프랑스에서 참가한 삼 형제 중 의 막내 보두앵 드 블로뉴(Baudoin de Boulogne, ?~1131)가 이끄는 부대였 다. 유프라테스 강 건너 마을 에데사에 사는 크리스천 아르메니아인들이 십자군이 왔다는 소식을 듣고 구원을 청했는데 보두앵은 거기에 호응한 것이다.[8] 안티오키아를 향해 남하한 본대는 안티오키아를 탈환했다 빼앗 겼다 하다가 1098년에 탈환에 성공하여 그곳에 나라를 세웠다. 지배자는 남이탈리아에서 참가한 보에몽(Bohemund, 1058~1111)인데, 그는 안티오 키아 공으로 불리고 그 나라는 안티오키아 공령이라고 한다. 그곳에서 시간을 보내다가 십자군이 예루살렘에 도착한 것은 1099년 6월이었다. 힘든 공방전 끝에 십자군은 예루살렘을 함락시켰다. 그곳에 예루살렘 왕 국을 세웠고, 왕으로는 보두앵의 중형 고드프루아 드 비용(Godefroy de Bouillon, ?1060~1105)이 선출되었다. 그러나 고드프루아는 후사 없이 일 찍 병사했으므로 그 아우 에데사 백작 보두앵이 예루살렘에 와서 1100년 크리스마스 때 대관식을 올리고 예루살렘 왕 보두앵 1세가 되었다. 에데 사 백령, 안티오키아 공령, 예루살렘 왕국, 여기에 레몽 드 생질(Raymond de Saint-Gilles, 1052~1105)과 그 일족이 세운 트리폴리 백령을 더하여 십 자군 국가라고 총칭한다. 십자군 국가는 유럽인을 입식시켜 유지했다.

---

8   그의 백형은 아버지의 영지를 상속받고 중형은 어머니 측 영지를 계승했으나 그는 아무 것도 받지 못했으므로 에데사로 들어가서 그곳의 지배자 트로스의 양자로 영입되었다. 트로스는 시민들의 반란으로 살해되고 보두앵은 에데사의 군주가 되었다. 보두앵은 에 데사 백작으로 불리고 그 나라를 에데사 백령이라고 한다.

이 나라들을 둘러싸고 이슬람과 유럽의 공방이 긴 십자군 전쟁으로 전개된다. 그러나 예루살렘 왕국에는 좋은 항구가 없는 것이 큰 결점이었고 이것 때문에 고생도 많았다. 이 결점을 파고든 이슬람의 침입으로 십자군 왕국이 위기에 처하자 교황 그레고리우스 8세(Gregorius VIII, ?~1187)는 1187년 10월 십자군 소집을 발령했다. 이것이 3차 십자군(1189~1192)이다.

3차 십자군 이전에 2차 십자군 원정(1147~1149)이 있었다. 이것은 1143년 에데사 백령이 셀주크족의 상기 왕조에게 멸망당하고 안티오키아 공령이 공격을 받자 소집된 것이다. 2차 십자군은 1145년 교황 에우게니우스 3세(Eugenius III, ?~1153)가 제창하고 프랑스 왕 루이 7세(Louis VII, ?1120~1180)와 신성 로마제국의 콘라트 3세(Konrad III, 1093~1152)가 이끌었다. 양군은 안티오키아에서 합류하여 1148년 다마스쿠스를 침공했으나 공략하지 못하고 철군했다.

3차 십자군 원정은 1187년 그레고리우스 8세의 제청으로 소집되었고, 프랑스 왕 필립 2세(Philip II, 1165~1223), 영국 왕 리처드 1세(Richard I, 1157~1199), 독일 황제 프리드리히 1세(Friedrich I, 1122~1190)가 지휘했다. 황제가 1190년 6월 10일 진군 중 강에 빠져 익사하자 독일군의 일부는 귀국하고 일부는 원정을 계속했다. 나머지 두 왕은 키프로스와 아콘을 점령하고 성지를 향했다. 프랑스 왕은 아콘 점령 후 귀국했고, 영국군은 1년 동안 사투를 계속하다가 휴전 협정을 맺고 싸움을 멈췄다. 십자군 측은 지금의 베이루트 근방에서 야파에 이르는 해안 지대를 확보하고, 이슬람 측은 예루살렘을 포함한 내륙 지대를 차지했다. 그러나 양쪽은 자유 통행을 보장했다. 예루살렘을 회복하지는 못했으나 이후 그리스도교 신자들의 자유로운 예루살렘 순례가 보장된 것이다.

4차 십자군 원정(1202~1204)은 참으로 어처구니없는 것이었다. 1198년 교황 인노켄티우스 3세는 십자군을 발령했고, 거기에 호응한 것은 샹파뉴 백작 티보(Thibaut III de Champagne, 1179~1201)와 블루아 백작 루이(Louis

I de Blois, 1172~1205)였다. 이들은 사촌 간이다. 거기에 1200년 플랑드르 백작 보두앵(Baudouin I de Flandre, 1172~1205)이 가세했다. 그의 아내는 티보의 누이다. 4촌과 매제가 모인 것이다. 이 셋은 모임을 갖고 각기 2인의 사절을 냈다. 모두 6인의 사절이 협의한 결과 베네치아 공화국에 가서 배를 조달하기로 했다. 용선 계약에 따르면 4천 5백 두의 말, 9천 명의 방패병, 4천 5백 명의 기사, 2만 명의 보병, 모두 3만 3천 5백 명으로 개산되었다. 9개월 동안의 양식을 수송하고 1년간 봉사하는 것으로 하되, 뱃삯의 경우 말은 1필당 4마르크, 사람은 1인당 2마르크, 합계 8만 5천 마르크였다. 또 전리품의 반을 준다는 조건으로 베네치아에서도 군장한 갈레선 50척을 공급하기로 했다. 6명의 사절은 돌아갔고, 대표자인 티보가 1201년에 죽었다. 그를 대신해서 몽페라 후작 보니파스(Boniface II de Mont Perat, ?1150~1207)가 가담했다. 1202년 여름 베네치아에 모인 십자군은 앞에서 계산한 숫자의 3분의 1에 불과했다. 여기에서 문제가 생겼다. 계약을 이행하려면 3만 4천 마르크가 부족했다. 이때 베네치아 측에서 제안이 들어왔다. 헝가리 왕이 점령하고 있는 항구 도시 자다르를 탈환하면 지불을 연기하겠다는 것이다. 그해 가을 이 항구를 점령하고 겨울은 그곳에서 지냈다.

이때 중대한 말이 전해져왔다. 내용은 기막힌 것이었다. 얼마 전까지 비잔틴제국의 황제는 이사키오스 2세(Isakios II, 1156~1204)였다. 그런데 1195년 이사키오스는 동생 알렉시오스 3세(Alexios III, 1153~1211)에게 제위를 빼앗기고 실명한 채 유폐되었다. 이사키오스의 아들 알렉시오스 4세(Alexios IV, 1182~1204)는 도망쳐서 독일 왕 필립 폰 슈바벤(Philipp von Schwaben, 1178~1208)에게 몸을 의탁했다. 필립 왕은 그의 자형이었던 것이다. 그해 겨울과 이듬해 초 독일에서 사자가 십자군으로 와 필립 왕의 말을 전했다. 즉 자기의 처남 알렉시오스를 맡아주면 알렉시오스가 은 20만 마르크를 제공한다는 것이었다. 그 금액은 베네치아에게 3만 4천 마르크를 주고도 남는 액수였다. 이 제안을 놓고 토론을 벌였으나 결론은 제안을 받아들이는 것이었다.[9] 1203년 봄 부활제가 지나고 십자군은 자다르를 출발하기 시작했다. 몽페라 후작과 베네치아의 드제는 남아서 알렉시오스를 기다리기로 했다. 그들이 다시 만날 곳은 케르키라 섬으로 정해졌다. 알렉시오스가 자다르에 도착해서 그들은 함께 케르키라 섬으로 떠났다. 그곳에서 만난 십자군은 5월 콘스탄티노플을 향해 출발했다. 알렉시오스 3세와의 교섭은 결렬되고 전투가 벌어졌다. 십자군 측은 무척 고생했으나, 7월 17일 밤 알렉시오스 3세는 승산이 없음을 알고 콘스탄티노플을 탈출했다. 이것을 안 시민들은 이사키오스 2세를 옥에서 구출하여 복위시키고 그 전말을 십자군에게 알렸다. 십자군은 입성하여 황제를 알현하고 그 아들과 맺은 협약을 제시했다. 이사키오스 2세는 실행할 만한 능력은 없지만 이제 와서 거절할 수도 없어 수락했다. 아들이 대관하여 황제가 되었는데 그가 알렉시오스 4세다. 알렉시오스 4세는 즉위는 했으나 매우 불안정했다. 협약을 이행할 능력은 없고 십자군의 괴뢰황제라고 지목되었기 때문이다. 협약을 이행하기 위해 그는 많은 세금을 걷을 수밖에 없었고 교회의 집기까지 팔아야 했다. 협약 이행은 계속 미루어졌다. 1203년 말 양자의 단합은 결렬되고 전투가 시작되었다. 겨울에 비잔틴제국 안에서 쿠데타가 발생하여 알렉시오스 4세는 물론이고 그의 아버지 이사키오스도 충격으로 죽었다. 1204년 십자군의 총공격을 받아 콘스탄티노플은 점령되었다. 쿠데타군이 무너진 것이다. 십자군과 베네치아 사이에 협약이 성립되었다. 그것은 전리품의 배분과 새 황제의 선출에 관한 것이었다. 이제 전리품 배분도 끝나고 새 황제로는 플랑드르 백작 보두앵이 선출되었다. 이 제국을 라틴제국이라고 한다. 이렇게 해서 4차 십자군 원정은 결과적으로 예루살렘에는 가지도 못하고 라틴제국을 세우는 것으로 종결되었다. 라틴제국은 그 뒤 5대 57년간 불안하

9   그러나 사실 이 제안은 거짓이었다. 당시 필립 왕은 국내에 대립하는 왕 오토와의 분쟁 때문에 비잔틴 원정을 할 처지가 못 되었다. 그렇다고 아내와 처남의 일을 무제한 끌어안고 갈 수도 없기 때문에 자기는 한 푼 안 들이고 처가의 일을 해결하려고 꾸민 계략이었다.

게 유지되었으나 1261년 비잔틴제국의 망명 정권 니케아의 황제 미카엘 팔라이올로구스(Michael Palaeologus, 1223~1282)에 의해 멸망했다.

4차 십자군의 결실을 차지한 것은 결과적으로 베네치아였다. 베네치아는 라틴제국에서 전리품의 8분의 3을 차지했을 뿐 아니라 그 후로도 라틴제국의 보호하에 좋은 항구를 차지함은 물론이고 비잔틴 방면의 진출을 독점했다. 재주는 곰이 부리고 돈은 중국 사람이 가져간 격이다.

5차 십자군(1219)은 이집트 공격을 목표로 했다.[10] 교황 인노켄티우스 3세는 4차 십자군이 콘스탄티노플로 향한 것을 아쉽게 생각하고 1213년 예루살렘을 향한 새 십자군을 소집했다. 1217년 헝가리군과 오스트리아군은 예루살렘 왕 장 드 브리엔(Jean de Brienne, ?1150~1237)과 합세하여 이집트 원정에 나섰다. 1218년 나일 강 하구의 다미에타를 점령하고, 우여곡절 끝에 카이로 공략에 나섰으나 나일 강 범람을 만나 철군할 수밖에 없었다. 긴 세월이 흐르고 결과적으로는 1229년 협정을 통해 예루살렘은 반환되었다. 6차 원정(1227) 때는 잠시 예루살렘을 점령했으나 1244년에 도로 빼앗긴 뒤로 다시 유럽으로 돌아오지 않았다. 1248~1272년 사이의 두 차례 원정은 프랑스의 루이 9세(Louis IX, 1214~1270)가 주동했으나 이집트와 튀니지 공격은 실패했다. 그 뒤로 이슬람은 몽골군에 짓밟히고, 서유럽에는 기아와 흑사병이 유행했으며 영국-프랑스 사이의 백년 전쟁이 발발해 더 이상 십자군 원정을 계속할 수 없게 되었다. 새로 등장하는 터키군의 강력한 힘 앞에서 유럽의 그리스도교 세력은 맥을 추지 못했다. 2세기에 걸친 십자군 원정이라는 국제 간의 전쟁은 이렇게 완전히 실패로 끝났다.

---

10 이때 예루살렘 왕국의 왕위 계승자는 왕녀 마리아였는데 국왕을 세우기 위해서는 유럽의 전통에 따라 남편을 선출해야 했다. 여러 가지를 고려해서 그 권한을 프랑스 왕 필립 오귀스트(Philippe Auguste, 1165~1223)에게 위임했고, 필립 왕은 브리엔느 백작의 3남으로 이미 늙은 장 드 브리엔을 지명했다. 그는 마리아와 결혼해서 예루살렘 왕이 되었다. 장은 십자군을 이집트로 향하게 한 지도자였다. 당시 이슬람의 중심 세력은 이집트였다.

십자군 원정 중 특이한 것은 1212년 프랑스와 독일에서 일어난 '소년 십자군 운동'이었다. 이들은 대개 순수한 신앙심으로 이끌려서 지원했으나 프랑스와 이탈리아의 해안까지 도착한 이들도 목적지까지 가는 도중에 익사하거나 노예로 팔려 갔다.

제국주의의 침략과 중동 이슬람이 지배하던 광활한 지역은 대부분 오스만 터키가 이어서 지배했다. 처음에는 유럽의 중부까지 영토를 넓혔으나 세월이 지남에 따라 그 세력이 점점 약화되어 발칸 반도와 그 서쪽의 영토는 대부분 잃었다. 중동 지방은 거의 1차 세계대전 때까지 터키의 지배를 받아왔다. 그러나 이 전쟁에서 터키가 독일 중심의 3국 동맹에 가담했다가 3국 동맹이 패하자 중동 지방에는 터키 대신 제국주의 영국과 프랑스 세력이 들이닥쳤다. 다시 말하면 전쟁 중인 1916년 영국, 프랑스, 러시아(3국 협정)는 터키 지배하의 서아시아 지역을 나누어 갖기로 밀약했다. 이것이 사이크스 피코 비밀 협정이다. 이에 따라 영국은 요르단과 팔레스티나, 프랑스는 시리아 지방, 러시아는 흑해의 동남 지방을 차지했다. 그러면서 교전국들은 전쟁을 유리하게 이끌기 위해 식민지에 자치권을 준다고 표명했다. 터키와 싸운 영국은 터키 지배하의 아랍인을 끌어들이기 위해 그들에게 자치를 약속하고(맥마흔 선언) 아랍인을 동원했다. 또 영국은 유대인들로부터 경제적 협조를 얻기 위해 아랍인이 거주하는 팔레스타인에 유대 국가를 세워주겠다고 약속했다. 이것이 밸푸어 선언이다. 영국은 서로 모순되는 3중의 혀 놀림을 한 것이다. 그들은 이렇게 교활했다.[11] 2차 세계대전 후 1948년, 그 약속에 따라 그곳에 이스라엘 공화국이 세워졌다. 이것이 지금 팔레스타인을 둘러싼 이스라엘 – 팔레스타인 분쟁의 원인이 된 것이다.

---

11 제국주의 영국은 이러한 이중 정책을 인도에도 썼다. 즉 1차 세계대전에 협조하면 인도에 자치권을 주겠다고 약속해놓고 지키지 않은 것이다. 그것을 규탄한 운동이 간디의 반영 독립 운동이다. 영국의 그 교활성은 이보다 먼저 인도와 파키스탄의 분열도 초래했다.

이것은 중동을 중심으로 한 제국주의 침략의 일단이거니와, 유럽의 제국주의는 전 세계를 지배하는 일을 자행했다. 하기야 15세기 지리상의 발견에서 시작된 신대륙 정복과 17세기 이후 선진 자본주의의 제국주의 열강의 식민지 정책이 점점 가속화되다가 마침내 19세기 이후에는 아프리카와 아시아를 한 치의 땅도 남김없이 식민지화하기에 이르렀고, 이것이 1, 2차 세계대전을 야기했다는 것은 다 아는 바지만 그 잔악상은 이루 다 열거할 수 없을 지경이다. 이것이 그리스도교를 신봉하는 선진 유럽 제국의 작태라면 종교라는 것을 도대체 어떻게 이해해야 하는가?

오늘의 중동전쟁 오늘의 중동전쟁은 위와 같은 역사적 배경에서 태어난 것이다.

팔레스타인 – 이스라엘 문제를 단순히 전쟁 수행상 간계의 산물로 치부하고 팔레스타인의 생존 문제로 국한시켜 본다고 하더라도 그 배후에는 종교적 대립이 있다. 종교의 문제로 확대하면 문제는 훨씬 복잡해진다. 이 복잡성을 피해 생존 문제로 축소하면 답은 이미 나와 있다. 그것은 1948년 이스라엘 공화국 수립 이후에 벌어진 4차에 걸친 전쟁과 그 뒤에 침탈한 땅을 모두 팔레스타인과 빼앗긴 나라에 돌려주고 평화 협정을 맺는 것이다. 그리고 양자는 공생해야 한다. 이것은 아브라함의 전례를 인정하고 그 정신을 살린 해결책이다. 그러나 이 해결책을 이스라엘이 거부하고 있는 것이다. 점령지를 내놓지 않겠다는 것이다.

사실 이스라엘 – 팔레스타인 분쟁에서 억울한 것은 팔레스타인이다. 그들은 전쟁과 관계없이 살다가 영국이 유대인들의 돈을 이용하려고 유대인들을 꼬드겼기 때문에 갑자기 삶의 터전을 잃고 만 것이다. 그것은 3~4천 년 동안 쌓인 이스라엘 민족의 유한이 하루 아침에 풀리지 않은 탓일 테지만, 타협을 거부하고 계속 전쟁 상태를 유지하며 최신 살상 무기 개발에 주력한다면 이스라엘은 그 조상들의 전례를 반복하지 않는다고 장담하기 어려울 것이다.

세계 평화를 위한
종교의 기여

프랑스혁명의 구호는 자유, 평등, 박애다. 자유와 평등에 관해서는 종래 정치적으로 해결하려고 애써왔다. 그러나 이 양자는 궁극적으로 박애 정신을 통해 구현된다. 박애는 사랑이고 사랑을 가장 열렬하게 교설하는 것은 종교, 특히 그리스도교다. 그럼에도 그리스도교가 전파되는 나라에서는 흔히 갈등이 있었고, 그중에서도 오늘날 세계적 분쟁은 그리스도교와 중동 중심의 이슬람교 사이의 대립과 갈등을 수반하고 있다. 더러 정치적 · 경제적 갈등이 발생하더라도 이것을 평화롭게 조절하는 것이 종교의 역할이겠거늘 어째서 사랑을 입에 물고 다니는 복음의 종교가 갈등 요인으로 작용하고 있는가? 인류의 평화를 구현하기 위해서는 이 문제를 검토하지 않을 수 없다. 나는 아래에서 세계의 여러 종교를 간략하게 소개하고 그것이 평화의 구현에 어떻게 기여할 수 있는지 성찰하고자 한다.

I. 종교의 의의

문명의 원천에는 언제나 종교가 자리 잡고 있다. 그럼에도 종교의 기원에 대한 정설은 없다. 진화론을 믿는다면 인간은 처음부터 사유하는 존재, 자기를 성찰할 수 있는 존재는 아니었을 것이다. 인간의 먼 조상이 캄캄한 밤 깊은 숲속에서 울부짖는 짐승 소리를 들었을 때, 푸른 하늘에 운행하는 해와 달과 밤하늘에 무수히 빛나는 별들을 발견했을 때, 그는 공포감과 함께 경외감도 느꼈을 것이다. 인간은 자기를 넘어서는 무한한 것, 절대적인 것 앞에서 무서워하고 두려워할 줄 아는 존재다. 이것은 종교적 원시 감정이다. 자기 외부에 있는 거대한 것, 불가항력적인 것에서 초월적 존재가 탄생하고, 자기를 넘어서는 절대적인 것, 거룩한 것에 대한 심리에서 자연종교가 발생한다. 애당초 종교는 동물과 자연 현상 숭배에서 시작해서 천체 숭배를 거쳐 유일신 신앙으로 진화되었을 것이다. 종교는 다신교에서 일신교로 발전해온 것이다.

인간은 병들고 굶주리는 고난을 겪으면서 가슴속에 한을 쌓는다. 이 한이 비원이 되고, 사람은 그 비원을 신이든 하늘이든 간에 인간을 초월하는 절대자에 의지해서 해소하고자 한다. 요새 말로 하면 기복이다. 기복성은 종교의 한 근원이 될 수 있다. 그러면서 사람은 내가 괴롭힌 사람에게 참회하고 나를 괴롭힌 사람을 용서하려는 마음도 갖게 된다. 참회와 용서도 기복의 하나일 수 있다.

종교에 기복성은 불가피한 필수 요건이기도 하다. 사실 기복성이 없으면 종교는 성립되지도 않는다. 그것 때문에 민중은 종교에 귀의하기도 한다. 이것은 고대로 올라갈수록 그 강도를 더한다. 기복은 사후의 세계에 대한 보증으로까지 이어진다. 그러나 기복만을 강조하는 종교는 미신으로 격하되고, 반면 기복성이 전혀 없으면 철학이나 윤리지 종교는 아니다. 게다가 종교는 비합리성을 내포해야 신비성을 지니게 된다. 이 신비성이 과학을 넘어선다.

인간은 신교(信敎)를 통해 세속적 자기를 초월하고 정화하고자 한다. 종교는 타락한 세속을 정화하는 해독 작용을 한다. 인간은 애초부터 종교적 존재다. 종교적 심성은 유한한 인간성의 반영이다.

종교는 인간의 실존 방식이자 그 문화적 표현이다. 신교는 개인만의 것으로 머물러 있으면 종교가 될 수 없고 반드시 부족이나 종족의 차원으로 상승·확산되어야 한다. 즉 종교는 승화 작용을 하는 일반성을 가져야 한다. 또한 종교적 믿음은 절대적인 것이다. 이 절대성과 일반성 때문에 종교는 단순한 믿음을 넘어 힘이 되기도 한다. 종족의 문화적 표현이라는 말은 종교가 갖는 신앙의 의례를 가리킨다. 신이든 하늘이든 부처든 초월자에 대한 믿음과 귀의의 양식은 반드시 경건한 의례로 표현되는데, 그 표현 양식을 문화라고 한 것이다.

사회적 상황이 개인으로는 감당하기 어려울 만큼 혼란스러울 때는 종교적 위세가 더해지기 마련이고 기성 종교의 변종인 유사 종교가 나타나기도 한다. 유사 종교는 무지몽매한 민중 속으로 파고든다. 유사 종교는 대개 어두운 곳에 숨어서 신자들끼리만 통하는 비의 의식을 행하는데, 그러다가 가끔 집단 자살, 안수 살해, 그룹 섹스 등 끔찍한 사건을 벌이기도 한다. 그것은 엄격하게 말하면 한 교주가 숨어서 만든 범죄 집단이다. 그러나 새로 탄생하는 종교가 어느 정도 합리적 교리를 갖추고, 윤리적으로 인심을 정화하며, 공개적으로 교세를 확장하여 다수인이 믿는 바가 되면 새로운 형태의 종교로 승화된다.

II. 세계의 종교현상 개요

종교의 일반성과 절대성은 모든 세속적 가치를 초월하는 절대적 가치를 가지며, 그 가치에 따라 신앙인은 자기의 인생 전체를 믿음에 투입하기도 한다. 이로 인해 강력한 종교적 힘이 생기거니와 종교 간에 피를 흘리며 싸우는 갈등도 생긴다. 민족 간의 큰 싸움에는 이런 종교적 갈등이 개입된 것이 많다. 오늘날 미국과 테러와의 싸움에도 종교적 갈등이 숨어 있다. 유대교를 믿는 이스라엘과 이슬람교를 신봉하는 팔레스타인 사이의 싸움에도 종교적 마찰이 내재한다.

그러나 나는 여기에서 각 종교가 세계 평화에 기여해줄 것을 기대하고 있으므로 종교 간의 갈등과 분쟁에 관해서는 더 이상 언급하지 않을 것이다. 오히려 그 갈등을 넘어서 서로 협조하는 측면을 찾고자 한다. 나는 아래에서 먼저 각종 종교의 발생과 근본 교리를 성찰함으로써 이들 종교가 세계 평화에 기여할 수 있는 요소가 무엇인가를 알아보고자 한다.

세상에는 여러 형태의 종교가 있지만 세계적 차원에서 보아 크게 영향력을 발휘하는 종교를 그 신자의 수를 기준으로 열거하면 그리스도교, 이슬람교, 힌두교, 불교일 것이다. 종교가 본질적으로 사후 세계를 믿고 신봉한다는 점에서 보면 유교는 종교라기보다는 현실 생활에 충실한 윤리 도덕이고 현실 경영의 교훈, 즉 정치론이다. 도교는 유교의 반면형(反面形)이므로 마찬가지로 종교라고 하기 어렵다. 자이나교는 힌두와 불교를 서술할 때 언급하는 것으로 그치고자 한다.

III. 그리스도교 [1]

그리스도교의 《성서》는 2천개 이상의 언어로 번역되어 연간 5억 권 이상 팔리는 세계 최대의 베스트셀러다. 그만큼 그리스도교는 신자도 많고 일반인의 관심도 큰 종교다. 전 세계의 그리스도교 신자는 2005년 기준 21억 명으로 추산된다.

성서를 읽은 사람은 누구나 그 책에 대한 독자적 견해를 가지고 있다. 아래의 서술은 성서 및 그리스도교에 대한 나의 견해다. 예수는 스스로 유대교를 폐하러 온 것이 아니라 완성하러 왔다고 했지만, 내가 보기에는 구약의 유대교와 신약의 그리스도교는 근본적으로 다르다. 그 다름을 인정해야 그리스도교가 성립한다. 이것이 그리스도교에 대한 나의 기본 전제다. 여기에 더하여 나는 오늘의 이스라엘과 유대 민족을 이해하는 방편으로 그들의 성서인 구약을 그들의 역사적 삶과 연결해서 일관성 있게 보고자 한다. 다시 말하면 구약 해석을 현재 이스라엘의 상황을 이해

---

1   그리스도교에 관해서는 이 책 2장 II절 '신앙의 자유를 위한 투쟁'에서 다룬 바 있다. 그리스도교 일반에 대한 나의 관견은 달리 기회가 주어지면 자세히 개진하겠지만 여기에서는 유대교의 입장을 특히 땅과 관련해서 언급하고자 한다.

하기 위한 첩경으로 삼자는 것이다. 이것이 성서에 대한 나의 역사적 해석, 특히 구약 해석의 입장이다.

1. 이스라엘의 민족신 여호와

창세기에 따르면 신은 우주 만물을 6일 동안 창조하고 7일째 쉬었다. 인류의 조상인 아담은 6일째 신이 자기의 형상에 닮게 흙으로 빚어 만들고, 다시 아담의 갈비뼈를 빼다가 이브를 만들었다. 그러나 그 신이 창조한 인류의 조상은 전 인류의 조상이 아니라 유대 민족의 조상일 뿐이다.

아담과 이브의 맏아들이 농부 카인이고 둘째가 목부 아벨인데, 신은 아벨의 제물을 즐기고 카인의 제물은 즐기지 않는지라 카인이 아우를 시기하여 들로 유인해 죽였다. 신은 노하여 카인을 영원한 떠돌이가 되도록 저주했다. 유대라는 말은 떠돌이라는 말이다. 영원한 떠돌이 유대인은 카인의 후예인 것이다. 쫓겨난 카인은 에덴의 동쪽 놋 땅으로 옮겨 가서 살았다. 이제 아담과 이브에게는 자식이 없다. 그래서 신은 세 번째 아들 셋을 낳게 했다. 셋의 후손 중에서 노아가 나온다.

셋이 결혼하여 에노스를 낳고 에노스는 카이난을 낳고……. 그것은 놋 땅으로 간 카인의 경우도 마찬가지다. 구약에는 그냥 카인이 여자를 알아서 에녹을 낳고, 에녹은 이랏을 낳고……, 이렇게 후손이 계속되는 것으로 나와 있다. 이런 유의 이야기는 구약의 도처에 있다. 여자를 알려면 여자가 있어야 할 텐데 이에 대해서는 언급이 전혀 없다.

여호수아는 이웃 종족을 정복하여 땅을 넓히고 그것을 12지파에게 나누어주었다. 여호수아에게 정복당한 종족은 누가 창조한 종족인가? 노아의 후손인가? 노아의 후손이라면 그들도 이스라엘 민족이다. 그런데 왜 그들은 까닭 없이 여호수아에게 정복당하고 살육당해야 했는가? 결국 이 신은 이스라엘 민족 중에서도 자기를 신봉하는 족속만을 위한 여호와인 것이다. 이들 이외의 종족은 이스라엘의 자기 확장을 위한 도구에 불과하다. 이런 데서 이스라엘 민족의 선민의식이 생겨나며, 이외에도 이에 대한 예증은 이집트 탈출에서 시작해서 도처에 있다.

2. 여호와의 축복은 땅을 넓히고 자손을 번창시키는 것

여호와는 자기만을 신봉하고 자기의 명에 따르는 자에게는 언제나 땅을 넓히고 자손을 하늘의 별처럼 많이 번창하게 하여 온 땅을 채우게 해주겠다고 약속한다. 여호와의 시복(施福)은 언제나 두 가지, 땅과 자손 번창이다. 약속은 언제나 일방적이다. 그것은 아담과 노아에게도 그러했고, 아브라함과 그 아들 이삭에게도 그러했다. 여호수아를 위시하여 그 이후의 많은 선택받은 자들에게도 그러했다.

아브라함은 이집트까지 갔다가 처음에 장막을 쳤던 베델과 아이의 사이로 돌아와 그곳에 장막을 치고 제단을 쌓았다. 그곳에서 그는 조카 롯과 헤어져서 각기 다른 땅에 터를 잡는다. 제단 앞에서 그가 주의 이름을 부르자 주는 "이제 네 눈을 들어 네가 있는 곳에서부터 북쪽과 남쪽과 동쪽과 서쪽을 보라. / 이는 네가 보는 모든 땅을 내가 네게 줄 것이며, 네 씨에게 영원히 주고 / 내가 네 씨를 땅의 티끌 같게 하리니 [⋯⋯]"[2] 하고 일방적으로 약속한다. 이삭에게 한 약속도 이와 같다. "[⋯⋯] 내가 너와 네 씨에게 이 모든 지역들을 주고, 또 내가 네 아비 아브라함에게 맹세한 것을 이루리니 / 내가 네 씨를 하늘의 별들처럼 번성하게 할 것이며, 이 모든 지역들을 네 씨에게 주리라. 네 씨 안에서 땅의 모든 민족들이 복을 받으리라."[3] 이것은 믿음이 깊은 자에게는 수없이 되풀이되는 약속이다. 유목민으로 떠도는 유대인의 비원은 땅을 넓히고 자손을 번창시켜서 정

---

2   〈창세기〉, 13장 14~16절.

3   〈창세기〉, 26장 3~4절.

착 생활을 하는 것이었다.

3. 아브라함의 토지 취득

이스라엘 민족의 실질적 조상인 아브라함은 원래 유프라테스 강 하류에 있는 우르, 즉 노아의 방주가 맨 처음 정박한 곳에서 그 강의 상류에 있는 하란으로 옮겨가서 살던 사람이다. 그런 아브라함에게 신은 갈 곳이 어디라고 일러주지도 않고 큰 민족을 이루게 해주겠다고 하면서 느닷없이 "네 고향과 네 친족과 네 아비의 집을 떠나 내가 네게 보여줄 땅으로 가라"[4]고 했다. 신앙심 깊은 그는 전 재산을 정리하고는 75세의 나이로 65세인 아내 사라와 조카 롯과 일꾼들을 데리고 신이 인도하는 대로 길을 떠났다. 천신만고 끝에 그가 도착한 곳은 가나안 땅 세겜의 작은 마을 모레의 상수리나무 밑이었다. 그는 떠돌이로 그곳에 온 것이다. 그 땅에는 이미 다른 종족이 살고 있었다. 그곳은 그가 아는 사람이 하나도 없는 낯선 곳이다. 그곳에서 그는 기숙자로서 목축 생활을 했다. 목축 생활은 초지를 찾아 철 따라 떠도는 생활이다.

베버의 《고대 유대교(Das antike judentum)》(1921)에 따르면 셈족 유대인들은 양과 산양을 기르는 사람들로 '반(半)유목민적 소가축 사육자들'이었다. 반유목민이라고 하는 것은 생활의 반은 유랑하는 유목민이면서 반은 정착해서 사는 농업민이라는 것이다. 떠돌이로 남의 땅 가나안에 온 사람이 어떻게 반정착적 농민 생활을 할 수 있었는지 이해하기 어렵다.

야마가타 타카오(山形孝夫, 1932~)가 혼다(本多勝一, 1932~)의 《아라비아 유목민》을 소개하는 바에 따르면[5] 셈족은 아랍계와 하자르계로 분류

---

4 〈창세기〉, 12장 1절.

5 山形孝夫, 《聖書の起源》, 筑摩書房, 2010, 54쪽 이하 참조.

된다. 전자는 사막의 천막생활자이고, 후자는 주택 생활자다. 전자는 다시 베두인과 슈와야의 둘로 나뉘고, 후자도 가라와니와 라이에 둘로 세분된다. 베두인은 주로 낙타를 이용하는 완전한 사막 유목민이고, 슈와야는 사막 생활자이지만 대개 양과 산양을 기른다. 이들은 오아시스에서 멀지 않은 곳을 찾아 이동한다. 이런 구별은 하자르게에도 있다. 가라와니는 완전한 정착적 주택 생활을 하고, 라이에는 우기에만 주택에서 산다. 베버에 따르면 베두인은 농경과 주택 생활을 싫어하고, 집이나 성채를 경멸하여 천막생활을 고집하며, 낙타의 우유와 야자열매를 주식으로 삼는다. 이들은 와인을 마시지 않고 몹시 개인주의적이어서 무리를 이루어 살려고 하지 않지만 적에 대항해서는 일치단결한다. 그들은 토지를 갖지 않는 대신 대상들의 길목이나 샘을 차지하여 그곳에 경제권을 확보한다. 통행세와 수세로 대상을 착취하는 것이다.

　반면에 도시 생활자는 폴리스 생활자로서 소규모적이지만 독자적 종교와 군사 조직을 가지고 있다. 폴리스 내 거주자들은 봉토를 가진 소수의 귀족적 씨족 그룹이다. 폴리스 외 거주자들은 여기에 예속되는 자들이다. 이들은 농민층을 형성하며 전자에 예속되어 전자에 연공을 바치는, 말하자면 착취 대상이다.

　이런 분류로 보면 이스라엘 민족은 슈와야에 속한다. 그들은 정주자, 특히 폴리스의 귀족층에 접근하여 법적 관계를 맺고, 오아시스 가까이에서 일정 기간 유목 생활을 하는 일종의 더부살이(기숙자)인 것이다. 이런 종족에게 가장 큰 소원은 유목 생활을 하든 정착 생활을 하든 자기의 땅을 갖는 것이다. 토지 취득은 그들의 비원이다.

　낯선 사람으로 와서 더부살이 생활을 하던 아브라함은 헤브론에서 127세인 아내 사라를 잃는다. 아내를 장사 지내기 위해 그는 땅 주인의 아들 헷에게 장사 지낼 땅을 양도해달라고 간청한다. 그들은 아브라함의 인품이 훌륭한지라 그냥 묘실 중에서 마땅한 곳에 장사 지내라고 한다. 아브라함은 들의 끝에 있는 동굴이라도 자기에게 팔아달라고 호소한다.

촌장격인 에프론이 조정하여 그가 처음에 요구한 들과 동굴까지 그냥 주겠다고 한다. 아브라함은 시세대로 은 400세겔을 치르고 동굴 막펠라를 자기 소유로 해서 그곳에 아내를 장사 지냈다. 그는 비로소 땅을 소유하는 소원을 성취한 것이다. 그 뒤 그곳은 그와 그 자손들의 묘지가 되었다. 이삭도 야곱도 요셉도 그곳에 묻혔다.

농부 카인의 엄청난 죄를 저주하되 그냥 떠돌이 생활을 하도록 한 것으로 끝난 데서도 땅에 대한 이러한 열망을 찾을 수 있다. 카인은 에덴의 동쪽 땅 놋으로 옮겨가 살면서 대대로 아들을 낳아서 번창했으며, 또 이들은 축산을 일으키고, 하프와 오르간이라는 악기를 창작했으며, 철기 문명을 이룩했다. 말하자면 인류의 문명을 일으킨 원조상이 된 것이다. 카인의 후예는 농경 민족으로서 정착 생활을 했을 것이다. 유목민은 일정한 주거지 없이 떠돌아다니는 족속인데 카인의 후예들이 정착 생활을 했다는 것은 유목을 저버리고 농경민으로 살았다는 것이기도 하다. 이들은 이스라엘 민족의 숙원을 일찍 이룬 셈이다. 그러나 그것은 신이 선택한 이스라엘 민족의 본질에는 맞지 않는다. 신에게 그들은 더 이상 이스라엘 민족이 아니다. 셋의 후예로 농사를 지은 노아의 자손을 신이 더 이상 돌보지 않은 것도 마찬가지다. 그러나 이들 농경 생활자들도 영원히 방랑하라는 신의 저주에서 자유로울 수 없었을 것이다.

4. 토지 취득 이후의 종교적 타락

이스라엘 민족의 본질은 각박한 아라비아 사막의 유목민으로서 선주민에게 더부살이할 수밖에 없다는 데 있다. 아브라함도, 그의 아들 이삭도, 또 그의 아들 야곱도, 야곱의 아들 요셉 형제도 더부살이 생활을 했다. 이스라엘 민족은 땅을 얻기 위해, 꿀과 젖이 흐르는 약속의 땅을 향해 무한정 떠도는 삶을 살았다. 구약에 기록된 이스라엘의 역사는 바로 땅을 취득해서 더부살이를 청산하고자 침략하고 투쟁하면서 흥망과 영욕을 체험하는 역사다. 싸워서 이겨 영광을 누릴 때 비로소 농경 사회가 시작된다. 여호수아 시대가 바로 그때였다.

그러나 그 영광은 비교적 평온했던 약 200년간의 사사 시대(?BC 1200~BC 1020)를 지나 다윗·솔로몬 시대(BC 1004~BC 926)를 맞이하여 절정을 이루었다. 기름진 땅 가나안에 들어온 뒤부터 이스라엘 민족은 이미 사막의 신 여호와를 버리고 농경 사회 가나안의 풍요의 신 바알을 믿기 시작했다. 사울, 다윗, 솔로몬에게서 보이듯이 돈, 권력, 명예가 극에 달하면 인간은 반드시 교만해지고 타락하여 멸망의 길로 들어서기 마련이다. 그러다가 끝내 나라가 남북으로 분열되어(BC 926) 먼저 북이스라엘 왕국이 망하고(BC 721) 이어서 남쪽의 유다 왕국이 멸망(BC 586)하고는 나라 없는 백성으로 약 580년간 더러는 전 세계로 흩어져 다시 돌아오지 못할 종족이 되고(북이스라엘) 더러는 포로로 잡혀 유폐되었다(남유대). 그 후 50년 만에 풀려나 메시아의 내림을 고대하면서 400여 년 동안 떠도는 침묵의 과정이 이어진다. BC 428년경 포로에서 풀려난 그들이 예루살렘에 신전을 복원하고 유대교를 탄생시켰다고 하나 그 내용은 분명치 않다. 그것은 형식적 율법이라고 알려져 있다. 그 후 유대인들은 유대교의 정전을 정리했으나 이웃 강국의 지배를 받지 않을 수 없었다.

결론적으로 말하면 이스라엘의 신 여호와는 그렇게 많은 신자들에게 넓고 풍요로운 땅을 주고 그 자손들을 하늘의 별처럼, 땅의 먼지처럼, 바닷가의 모래알처럼 번성케 하겠다고 약속했음에도 결국 하나도 이루어 주지 못하고 400년 동안 침묵하는 신으로 끝났다. 가끔 선지자들이 그의 소식을 전할 뿐이다. 그 뒤 다시 나타났다는 이야기를 나는 어디에서도 듣지 못했다. 여호와는 이스라엘 민족에게 스스로 자기만 믿으면 번성케 해주겠다고 약속하고는 그 약속(명령)을 안 지켰다고 그렇게도 이스라엘 민족을 괴롭혔다. 그리고 신과 이스라엘 민족과의 긴장과 대립의 긴 역사는 실패로 끝나고 불행한 이스라엘의 역사는 종결되었다. 이것을 뒤집어서 보면, 이스라엘 민족이 그들만을 사랑할 신 여호와를 만들어서 그렇게 넓은 땅, 그렇게 많은 자손을 달라고 애원하면서도 실제로는 여호와의 말을 너무 듣지 않다가 마침내 멸망하는 지경에 이르니까 숫제 여호와가 단념하고 떠나버린 역사인 것이다. 그렇지 않고서야 전에는 그렇게 자주 나타나던 신이 400년 동안이나 안 나타날 리가 없다. 여호와는 퇴위하고 사라진 것이다. 더러 선지자를 통해 신은 자기 소식을 전했지만 이스라엘 민족은 그 말도 귀담아 듣지 않았으니 자업자득인 셈이다.

그러다가 다윗의 후손 예수가 스스로 하나님의 아들이라고 선언하면서 나타났다. 그러나 그 하나님은 이미 여호와가 아니다. 이것으로 구약의 역사는 끝나고 완성됐다. 끝나고 완성되다니 이게 무슨 말인가?

5. 예수에 의한 구약의 완성과 하늘나라

유대교에 대한 성서의 기록은 구약에도 신약에도 별로 없다. 현존하는 구약에는 유대인이 방황하는 400여 년 동안 나타난 여러 예언이 전해질 뿐이다. 우리가 할 수 있는 것은 현존하는 유대교와 신약을 미루어 옛날의 유대교를 추측하는 것이다. 이에 따르면 유대교는 실제로 형식적 율법으로만 남아 있다. 율법의 핵심은 여호와가 아브라함에게 한 약속과 모세의 십계명이다. 그러면서 유대교는 여전히 땅에 대한 집착에서 벗어날 수 없었다. 그 신은 다름 아닌 이스라엘 민족만을 향해 믿음을 요구하고 그들에게만 복을 베푸는 여호와다. 그러나 그 신은 유대인을 위해 현실적으로 아무런 역할도 하지 않았다. 여호와는 점점 잊혀가고 있었다.

일부의 어용 종교 지도자(사두가이파)들은 자기네의 세속적 야망을 위해 로마의 지배에 영합하고, 일부 형식적 율법주의자들(바리사이파)은 민중의 지지를 얻기에 급급했으며, 일부는 순수한 신앙을 견지했으나 현실 도피적으로 되어 대중에게 큰 영향을 주지 못했다. 유대 민족을 다시 일으키려는 일부 극단주의자들의 반로마 운동은 탄압의 구실만 제공했다.

예수가 공생활[6]을 시작하기 전, 그러니까 기원전 6세기에 유대인들이 바빌로니아에 포로로 유수되어 있을 때부터 유대인들 사이에는 메시아 사상과 종말론이 유포되어 있었다. 구약의 뒷부분은 그런 예언으로 채워져 있거니와, 특히 그 예언은 성서 〈이사야〉에 자세하게 기록되어 있다. 이에 따르면 신은 유대인의 배반을 엄벌하여 가혹한 형벌을 내리고 이어서 세상은 종말을 고한다. 그런 뒤에 메시아(그리스도)가 나타나서 유대인을 구원한다는 것이다. 거기에는 예수의 대속적 희생에 대한 예언도 언급되어 있다.[7]

나는 위에서 예수는 유대교의 율법을 완성했다고 했고 이게 무슨 말인지 물었다. 다 아는 것처럼 유대교의 율법은 눈에는 눈, 이에는 이로 갚도록 되어 있다. 여호와는 이스라엘 민족으로 하여금 땅을 넓히고 자손을 번창시키기 위해 떠돌이로 남의 땅에 들어와서 남을 정복하라고 가르치고 도왔다. 그러나 예수는 원수를 사랑하라고 했다. 그는 실제로 로마인 백인 대장의 부하도 치료해주었다. 이것은 여호와는 할 수 없는 일이다. 원수를 저주하지 않고 큰 사랑으로 끌어안는 것, 이것이 율법의 끝이자 완성이 아니고 무엇인가? 이것은 바울도 지적한 바다. 그는 〈로마서〉 13장 10절에서 "사랑은 율법의 완성"이라고 했다. 저주받아야 마땅한 원수를 사랑으로 감싸는 것 이상의 완성이 어디 있는가? 여호와와 예수의 하느님은 다르다. 전자에는 사랑의 개념이 매우 희박하다. 그러나 후자에는 전적으로 사랑만 있다. 전자는 자애의 민족 신이고 후자는 보편적 신이다. 이 양자의 현격한 차이를 알아야 유대의 율법과 그리스도교의 사랑

---

6   예수의 공생활에 대해서는 이 책 75쪽 이하에 기록해놓았다.

7   〈이사야〉, 53장.

정신을 가를 수 있고, 거기에서 비로소 그리스도교의 정체가 드러난다. 예수의 가르침은 율법이 아니라 사랑이라는 것, 이것이 종래의 율법과 예수의 그리스도교가 단적으로 구별되는 점이라는 것도 사람들은 다 알고는 있다. 그러나 가슴으로 알지 못하고 그냥 혀끝으로만 알고 있다. 예수가 사랑을 통해 하늘나라를 지상에 실현하려고 한 것도 알고는 있다. 진정으로 그는 십자가에 못 박혀 죽음으로써 인류의 속죄, 인류의 구원을 기원했다. 그는 극단적 방법을 택한 것이다. 바로 이 정신, 즉 사랑의 정신이 그 뒤 신자들의 순교로 이어진 것이다. 그 사랑으로 인해 문둥병 환자들의 고름을 직접 입으로 빨기도 하고 사람의 발길이 닿지 않는 오지에 가서 선교도 하며, 지구상에서 가장 가난한 지역에 가서 의료 봉사와 교육 봉사를 할 수도 있다. 그것은 다름 아닌 사랑의 실천인 것이다.

이것은 십자가의 희생정신이 아니고서는 불가능한 일이다. 예수가 "나는 부활이요 생명이다"라고 외친 것은 이 정신으로 다시 태어남을 가리킨다. 이것은 불교의 자비나 유교의 성실성만으로는 불가능한 경지다. 모든 사람이 사랑으로 남을 대한다면, 그리하여 세상이 사랑으로 넘친다면 바로 그곳이 천국인 것이다.

세금과 관련해서 누가 묻자 예수는 "카이사르의 것은 카이사르에게, 하느님의 것은 하느님께"[8]라고 단적으로 선언했다. 바로 여기가 이스라엘 민족이 아브라함 이래로 그렇게도 집요하게 갈구했던 땅에 대한 욕망을 대담하게 포기하고 그 대신 천국을 세우는 대목이다. 지상에서 사랑이 넘치는 평화를 건설하는 것은 이스라엘 민족과 여호와가 그렇게 오랫동안 열망하던 지상의 것, 즉 땅에 대한 집념을 대범하게 단념하는 데서 비롯한다. 그가 율법을 폐하려고 온 것이 아니라 완성하러 왔다는 천명은 바로 지상의 것에 대한 욕망을 과감하게 포기하고 지상에 하늘나라를 세우는 것에서 성취된다. 이것이 율법과 유대교의 종말적 완성이다. 그 대

---

8 〈마가복음〉, 12장 17절.

신 그는 천국을 지상에 세운 것이다. 세속을 완전히 초월함으로써 그리스도교로 하여금 보편적 종교가 되게 하는 근원이 바로 이 대목인 것이다.[9]

예수가 구약의 역사를 끝내고 완성했다는 것은 바로 이것을 가리킨다. 이러한 박애주의와 초월 사상으로 인해 그리스도교가 성립한다고 나는 생각한다. 이 입장에서 결론부터 말하면, 구약은 내 나라와 내 땅 한 평 없이 남의 나라에 더부살이로 살면서 불모의 사막을 방황하던 민족으로서 땅을 얻기 위해 다른 민족 사이로 파고들어 주변 민족들과 무던히 싸우고 터진 이스라엘 민족의 비원으로 점철된 삶의 기록이다. 그 길고 지루한 싸움 끝에 이스라엘 민족이 망국민이 되어 세계 도처에 흩어져서 오랜 시련을 거치면서 생명을 유지해오다가 마침내 예수의 초월주의를 만나 율법을 포기하고 세계적 종교로 부활한 것이다.

돌이켜보면 1차 세계대전에 연합국인 영국을 경제적으로 지원한 대가로 옛 땅에 나라를 세운 이스라엘 민족이 맨 먼저 한 일이 무엇인가? 그것은 그들의 비원, 천 년 동안 쌓인 비원의 실현이다. 이를 위해 그들은 황막한 사막에 물을 대고 식물을 가꾼 것이다. 아브라함이 구태여 은 400 세겔을 주고 동굴 묘지를 소유한 그 정신은 여기까지다. 그러나 그것은 이스라엘적 비원의 성취이지 예수의 사랑 정신의 구현은 아니다. 이것이 유대교와 그리스도교의 차이점이다. 유대교를 신봉하는 1400만 이스라엘 민족이 진정으로 세계 평화를 향해 부활하려면 사랑의 정신으로 다시 태어나야 한다. 자아 독존만을 노려 다른 민족에게서 미움을 받아오던 율법을 벗고 사랑으로 자기를 승화시켜야 하는 것이다.

---

9 독자들은 여기에 이어서 87쪽 '믿음이 의인 신앙' 항목 이하에 서술한 바울의 그리스도교 정초를 읽어주기 바란다.

Ⅳ. 이슬람교

셈족은 종교적 종족이다. 그들이 창출한 종교는 유대교이거니와, 거기에서 그리스도교가 나왔고 다시 600년 뒤에 이슬람교가 나왔다. 이 세 형태의 종교는 모두 우상 숭배를 거부하는 일신교다. 이슬람교는 아랍인이 유대교에서 분리해서 창설한 것이다. 그 신자들을 무슬림이라고 한다. 무슬림은 중동과 아프리카, 중앙아시아 및 동남아시아에 분포되어 대충 13억 명 정도로 추산된다. 인도네시아는 인구의 90%가 무슬림이고, 말레이시아는 이슬람교를 국교로 삼고 있다.

성서에 따르면 아랍인은 아브라함과 관련되어 있다. 아브라함이 늦게까지 대를 이을 자식을 두지 못하자 그의 아내 사라가 여종(이집트인 하갈)을 통해 자식을 얻도록 남편에게 권유해서 하갈이 임신해 얻은 아들이 이스마엘이다. 그런데 그 뒤 100살이 된 아브라함과 그 아내 사라 사이에 신의 계시로 아들이 생겨서 낳은 자식이 이삭이다. 이삭이 태어나자 사라는 하갈 모자를 내보냈다. 먼저 태어났지만 이민족의 피가 섞인 이스마엘에게 아브라함의 정통이 되게 할 수는 없었을 것이다. 이스마엘 모자는 사막을 헤매다가 살아나서 아랍 민족의 시조가 되었다고 한다.[10]

그 이스마엘의 후예 중에서 6세기에 무함마드(Muhammad, 570~632)라

---

10 〈창세기〉, 16장 3~16절; 21장 13~21절 참조. 뒷날 이슬람의 창시자인 무함마드가 태어나서 처음 포교를 시작한 메카에 옛날부터 다민족들이 각기 자기네 신들을 예배한 카바 신전이 전해 내려오는데, 전설에 따르면 그 신전은 이브라힘(아브라함)과 그 아들 이스마엘이 메카를 방문하여 세운 곳이라고 한다. 물론 그것은 옛날에 파괴되었고, 지금 있는 것은 그 뒤 여러 차례에 걸쳐 재건한 것이다. 이스마엘과 그의 어머니 하갈은 이곳에 정주했고, 카바 신전의 북서쪽 벽에 면한 히주르라는 곳에 매장되었다고 한다. 구약에 아브라함이 이곳을 방문했다는 기록은 없다. 이 지역을 역사상 최초로 기록한 것은 2세기 프톨레마이오스의 《지리(地理)》다. 이슬람교가 창출되기 이전 아랍에는 다신교, 조로아스터교, 유대교, 그리스도교 등 여러 종교가 흩어져 있었다. 그래서 카바 신전에서는 아무나 또 어떤 신에게도 예배할 수 있다. 예배자는 일정한 돈을 내야 하는데, 그 관리권은 큰 이권이 되었다.

는 예언자가 태어났다. 그가 명상하는 가운데 천사 미카엘이 나타나 신의 계시를 전했는데, 그는 이것을 가지고 민중을 교화하여 새로운 신앙을 창성했다. 이렇게 해서 탄생된 종교가 이슬람교다.

이슬람교는 그리스도교와 마찬가지로 유대교에서 탄생했는지라 유대 교리를 많이 답습하고 있고 그리스도교와도 유사한 점이 많다. 그리스도교와 교리상 크게 다른 점은 예수가 아브라함, 모세, 무함마드와 마찬가지로 예언자의 한 사람일 뿐 신의 아들로서 구세주는 아니라는 것이다.

유럽 편향의 중간 세계의 역사 인식 우리의 세계사 인식은 다분히 유럽 편향적으로 되어 있다. 그것은 우리의 역사 교육이 유럽 중심으로 되어 있다는 것이다.

세계 4대 문명의 발상지 중에서도 가장 먼저 꼽는 곳은 이집트 나일 강 문명, 티그리스 강과 유프라테스 강이 만나는 곳에 꽃핀 메소포타미아(강 사이라는 뜻)문명이다. 후자가 발생된 지역이 역사에서 언급되는 것은 메소포타미아문명과 조로아스터교, 유대 민족이 포로로 잡혀서 끌려간 바빌로니아, 대군을 이끌고 그리스에 침공한 페르시아제국, 중세기에 최대의 대국을 건설한 이슬람제국과 무함마드의 이슬람교, 아라비아 문명 그리고 중세기의 국제 전쟁인 십자군 원정 때의 예루살렘, 유럽을 석권한 오스만제국, 마지막으로 오늘날 미국과 갈등을 빚고 있는 중동 등이다. 이 모든 것은 유럽 역사의 변두리 이야기로 다루어지고 있다. 이것이 우리가 아는 중동의 거의 전부다. 유럽의 역사에서는 동로마제국도 비잔틴제국이라고 부르면서 기껏해야 동서 교회의 분립에서 잠깐 언급할 뿐 거의 망각 상태로 방치했다. 최근에 와서 이곳에 대한 연구를 새삼 시작하는 모양이다. 유럽의 역사 인식은 대개 고대 문명을 일으킨 지중해 세계에 대한 서술에 이어 게르만민족 대이동의 서술로 옮겨간다. 세계사의 핵심을 유럽 중심으로 삼는 것이다. 그리고 중세 천 년을 그리스도교의 세계화로 일관했다가 십자군 원정의 여파로 시작된 지리상의 발견을 전환점으로 해서 근대사를 시작한다.

그러나 유럽 중심사의 외곽에 밀려나 있던 메소포타미아문명권에 사는 사람들은 자기네가 사는 이 지역을 중동이나 소아시아라고 하지 않고 중간 세계라고 부른다. 왜냐하면 그곳이 서쪽으로는 지중해에 연하고 동쪽으로는 인더스 강을 경계로 인도와 인접하며 북으로는 중앙아시아에서 남으로는 이집트와 아라비아에 이르는 광활한 지역을 일컫기 때문이다. 이곳은 육로나 해로로 동서와 연결되어 고대 이래, 특히 유럽이 잠자고 있던 중세에 교역이 가장 활발하게 행해졌던 곳이다. 이슬람이 한창 팽창했을 때 그 영토는 서쪽으로 북아프리카 일대와 이베리아반도에까지 미쳤고 동쪽으로는 중국과 맞닿았다.

지금부터 서술하려는 이슬람교의 근원지는 아라비아반도다. 그 반도 서쪽에 홍해가 있고, 그 홍해에 연해 메카라는 큰 상업 도시가 있는데 이곳이 무함마드가 태어나서 이슬람교와 이슬람제국의 근원점을 이룬 곳이다. 무함마드 이전에 아라비아반도에는 나라다운 나라도 있어본 적 없는 불모의 땅이었다. 문화적 전승도 신통치 않은 그 불모지에서 글도 모르는 한 상인 출신의 예언자가 일으킨 종교 운동이 머지않아 역사상 가장 큰 영토를 가지고 동서를 아우르는 대제국이자 문화 대국이요, 군사적·경제적 초강국으로 성장하여 이슬람 평화 시대(Pax Islamica)를 이룬다.

1. 무함마드와 계시

무함마드는 아라비아의 서쪽 홍해 연안에 있는 인구 10만의 상업 도시 메카에서 쿠라이시족[11]의 일원으로 태어났다. 그는 유복자였다. 할아버지

---

11 쿠라이시족은 자기네가 이스마엘의 후손임을 자부하고 카바 신전을 자기네 조상이 지었다는 전승을 믿고 있었다. 그들은 그곳에서 존경받는 부족이었다.

는 예멘에서 에티오피아군이 쳐들어왔을 때 메카 쪽 지도자였다. 무함마드는 6살에 어머니를 여의고 할아버지의 사랑을 받으며 그 슬하에서 자랐으나 할아버지도 3~4년 만에 죽었다. 그 뒤 그는 백부에게 맡겨져서 사촌들과 함께 양육되었다. 그는 총명하고 정직한 소년이었다. 백부는 고상한 인품의 소유자였으나 가난했다. 무함마드는 어려서 목동 일도 하고 큰아버지의 대상을 따라 장사도 했다.

대상은 사막 지대에서 낙타나 코끼리를 이용해서 큰 무리를 지어 다니며 하는 무역업이다. 무함마드가 종사한 대상은 아라비아 서쪽 해안을 따라 북상해서 시리아로 오가는 무역업이었다. 무함마드가 대상을 따라다니는 동안 그는 총명하고 정직하고 협상 능력이 뛰어난 사람으로 알려졌다. 이후 그는 남편과 사별한 거부 여상 카디자(Khadija, 555~619)에게 고용되었다가 25세 때 그녀와 결혼했다. 그때 그녀는 40세로 무함마드보다 15세 연상이었지만 미모를 지니고 있었다. 무함마드는 사촌 막내아우 알리(Ali, 656~662)를 데리고 처가에 가서 함께 살았다. 이제 생활이 안정되었다. 그는 충실한 남편이자 아버지로서 그녀와의 사이에서 2남 3녀를 얻었다. 하지만 두 아들은 일찍 죽고 딸들만 생존했다. 사촌 알리는 뒤에 자기의 막내딸과 혼인시켰는데 이 알리가 후에 4대 정통 칼리프가 되었다. 아내 카디자와 사별한 뒤에 무함마드는 재혼하여 여러 명의 아내를 두었다.

그는 조용하고 사색적인 사람이라 돈과 색이 흥청거리는 상업 도시의 분위기가 체질에 맞지 않아 언제부터인지 많은 날들을 히라 산의 동굴에 가서 명상으로 지새웠다. 이슬람 경전《코란》에 따르면 그는 40세 되던 해 히라 산에서 어느 날 밤 꿈속에서 무서운 일을 당했다.《코란》이 무함마드의 세 번째 아내 아이샤('Ā'ishah)의 말이라 해서 전하는 바에 따르면,

〔……〕 천사 가브리엘이 그분(무함마드) 앞에 나타나 "하느님께서 사람들에게 계시하신 것을 읽으시오!" 하고 명령했던 것입니다. 이에 "나는 못합

니다"라고 예언자(무함마드)께서 말했습니다.

이후 벌어진 일에 대해 하느님의 예언자께서는 나(무함마드의 아내들 중 하나인 아이샤)에게 다음과 같이 말해 주셨습니다.

그러나 천사는 나를 껴안고 내가 거의 질식할 정도로 목을 꽉 졸랐네. 그런 뒤에 나를 놓아주고는 또 "읽으시오!" 하고 명하더군. 나는 다시 "나는 못합니다"라고 했지. 그러자 그가 다시 나를 껴안고 목을 조르는 통에 '나는 이제 죽는구나'라고 생각했지. 허나 그는 또 한번 나를 풀어주며 "읽으시오!"라고 명했다오. 나는 또 다시 "나는 못합니다"라고 했지. 그러자 그는 다시 나를 붙잡아 세 번째로 나의 목을 졸랐다오. 잠시 후 또 나를 풀어주며 다음과 같이 말했다오. "만물을 창조하시고, 한 방울의 정액으로 인간을 창조하신 분, 그대 주님의 이름으로 읽으시오! 그대의 주님은 가장 은혜로운 분이시니라"[12]

무함마드는 문맹이라 읽지 못한다고 한 것이다. 그는 꿈에서 깨어나자마자 집으로 달려가 무서워서 벌벌 떨면서 부인 카디자에게 이불을 달래 가지고 뒤집어쓰면서 숨겨달라고 소리쳤다. 카디자는 무함마드와 함께 그리스도교 신자이고 복음서에도 조예가 깊을 뿐 아니라 히브리어로 글을 쓰는 사촌 오빠를 찾아가서 이 일을 문의했다. 그는 이미 눈도 안 보이는 노인이었다. 무함마드에게서 이야기를 듣고 난 뒤 노인은 무함마드를 괴롭힌 이는 유일신 하느님께서 모세에게 보냈던 천사장 가브리엘이라고 일러주면서 자기가 좀 더 젊었더라면 무함마드를 도와줄 수도 있겠는데 그렇지 못해 안타깝다고 했다. 무함마드와 같은 일을 당한 사람, 즉 하느님의 택함을 받은 예언자는 언제나 많은 사람들에게서 박해를 당하

---

12 《코란》, 96장 1~3절.

기 마련이라는 것이었다. 카디자는 무함마드가 예언자임을 이해하고 적극적으로 그를 도왔다. 무함마드는 그 뒤 죽을 때까지 23년 동안 간헐적으로 이런 계시를 받았다.[13] 이 계시는 처음에는 무함마드가 암송해서 전했다. 《코란》에는 신의 계시뿐 아니라 일상생활에 관련된 모든 일에 관한 무함마드의 교훈까지 포함되어 있다.

예언자로서 계시를 받은 무함마드는 메카에서 선교를 시작했다. 처음 3년 동안에는 가족과 가까운 주변 사람들만 입교했다. 모두 30명쯤 되었다. 이어서 쿠라이시족 전체를 향해 선교를 시작해서 약 10년간 포교했는데 신자는 200명 정도였다. 말하자면 13년 동안에 어느 정도 기반이 잡힌 것이다. 그러자 쿠라이시족, 특히 지도자가 되려는 야심을 가진 원로들은 당황하지 않을 수 없었다. 무함마드를 추종하게 되면 쿠라이시족의 주도권을 그에게 넘겨주는 것이 되기 때문이다. 그래서 무함마드가 들고 나온 듣지도 보지도 못한 알라라는 유일신이 대개의 아라비아인들이 믿는 다신교와도 상치된다는 것을 구실 삼아 그를 경원시했다. 게다가 이 기간, 즉 619년경에는 아내 카디자와 쿠라이시의 족장이 세상을 떠났다. 이제 이 보호막이 없어진 것이다. 그는 암살의 위협을 받게 되었다. 그를 죽이기로 결정된 밤, 이 기미를 미리 눈치챈 무함마드는 친구 아부 바크르(Abū Bakr, ?573~634, 1대 정통 칼리프)와 함께 밤에 메카를 탈출하여 북쪽의 메디나로 도피했다. 그 이전에 무함마드는 이곳 주민이 이슬람교에 입교하고 무함마드를 자기네의 수장으로 모시겠다는 밀약을 받고 있었다. 2년 동안 계획한 일의 실행이었다.

메카와 메디나는 종교적 성향이 매우 다르다. 메카의 쿠라이시족이 신봉하는 종교는 자연 다신교인 데 반해, 메디나 쪽은 주로 유대교를 믿고

---

13 대개의 경전과 마찬가지로 《코란》도 초창기에는 암기로 전승되었다. 코란이란 말은 본디 암송을 의미한다. 그러다가 644년 정전화가 이루어지고 문자로 기록되었다.

있었다. 무함마드의 계시는 구약에 뿌리를 두고 있어 메디나의 유대교와는 그 발생적 근원을 함께하는지라 양자 사이에는 친근성이 있으므로 메디나는 그에 대해 매우 호의적이었다. 그러나 무함마드의 사회주의적 움마(Ummah)가 크게 성공하자 유대교인들은 이슬람교에 대해 비판적으로 되었다. 여기에서 양자 사이에 긴장과 균열이 생긴 것이다. 《코란》은 신·구약성서는 받아들이되 불신의 유대인에 대해서는 저주에 가까울 정도로 증오하고 있다. "그들(유대인들) 중에는 불학무식해서 성서를 알지도 못하면서 뿌리도 잎도 없는 이야기를 믿고 멋대로 억측을 하는 자들이 있지 않은가? 저들 손으로 성서를 위작해놓고 이것이 알라가 준 것이라고 하면서 그것을 팔아 돈을 버는 자들이여 화 있을지어다. 저들 손으로 쓴 것이니 화 있으라. 저들이 번 돈이니 화 있으라."[14] 《코란》의 뒷부분은 이런 명제들로 채워져 있다.

여호와도 알라도 상호 배제와 적대자에 대한 복수 정신을 가지고 있다. 양자는 견원지간이 되었다. 무함마드는 처음에는 유대교 성지인 예루살렘을 향해 예배하도록 했다가 뒤에는 메카를 성지로 정하고 그곳을 향해 예배하도록 했다.

2. 움마의 건설

메카로부터 메디나로 옮겨간 것을 히즈라(Hijrah, 聖遷)라 하고, 메디나로 옮겨간 이후를 지하드(Jihad, 聖戰) 시대라고 한다. 메디나에서 그는 많은 신자를 얻어 새로운 공동체 형성의 꿈을 실현할 수 있게 되었다. 그곳에서 그가 처음 행한 일은 크게 두 가지다. 첫째는 모스크(예배소)를 세워 예배와 도시의 발전 계획과 운영 등 제반사를 협의하는 집회소로 삼은 것이다. 일반적으로 중앙집권이 확립되지 않은 원시사회에서는 부족적

---

14 《コーラン》(上), 井筒俊彦 譯, 岩波文庫, 2012, 26~27쪽.

감정이 지배하기 마련인데 메디나에서도 부족 간의 대립이 있어 가끔 충돌하고는 했다. 모스크 건립을 통해 서로 대립하던 메디나의 두 부족이 신자로 입교하여 협상 능력이 뛰어난 무함마드를 지도자로 모시고 모든 일을 협의하게 되어 내적으로 부족 간의 갈등이 해소되었다.

둘째는 메디나 공동체를 형성한 것이다. 공동체에는 고유한 이념과 원리가 규정되어 있다. 예컨대 부족 간의 차별을 철폐하는 것, 한 혈족 집단이 포로로 잡혔을 때는 신자들이 돈을 모아 대금을 지불하고 그들을 구해오는 것, 신자 중의 반란자, 범죄자 또는 적대 행위자에 대해서는 싸워야 한다는 것 등을 규정하고 있다. 또 그 이념과 원리는 유일한 창조주 알라를 신봉할 것, 예언자의 권위와 지시에 복종할 것, 남녀노소의 평등·빈자 구휼·선행의 권장·순교에 대한 내세의 보상·재산권의 보전·가족의 보호와 그것의 위반(예를 들면 간통) 금지·생명 존중과 살생 금지·부정과 위증의 금지를 통한 공정한 사회의 건설 등을 가르쳤는데, 이것은 주로 젊은 남녀에게 먹혀들었다. 이 공동체를 움마라고 한다. 움마는 말하자면 부족을 초월하는 통일적 안전보장 사회 형태인 것이다.

메카 시절의 움마는 신앙을 중심으로 하는 신앙 공동체였으나 메디나로 옮겨간 뒤로는 신앙보다는 정치적 성격을 띠는 사회 공동체로 변모했다. 이슬람은 신앙 공동체이면서 동시에 정치적 성격을 가진 조직체다. 외국인으로서 이슬람교를 받아들이면 움마의 성원(무슬림)이 될 수 있다. 움마는 신앙적 성격과 정치적 성격을 공유하면서 더러는 신앙 측에 더러는 정치 측에 무게를 두는 공동체로 발전했다. 이슬람교는 처음부터 정치와 긴밀하게 연결되어 정교일치를 표방했다. 움마는 무함마드가 품고 있는 이상 사회이거니와, 이것은 뒷날 대제국으로 발전하는 기초가 된 것이다. 말하자면 움마는 이슬람교 신자들로 구성되는 정교일치의 이념 공동체다. 메디나 공동체는 신정체인 것이다. 모스크를 통해 이슬람교를 확산하고, 움마에서는 이슬람교의 가르침을 구체적으로 정착시킨 것이다.

3. 초창기의 전투 경험

무함마드의 지도자로서의 생애는 전쟁에서 시작되었다. 그는 종교적 예언자이면서 동시에 정치인이자 정복자의 운명을 타고 났다. 생애의 말년까지 직접 겪은 세 번의 전쟁은 자기 고향 메카와의 싸움이고 동족과의 싸움이었다.

바드르 전투(624) 메디나로 옮겨온 무함마드가 메카의 시리아 방면의 대상로를 습격하는 등 상업 도시 메카에 타격을 주는 데다가, 메카에서 입교한 신자들이 메디나로 이주하는지라 세수의 감소와 인심의 동요 등으로 메카는 즐겁지 않았다. 메카 쪽에서는 이런 것들이 쌓여 무함마드에 대한 보복의 감정으로 격화되었다. 이로 인해 메카의 쿠라이시족과 메디나 공동체 사이에 전투가 벌어진 것이다. 이 전투는 바드르에서 일어났기 때문에 바드르 전투라고 한다.

무함마드는 시리아에서 오는 메카의 대상을 중간에서 미리 차지한 지리적 이점을 이용하여 메카 쪽에 큰 손실을 입혔다. 전투는 결과적으로 정신 무장이 철저한 메디나 측의 대승이었다. 메디나 공동체는 기세가 올랐고 무함마드의 지도력도 강화되었으며, 이웃 부족에 대한 영도력도 크게 신장했다. 동시에 이슬람교에 대한 믿음도 한층 강화되었다. 많은 전리품이 그들의 가난을 해소하는 데 도움을 주었음은 물론이다.

우흐드 전투(625) 그러나 메카라고 해서 그냥 패한 모멸을 견디고 있으라는 법은 없다. 그들은 전보다 훨씬 더 무함마드에게 원한을 불태우게 되었다. 전사자의 유족들은 복수심으로 이를 갈았다. 이웃의 부족들에게도 참전을 적극적으로 권유했다. 메카 측의 지도자에는 쿠라이시족의 거물인 아부 수피안(Abu Sufyan, 560~652)도 있었다. 이 사람의 아들은 뒷날 우마이야왕조의 시조가 된 무아위야(Muʿāwiyah Ⅰ, ?602~680)다.

바드르 전투 후 1년 만에 3,000명의 병사와 같은 수의 전쟁 낙타 그리고 200명 이상의 기병이 메카에서 우흐드로 몰려 왔다. 무함마드는 1,000명의 병사를 모을 수 있었으나 출진 직후 300명의 이탈이 생겼다. 나머지 700명은 우흐드 산에 올라 유리한 고지를 점했다. 무함마드는 50명의 궁수를 산 위에 배치하고 절대로 자리를 옮기지 말라고 당부했다. 전선은 메디나 측에 유리하게 작용해 메카군은 산 밑으로 밀려나는 형세가 되었고, 메디나군의 일부는 전리품을 나누는 지경에 이르렀다. 궁수의 일부는 전리품에 눈이 어두워 이 지시를 지키지 못하고 겨우 10명 정도만 남게 되었다.

메카 측은 궁수가 자리를 비운 기회를 놓치지 않았다. 기마병이 남아 있는 궁수병을 습격하여 패퇴시켜 메디나군을 위기에 몰아넣었다. 이 반전으로 메카군은 메디나군을 4배의 위력으로 포위했다. 메디나군은 필사적으로 싸웠으나 수적 열세를 이기지 못했고 무함마드마저 어깨 부상으로 넘어지자 메카군은 그가 죽었다고 간주하고 칼을 거뒀다. 메디나 측 전사자는 75명, 메카 측은 불과 20명 정도였다.

전쟁에서 정신 무장이 승패를 좌우한다는 사실을 메디나 측은 뼈저리게 느꼈을 것이다. 이 패배와 출진 직전의 300명의 전선 이탈과 궁수의 지시 위반 등으로 무함마드는 공동체를 다시 다지는 작업을 하지 않을 수 없었다. 결과적으로 이 전투는 메디나 측의 결속을 다지는 계기가 되었다. 실패는 더러 승리의 어머니가 될 수 있다.

해자전(627) 그로부터 2년 뒤 메카 측은 다시 군사를 일으켰다. 메카 측의 부족 연합군은 만 명이었고, 기병도 6백 명이었다. 이 병력은 메카 측이 동원할 수 있는 최대의 규모였다. 메디나 측도 주도하게 받아칠 준비를 했다.

메디나는 동서남의 세 방면이 산으로 둘러싸여 있고 오직 북쪽으로만 열려 있었는데 그곳에 해자를 파도록 했다. 수확도 일찍 끝냈다. 이것은 지구전을 의미한다. 2주일의 지구전은 기마병을 무력화했다. 보병은 메디나 측의 사기를 당하지 못했다. 전리품이라는 현실적 이익을 노리고 메카군에 참여한 연합군은 지구전을 감당하지 못하고 철수할 수밖에 없었다. 결과적으로 메카 측의 쿠라이시족은 패퇴를 자인하지 않을 수 없었다.

원시 감정에 호소한 메카 측의 다신교적 부족주의는 유일신을 신봉하며 평등의 이상을 내건 무함마드의 메디나군에 패배하고 만 것이다. 이것을 계기로 메디나는 이제까지 반무함마드적 입장을 취했거나 전쟁에 방관적 태도를 취한 부족 내지 전선을 이탈한 부족 등을 추방하고 내적으로 공고한 공동체를 형성할 수 있게 되었다. 그러면서도 무함마드는 타종교에 대한 신앙을 용인했다. 이렇게 해서 메디나는 초창기의 어려움을 극복할 수 있었을 뿐 아니라 아라비아반도 내의 부족적 대립도 극복할 수 있었다.

이슬람은 부족 간의 이러한 전투를 통해 전쟁의 기본 원리, 전투 능력, 전쟁 기법, 전쟁에서 정신력의 중요성, 승전 후 전리품 분배 등을 몸으로 익히게 되었고, 이것은 이슬람제국을 건설하는 데 기본 자산이 되었다.

4. 무함마드와 정통 칼리프 시대의 정치

무함마드의 정치력 위에서 나는 우흐드 전투에서 천 명의 무함마드군 중에서 3백 명이 이탈했다고 했거니와, 그것은 무함마드가 메디나에 도착한 뒤에 하즈라지족(族) 지도자인 이븐 우바이(Ibn Ubayy, ?~631)라는 자가 자기의 권위에 위협이 되는 무함마드를 질시하여 음으로 양으로 방해하느라고 그 전투에서 자기 수하를 빼낸 것이다. 공동체 안에서 적대관계를 만드는 것은 이슬람교의 교의에도 어긋나므로 무함마드는 끝까지 인내했다. 그런데 한 원정 기회에 양자는 맞닥뜨릴 위기에 처했다. 그때 무함마드는 전군에게 대낮에도 행군을 멈추지 말고 계속하라고 명령했다. 이것은 사막 지대에서는 있을 수 없는 일이다. 결과적으로 전군은 육체적으로 파김치가 되었다. 그의 의도는 상대방으로 하여금 감히 내분을 일으킬 엄두도 못 낼 지경으로 만드는 것이었다. 이것은 무함마드가 대단한 정략가임을 보여준다.

그의 정략은 결혼에서도 드러난다. 무스타리크족(族)은 메디나에 대들었다가 패배했는데 족장의 딸을 포함한 많은 구성원이 포로로 잡혔다. 족장의 딸 주아이리아는 비싼 몸값을 면제해달라고 무함마드에게 청원했다. 무함마드는 그 청을 들어주었다. 딸의 석방을 위해 메디나를 방문한 족장은 감격해서 이슬람으로 개종했다. 무함마드는 주아이리아에게 청혼하여 아내로 삼고 무스타리크족은 전원 몸값 없이 풀려났다. 그 부족은 무함마드의 강력한 동맹자가 되었다. 그의 정략결혼은 뒷날 2대 칼리프가 된 장로 우마르('Umar ibn al-Khaṭṭāb, 586~644)와의 사이에도 있다. 우마르에게는 젊어서 과부가 된 딸 하프사가 있었는데, 그는 그 딸이 같은 장로인 우스만('Uthmān ibn 'Affān, ?~656, 뒷날 3대 칼리프)과 맺어지길 바랐으나 우스만은 이를 거절했다. 우마르는 그 모욕과 불만을 무함마드에게 호소했다. 무함마드는 그녀와 결혼해서 우마르를 크게 만족시켰다.

그의 정략이 빛나는 대목은 메카와 맺은 후다비아 화의다. 순례는 메카에 있는 카바 신전에 들러서 기도하는 것인데, 여기에는 대순례와 소순례가 있다. 전자는 정해진 순례 달(태음력의 12월)에 행해야 하지만 후자는 4월의 성월(聖月)이면 언제라도 무방하다. 무함마드는 어느 날 신자들에게 소순례를 통고, 여행 준비를 하도록 하고 자기는 메카로 떠났다. 메카와는 늘 긴장 관계에 있지만 그때는 전쟁 상태였다. 그런데 그는 주위의 간청에도 불구하고 비무장인 채로 희생에 바칠 가축만을 가지고 떠났다. 맨몸으로 순례차 온 무함마드를 놓고 메카 측에서는 딜레마에 빠졌다. 그를 무력으로 저지하면 신성월(神聖月)의 규정을 어기는 것이 될뿐더러 성지를 지키는 쿠라이시족의 명예가 상처를 입게 되고, 그의 순례를 허용하면 쿠라이시족이 메디나에게 굴복하는 꼴이 된다. 무함마드 일행은 경계인 후다비아에 와서 머물렀고, 쿠라이시족은 한 발짝도 못

들어온다고 막았다. 그 사이 무함마드는 새삼 신자들의 충성 맹서를 받았다. 메디나와 메카 사이에 협상이 이루어져서 10년간의 평화를 보증하는 조약으로 화의가 성립했다. 그것이 후다비아 화의다.

이 화의는 외형적으로는 메디나 측에 굴복한 것처럼 보였다. 무함마드는 메카 측 요구대로 알라의 사도로서가 아니라 압둘라의 아들 무함마드로서 서명했다. 소순례를 위해 왔다가 순례도 못하고 돌아가는 것은 메디나 측에 큰 실망을 안겨주었다. 그러나 무함마드는 그 화의를 '분명한 승리'로 인정했다. 거기에는 뒷날 메카를 피 흘리지 않고 점령하려는 무함마드의 정략이 숨어 있었던 것이다. 이 화의로 인해서 메디나는 남쪽을 일단 눌러놓고 북쪽의 위협에 대처할 수 있게 되었다.

다음 해 무함마드는 3천 명을 이끌고 3일 동안 소순례를 다녀왔다. 화의에 따라 메카는 무함마드 측의 순례를 허용했다. 이것은 메디나의 무함마드가 순례를 위해 자유롭게 메카를 출입할 수 있다는 것을 입증한 것이다. 화의가 성립되고 2년 뒤 메카 측에서 화의를 파기하는 사건이 발생했다. 사건 자체는 작은 무력 충돌에 불과하지만 정치적 함축은 컸다. 무함마드는 어떤 화의도 거절하고 1만의 군사를 거느리고 목적지도 밝히지 않은 채 남하했다. 메카에 가까이 오자 그는 전군으로 하여금 송탄불을 들도록 했다. 1만의 군세는 거대 군세로 보였다.

쿠라이시의 지도자 아부 수피안은 무함마드 진영을 찾아왔다. 그런데 그곳에는 아라비아반도의 많은 부족들이 있었으며, 자기네가 영향을 미치지 못하는 먼 나라 부족, 최근까지 메디나와 싸운 부족의 멤버도 있었다. 아부 수피안은 대세가 이미 기울어져서 싸워봤자 피만 흘리고 말겠다는 판단이 섰다. 그는 '알라 이외에 신은 없고 무함마드는 알라의 사도'라고 고백했다. 무함마드는 아부 수피안을 쿠라이시의 족장으로 다시 추대하고 피난 간 메카인들의 안전을 보장했다. 무함마드군은 메카에 무혈입성했다. 그는 카바 신전을 둘러싼 360개의 우상을 모조리 무너뜨렸다. 그중 가장 큰 쿠라이시족의 수호신은 산산이 부서져서 불태워졌다. 이슬람으로 개종할 사람은 입교의 고백을 했다.

무함마드는 해자전 이후 3년 만에 메카를 무혈 정복한 것이다. 메카 점령에 이어 그는 동쪽 페르시아 만 방면과 남쪽 인도양 방면을 제외한 아라비아반도를 통일하는 위업을 이루었다. 바드르 전투 이후 8년 만에 그는 전 아라비아를 통일하는 기민성과 정치력을 보인 것이다. 아라비아에 그 이전에는 전투다운 전투가 없었다 하더라도, 이런 일은 그의 천부적 전투 능력과 정치 능력이 아니고서는 불가능하다. 무함마드는 632년 6월 8일에 서거했다.

정통 칼리프 시대(632~644)의 지도자들 무함마드는 후계자 지명 없이 죽었다. 메카에서 이주해온 쿠라이시족과 메디나에서 무함마드를 원조한 그룹 사이에 주도권 다툼이 생겼다. 그것을 조정하고 초대 칼리프로 추대된 이는 무함마드와 함께 메카에서 야반도주한 1호 신자 아부 바크르였다.

칼리프란 대리자라는 뜻이다. 정통 칼리프는 모두 메카의 쿠라이시족 출신이었다. 2대 칼리프는 우마르이고, 3대는 우스만이며, 4대는 무함마드의 종제이자 사위인 알리다.

무함마드 시대에 이슬람의 영토는 아라비아반도였는데, 이들 정통 칼리프 시대 30년 동안에 영토는 크게 확장되어 서쪽으로는 아프리카 북쪽인 오늘날의 리비아와 이집트의 북쪽 일부에서부터 동쪽으로는 파키스탄, 아프가니스탄, 투르크메니아를 포용했다. 유대 영토(팔레스타인), 시리아와 페르시아(이란, 이라크)가 그 안에 들어오는 것은 물론이다. 육로는 물론이고, 지중해와 페르시아 만을 통해 해로로도 동서 교역을 할 수 있는 기초도 마련한 것이다.

아부 바크르 그는 신망이 높고 모든 사람들의 존경을 받았기로 무리 없이 양쪽에서 '충성의 선서'를 받고 칼리프가 되었다. 그는 내분을 능숙하고 원만하게 조정하고 해결했다. 배교에 대해 그는 "무함마드를 신봉했다면 그는 이미 죽었다. 그러나 알라신을 신봉했다면 그는 영원히 죽지 않는다. 배교는 용납할 수 없다"고 단정하고 여러 이반자들을 무력으로 진압했다.

남쪽 메카에 대해서는 이제 신경 쓸 필요가 없었다. 위협은 북쪽에 있었다. 그곳에서는 두 세력이 메디나를 위협하고 있었다. 하나는 이라크의 사산왕조 페르시아이고, 또 하나는 시리아의 비잔틴제국이었다. 이들은 사막을 영토로 하려는 야망은 없으나 남쪽에서 새 세력이 일어나는 것에 대해서는 경계하지 않을 수 없었다. 무함마드는 이 두 세력에 대한 서전을 열고 서거했다. 아부 바크르의 정복 전쟁은 여기에서 시작된다. 특히 이라크의 기름진 농토에 대해서는 메디나 측의 관심이 컸다. 이슬람 측은 시리아를 막고 있는 동안에 먼저 사산조를 멸망시키기로 했다. 그곳 주민들은 대개 그리스도교를 신봉했는데 조로아스터 신자보다는 차라리 일신교 이슬람이 낫다고 보고 이슬람군을 환영했다.

아부 바크르는 시리아를 정복하기 위해 이슬람군을 전리품으로 유혹하여 선전을 독려했다. 신앙심에 돈을 얹어 병사를 격려한 것이다. 그는 바그다드 근방과 여러 도시를 점령하고 파죽지세로 비잔틴군을 압박했다. 마침내 이슬람군은 시리아를 점령했다. 시리아 정복을 이룬 이슬람군은 내친 김에 단성론자[15]들이 모여 사는 알렉산드리아와 이집트를 점령했다. 그러는 동안에 아부 바크르는 죽었다.

우마르 2대 칼리프로는 우마르가 선출되었다. 그는 처음에 무함마드를 심히 괴롭혔으나 뒤에는 개전하여 이슬람 국가 건설에 온 힘을 쏟았다. 우마르는 본격적으로 정복 전쟁을 수행했다. 종교보다는 영토 확장을 앞세운 것이다. 재위 기간은 10년밖에 안 되지만 그는 용감하고 신망

---

15 그리스도교의 교리 중 단성론에 대해서는 이 책 103~104쪽 참조.

이 두터워 실제로 이슬람제국 건설의 기초를 놓은 위대한 지도자다. 그가 칼리프로 선출되었을 때 비잔틴제국과 페르시아제국을 상대로 하는 전쟁은 아직 완전히 끝나지 않았다. 그는 두 전선을 정리하고 이집트를 아우르고 기타 각지를 정복하여 이슬람제국의 영토를 확장했다. 그는 아라비아반도를 이슬람교 일색으로 만들어 그리스도교와 유대교를 추방하는 정책을 썼다. 638년 그는 예루살렘을 정복하여 예루살렘 총주교에 그리스도교도의 안전과 교회의 보호를 보장하고 무함마드가 승천한 땅의 바위에 예배를 지휘했다. 전쟁의 승리에 전리품의 획득과 배분이 따른다는 유인책은 큰 효과가 있었다.

바드르 전투 후 무함마드는 전리품의 5분의 1만 차지하고 5분의 4는 전투 참가자들에게 나누어주었다. 토지는 공동체의 것으로 했다. 우마르는 이 제도를 개혁해 현물 대신 일정액의 급료를 지불하는 것으로 했다.

우스만 우마르는 죽기 전 후임자를 유언으로 남겼는데 그 유언에 입각하여 장로 회의에서 지명된 이는 우마이야 집안 출신으로 일찍이 이슬람에 입교하여 무함마드의 사위가 된 우스만이었다. 그가 3대 칼리프다. 우스만은 거부인 데다가 인물이 좋고 매우 충실한 무슬림이었다. 그는 이슬람에 입교했으나 그 집안사람들은 이슬람을 크게 반대하여 집안의 종교 관계가 매우 복잡했다. 그가 칼리프로서 물려받은 이슬람은 거대한 영토를 가진 국가였고 따라서 정부의 역할도 크지 않을 수 없었다. 그는 이슬람의 내치에 많은 업적을 남긴 칼리프였다. 그는 먼저 《코란》을 통일하여 정리했다. 그것이 현재까지 전해지는 《코란》이다. 《코란》의 정리는 '종교와 사회의 통합'을 지향하는 이슬람에게는 매우 중요한 의미를 갖는다. 그의 치세에 10여 년간 끌어온 전쟁도 일단락되었다. 그는 그동안 축적된 부를 분배함에 있어 공헌 기간의 길이를 기준으로 했다. 무함마드의 아내들과 그 자제를 필두로 해서 위계가 정해졌다. 그런데 이런 봉급 제도와 관련해서 문제가 생겼다. 지금까지는 그래도 지하드 정신으로 전쟁을 치렀는데 이것이 부의 배분과 직결되어 심각한 문제를 야기한 것이다. 정기적 급료의 수령도 특히 유목민 출신에게는 번거로웠고, 고참과 신참 사이의 현격한 급료 차이도 큰 불만거리였다. 거기에다 우스만이 우마이야 집안사람만을 중용하는 것에 대한 불만도 있었다. 우마이야 가문이 경제와 정치의 균형을 깨뜨릴 만큼 큰 영향력을 행사했기 때문이다. 이에 이라크와 이집트에 있던 과격분자들이 메디나에 있는 칼리프 공관을 급습하여 칼리프를 살해했다.

알리 칼리프가 될 자격을 가진 이는 이제 알리밖에 없었다. 사실 알리가 칼리프가 된다는 것에는 너무 늦은 감이 없지 않다. 무함마드가 아부 바크르와 함께 메카에서 야반도주할 때 혼자 남아서 그들을 도와준 것은 알리였다. 무함마드가 죽었을 때 맨 먼저 후계자로 고려되었어야 할 사람도 알리였다. 알리가 무함마드의 시신을 염습하고 있는 그 사이 그에게 알리지도 않고 후계자로 아부 바크르를 결정했던 것이다. 우스만을 칼리프로 결정할 때도 알리는 소외되었다. 그러나 알리는 분열을 우려하여 불만을 드러내지 않았다.

알리에게 넘겨진 문제는 심히 복잡했다. 알리는 우스만의 통치 방식, 즉 혈통주의와 부족주의에 비판적이었기 때문에 우스만 암살에 관련된 것은 아닌가 하는 의혹이 남아 있었다. 알리에 반대하는 세력은 무함마드의 셋째 부인이자 아부 바크르의 딸 아이샤를 끌어내어 반알리 세력에 가담시켰다. 결과적으로 아이샤는 패배해서 메디나에 호송되었고, 그 뒤로 '신자의 어머니'로서 무함마드의 언행을 전하는 일로 여생을 보냈다.

알리는 암살자를 찾아내지 못하고 의혹을 뒤집어썼다. 그는 적대적인 아랍 전사들의 불만을 해소하기 위해 금고를 열고 그들에게 현금을 지급했다. 이것은 2대 칼리프 우마르가 만들어놓은 국가 질서를 망가뜨리는 조치였다.

우스만이 살해된 뒤 그 집안의 우두머리를 계승한 것은 우마이야 집안 출신이자 우스만의 사촌인 시리아 총독 무아위야였다. 그는 칼리프 살해에 대한 복수를 결심했다. 이에 알리는 화해의 신호를 보냈으나 받아들여지지 않아 결국 양자 사이에 전쟁이 일어났다. 이것은 이슬람 역사상 최초의 분파다. 알리의 통치 기간은 채 5년도 안 되었으나 이것으로 칼리프 제도는 끝났다. 알리도 661년 암살당했다. 우마이야왕조는 무아위야를 시조로 하는 왕조다.

시아파와 수니파의 기원 이 두 파는 알리와 관련해서 태어났다. 무아위야와의 타협을 거부하고 알리를 지지하여 일탈한 카와리지파는 살해되기 전의 알리에게 충성을 맹세했다. 그것을 '알리의 당파(시아 알리)', 즉 시아파라고 한다. 이것은 다분히 정치적 색채를 띤 것이다. 한편 알리의 당파가 결성되었을 때 그들과 거리를 두고 중립적 위치를 지킨 무슬림이 있었는데 이들은 무아위야가 칼리프가 되는 것이 현실적이라고 승인했다. 이들을 수니파라고 한다. 시아파는 정통성을 중시하고 수니파는 현실을 수용하는 태도를 보였다. 순수성 존중과 현실 인정이 이 두 파의 기본 입장이다. 이슬람의 역사에서 수니파는 언제나 다수파를 형성했다.

5. 전기 제국 시대: 이슬람의 전성기

초창기 이슬람제국에는 두 제국이 있었다. 하나는 우마이야제국(661~750)이고, 다음은 거기에 이은 아바스제국(749~1258)이다. 그 뒤에 혼란기(1258~1453)가 따른다.

우마이야제국 시대 무아위야의 아버지는 무함마드에 늘 적대적이었던 메카 쿠라이시족의 거물 아부 수피안이다. 무아위야는 알리가 살아 있을 때 예루살렘에서 스스로 칼리프라고 선언하고, 알리가 살해되자 다마스쿠스에서 무슬림들의 충성 맹세를 이끌어내서 정식으로 칼리프가

되어 수도를 다마스쿠스로 옮겼다. 이것이 우마이야왕조의 시작이다.[16] 그와 그의 아들은 알리의 두 아들을 살해해서 그것으로 알리의 암이 빠지리라고 예상했으나, 사태는 반대로 흘러 시아파의 세력이 요원의 불길처럼 번져갔다. 이것에 관해서는 다음에 언급했거니와, 그것은 내적 갈등이고 이 시대에 이슬람은 절정기를 이룬다.

수도 다마스쿠스는 일찍이 성 바울이 일시 실명하여 그리스도교 세례를 받고 광명을 찾은 곳으로 지금은 시리아의 수도이기도 하다. 우마이야왕조 시대의 이슬람은 동쪽으로는 인더스 강에 이르러 부하라와 사마르칸트를 그 안에 포함하고, 북쪽으로는 카스피 해 서안을 포함했으며, 서쪽으로는 이베리아반도와 북아프리카와 이집트의 북방을 포용하는 대제국이었다. 지중해, 홍해, 페르시아 만이 그 영토 안에 들어왔다. 아랍의 상인들은 이 광활한 국토에서 육로와 해로로 활동하면서 부를 창출했다. 역사가들은 이 시대를 이슬람 평화 시대의 시작이라고 본다. 이 왕조는 아랍 화폐를 발행하고 아랍어를 공용 행정 언어로 정하는 등의 큰 업적도 남겼다. 당시의 나라는 이제 비잔틴제국과 이슬람제국(우마이야 왕국) 뿐이었다. 비잔틴제국은 지금의 터키와 아테네의 일부 섬에 국한되었다. 이때 서유럽은 게르만족 이동의 암흑시대였다. 그러니 이슬람은 어디로든 군대가 진출하면 자기 영토가 되는 셈이었다.

우마이야제국 말기에 세금과 관련된 소위 마와리 문제가 제기되었다. 그때 세금 문제를 포함한 행정권과 군사권, 인사권은 지방의 총독에게 위임되어 있었다. 이 체제하에서 아랍인 지주는 10분의 1의 세금만 내면 되었다. 그런데 이교도의 농민은 수확의 거의 반에 달하는 조세와 인두세를 내야 했다. 이들은 이슬람으로 개종하면 아랍인 무슬림과 동등한

---

16 우마이야왕조의 역사는 3기로 나뉜다. 1기는 661~683까지 약 20년간이다. 2기는 2차 내란(683~692)을 겪고, 아라비아어를 공용어로 하며, 금본위 화폐를 주조하고, 지부랄탈 해협을 건너 이베리아반도를 점령한 시기(692~718)다. 이때 파키스탄도 지배하게 되었다. 3기는 왕조 말기(720~750)다.

권리를 가질 수 있으리라 믿고 농토를 버리고 도시로 나가서 아랍인 유력자의 보증 아래 이슬람교로 개종했다. 이들을 마와리라고 한다. 마와리가 늘자 국고 수입이 감소했다. 국가의 입장에서는 이슬람으로의 입교는 환영이지만 국고 수입의 감소는 감당하기 힘들었다. 결국 마와리를 도로 농촌으로 보내는 수밖에 없었다. 그러나 그들의 농토는 이미 남의 것이 되었거나 황무지가 되어버렸다. 바스라와 쿠파 등의 도시는 혼란의 도가니가 되었다. 이 문제는 아랍인의 특권 유지와 평등을 요구하는 개종자의 증대라는 근본적 모순이 아닐 수 없다.

우마르 2세('Umar ibn 'Abd al - 'Aziz, ?682~720)는 마와리 문제를 다음과 같이 결정했다. (1) 어느 민족이든 이슬람교로의 개종은 자유다. (2) 무슬림은 도시(이슬람의 모든 도시는 군영 도시로 출발했다)로 이주할 수 있다. (3) 무슬림은 조세를 면한다. 단, 종교세(소득의 10분의 1)는 내야 한다. (4) 도시에 이주한 마와리는 관청에 등록하면 봉급을 지급한다. (5) 마와리가 농촌에 있으면 종전처럼 토지세와 인두세를 내야 한다. (6) 이후 모든 토지 거래는 영구히 금지한다. 그러나 (4)와 관련해 아랍 군인의 최저 봉급은 300딜하임인 데 반해, 마와리의 봉급은 25딜하임이었다. 그것으로는 생계를 이을 수 없다. 한편 우마르 2세는 그 실효를 보기도 전에 죽었다. 우마이야왕조의 멸망에는 이 마와리 문제도 한몫했다. 이 문제 때문에 각지에서 불만이 터져 나왔기 때문이다.

마와리 문제는 말기 현상의 한 예이거니와, 737년경 다마스쿠스의 먼 동쪽 메르브라는 곳으로 자칭 아부 무슬림(Abu Muslim, ?~755)이라는 인물이 와서 시아파에 동조하면서 우마이야왕조를 타도해야 한다고 외치고 다녔다. 민중들은 이에 동조하여 세력을 키워주었다. 그는 전문 혁명가였다. 이 세력은 티그리스 강의 지류 자브 강에서 정부군과 맞닥뜨렸다.

아바스제국 시대 아부 무슬림을 중심으로 하는 혁명 세력은 민족 차별을 받는 페르시아 무슬림과 시아파 아랍인들을 끌어모았다. 그는 '무함마드의 자손 중에서 모두가 만족할 만한 사람을 칼리프로 추대한다'는 명분으로 시아파를 뭉쳤다. 그는 호라산과 쿠파를 점령하고 우마이야왕조를 괴멸했다. 우마이야왕조의 마지막 칼리프는 목숨이라도 건지려고 이집트 쪽으로 도망치다가 살해되고 말았다. 우마이야왕조는 90년 14대 칼리프로 막을 내린다. 그 다음을 이은 것은 아바스왕조다. 아바스는 알리의 후손이 아니라 예언자 무함마드의 숙부인 아바스의 자손인데, 아부 무슬림은 그를 칼리프로 옹립하고 자신은 호라산의 총독으로 임명받았다.

초대 칼리프 아부 아바스(Abū al‒'Abbās, 재위 750~754)의 치세는 짧았다. 그의 형 만수르(al‒Manṣūr, 712~775)는 2대 칼리프가 되어 칼리프의 권력 행사에 장애가 되는 세력을 제거하고, 수도를 바그다드로 옮겨 거대한 도시로 만들었다. 바그다드는 동서 교역의 중심지로 성장했다.[17] 그는 국토를 최대한 넓히고 내치를 안정시켜 실로 20년 동안의 치세로 향후 200년에 걸친 왕조의 황금시대에 초석을 놓았다. 그의 치세로 이슬람은 전성기에 이르렀다.

아바스왕조가 최대 전성기를 맞이할 무렵에 5대 칼리프에 오른 하룬 알 라시드(Hārūn ar‒Rashīd, 766~809)는 아바스왕조의 문명을 더욱 융성하게 한 제왕이다. 그는 문화에 조예가 있어 그의 치세에 저술된《아라비안나이트》에도 등장할 정도로 예술인들을 후원했으며, 경제에도 관심을 기울여 동서 교역을 활발하게 했다. 수도 바그다드에는 150만 개의 모스크와 목욕탕이 있었다고 한다. 그곳에는 아랍인 무슬림 외에 이란의 관료, 아르메니아의 상인, 터키와 슬라브의 노예 병사, 유대교도와 그리스도교도의 의사와 학자가 모여 살았다. 그러나 그의 두 아들이 칼리프 자리를 놓고 다투는 동안 정치는 불안해졌고, 이것은 제국의 해체로 향하는 길을 연 결과를 초래했다.

---

17 이 도시는 1258년 몽골군의 침입으로 완전히 소진되었다. 재건된 뒤에 또 터키군에 의해 완파되어 현재는 그 흔적을 찾을 수 없다. 지금의 바그다드는 그 뒤에 건설된 것이다.

9세기에 이슬람은 경제와 문화 방면에서 괄목할 만한 업적을 이루었다. 문화면에서는 고전 번역을 통해 특히 철학, 의학, 과학, 법학, 천문학 등에서 독자적인 아라비아 문화를 창출해 뒷날 서유럽의 철학과 과학(화학), 천문학, 법학, 의학에 지대한 영향을 미쳤다. 특히 인도의 수학을 받아들여 대수학 발전에 크게 공헌하기도 했다.

9세기를 맞이하여 아바스 치하의 대제국에는 검은 그림자가 드리우기 시작했다. 809년 칼리프 하룬 라시드가 비잔틴제국과 싸우기 위해 가는 도중에 병사했는데 이것을 전기로 동서남북의 도처에서 반아바스 도전이 일어났다. 적어도 여섯 왕조가 거의 동시적으로 등장했다. 아바스왕조의 지배 영토는 이라크의 중부와 남부에 한정되었다. 정황이 이렇다 보니 아바스왕조 내 칼리프의 권위는 떨어지고 국고 수입은 감소해 군대 봉급도 주기 어렵게 되었다. 이런 혼란 상태에 더하여 869년에는 노예 반란이 일어나서 14년 동안 왕조를 괴롭혔다. 936년 칼리프 라디(al-Rādi, 934~940)는 이븐 라이크 총독을 급히 바그다드로 불러 올려 그에게 군대 지휘권을 위임하고 전국의 조세지·사영지·광산의 관리권을 주면서 그를 대장군으로 임명했다. 그리고 자기는 이슬람교 기도 집행권만 행사했다. 실제로 이때 아바스왕조의 칼리프 지배 체제는 붕괴된 셈이다.

초기 아바스왕조는 우마이야왕조의 일족을 유인해서 집단적으로 살해했다. 그중 한 사람이 살아남아서 멀리 이베리아반도로 도망 간 후 그곳에 코르도바를 수도로 하는 후우마이야왕조(756~1031)를 세웠다.

아바스왕조의 2대 칼리프 만수르가 이슬람의 최전승기를 이루었다 함은 전술한 바 있거니와, 그의 아들 마흐디(al-Mahdi, ?744~785)와 마흐디의 아들 하디(al-Hādi, ?~786)가 칼리프를 계승하면서 부자 사이에 정책이 상반되어 내치에 안정을 찾지 못했다. 아바스왕조는 수니파였는데 푸대접을 받은 시아파의 알리 일족의 후손은 909년 지금의 튀니지에 파티마왕조를 열었다. 파티마는 무함마드의 딸 파티마(Fāṭimah, ?605~633)의 후손이다. 파티마왕조는 풍요로운 이집트를 차지하는 강성국이 되었고

910년 칼리프라는 칭호를 쓰기 시작했다. 자기네는 당당하게 아바스왕조를 대체할 입장이라고 자처한 것이다. 그러자 이베리아반도에 있는 후우마이야왕조도 칼리프임을 자처했다. 바그다드, 카이로, 고르도바에 세 칼리프가 정립하는 형세가 된 것이다. 후우마이야왕조는 멀리 떨어져 있어 아바스왕조로서는 그다지 신경 쓰지 않아도 되었다. 그러나 파티마왕조는 풍요로운 이집트에 자리 잡고 있어 홍해를 통해 인도양과 지중해에 진출할 수 있는 데다가 강력한 군대를 가지고 있어서 바그다드 정부에게는 매우 위협적이었다.

파티마왕조는 분열을 계속하면서 내환과 외적에 시달렸다. 그러다가 새로 등장한 수니파인 터키계의 셀주크 왕조에게 1171년 멸망당하고 만다. 터키족은 셀주크 왕조(1038~1194)를 세워 바그다드에 입성했다.

6. 대혼란과 부활

아바스 왕국이 기울어가기 시작하자 마치 서로마제국 말기처럼 먼 북방의 셀주크계의 터키족을 노예로 들여와서 왕궁을 호위하도록 했다. 이들을 맘루크 군단이라고 한다. 셀주크계 터키족은 아프가니스탄 북쪽에 근거지를 두었는데 유럽의 게르만민족처럼 전 이슬람권을 석권하고 들이닥쳤다. 바그다드의 칼리프는 입성한 자에게 '왕조의 지배자'를 뜻하는 술탄이라는 칭호를 부여했다. 이것이 술탄(실권자)이라는 낱말의 기원이거니와, 그 뒤 이 낱말은 수니파 이슬람 왕조의 군주 칭호로 고정되었다. 칼리프는 명분만 남았고 실권은 셀주크의 터키에게 넘어갔다. 터키인은 군사력으로 점령하고, 아랍인은 칼리프라는 명목을 내세워 종교 교리로 사회 통합을 뒷받침했으며, 페르시아인은 행정 관료로서 질서를 유지했다. 페르시아인들은 문화와 건축, 과학 등에 기여했다. 이들 세 계층이 지배층을 형성했다.

아바스왕조가 쇠퇴하는 쪽으로 기울자 도처에서 왕국 건설이 마치 유행처럼 일어났다. 이런 현상은 대혼란을 불러왔다. 11세기에 들어서면서 이 혼란은 두 방면의 공격에서 기인했다. 하나는 서쪽에서 온 작은 혼란으로 소위 십자군 원정이라는 것이고, 둘은 동방에서 온 큰 혼란으로 몽골 칭기즈 칸(Chinggis Khan, 1162~1227)의 침입이다. 전자에 관해서는 이미 이 책 5장 Ⅳ절 '종교적 갈등의 문제'에서 서술한 바 있다. 후자에 관해서만 언급한다.

1258년 칭기즈 칸의 손자 홀라구(Hulagu, 1217~1265)가 거느리는 몽골 군이 사막의 먼지를 일으키며 이라크에 쳐들어와 바그다드를 점령했다. 몽골족과 터키족은 인종, 언어, 생활 방식 등의 측면에서 문화가 비슷해서 서양 학자들은 몽골－터키족이라는 한 개념으로 파악하기도 하지만, 터키족은 북쪽 중앙아시아의 서쪽을 근거지로 하는 데 반해 몽골족은 그 동쪽의 초원에서 일어났다. 몽골의 침입으로 많은 백성이 죽었고 도시의 문화 유적은 크게 파괴되었다. 이슬람제국은 이때 역사 속으로 사라졌다.

이슬람의 옛 영토에는 그 뒤 여러 왕족이 부침했으나 그렇다고 이슬람 문화와 제도가 없어진 것은 아니다. 도리어 이곳저곳에서 마치 우후죽순 처럼 일어난 수많은 왕국들(적어도 13개)은 칸의 지하드 정신을 통해 각기 영토를 확장했다. 지하드를 내면화한 종교는 수행자로 하여금 코란 정신 으로 무장해 독신과 금욕을 철저화했으며, 사회적으로는 이것을 세계를 향해 포교했다. 이는 지하드 정신의 확장인 것이다. 아라비아 상인은 무함마드의 후손답게 상업에 정통하여 바다와 육지를 통해 교역을 확대해서 부를 축적하고 아라비아의 독자적 문화를 창출하게 했다. 이런 가운데 나타난 것이 대여행가 이븐 바투타(Ibn Baṭṭūṭah, 1304~1368)다.

이슬람제국은 오스만제국(1453~1922)으로 부활하여 수세기를 지탱하면서 전성기를 이루었다. 오스만제국은 오스만이 세운 작은 나라로 출발했으나 유능한 후예들이 속출하여 크게 번성했다. 무라트 1세(Murat Ⅰ, 1326~1389)는 흑해를 건너 유럽 지역을 병합했으며, 바예지드 1세(Bayezid

Ⅰ, 1360~1403)는 프랑스 - 헝가리 연합군을 불가리아에서 격파하여 오스트리아에 이르고 동쪽으로는 에미리트를 흡수했다. 그러나 그는 강력한 티무르(Timur, 1336~1405)를 만나 체포되어 자살하고 오스만은 거의 멸망 지경에까지 이르렀다. 그러나 술탄 메메드 2세(Mehmed Ⅱ, 1432~1481)가 황제에 오르면서 오스만은 부활했을 뿐 아니라 한 단계 더 강국이 되었다. 그는 천혜의 요새 비잔틴을 점령하여 수도로 정하고 크게 번성케 했다. 오스만제국의 주체는 터키인이며, 국토는 비잔틴제국의 고토를 넓혀 서쪽으로는 오스트리아에 이르고 남쪽으로는 이집트를 아울렀다. 이슬람교를 신봉하고 칼리프와 술탄이라는 개념을 계승했기 때문에 이슬람제국의 후계라고 보아도 무방할 것이다. 오스만제국은 아시아와 유럽에 걸친 대제국이었으나 세월이 흐름에 따라 발칸 반도의 서쪽 영토를 상실했고 1차 세계대전 때 3국 동맹에 가담했다가 패하여 남쪽의 이란, 이라크, 팔레스타인 등을 영국에게 빼앗겼으며, 연합국에 가담한 그리스는 독립했다. 1922년 오스만제국은 멸망하고, 이제 터키는 수도를 앙카라로 하는 터키 공화국으로 남게 되었다. 그리고 영국의 지배하에 들어갔던 나라들은 2차 세계대전 이후 모두 독립했다. 이렇게 독립한 나라들 중 특히 이스라엘과 이스라엘을 둘러싼 아랍 제국들이 중동에서 문제를 일으키고 있다.

그동안 이란에서는 사파비 왕조(1501~1736)가 성립했다가 망하고, 인도에서는 이슬람교를 믿는 무굴 왕국이 성립되었으나 1858년 영국에게 멸망당했다.

7. 이슬람의 문화와 과학

서로마가 멸망하자 그곳에서 활동하던 고전학자와 지식인들은 콘스탄티노플로 옮겨 갔고, 그리스도교의 교리를 세우는 과정에서 이단으로 지목된 사람들은 다시 그곳을 떠나 중간 세계로 옮겨가지 않을 수 없었다.

조상에게서 물려받은 지적 전통을 갖지 못한 이슬람의 지도자들은 이들을 영입하여 그들이 가지고 있는 그리스-로마의 고전과 그 지식을 환영하여 더러는 국가 차원에서 번역 사업을 벌이기도 했다. 이렇게 해서 이슬람에 고전적 지식이 축적된 데다가 외국과의 교역 과정에서, 예컨대 인도의 수학, 중국의 제지술 등을 받아들여 이를 발전시키기도 하고 나름의 문자를 개발하기도 했다. 그리하여 8세기 이후에는 법학, 수학, 천문학, 사학, 철학, 의학, 과학, 문학 등 각 방면에 큰 업적을 낸 인물들을 배출하기도 했다. 이렇게 축적된 지적·문화적 재산이 이베리아반도를 통해 서유럽으로 흘러들어 가자 고전 문헌들은 라틴어로 번역되어 유럽으로 들어갔다. 십자군 이후 활성화된 교역 과정에서 유럽으로 유입된 이 지적 유산은 르네상스와 인문주의 운동의 자산이 되었다. 그 한 예가 중세 후기에 유럽에서 일어난 스콜라철학이다. 아비켄나(이븐 시나Ibn Sina, 980~1037)와 아비로에스(이븐 루슈드Ibn Rushd, 1126~1198)의 아리스토텔레스 형이상학 해석을 토마스 아퀴나스가 전폭적으로 받아들였고 이에 의거해서 신학과 철학을 재해석한 것이 스콜라철학이다.

유럽에서 아라비아 또는 사라센이라고 불리기도 하는 이 이슬람의 문화와 학문이 없었더라면 고대 그리스-로마의 지적 자원은 후세에 전해지지 못했을 것이다. 유럽이 민족 대이동으로 전승 문물을 모두 상실하고 야만 상태에 빠져 있을 때 근 1000년의 세월에 걸쳐 지중해 중심의 고전 문물을 지키고 그것을 근대 여명의 씨앗으로 키운 것은 이슬람 문명이라는 것을 알아야 한다.

8. 이슬람 융성의 요인

이슬람은 단기간에 아라비아반도를 석권하여 북아프리카를 돌아 유럽의 이베리아반도에 이르고 동북쪽으로는 인도와 중앙아시아에 걸치는 대제국을 건설해서 중세의 중간 세계를 이끌었다. 이슬람은 지중해와 홍해를 집안의 연못처럼 이용하면서 바다와 육지로 동서 교역을 개발해서 엄청난 부를 축적하고 독자적 문명과 문화를 이룩했다. 그 원동력은 무엇인가? 유럽의 그리스도교 중심 학자들은 '한 손에 코란, 한 손에 칼', 즉 코란을 믿을 것이냐 칼을 받을 것이냐 하는 식으로 그들이 무력에 호소하는 포교를 했기 때문이라고 한다. 그러나 여기에는 이슬람을 폄하하려는 의도가 없지 않다. 실제로 아랍의 정복전에서 이슬람군은 (1) 이슬람에 개종하여 무슬림이 되겠느냐, (2) 세금(토지세와 인두세)을 내고 종전의 신앙을 유지하겠느냐, (3) 이 두 가지를 거부하고 끝까지 싸우겠느냐 하는 삼중 택일을 요구한 것이다. 유럽 학자들은 (2)를 빼버리고 (1)과 (3)만을 가지고 알라신과 칼 중의 택일로 육박하는 호전적 선교로 해석한 것이다. 무슬림에게 전투 능력이 있었던 것은 사실이다.

그 융성의 요인은 내적인 것과 외적인 것의 두 방면에서 찾아야 한다. 내적 요인은 이슬람의 전투 능력과 신앙심 및 탁월한 지도자에서 찾을 수 있다. 그러나 그들은 처음부터 호전적 부족은 아니었다. 그들은 가난한 농민이거나 사막의 대상이었다. 그럼에도 그들은 초창기부터 부족 간의 전투로 전투 능력을 기르고 전투 기법을 익혔다. 여기에서 유의할 점은 그 전쟁은 언제나 이슬람교 정신으로 무장한 군대의 정면 돌파전이었다는 것이다. 싸움은 개인적인 것이든 국가 차원의 것이든 무기로 하는 것이 아니라 정신으로 하는 것임을 알아야 한다. 그 대표적 예가 스파르타다. 이슬람은 처음부터 정교일치 체제였기에 그만큼 내적 단결력이 강했다. 그들은 탁월한 지도자들의 영도하에 종교적 신념으로 단결하여 위기를 당해 우유부단하지 않고 정면으로 부딪친 것이다. 무함마드를 위시하여 초창기 칼리프들이 직접 지휘한 전쟁은 모두 이런 유형의 전쟁이었다. 무함마드 생전에 치른 부족 간의 전쟁은 단순한 부족 간의 전쟁이라기보다는 알라신을 신봉하고 정교일치의 이념을 가진 공동체와 원시적 다신교를 믿는 부족들 사이의 싸움이었다. 이 싸움은 한 사람의 명령하에 질서가 정연하게 잡힌 신앙 공동체와 단순히 경제적 이익을 노리고 복수심으로 뭉친 세력과의 대결이었다. 메디나 측에서 볼 때 이 전투는 사활이 걸린 싸움, 절대로 져서는 안 되는 싸움이었다. 그들은 신앙과 함께 칼을 빼들지 않을 수 없었다. 이것이 소위 지하드(성전)라고 하는 것이다. 지하드란 신앙을 문화 현상으로 간주하지 않고 정치와 투쟁의 한 방식으로 보는 것이다.

외적 요인으로 나는 6~11세기의 국제 정세를 거론하고자 한다. 이 시대 유럽은 민족 대이동의 암흑기와 그 뒤를 잇는 시대여서 자기를 추스르기에도 힘겨웠다. 외국에 대해 전혀 신경 쓸 형편이 아니었던 것이다. 지중해에 깔때기 하나 띄우지 못하고 육지에 갇혀 장원제도와 봉건제도를 수립한 것이 전부였다. 유럽 바깥 세계에 대해 알지도 못했을 것이다. 가까스로 자기를 추슬러가는 도중에 일어난 것이 십자군 원정이었다.

이슬람과 중국의 관계에서 당은 751년 천산 산맥의 서북 산록 페르가나 지방의 달라스 강 부근에서 아바스왕조의 군과 맞닥뜨렸다. 당의 장군은 고선지(高仙芝, ?~755)인데 당 측에 가담한 터키군의 배반으로 당은 패배했다. 양쪽은 다 본국에서 너무 멀리 왔기 때문에 더 나아가지 못하고 그곳을 경계로 삼았다. 아바스왕조 2대 칼리프 만수르 때의 일이다.

초창기 이슬람에게 목전의 적은 비잔틴제국과 페르시아의 사산왕조였다. 비잔틴은 시리아를 점유하고 사산왕조는 이라크(페르시아)에 자리 잡고 있으면서 국지적으로 긴장 관계에 있었으나 양자 모두 국력으로는 이슬람과는 비교할 수 없는 강대국이었다. 그러나 페르시아제국과 비잔틴제국은 통치의 약화, 민중의 이반, 신흥 아랍 무슬림의 높은 사기 앞에서의 전의 상실 등으로 고민하다가 페르시아제국이 먼저 멸망했다. 비잔틴이 오그라들고 페르시아가 망한 중앙아시아는 텅 빈 땅이었다.

거기에다 전리품이라는 큰 이익이 이슬람군을 유혹했다. 지하드에 물욕의 기름을 부은 것이다. 병사들은 전리품으로 사기를 돋우었고, 제왕들은 넓은 영토와 그곳에서 얻게 되는 세금에 탐닉하게 되었다. 이즈음 되면 이미 전쟁은 쳐들어오는 적을 받아치는 것이 아니라 먼저 침입하는 것이다. 이 시대 이슬람은 군사를 거느리고 가기만 하면 자기 영토가 되는 판이었다.

싸움에서 이기려면 전투원의 내적 단결이 절대적으로 필요하다. 개인의 전투 능력도 중요하지만 단결된 힘은 모든 어려움을 극복할 수 있다. 이슬람교에서는 개인보다 전체가 우선이다. 따라서 교리에 있어서도 개인의 정신적 구제는 일차적 목표가 아니다. 즉 구제 의식은 희박하고 집단적 의례가 기본이다. 실례로 개인의 정신적 구제를 추구한 교파(예컨대 스피즘)는 이단으로 간주되었다. 정교일치 체제는 이것을 보장한다.

무함마드가 메디나에서 최초로 건설한 움마는 신앙 공동체였다. 정교일치 정신과 죽음을 건 용기는 모든 어려움을 극복할 수 있었다. 그들은 위기를 기회로 전환했던 것이다.

9. 이슬람교의 신앙과 제의

이슬람은 셈족의 전통을 따라 유일한 절대자 알라신을 신봉한다. 《코란》은 그대로 무슬림적 삶의 지침서인 것이다.

이슬람교는 《구약성서》의 대부분을 그대로 자기네에 앞서 있었던 예언서로서 받아들이고 있다. 예수가 처녀의 몸에 성령으로 잉태되어 태어났다는 것, 십자가에 못 박혀 처형되었다는 것 등도 그대로 받아들이고 있다. 이에 더해 《신약성서》에 있는 최후의 심판과 알라에 의한 죽은 자의 부활을 믿게 한다.

이슬람교에서 말하는 예수　이슬람교에서는 예수가 십자가에 못 박혀 죽은 지 3일 만에 부활한 것이 아니라 신이 직접 하늘나라로 데려갔다고 한다. 그들은 예수를 신의 아들이라고 보지 않고 무함마드에 앞선 예언자의 한 사람으로 본다. 그들이 말하는 예언자는 아브라함, 노아, 모세, 예수 등이며 무함마드는 마지막 예언자다. 만일 그를 신의 아들이라 하고 부활을 믿는다면, 다시 말해 삼위일체를 인정하게 되면, 그리스도교는 아버지 신, 아들 신, 성령의 신, 즉 세 신을 모시게 되는 셈이다. 이는 그들이 극력 배격하는 다신교다. 이슬람은 자연신을 믿지 않는 것과 마찬가지로 다신교를 배격한다. 우상을 배격함은 말할 것도 없다. 마리아 상이나 예수의 영정은 아이콘으로서 우상이라고 본다. 그러기에 이슬람에서는 일체의 아이콘을 만들지 않는다.

예수에 대한 이슬람의 태도는 이것 말고도 또 있다. 예컨대 예수가 한쪽 뺨을 때리거든 다른 쪽 뺨도 내주라고 할 만큼 사랑을 강조하는 데 반해, 무함마드는 자기네를 적대시하는 자들에 대해서는 끝까지 싸워서 이기라는 소위 지하드를 권장한다. 지하드에는 '눈에는 눈으로 이에는 이로!'라는 복수도 함축되어 있다.

알라를 위하여 그대들을 적대시하는 자와 싸워라. 그러나 불의를 행하거나 도를 넘어서는 안 된다. 알라께서는 도를 넘는 자를 좋아하시지 않는다.

그러한 자들과 마주치면 어디서든지 싸워라. 그대들이 추방당한 곳에서 그들을 추방하라. 박해는 살해보다 더 나쁘다. 그들이 그대들에게 싸움을 걸지 않는 한 신성한 예배당 근처에서는 싸움을 하지 마라. [……]

그러나 상대방이 멈추면 알라께서는 관대와 자비를 베푸신다.

박해가 없어질 때까지, 종교가 알라의 것이 될 때까지 그들과 싸워라. 그러나 상대방이 멈추면, 부당한 자에 대해서는 별도이지만, 적의를 버려야 한다.

[……] 누구든지 그대들에게 무법을 행하거든 그대들도 상대가 한 대로 무법을 행하라. 알라께서는 신을 공경하는 자와 같이 계신다는 것을 알라.[18]

---

18 《코란》, 186~190절.

이슬람은 사랑이 아니라 받은 대로 갚으라는 보복을 가르친다. 사랑의 종교 그리스도교와 이슬람교의 차이를 극명하게 보여주는 대목은 이 점이다. 그러면서도 전술한 바와 같이, 이슬람교는 그리스도교와 마찬가지로 알라에 의한 최후의 심판과 부활도 믿는다. 그 신앙 내용도 그리스도교와 비슷하다. 단, 예수의 부활만을 믿지 않고 사랑을 교설하지 않는다.

신의 심판: 지옥과 낙원 사람이 죽으면 심판을 받게 된다. 죽은 자는 생전에 알라신을 믿고 찬양했느냐 안 했느냐에 따라 심판받고 각기 다른 길로 인도된다. 불신자들이 가는 지옥의 문을 지키는 문지기 천사는 말리크라 하고, 처벌을 맡아보는 천사는 사비니안이라고 한다. 천사들은 인간과 신 사이의 중간적 존재다.

지옥에 간 자들은 창자가 끊어질 만큼 뜨거운 열탕을 마치 갈증으로 병든 낙타처럼 마시게 된다. 그들은 지옥의 밑바닥에서 자라는 자쿰나무 열매를 먹게 되는데 그것은 마치 사탄의 머리처럼 생겼고 아무리 먹어도 허기가 채워지지 않는다.

반면에 낙원으로 인도된 자는 눈이 크고 살결이 흰 처녀의 마중으로 모셔져서 맛있는 과일 대접을 받으며 지상에서 단식한 날짜와 쌓아올린 선행의 횟수만큼 그녀와 교합을 할 수 있다. 낙원에는 솟아나오는 샘이 있고, 폭신한 침대가 있으며, 술잔도 차려져 있다. 낙원은 사막 지대의 고통과는 전혀 반대되는 아름답고 안락한 곳, 아무런 불편이나 고민이 없는 곳으로 묘사되어 있다.

최후의 심판과 부활 최후의 심판 날에는 천지가 요동치고 바닷물이 넘치면서 수많은 무덤이 파헤쳐진다. 그때 죽어서 무덤에 매장되었던 시신들이 일어나 죽기 전 모습으로 돌아간다. 이것이 부활이다. 부활과 심판과 천지의 변화는 동시에 일어난다. 그때가 종말이다. 그러나 그것이 언제 올지는 알라만이 안다. 인간은 늘 그때를 대비하고 있어야 한다.

이슬람교의 제의 형식　이슬람교에는 계급이나 민족의 차별이 없다. 무함마드가 630년 메카를 점령했을 때 그는 메카인들을 향해 "지금이야말로 이교(자연적 다신교) 시대의 모든 대차 관계, 기타 여러 가지 권리에 대한 의무가 모두 청산되었다. 동시에 모든 계급적 특권도 소멸되었다"고 선포했다.

　이슬람교에는 직업적 사제계급도 없다. 전례만을 맡아보는 승려 계급이 없는 종교가 이슬람교다. 모든 이슬람은 정해진 대로 메카의 카바 신전을 향해 하루에 5번, 남녀가 따로따로 예배를 한다. 남녀의 합동 예배는 금지되어 있다. 예배는 먼저 무릎에 손을 대고 90도로 몸을 굽혀 절한 뒤 코와 이마를 바닥에 대는 큰절로 시작된다. 코와 이마를 바닥에 대므로 자연히 엉덩이는 하늘로 향할 수밖에 없다. 그러고는 코란을 암송한다.

　예배 시간은 해 뜨기 전, 정오, 오후, 일몰, 밤(자기 전)의 다섯 번이다. 특히 오후 예배 시간은 막대기 길이와 그 그림자의 길이가 같을 때라고 하는데 이것은 모스크에서 정해서 알린다. 금요 예배는 금요일 정오에 모스크에 전원이 모여서 하는 집단 예배다. 그렇다고 이 날이 휴일은 아니다. 예배가 끝나면 각자 하던 일을 해야 한다. 위험이 닥치면 선 채로 또는 낙타에 탄 채로 해도 무방하지만, 평상시에는 정식으로 해야 한다.

라마단과 단식　이슬람력으로 9월 한 달 동안 모든 무슬림에게는 단식의 의무가 있다. 만일 단식을 할 수 없는 환자나 여행 중인 자는 다른 날에 같은 날 수만큼 단식을 해야 한다. 할 수 있는데도 단식을 하지 않은 자는 그 대신 가난한 자에게 음식을 주어야 한다. 단식은 해가 떠서 질 때까지 온종일 입에 아무것도 넣지 않는 것이다. 물도 마실 수 없다. 단, 밤에는 얼마든지 먹을 수 있다. 따라서 단식 때는 일도 최소한으로 한다.

순례　순례 또한 무슬림의 의무다. 순례는 라마단 기간에 행해지는데, 단식을 한 달 동안 계속하는 것이다. 그러나 환자, 여행자, 임신부, 유모,

어린이, 노약자는 제외된다.

성지순례 순례 역시 신앙 고백, 예배, 단식, 회사 등과 마찬가지로 무슬림의 중요한 의무다. 메카의 카바 신전에 대해서는 주 10에서 소개한 바 있거니와, 카바 신전 순례는 무함마드 등장 이전부터 내려오는 아랍인들의 행사다. 이슬람력 12월 7일부터 4일간 행해지는 이 카바 신전 순례는 무슬림의 평생의 소원이다. 순례 때는 이흐람이라는 특별한 옷을 입는다. 이흐람은 바느질을 하지 않은 두 조각의 흰색 천으로 상체와 하체를 가리는 옷이다. 이것은 평등을 함축한다. 순례 때는 결혼, 싸움, 남녀 교접을 할 수 없고, 동식물의 살생을 금하며, 손톱, 머리털, 수염 등도 깎지 않는다.[19]

순례가 시작되는 12월 7일 이전에 메카에 도착한 무슬림들은 목욕 후 이흐람 차림으로 타와프를 시작한다. 타와프란 코란의 문구를 외면서 회랑의 문을 지나 카바 신전을 왼쪽으로 7바퀴 도는 행사다. 이 행사를 마친 사람은 회랑 밖 약 200미터 떨어진 사파와 마르와 언덕 사이를 7번 왕복한다. 8일 아침 신자들은 북방으로 5킬로미터 정도 떨어진 두 산 사이의 골짜기로 향한다. 그곳에서 낮 예배를 마친 사람들은 하룻밤을 휴식한다. 9일 아침 신자들은 알라에게 기도하고 코란을 암송한다. 그들은 아라파트 산꼭대기에 올라가 예배하고 설교를 듣는다. 산에서 내려와서는 텐트를 챙겨서 해가 저물 때까지 무즈달리파 평원으로 옮겨가서 21개의 돌을 줍는다. 이 돌을 미나 골짜기로 돌아왔을 때 골짜기 서쪽 끝에 있는 돌기둥에 던진다. 이것을 '이블리스(악마) 때리기 행사'라고 한다. 이 행사를 마친 사람들은 다시 메카로 돌아와 카바 신전을 7바퀴 돌고는 이흐람을 벗고 순례를 마친다. 10일에는 순례를 무사히 마친 것을 축하하는 희생제가 행해진다. 이때 희생물로 도살되는 것은 몇만 마리에 달하는

---

19 김용선, 《코란의 지혜와 신비》, 명문당, 2002, 167쪽 참조.

낙타, 소, 양 등이다. 이후 계속되는 3일간은 각국에서 모여든 사람들이 각기 집단을 만들어 세계의 이슬람 문제를 토의한다. 이것을 마친 사람들은 대개 이슬람의 또 하나의 성지인 메디나로 향하지만 그것은 각자의 사정에 맡겨져 있다. 즉 해도 그만이고 안 해도 그만이다.[20]

10. 여성의 지위

이슬람은 철저하게 남존 여비 사상을 견지해서 아내는 남편에게 종속되는 것으로 믿고 있다. "여자라고 하는 것은 그대들의 경작지, 자기 밭을 잘 손질하는 것이 좋다."[21] 무함마드 이전에 여자들은 남편의 이혼 선언 하나만으로도 충분히 이혼이 성립될 수 있었으나, 무함마드는 이것을 금했다. 이혼하겠다고 선언하고 적어도 4개월의 유예 기간을 두어야 한다. 이혼한 여자는 3회의 월경을 볼 때까지는 기다려야 재혼할 수 있다.

이슬람에서 남자는 경제력이 허용되면 아내를 넷까지 얻을 수 있다. 아내를 많이 얻어도 되는 이유는, 많은 전쟁을 치르는 동안 남자들이 전사하여 과부와 아비 없는 자식이 다수 생겨나므로 이들을 구휼하기 위해서 불가피하게 남자에게 다수의 여자를 아내로 맞이하도록 해야 했던 것이다. 게다가 매춘과 고아 문제를 개선하고 해결하기 위한 고려도 작용했을 것이다. 무함마드는 특히 6명의 아내를 두고 있었는데 (그가 죽었을 때 장례식에 참여한 아내는 8명이었다고 한다) 대개는 구휼 차원의 결혼이었거나 정략결혼이었다. 결혼은 남녀의 동의를 필수 요건으로 한다. 남녀 평등의 원칙을 전제한 것이다. 물론 한 명의 아내만을 주장하거나 그것으로 만족하는 사람, 아내들을 공평하게 다룰 능력이 없는 자는 더 얻지 않아도 좋다.

---

20 같은 책, 164~166쪽 참조.

21 《코란》, 223절.

결혼에는 반드시 결혼 지참금이 필요하다. 여성은 이 지참금을 남이 손댈 수 없는 완전한 자기 소유로 할 수 있다. 말하자면 여자도 별도의 재산을 소유할 자격과 능력이 인정되는 것이다. 이 모든 것은 움마에 규정되어 있다.

V. 힌두교

'힌두'라는 낱말은 인더스 강을 둘러싼 나라를 뜻하는데, 본디 큰 강, 즉 인더스 강을 가리키는 산스크리트어 '신도'가 페르시아에 들어가서 '힌도프'로 전화되고, 이것이 인도에 역수입되어 '힌도'로 되었다가 '힌두'로 변한 것이다. 이것을 그리스어로는 '인도'라고 발음한다. 그러니 '힌두'나 '인도'나 동의이음일 뿐이며, 힌두교란 인도교라는 말과 같다. 힌두교는 인도의 민족 종교다.

힌두교는 현재 11억 인도 인구의 83%(약 7억)와 방글라데시의 약 14%, 스리랑카의 15%, 네팔의 과반수가 신봉하는 대중 종교다. 그 밖에 인도네시아 등 주변국의 신자를 합치면 힌두교는 약 8억의 신도를 포용하고 있는 셈이다. 거칠게 말하면 그 신도는 인도인 가운데 무슬림과 크리스천을 제외한 나머지 사람들이다. 힌두교는 신화, 종교 의례, 사회 제도, 생활 풍습과 인습 등이 느슨하게 융합된 문화 형태. 아래에 나와 있듯이 이 종교는 개조나 형성 과정이 명확하지 않고, 강하게 작용하는 규정적 제례도 없어 힌두교에서 다른 종교로의 개종은 있어도 그 역은 거의 없다.

힌두교는 인도-아리안족의 산물임에도 거기에 아리안의 냄새는 거의 없다. 힌두교는 다신교적 자연종교이면서 동시에 일신교적 성격도 가지고 있는가 하면, 모든 신을 다 모아놓은 만신교 같기도 하고, 우상 숭배의 냄새도 짙게 풍긴다. 교리에 어떤 통일성이 있는 것도 아니다. 아니, 그런 통일을 기하려는 노력도 보이지 않는다. 또 만민 평등을 외치는 지금, 힌두교에서는 구태의연하게 4성 제도라는 계급제도를 브라만에게서 물려받아 용인하고 있다. 또한 업, 윤회전생, 고행, 해탈을 교리처럼 믿고 있다. 그런가 하면 사람의 삶의 네 주기를 여전히 주장할 뿐 아니라 소를 숭배하고 있다. 이런 주장이나 생활 관습에 합리적 타당성이 있는 것 같지도 않다. 그냥 인습일 뿐이다. 그런 고래의 인습에서 탈피하려는 어떤 개혁적 사유나 움직임이 있는 것도 아니다. 오히려 외부에서 들어오는 것을 비판이나 체계적 검토도 없이 그냥 수용하여 잡탕을 만드는 것 같기도 하다. 그러니 그 종교에 일관된 교리도 찾기 어렵고 사회에 긴장된 기상도 없다. 인도인에게는 역사의식이 현저하게 결여되어 있는 것이 사실이다. 마하트마 간디(Mahatma Gandhi, 1869~1948)가 독립 운동을 하면서 무저항주의를 표방한 것도 이런 인도인들의 기질이 반영된 것이 아닌가 싶다. 그것이 인도인들의 체질에 적합했던 같다.

그렇다고 힌두교에 일반적 특색이 없는 것은 아니다. 인도에서 발생한 종교는 브라만교든 반브라만교든 다 같이 해탈을 위한 고행을 필수적인 것으로 여긴다. 인생의 궁극 목적은 해탈이고 이를 위해서는 고행을 해야 한다. 고행의 한 방법이 요가다. 고행을 하는 이유는 인간에 내재하는 혼탁해진 혼을 정화하기 위해 신체를 괴롭히는 것이다. 해탈을 해야 하는 이유는 인생이 괴로움이기 때문이다. 왜 인생은 고인가? 인간을 포함한 모든 생물은 한 번의 생으로 끝나는 것이 아니라 무한히 전생한다. 그 전생 과정이 육도환생(六道還生)이다. 사는 동안의 업에 따라 인간은 사후의 여섯 세계 중 어느 한곳에서 다시 태어난다. 그러니 삶은 고이고, 이 고에서 벗어나는 것이 해탈이다. 인도의 모든 고유 종교는 인생의 '업→전생→해탈'을 필수 과정으로 보고 해탈을 위해 고행하는 것이다. 완전히 정화된 영혼은 윤회의 굴레를 벗어날 수 있다. 각각의 종교가 구별되는 것은 그 고행 방법의 차이다. 그러나 먹고 사는 것이 문제다. 탁발(행걸)밖에 길이 없다. 이 고행자들을 돕기 위해서는 재가 신자가 있다.

1. 브라만교의 발생

인도의 종교사는 대충 아래와 같이 나뉜다.

1시기(BC 2500~BC 1500) : 인더스 문명 시대

2시기(BC 1500~BC 500) : 베다 시대

3시기(BC 500~AD 600) : 불교, 자이나교 등 비정통적 종교의 시대

4시기(600~1200) : 힌두교 시대

5시기(1200~1850) : 이슬람교 지배하의 힌두교 시대(이슬람의 침입으로 불교
　　　　　　　　　는 인도에서 자취를 감춘다)

6시기(1850~현재) : 힌두교 부활 시대

인도의 역사는 일반적으로 아리안족의 인도 침입에서 시작된다.[22] BC 2500년경 인도-유럽어를 사용하는 유목 민족(아리안족)의 일단이 중앙 아시아로 옮겨와서 번창했는데, BC 1500년경 이 아리안족의 일부가 갑작스러운 기후 변화(한랭화 따위)로 인한 목초지 부족 등으로 힌두쿠시 산맥을 넘어 펀자브 지방으로 남하하여 인도의 서북부로 침입했다. 이들이 농경민인 원주민과 혼혈하여 그곳에서 인도-아리안족을 형성했다. 이들이 이룩한 것이 인더스 문명이다. 그들 중 일부가 BC 1000년경 더 비옥한 갠지스 강 유역으로 이동하면서 농경 사회를 완성했다. 3시기 후반

22　지난 19세기 영국인들에 의한 인도-파키스탄 개발에서 시작된 인더스 문명 연구는 지금도 계속되고 있다. 인더스 문명의 발굴 작업은 여러 나라의 고고학 연구팀에 의해 진행되어 그 면모가 조금씩 밝혀지고 있다. 근년 들어 프랑스 고고학 연구팀에 의해 인더스 평원의 경계 지역에 있는 메헤르갈 유적이 발굴되어 인더스 문명의 성격에 대한 새로운 견해가 나타났다. 이에 따르면 BC 6000년 무렵에는 이미 곡물 재배와 가축 사육이 시작되었고, BC 4000~BC 3000년 사이에는 구리를 사용했으며 물레를 돌려서 질그릇을 만든 것으로 나타난다. 그러나 이것은 아직 추측의 단계에 있다. 메소포타미아문명, 이집트문명, 황하의 중국 문명이 역사 속에서 면면이 이어져온 것과는 달리 인더스 문명은 역사 속에서 사라졌다가 근년에 와서 비로소 그 면모를 드러내기 시작했다.

에는 베다교가 비아리안적 토속 문화의 요소를 받아들여서 힌두교를 형성했다.

BC 1500~BC 500년 사이를 베다 시대라고 한다. 이 시기에 브라만교의 여러 성전이 편집되었고, 그 후반에는 네 베다에 부속하는 문헌이 편집되었다. 종교의 제례를 맡아보던 브라만이 그 성전에 의거하여 브라만교를 형성했다. 그들은 자기네를 정상에 놓고 원주민을 노예화하고는 그 중간에 무사계급(통치 계급)과 농상 계급을 놓는 4성 제도를 위시하여 여러 가지 종교상의 의례를 창안했다. 어느 시대 어느 종교에 있어서나 사제들은 대개 자기네를 신이나 절대자에 가장 가까운 위치에 놓고 다른 사람들을 그 아래 위계에 위치시키는 경향이 있다. 인도의 브라만들은 제례 절차를 복잡하게 하여 다른 계층 사람들이 흉내낼 수 없게 해서 자기네 지위를 공고히 하는 한편, 무사계급에게는 여러 가지 제례상의 배려를 베풀어 그들을 구슬렸다. 이 시대는 브라만교의 전성시대다. 이때 4계급 사회가 형성된 것이다.

브라만교와 힌두교는 거의 같은 종교다. 그 종교의 제의를 애초에는 브라만 계층이 맡아서 행했기로 그것을 브라만교라 하고, 뒤에서 보다시피 이것을 변화된 시대와 사회에 영합하여 대중화한 것이 힌두교다.

4성 제도 브라만에 의해 확립된 4성 제도는 종교의 한계를 넘어 인도의 역사를 일관하는 사회 제도와 인습이 되었다. 4성이란 네 계급을 가리킨다. 이것을 후대에서는 카스트라고도 하는데, 인도에서는 바르나(피부색)라고 부른다. 그것은 사제계급인 브라만을 필두로 하여, 무사계급(크샤트리아), 생산계급(바이샤) 및 노예계급(수드라)의 4계급이다. 무사계급은 정치와 행정을 전담하고, 생산계급은 농업과 상업에 종사하는 계층인데 이들은 아리안족에 속한다. 그러나 노예계급은 아마 아리안족에 의해 점령당한 원주민의 후예였을 것이다.

이 바르나 제도의 이론은 인류의 조상인 마누가 BC 200~AD 200년 사이에 제정했다 해서 마누 법전이라고 하는 법전에 규정되어 있다. 그러나 현실은 4성 제도를 그대로 준수할 수 없게 한다. 더구나 평등성을 지향하는 현대 사회에서 그것을 곧이곧대로 고집하는 것은 거의 불가능하다. 그래서 이 제도는 법으로는 폐지되었다. 그러나 사회적 인습으로는 그것에 입각해서 직업을 선택하는 것으로 상존한다. 노예계급에 속하는 사람들은 수공예나 예능 등에 종사하는 계층을 가리키며, 주로 상위 세 계급에 (가정부나 머슴 등으로) 봉사하기도 한다. 이들은 브라만이 주도하는 종교에서도 소외되어 있다. 종교에서 소외된 것은 노예만이 아니라 여성도 마찬가지다.

특히 주목을 끄는 것은 이 네 계급에도 속하지 못하는 찬다라라고 하는 불가촉천민의 존재다. 이들을 제5바르나라고도 하는데, 이들은 아리아 사회의 주변부에서 살던 수렵 채집민으로 아리아 사회에 편입되지 못한 종족의 후예다. 이들은 밤에는 마을에 들어오지도 못하고, 죽은 자의 옷을 입으며, 몸에 불가촉천민 표시를 해야 하고, 부서진 식기를 사용해야 한다. 이들은 청소와 빨래, 형 집행, 시체 처리 등을 도맡아 하는 집단이다. 이들을 보았거나 이들과 말을 나누었으면 더러움을 탔다 하여 정화 의식을 해야 한다. 즉 접촉했을 때는 전신 목욕을 해야 하고, 말을 나누었을 때는 브라만에게 고해야 하며, 보았을 때는 해나 달의 빛에 쪼여야 한다.

2. 베다 성전

힌두교는 개조가 없는 종교다. 그래서 통일적 교의나 체계를 가지고 발달한 종교가 아니다. 게다가 닥치는 대로 이것저것을 받아들여서 마치 비빔밥처럼 만든 종교이기도 하다. 교리상 서로 모순되는 대목도 많다.

베다 베다는 어느 개인이나 집단이 만든 것이 아니라, 신비적 계시를 받아 성선(聖仙)이 만든 천계 성전(聖典)이라고 한다.

베다에는 리그베다, 사마베다, 야주르베다 및 아타르바베다가 있는데 이것들은 신들에 대한 찬가, 제사의 축문, 주문 등을 모아놓은 것이다. 그 중에 가장 중요한 것이 리그베다이다. '리그'는 찬가를, '베다'는 거룩한 지식, 즉 성전을 의미한다. 리그베다는 자연을 신격화한 많은 신들에 대한 찬가 1,028수를 모은 것이다. 찬가는 한자도 틀려서는 안 되는 성구(聖句)이므로 암송되어 사제계급에서 아버지로, 아버지에서 아들로, 스승에서 제자로 구전된 문헌이다.

네 베다 중 맨 나중의 것, 즉 아타르바베다는 민간에서 유행하는 주문 류를 많이 수록하고 있기 때문에 낮게 평가된다. 나머지 세 베다 문헌은 전기 베다 시대에 기록된 것이다. 기록된 뒤에도 베다 문헌의 보전과 힌두교의 제의를 지키는 것은 브라만의 전담 사항이었다. 그리하여 BC 5세기 이전의 베다교를 브라만교라고 한다. 베다 시대의 후반에는 네 베다 성전에 부속하는 문헌이 편집되었다. 《우파니샤드》도 그중 하나다.

베다의 근본 사상과 신 관념 리그베다의 종교는 자연 현상을 신격화한 다신교다. 다신교의 일반적 특징 중 하나는 자연 현상에 영혼이 깃들어 있다고 보는 애니미즘의 성격을 가지고 있는 것이고, 이것은 다시 우상 숭배로 전개된다. 자연종교적 다신교의 신은, 마치 우리의 옛 습속에 부엌 귀신, 측간 귀신, 몽당 귀신, 숟가락 귀신 따위가 있는 것과 비슷하게 너무 잡다해서 일일이 거명할 수도 없거니와 그럴 필요도 없다. 특정한 가정만의 신도 있고, 일정한 마을에서만 신봉되는 신도 있으며, 특정 계급만이 믿는 신도 있다. 그런 자연신 사상이 우상 숭배로 가는 것은 너무 자연스럽다.[23] 그러다가 힌두교에 이르면 이 다신교가 인격적 일신교

---

23 프레이저(James George Frazer, 1854~1941)의 《황금가지(The Golden Bough)》(1907~1912)가 전 세계에 걸친 이런 현상을 자세히 기록하고 있다다는 것은 잘 알려져 있다.

로 바뀌는 경향을 보인다. 베다교에서는 제관의 기도 속에서 나를 신에 절대적으로 귀의시키는 헌신적 신앙보다는 내가 바친 만큼 신도 나에게 행운을 베풀어달라는 기복적 성격이 지배적이었다. 기복 신앙은 자연종교에 불가피하게 따라다니는 현상이다. 이런 점에서 보면 브라만교는 원시 힌두교를 계승한다고 말할 수 있다.

3. 《우파니샤드》

《우파니샤드》는 베다 성전에 속하며 리그베다의 끝 부분에 자리 잡고 있다고 해서 '베단타(Vedānta)'라고도 한다. BC 800~AD 500년 사이에 성립된 것을 《고우파니샤드》라 하고, 그 뒤 10여 세기에 걸쳐 만들어진 것을 《신우파니샤드》라고 한다. 이것들은 고대 인도인들의 높은 사변적 사유, 철학적 내용을 가장 많이 그리고 가장 잘 드러낸 문헌이기도 하다. 인간 삶의 궁극적 목적은 무엇이며, 끝없이 되풀이되는 윤회의 굴레에서 벗어나 해탈할 방도는 무엇인가를 사색한 것도 이 《우파니샤드》다. 그것을 《우파니샤드》는 제의적 행위에서가 아니라 지식의 면에서 추구한다. 《우파니샤드》는 말하자면 브라만교의 철학인 셈이다. 그리하여 브라만교와 힌두교 내지 인도인 일반의 기본적 사회 조직, 생활 방식, 습속 등은 모두 이 《우파니샤드》에 규정되어 있다. 《우파니샤드》란 사제 간에 '가까이 앉음'을 의미한다. 즉 사제 간에 내밀하게 전수되는 가르침이라는 것이다. 그 사색 중 사변적·형이상학적인 것을 제외하고 중요한 교리적인 것을 간추리면 아래와 같다.

업과 윤회전생 이것은 인도인들이 본디부터 가지고 있는 소극적 인생관·생사관의 표출이며, 그것을 극명하게 드러내고 체계적으로 설명해서 인도적 사유 전통으로 만든 것은 《우파니샤드》다. 업이란 인간이 살아가면서 불가피하게 저지르는 여러 행위의 결과를 말한다. 불교가 이 업과 윤회전생 사상을 선교의 방편으로 답습하고 있음은 물론이고, 동양 3국과 멀리 유대교와 그리스도교 내지 이슬람교를 위시한 거의 모든 종교에서도 살아 있을 때의 행위 결과인 업에 따라 사후에 심판을 받는 것으로 되어 있다. 우리의 무속에도 이 전생 의례가 전수되고 있다.

《우파니샤드》에서 죽음은 삶의 종말이 아니라 업에 따라 사후에 다른 생명체로 다시 태어나는 과정이다. 인간은 이 과정을 무한히 반복하는데 그것이 윤회전생이다. 우리나라 무속과 민간신앙에서 짐승을 함부로 죽이지 못하게 금하는 것도 이런 업과 윤회전생 사상의 영향 탓이리라.

그 전생되는 윤회는 지옥, 아귀, 축생, 아수라, 인간, 천상의 여섯 과정이다. 이 과정을 통해 다시 태어나는 것을 육도환생이라고 한다. 무한히 반복되는 이 과정 속에 사는 인간의 일생은 괴로움의 연속이니 인생은 고인 것이다. 그러나 천상에 태어나는 생은 다시 환생하지 않고 환생의 고리에서 벗어난다. 그것이 진정한 해탈이다.

《우파니샤드》가 궁극적으로 알고자 하는 것은 브라흐만(梵)이다. 이것은 처음에는 제사에 사용하는 성스러운 언어와 그것이 가진 힘을 의미했으나 뒤에는 삼라만상의 근저에 있는 근원적 실체, 만유가 나오고 돌아가는 궁극적 실체를 가리키게 되었다. 그것을 아는 것은 곧 해탈로 가는 길을 아는 것이라고 믿었던 것이다.

범아일여 사상 근원적 실체는 브라흐만이고, 개인의 본질은 아트만이다. 아트만은 자아를 가리킨다. 그런데 이 양자는 궁극적으로는 하나라는 것, 즉 범아일여(梵我一如)라는 것이다. 아트만은 숨, 영혼, 즉 생명 원리이고, 브라흐만은 바람, 즉 대기로서 우주적 호흡을 가리킨다. 아트만은 개체의 생명 원리이고 브라흐만은 전체의 생명 원리인 것이다. 개인이 죽는 것은 호흡이 멈추는 것인데 이것은 그냥 사라지는 것이 아니라 전체의 호흡으로 돌아간 것, 개체가 전체와 합일하는 것이다. 이것을 깨닫는 것이 곧 진리를 깨닫는 것이니 이 이치를 아는 것이 곧 해탈로 가는 첩경이다. 이 진리를 알면 곧 윤회의 연쇄에서 벗어나는 것, 해탈을 아는 것이다. 그리하여 《우파니샤드》에 이르러 제의적 행사보다는 형이상학적 성찰, 명상이 중요시되었다.

브라만은 《우파니샤드》를 독점함으로써 자기네의 권위를 높이려고 했다. 그러나 그것은 민중으로부터의 이탈을 초래한다. 시대 변천에 따른 사회 변화와 민중의 이탈을 촉진한 것이 자이나교, 불교 등 반브라만적 자유사상이다.

해탈 윤회전생하는 운명의 사슬에서 해방되는 것이 해탈이라고 했다. 불교와 자이나교도 이 해탈을 추구한 사상적 노력의 하나다. 해탈을 위해서는 세속을 버리고 수행(고행)을 해야 한다. 수행을 통해 깨달음을 얻어야 하는 것이다. 이것도 베다와 《우파니샤드》의 가르침에서 온 것이지만, 인도인은 수행을 해탈을 위한 필수 과정으로 여기게 되었다. 그래서 힌두교뿐 아니라 자이나교든 불교든 고행과 탁발은 수행자의 필수 사항으로 간주되고 있다. 일반적으로는 걸식을 돈이 없어서 하는 것으로 알고 있지만, 인도인에게는 수행의 한 과정이다.

4. 반브라만 운동과 브라만교의 재정비 : 힌두교의 형성

반브라만 운동 브라만교(베다교)는 주로 인더스 강 상류 지방에서 농업 사회를 기반으로 형성되었다. 브라만들은 베다의 제의를 강조하여 지나치게 복잡하게 형식화함으로써 일반인들은 접근하기 어렵게 만들었다. 그것은 자기네의 특권적 지위를 향유하기 위한 것이다. 그들은 또 브라만, 바이샤, 수드라의 세 계급을 재생족(再生族)이라 하고 노예계급은 일생족(一生族)이라 하여 차등화했다. 낮은 계급으로 여겨지는 것에는 노예계급만이 아니라 상인 계층도 있었고, 브라만들에 대해 불만을 가진 브라만 계급의 일부도 있었다.

BC 500~AD 600년경 사이에 갠지스 강 중류 지역에 도시 문화가 형성되면서 브라만교는 사람들의 관심에서 멀어져갔다. 도시가 형성되면 상공인이 큰 재산을 모으게 되고 새로운 계급이 형성되면 재래의 계급 사회에 균열이 생기게 마련이다. 이런 사회 분위기 속에서 자유사상가들의 활동이 일어난 것이다. 그것이 불교에서 육사외도(六師外道)라고 하는 여섯 지도자의 가르침인데 그중에서도 주목을 끄는 것은 불교와 자이나교다. 새로 형성되기 시작한 불교와 자이나교 등에 공통적인 것은 브라만교 제사의 유효성과 살생을 거부하고, 계급적 차별을 부정하며, 평이한 말로 광범위한 낮은 계층을 상대로 가르치고, 계급이나 혈연이 아닌 개인의 능력을 중시한다는 점들이다.

불교와 반브라만교 특히 불교의 초세간적(超世間的) 평등사상에 입각한 윤리적 합리성은 반브라만적 심정에 공감대를 형성하여 자유롭고 새로운 생각을 갖게 했다. 불교는 4성 제도를 인정하지 않을 뿐 아니라 범아일여 사상도 브라만교의 해탈도 믿지 않았다. 브라만교가 인정하는 실재 세계를 부정하여 일체가 공이라고 하는 터에 브라만교적 요소의 어느 것도 불교는 교리로서 받아들일 수가 없다. 그러나 불교에도 인도의 민속 종교로서의 힌두교적 요소는 많이 스며들어 있다. 불교의 등장은 브라만교에게는 커다란 위협일 수밖에 없었다.

게다가 BC 4세기 무렵 전에 인도를 처음으로 통일한 마우리아왕조의 아소카 왕(Aśoka, BC 304~BC 232)은 불교에 귀의해서 적극적으로 지원하여 불교를 거의 전 인도인의 종교로 만들다시피 했다. 그는 도처에 요양원을 세워서 사회복지를 증진하고 길에는 과일나무를 심고 우물을 파서 여행객(수도사)들을 돕도록 했다. 이런 것들은 모두 불교의 자비 정신의 발양이다. 그의 사후에 그 왕조가 곧 소멸하고 다른 왕조가 들어서서 불교를 탄압하고 브라만교로 되돌아가는 바람에 불교는 쇠퇴일로를 걷게 되었다. 불교의 쇠퇴에는 이슬람교의 유입도 한몫했다.

자이나교 자이나교는 갠지스 강 중류에 있는 도시 바이샬리 근처에서 크샤트리아 계급으로 태어난 바르다마나(Vardhamāna, BC 549~BC 477)에 의해 창설된 종교다. 그는 아내와 딸 하나를 가진 가장으로서 30세에 출가하여 니간다파의 수행자 무리에 들어가 벌거벗은 고행자로서 엄격한 수행을 쌓아 42세에 최고의 앎에 도달하여 진리를 깨달았다. 지나(또는 마하비라)는 그를 가리키는 칭호로 승자를 의미하고, 자이나는 지나의 가르침 또는 자이나교 신자를 가리킨다. 그는 여러 곳을 유행하며 포교했다.

자이나교는 반브라만이라는 점에서, 특히 4성 제도를 반대하고 살생을 금하는 점에서는 불교와 이념을 같이 하지만, 육체적 고행을 중시하고 엄격한 계율과 고행에 의한 해탈을 주장하는 점에서는 불교와 구별된다. 불교는 팔정도의 실천에 의한 해탈을 주장하고 정신적 수행을 중시하기 때문에 반드시 고행을 필요로 하지는 않는다.

자이나교는 여러 점에서 오히려 힌두교와 공통적이다. 다만 힌두교처럼 브라만의 가르침에 따라 네 계급을 구별하지 않고 각자 개인을 수행의 주체로 놓는 점이 다르다. 인생의 마지막에는 모든 행위를 멈추고 단식하여 굶어 죽는 것이 자이나교의 이상이다. 그것은 번뇌에서의 완전한 해탈인 것이다. 오늘도 노쇠한 자이나교도가 긴 머리에 초라한 모습으로 다 해진 옷을 걸치고 거리를 방황하다가 죽는 예가 더러 있다. 출가하지 않는 재가 신도는 출가자의 설법을 듣고 그들에게 공양함으로써 공덕을 쌓고 올바른 삶을 영위하여 사후에 좋은 곳에서 재생하기를 기원한다. 그러나 이들은 해탈할 수 없다.

뒷날 북인도에 큰 기근이 들었는데 이 기근을 그 자리에서 견디어낸 파와 피했다가 돌아온 파가 분리되었다. 전자를 백의파(白衣派)라 하고, 후자를 공의파(空衣派)라 한다. 전자는 관대하고 후자는 엄격한 것으로 알려져 있으나 양자에 공통적인 것은 아무리 하찮은 생명이라도 죽이지 않는다는 것이다. 우리의 주제는 자이나교가 아니기 때문에 이 이상 언급하지 않는다.

힌두교의 형성 이런 반브라만적 움직임에 대응하여 브라만 측에서는 《마누 법전》을 부활시키고 다르마수트라(율법경)를 만들어 신분 제도를 강화했다. 다르마는 진리, 교리, 의무, 법률, 관행 등을 의미하는 인도 사상의 중심 개념이고, 수트라는 경전을 가리킨다. 그리하여 다르마수트라는 각각의 바르나(계급)에 속하는 자가 지켜야 할 종교적·사회적 규범을 의미한다. 600~1200년경을 힌두교 시대라고 말할 수 있다.[24]

힌두교는 4세기 초 굽타 왕조 시대에 일단 종교로서의 면모를 갖추게 되었다. 그 과정에서 브라만교가 신봉하던 신들은 점점 뒤로 물러나고 비아리안적 성격이 짙게 풍기는 신들이 무대에 오르게 되었다. 그 뒤에도 힌두교는 시대와 사회의 요청에 따라 새로운 요소를 첨가하면서 오늘에 이르고 있다.

말하자면 힌두교는 브라만교를 계승하면서 비아리안적 원주민의 민간 신앙과 습속 등의 문화를 유연하게 습합함으로써 오랜 시간에 걸쳐 서서히 형성된 것이다. 즉 힌두교는 한편으로는 브라만교를 계승하면서 한편으로는 비아리안적 요소를 받아들여서 개혁한 것이다. 이 힌두교 이전을 베다교 또는 브라만교라고 부른다 함은 전술한 바 있다. 브라만교와 힌두교는 다 같이 베다 경전에 의거하되 후자는 전자를 개혁해서 계승한 셈이다. 그리하여 어떤 논자는 힌두교를 "베다적·브라만적 가치관과 사회 제도의 틀 안에서 민간신앙에 기반하는 요소와 비아리안적인 것을 포함하는 여러 차원의 신 관념, 의례, 습속, 윤리, 사회 제도, 생활 양식 등이 일정한 틀을 갖추고 긴 시대를 지나면서 재편성되어 이루어진 '종교 문화적 복합체'"[25]라고 한다. 이런 종교를 힌두교라고 부르는 이들은 외국인이라는 말도 있다.

---

24 1200~1850년경은 힌두교가 이슬람교의 지배하에 있던 시대다. 이를 이어 1850년경 이후 오늘날까지를 힌두교 부활의 시대라고 말할 수 있다.

25 山下博司, 《ヒンドゥ－教》, 講談社, 2004, 28쪽.

비슈누신과 시바신　힌두교는 브라만교와 마찬가지로 본질적으로 다신교이지만 점차 일신교의 면모를 보이기 시작했다. 그리하여 전 힌두교도가 신봉하는 최고신으로 비슈누와 시바가 있다. 이것은 두 신의 이름이지만 신자가 둘 중 어느 한쪽의 신을 신봉하느냐에 따라 나머지 신봉되지 않는 신은 신봉하는 신에 버금가는 신으로 격하된다. 즉 어느 신자가 비슈누신을 신봉하면 신의 능력에 속하는 창조, 유지, 파괴의 기능은 비슈누신에게 귀속되고 시바신은 거기에 버금가는 신으로 간주된다. 그 역도 마찬가지다. 그러니까 엄격한 의미의 유일신교는 아닌 것이다.

이 두 신 이외에 최고신으로 브라흐마신(梵天)을 더하여 세 신을 말하기도 하는데 이런 때는 더러 브라흐마신만이 세상을 창조하고, 비슈누신이 유지하며, 시바신이 파괴한다고도 하지만, 반드시 그런 것만도 아닌 듯하다. 그러므로 인도에는 브라흐마 신도, 비슈누 신도, 시바 신도가 있는 것이다. 다만 브라흐마신은 관념적 최고 원리로서 이론적으로는 높게 평가되지만 민중에게는 신봉될 만한 인기가 없다. 이렇게 신도들이 갈라져 있지만 그들 사이에 갈등이 있는 것은 아니다.

이 신들이 최고신으로 신봉된다고 해서 힌두교의 다신교적 성격이 사라지는 것은 아니다. 그것은 그것대로 있다. 신은 다른 이름으로 불리기도 하고, 토테미즘, 황당한 설화, 미신이 마구 섞여 있어 합리적 사고가 먹혀들기 어렵다. 또 신들은 전혀 두려움의 대상이 아니다. 신과 개인 간에 어떤 특정한 관계가 있는 것도 아니다. 마을에는 최고신을 받드는 사원이 있고, 사원은 여전히 브라만이 관리한다. 한편 사원의 예배에서 행해지는 제의는 촛불, 꽃, 향, 물, 음식 등을 신상 앞에 바치는 것이다.

5. 힌두교의 수행

힌두교의 수행은 개인적인 것으로, 크게 두 가지로 구별된다. 하나는 수시로 하는 수행이고, 다른 또 하나는 인생의 전 과정을 통해 하는 것이다. 전자는 인도에서 전통적으로 행하는 일반적 수행 방법인 요가이고, 후자는 인생의 삶의 방식으로 주기로 나누어서 행하는 것이다.

요가 물론 요가는 진리 획득의 중요한 방법, 즉 업의 지배에서 해방되어 해탈하는 방법이다. 그것은 정신을 한곳에 집중하여 삼매경에 드는 것인데, 이를 위해 먼저 심신의 분산을 막아야 한다. 정좌해서 대상을 따라 분산되는 감각의 혼란을 막고 정신을 한곳에 집중하고, 이어서 대상 지향적 의식을 지양하여 무념무상 상태에 들어 일체의 번뇌에서 벗어난다. 이 수행법은 인도에 고유한 것으로서 불교에서도 전승되고 있다. 불교에서 가부좌를 하고 하는 참선이 그것이다. 불교의 유식파는 한편 요가파라고도 하는데 이것은 심층 의식(아뢰아식과 말나식)의 영역에 대한 성찰로 나아간다. 요가의 수행은 다른 종교에서 하는 기도나 유교적 수행인 묵념을 통한 반성과 상통한다고 말할 수 있다.

인생의 네 주기 브라만의 정통파 문헌에는 위의 4성 제도와 함께 인생 과정의 네 가지 삶의 방식이 규정되어 있다. 이것은 노예계급을 제외한 세 계급, 즉 재생족은 네 가지 삶의 방식을 살아야 한다는 것이다. 힌두교는 다르마수트라에 입각하여 인생의 네 단계의 삶을 규정하는데, 네 단계의 삶의 방식이란 학생기, 집에서 사는 시기, 숲에서 사는 시기, 거리에서 사는 시기를 가리킨다.[26]

재생족의 남자는 일정한 나이에 이르면 (브라만은 8~10살, 크샤트리아는 11~22살, 바이샤는 12~23살. 빠를수록 좋다) 브라만에게서 끈을 받아 몸에 걸고 입문식을 거쳐 학습기에 들어가 수행자의 생활을 한다. 입문식을 안 거치면 아리안 사회에서 정식 성원 자격을 받지 못한다. 그래서 입문

---

26 인생의 네 주기에 관해서는 山崎元一, 《古代インドの文明と社會》, 中公文庫, 2009, 157~165쪽에 자상하게 소개되어 있다. 석가모니와 자이나교의 창시자가 처자식을 두고도 출가한 것은 다 이런 배경을 두고 이해해야 한다.

식을 제2의 탄생이라고 한다.[27]

그 다음으로 가주기(집에서 사는 시기)란 귀가식을 행하고 부모의 집에 돌아와 결혼을 하고 자식을 낳아 기르면서 생업에 종사하여 가장 역할을 하는 기간이다. 이때는 가장으로서 사회적·가정적 의무를 다한다. 이 기간에는 3대 목적이 있는데 그것은 돈을 버는 것, 부부 간에 사랑하여 자식을 낳는 것, 종교적 의무를 다하는 것이다. 결혼과 가장의 의무 및 종교적 의무에 관해서는 율법경에 자세하고 엄격하게 규정되어 있다.

임주기(숲에서 사는 시기)는 얼굴에 주름이 생기고 머리가 희어지고 손자가 생기는 등 가장의 의무를 다한 자의 삶인데 이제 가장 역할에서 은퇴하여 아내와 함께 숲속에 은거하면서 신과 조상신을 섬기고 수양하며 사색하는 삶을 산다. 불교의 절간이 산속에 자리 잡는 것은 그곳이 수양하기 좋기 때문이다.

유행기(거리에서 사는 시기)는 동냥을 하며 사는 기간이다. 이때는 혼자서 동냥하고 걸식하는 한편, 평정한 마음을 가지고 절대자에 귀의하여 생사를 초월하는 수행을 한다. 즉 이 기간은 죽음을 앞두고 해탈하는 기간인 것이다.

이 네 주기의 삶을 그대로 지키는 사람은 현실적으로 흔치 않다. 그러나 수염을 길게 기르고 누더기를 걸친 채 명상에 잠긴 노인은 인도의 도

---

27 학생은 선생의 집에 살면서 선생의 가족에게 봉사하고, 금욕 생활을 하며, 베다를 배운다. 이것은 학생기의 3대 의무다. 학생은 해 뜨기 전에 선생보다 일찍 일어나서 하루 종일 선생에게서 한 발짝 물러선 채 선생의 가족을 위해 동냥(탁발)하고 나무하는 등 일을 돕는다. 저녁에는 선생의 발을 씻기고 안마해드리며 선생을 침상에 안내한 뒤 선생의 허락을 받아 침실에서 바닥에 누워 잔다. 학생에게는 노래와 춤이 금지되어 있으며, 여성을 보아도 미소 지어서도 안 된다. 수업 시간에 학생은 몸을 깨끗이 하고 선생을 맞이하여 선생의 두 발에 손을 얹어 경의를 표한다. 그런 뒤 선생과 함께 바닥에 앉아 철저하게 구술─복창─암기의 방식으로 수업을 받는다. 수업 종료 때도 물론 선생에 대한 경의를 표한다. 수업료는 없으나 학생기를 마칠 때 사례를 한다. 수업 연한은 대개 12년, 24년, 36년으로 되어 있으나 이것은 브라만이 되기 위한 이상적 기간이고, 베다를 학습하는 데는 최소한 12년이 걸린다.(같은 책, 158~159쪽 참조)

처에서 발견된다. 그런 사람 속에서 매우 성공한 인생을 산 사람들도 상당수 있는 것을 보면 만년에 세속을 떠나는 것은 인도인들의 희망적 삶의 한 모습인 것 같다.

6. 힌두교와 여성

힌두교는 본질적으로 농촌에 기반을 두고 있기 때문에 우리나라의 농촌과 마찬가지로 집성적 대가족제를 발전시켰다. 대가족제는 가장 중심으로 형제가 함께 생활하고 결혼하지 않은 딸들을 모두 포용하고 있는 시스템이다. 가장 중심은 남성 중심일 수밖에 없다. 여자는 자녀를 낳는 것을 최우선 과제로 삼는다. 여자는 삼종의 의무를 진다. 자식을 낳지 못하는 여성은 시앗을 봐야 하고, 남자가 자식 없이 일찍 죽으면 개가하지 못하고 자식을 얻기 위해 형제나 친족의 남자와 일시적으로 동침한다. 결혼 적령기는 대개 남자 30세, 여자 12세인데 이것은 남자가 학생기를 마치고 가정으로 돌아오는 때를 기준으로 한 것이다. 남자 24세면 여자는 8세여야 한다. 왜냐하면 여자는 남자에게 절대 복종해야 하는데 그러려면 처녀성을 지녀야 하고 초경 이전이어야 하기 때문이다. 어린 과부가 많을 수밖에 없다. 여자가 생산할 때와 생리할 때는 부정하다 하여 일정 기간 가족과 격리했다가 목욕을 하여 깨끗해진 뒤에 가족과 일상생활을 함께 한다.

인도는 남성과 여성의 비율에서 남성이 훨씬 많은 나라다. 그러면 여성이 귀하므로 여성이 존중받을 것 같은데 현실은 그 반대다. 예컨대 신랑 쪽에서 많은 재물을 주고 아내를 모셔 와야 할 듯하지만 반대로 여성쪽에서 부담해야 하는 결혼 지참금이 점점 더 증액되는 추세에 있다. 여성에게는 신변적인 것을 제외하고는 사유재산도 인정하지 않는다. 이 모든 것은 마누 법전에 규정되어 있다. 마누법은 정통파 브라만의 이상을 규정한 것이기도 하다.

여성들은 남편이 죽으면 순장하는 것으로 되어 있으나 실제로 순장하는 경우는 거의 없다. 남편의 시체가 불타고 있는 장작더미에 몸을 던진 한 여성은 신격화되기도 했다. 그러나 1829년 순장 금지법이 제정되었다. 그 뒤 여성 차별은 법적으로는 많이 개선되었다.

7. 힌두교의 소 숭배

세계적 기현상이라고 할 수밖에 없는 소 숭배 현상은 오직 힌두교를 믿는 인도에서만 발견되는 관습이다. 아리안족은 본디는 유목 민족이었고 육식을 상식으로 했으나 인도에 들어와 농경 생활을 하면서, 즉 베다를 완성하고 힌두교를 신봉하여 윤회전생 사상을 믿으면서부터는 차츰 살생에서 멀어지기 시작했다. 《마누 법전》에는 신에게 바쳐진, 즉 희생된 짐승의 고기는 먹어도 되는 것으로 되어 있으나 불교와 자이나교는 이것을 거부했다. 더욱이 농경 생활에서 소의 노동력은 매우 귀중해서 소는 가족처럼 여겨졌다. 소를 숭배하는 이유 중에는 소가 젖을 공급해주므로 어머니의 이미지를 가진 것에도 있는 것 같다. 그리하여 BC 4세기경부터 소 도살이 도덕적으로 금지되고, 죄 지은 자가 죄를 용서받기 위해서는 소에게서 나오는 다섯 가지 물질(우유, 기름, 응유, 오줌, 똥)을 먹어야 한다는 관습이 생겼다. 이런 경향에 따라 살생을 업으로 하는 백정이나 갖바치를 천시하게 된 것이다. 소를 보호하는 것은 불가촉천민의 해방과 함께 정치 운동의 하나로 이용되기도 한다.

무슬림이 축제 때 소를 도살하는 관습은 인도인들이 소를 더욱 보호하도록 했다. 목화가 많이 생산되는 이유도 있겠지만, 피혁 산업은 천업으로 여겨졌으며 소가죽 제품은 신성 모독으로 간주된다. 이슬람교가 인도에서 환영받지 못하는 이유의 일단도 여기에 있을 것이다.

VI. 불교

불교는 BC 5세기경 인도 갠지스 강 중·하류 지역의 도시에서 반브라만교 운동의 일환으로 일어난 여러 종교 중의 하나다. 반브라만교 운동에 관해서는 앞에서 언급한 바 있다. 불교의 핵심적 이념도 인도의 다른 종교와 마찬가지로 해탈이다.

불교의 창시자 고타마 싯다르타(Gotama Siddhārtha, ?BC 563~?BC 483)는 히말라야 산록에 근거를 둔 카비라 성의 성주(정반 왕)인 사키아(석가)족의 왕자로 태어났다. 사키아족은 크샤트리아 부족이었다. 그의 본명은 고타마 사키아다. 붓다라고 부르는 것은 그가 깨달은 사람, 윤회전생의 속박에서 해탈한 사람이라는 뜻이다. 이것을 한자로 음역하여 불(佛) 또는 부타(佛陀)라고 한다. 사키아무니(Śākyamuni, 釋迦牟尼)는 사키아족 출신의 성자를 가리킨다.

고타마는 출생 후 7일 만에 어머니(마야 부인)를 여의고 이모(엄마의 아우인데 왕은 그녀를 후처로 들였다) 밑에서 유족하고 자유롭게 자랐다. 결혼해서는 라훌라(Rāhula)라는 아들 하나를 얻었다. 그러나 그는 인생의 생로병사에 대한 번민을 떨칠 수 없었다. 드디어 29세 때 처자를 뒤로 하고, 당시 브라만교의 관습대로 출가하여 고행 길에 나섰다. 그는 새로운 종교 활동이 활발한 마가다국에 가서 6년 동안 수행했다. 그러나 만족을 얻지 못하자 혼자 보리수 밑에서 정좌하고 명상하는 데 열중했다. 그곳에서 그는 깨달음을 얻었다. 35세 때의 일이다.

가. 인도의 불교문화

깨달음을 얻은 붓다는 바나라스로 가서 교외의 녹야원에서 고행 시대의 다섯 동지에게 처음으로 설법했다. 이것을 초전 법륜이라고 한다. 그 뒤 그는 갠지스 강의 중·하류 지방의 여러 성을 여행하면서 45년간 수행과 교화 활동을 하다가 80세를 일기로 입적하여 열반에 들었다. 번뇌에서 영원히 해탈한 것이다. 화장한 뒤에 남은 유골(불사리)을 8개 부족에 나누어주어 탑 안에 봉안하도록 했다. 이것이 불탑이다.

인도 불교의 시대 구분　불교는 인도에서 일어난 종교이지만, 13세기 이후 인도에는 불교가 없다. 그 이유에 대해서는 아래에서 설명하겠지만 이 기간(즉 BC 5~AD 13세기)의 불교는 대체로 원시불교 시대, 부파불교 시대, 대소승불교 시대의 3시기로 나뉘어서 논의된다. 대소승의 분열 이후 소승불교는 남방불교로 발전했고, 대승불교는 인도에서 크게 발전하다가 북쪽으로 전파되어 주로 중국과 티베트, 한국과 일본으로 전파되어 본거지에서보다도 더 화려한 종교 문화를 꽃피웠다.

인도 불교의 융성과 쇠퇴　BC 317년 찬드라굽타(Chandragupta, ?BC 349 ~?BC 298)는 마리우스 왕조를 창립해서 서북쪽에 침입한 그리스인들을 몰아내고 거의 전 인도에 걸친 고대 통일국가를 건설했다. 3대 아소카 왕은 즉위 8년 카링가 정복전 때 발생한 대참사를 보고 크게 참회하여 불교에 귀의해서 전 국토를 불교로 정토화할 계획으로 불교를 진흥했다. 이때가 인도 불교의 전승기다. 그가 죽자 불교는 쇠퇴일로를 걸었다.

　불교의 발상지인 인도에서 불교가 쇠퇴하게 된 원인에 대한 궁금증을 풀 필요가 있다. 아소카 왕이 속한 마우리아왕조의 마지막 왕 브리하드라타(Brihadratha)는 무능했다. 인도의 서북 지역은 알렉산더 대왕의 인도 침입으로 그리스인들의 지배하에 들어갔다. 이들이 동북 방면으로 진출하려는 것을 저지한 브라만 출신 푸샤미트라(Pushamitra) 장군이 장병들의 추대로 무능한 프리하드르라타 왕을 제거하고 숭가 왕조를 세웠다. 새 왕조를 개창한 푸샤미트라 왕은 불교를 억제하고 브라만교로 돌아갔다. 그 뒤 왕조 교체를 따라 억불과 숭불이 번갈았다. 그러나 숭불일 때도 아소카 왕 시대만큼 융성하지 못하고 점차 교세가 쇠퇴하는 길로 접어들었다. 거기에 편승해서 불교의 근거지라고 말할 수 있는 도시의 재가 신자들, 특히 장자들의 지원이 왕조 차원에서 불교를 진작시키던 때와는 현저하게 달라졌다. 사원이 경제적으로 어려워진 것이다.

반면에 인도인들의 종교적 전통에 뿌리박고 있는 힌두교는 불교의 이러한 정체를 틈타서 꾸준히 교세를 확충했다. 예컨대 힌두교의 정통파 철학자라고 할 수 있는 샹카라(Sankara, ?700~?750)는 한편으로는 불교를 비판하면서 또 한편으로는 불교의 승원을 모방한 수도원을 인도의 각지에 설립하여 집단적 수행과 면학을 장려했다. 이로 인해 승려들은 생활 근거지를 상실하게 되었다. 한마디로 불교는 인도인의 전통에 기반한 힌두교에 밀려난 것이다. 불교는 인도의 종교 문화에는 맞지 않은 면이 있었던 것이다. 불교의 쇠퇴는 500년 이상의 세월에 걸쳐 서서히 진행되었다. 게다가 12세기 서북 지방으로 이슬람이 침입한 것은 불교 쇠퇴에 결정적으로 작용했다. 이때 침입한 이슬람의 근거지가 오늘날의 파키스탄이다. 이 종교적 차이는 인도와 파키스탄을 분리시킨 원인으로 작용한 것이다. 지금 히말라야 산록과 미얀마 국경 지대를 제외하고 인도에 불교 신자는 거의 없다.

1. 석가모니가 깨달은 것

그가 깨달은 것은 무엇인가? 한마디로 그것은 삼법인(三法印 또는 四法印)과 사성제(四聖諦)다.

삼법인 3법인이란 제행무상(諸行無常), 제법무아(諸法無我), 열반정적(涅槃靜寂)이고, 거기에 일체개고(一切皆苦)를 더하여 4법인이라고도 한다. 제행무상이란 세상의 모든 것은 덧없다는 것이다. 모든 것은 인연에 따라 일어났다가 인연이 다하면 사라지는데, 이는 존재가 인과의 현상일 뿐임을 말한다. 제법무아는 불변하는 것은 아무 것도 없고, 만유는 고정

불변하게 실체로 있는 것이 아니라는 것이다. 법은 객관적으로 존재하는 것을 가리키고, 아(我)는 상주하는 어떤 것을 의미한다. 열반정적이란 무명을 끊고 진리와 합일하여 속박을 벗어나 자유로워진 상태를 말한다. 일체개고는 세상은 모두 고(苦)라는 뜻이다.

사성제 4성제의 제(諦)는 진리를 의미한다. 네 가지 진리란 고제(苦諦), 집제(集諦), 멸제(滅諦), 도제(道諦)를 가리킨다. 고제는 인생이 고임을 가리키고, 집제는 욕망은 끝이 없어 고의 근원을 이루고 있다는 것이며, 멸제란 욕망을 멸하고 나면 곧 열반에 든다는 것이다. 도제는 팔성도(八聖道)를 가리킨다. 이 사성제를 한마디로 고집멸도라고 한다. 생로병사의 4고에 사랑하는 자와 헤어지는 고, 미운 자를 만나는 고, 욕구를 충족시키지 못한 고, 번뇌에 시달리는 고까지 합쳐서 8고라고 한다.

팔성도 8성도란 8정도라고도 하는데 인생을 바로 보고(正見), 바로 생각하고(正思), 바로 말하고(正言), 바로 행하고(正業), 바로 살고(正命), 바로 노력하고(正精進), 바로 주의하고(正念), 바로 정신을 모으는 것(正定)을 가리킨다. 여기서 바로(正)는 양극단을 지양한 중도를 의미한다. 8정도란 여덟 가지 중도라는 뜻이다. 8정도를 셋으로 묶은 계(戒: 正言, 正業, 正命), 정(定: 正念, 正定, 正精進), 혜(慧: 正見, 正思惟), 즉 계정혜를 삼학(三學)이라고 한다. 3학으로 중도를 실천하면 해탈을 얻게 된다.

연기설 제행무상의 입장에서 보면 일체는 무아로 연(緣)에 따라 생기고 연에 따라 소멸한다. 이것을 연기설이라고 한다. 연기란 일체는 많은 인연으로 생성 소멸한다는 것이다. 이러한 연기설의 핵심은 상의성(相依性)이다. 상의성이란 '이것이 있으므로 해서 저것이 있고, 저것이 생기므로 해서 이것이 생긴다. 이것이 멸하므로 해서 저것이 멸하며, 저것이 없으므로 해서 이것이 없다'는, 말하자면 모든 것은 서로서로 타자에 의존해서 생성하고 소멸한다는 것이다. 연기설에 입각해서 고의 근거를 밝힌 것이 12연기설이다. 이것은 무명(無明), 행(行), 식(識), 명색(明色), 육입(六入), 촉(觸), 수(受), 애(愛), 취(取), 유(有), 생(生), 노사(老死)로 이루어진다. 무명을 연으로 하여 행이 있고, 행을 연으로 하여 식이 있으며……, 이렇게 앞의 것을 연으로 하여 뒤의 것이 있다고 인과적으로 열거하는 고의 생기 계열을 유전문(流轉門)이라 한다. 그리고 그 역, 즉 결과에서 원인으로 소급하여 연의 소종래를 물어 그것이 소멸해가는 것을 환멸문(還滅門)이라고 한다.

오온 오온(五蘊)은 색(色), 수(受), 상(想), 행(行), 식(識)의 다섯 온(蘊)을 가리킨다. 온이란 쌓는다는 뜻이니, 사람의 몸은 이 다섯 가지가 쌓여서 이루어진 것으로서 실체가 없다는 것이다.

사람의 인식을 이루는 것은 육처(六處 또는 六入), 즉 다섯 가지 감각과 의식(眼耳鼻舌身意)이다. 여기에 각각의 감각과 의식에 여섯 가지 대상, 즉 색(色), 성(聲), 향(香), 미(味), 촉(觸), 법(法)이 대응한다. 이 육식과 육경(대상)에 육근(六根, 인식 작용)을 합쳐서 18계(界)라고 한다. 이 밖에 불교에서는 초감각적 인식 능력으로서 아뢰야식(阿賴耶識)과 말나식(末那識)을 말한다.

2. 불교 교단의 성립과 불전 결집

원시 교단의 구성 초전 법륜을 들은 다섯 제자들에 의해 불교 교단이 형성되었다. 불교 교단을 승가라고 한다.

교단을 구성하는 자는 출가 신자(수행자, 고행자) 집단과 재가 신자 집단이다. 전자는 몸소 구도를 실천하는 자로서 비구와 비구니다. 비구란 걸식하는 자를 가리킨다. 비구와 비구니는 재가 신자들이 마련해놓은 음식과 옷을 구걸하면서 수행에 전념한다. 여성에게는 처음에 출가가 허용되지 않았다. 하지만 붓다를 키운 계모가 간청하고 아난다(阿難陀)가 이를 청원하여 출가를 허용함으로써 비구니 교단이 결성되었다. 인도인의 일반적인 습속에 따라 비구니들에게는 비구들보다 훨씬 엄격한 규율이 요구되었다. 하지만 깨달음의 경지에는 차이가 있을 수 없다. 20세 미만인 자는 구족계를 받을 수 없다. 구족계란 선배들이 모인 정규 모임에서 계율을 받는 것이다. 이때 한 지도자를 화상으로 모시고 그의 제자가 된다. 이제 그는 일체 세속을 버리고 다른 수행자들과 평등한 신분이 되어 수도에 전념한다. 20세에 이르지 않은 견습승은 사미 또는 사미니라고 불린다.

재가 신자의 남성은 우파새(優婆塞)이고 여성은 우파니(優婆尼)다. 비구와 비구니, 우파새와 우파니, 이 네 종류의 불제자들을 부처의 사중이라 한다. 우파새란 시중드는 사람이란 뜻이다. 출가자들은 재가 신자를 위해 기도하고 장사를 치르는 등 여러 가지로 봉사한다. 그 보답으로 재가자는 비구와 비구니를 위해 음식, 의복, 약품 등 생활 물자를 시중든다. 비구와 비구니는 그 시중의 덕으로 살아가며 도를 이룬다. 비구 교단은 재가 신자에 대해 간섭하지 않는다. 그러나 재가 신자들은 각자 자기의 형편에 따라 출가자를 도와준다. 그 도움의 방식은 예컨대 출가자의 행걸 협조, 보시를 통한 불사 공헌, 가람의 봉헌 등이다. 그 가람 중에서 가장 유명한 것은 마가다국의 수도에 있는 죽림정사와 고사라국 수도에 세워진 기원정사다. 전자는 장자(재가 신자 중 재력가)가 기증한 죽림에 왕이 세운 승원이고, 후자는 장자가 지어서 기증한 것이다.

불전 결집 45년간 활동하는 동안 많은 제자가 운집했다. 제자들은 스승의 가르침을 암기하여 보존했다. 부처가 입적하던 해 그 가르침을 보존하기 위해 중인도의 마가다국 수도인 왕사성에서 대가섭의 주재 아래 500명의 제자들이 모여 각기 암기한 것을 드러내어 부처의 가르침을 확인했다. 이 모임을 제1 결집이라고 한다. 결집은 두 그룹으로 나누어서 이루어졌다. 교법(敎法) 결집은 아난다가 이끌고 계율[28] 결집은 우바리(優波離)가 이끌었다. 전자는 뒤에 정리되어 경(經)이라 불리고, 후자는 제자들의 수행 규칙을 모은 것이지만 거기에 재가 교단의 규칙도 포함시켜 그것을 율(律)이라고 했다. 이렇게 해서 경장과 율장이 편집되었다. 제자들은 붓다의 가르침을 직접 들은 자들을 성문(聲聞)이라고 한다. 불전 결집은 그들이 들은 것을 확인하는 것이므로 모든 경문은 '나는 이렇게 들었다(如是吾聞)'로 시작한다.

BC 3세기 아소카 왕 때 또 한번 결집이 이루어졌다. 거기에서 이루어진 것이 논장(論藏)이다. 논장은 붓다 이후 많은 학승들의 연구 결과를 별도로 모은 것이다. 이렇게 해서 경, 율, 논의 삼장이 성립된다. 경장 중에는 붓다 입적 후 몇백 년이 지난 뒤에 이루어진 것, 즉 성문 없이 이루어진 것도 있다. 그러나 특정인이 지은 것은 아니고, 내용이 붓다의 가르침에 부합하면 일단 경장으로 인정하여 '나는 이렇게 들었다'로 시작한다. 경, 율, 논 3장에 통달한 승려를 삼장법사라고 한다.

3. 교단의 분열 : 원시불교와 부파불교

원시 교단의 분열: 대중부와 상좌부 붓다가 살아 있을 때부터 그의 입적 후 약 100년간을 원시(原始)불교 시대라 하고, 그 이후(BC 3세기~BC 1세기)를 부파(部派)불교 시대라고 한다. 원시불교란 경과 율의 두 장경으로 이루어진 불교를 가리킨다. 불멸 후 100년경에 바지족의 비구들이 계율을 좀 완화해달라고 요구했다. 그러나 승단의 장로인 상좌들은 이를 거절했다. 이것을 빌미로 하여 승단이 상좌부와 대중부로 분열되었다. 전자는 출가자 중심의 보수적 상좌부이고, 후자는 그 요청을 용인하는

---

28 계(戒)는 인간이면 누구나 지켜야 하는 윤리 규범이고, 율(律)은 승단의 생활 규범과 윤리를 가리킨다.

재가 신자들 중심의 진보적 대중부였다. 그리하여 BC 1세기경 부파불교 안에서 상좌부와 대중부가 갈라서게 된 것이다. 대중부 쪽에서는 상좌부 쪽을 가리켜서 소승이라 하고 자기네를 대승이라고 불렀다.[29] 부파불교 의 초기에는 소승 쪽에 훨씬 신자가 많았다. 출가자들은 주로 재가 신자들의 보시에 의존해서 생활하고 수도하는데, 종교가 대중을 소원하게 대하면 보시를 하던 사람들도 점차 줄어들게 마련이다. 출가자들이 자기네의 득도에만 전념하고 재가자들의 신앙과 득도에 대해 무관심하다면 재가자들도 보시에 대해 소홀할 수밖에 없다. 이 분열은 약 200년간에 걸쳐 합계 18~20의 부파로 갈라졌다.

부파불교 시대에 소승은 남방 쪽으로 발전하고 대승은 서북 방면으로 확대되어갔다. 양자 모두 남인도에서 발생했음에도 각기 남과 북으로 발전해나간 것이다. 지금 남방불교(스리랑카, 타이, 캄보디아, 미얀마 등)를 이루는 것은 소승이고, 서북 방면으로 옮겨간 불교(티베트, 중국, 한국, 일본)는 주로 대승이다.[30] 캄보디아는 불교를 국교로 하고 있다. 특히 남방불교는 원시불교의 계율을 충실하게 실행한다는 점에서 원시불교의 직계임을 자처하고 있다. 그럼에도 세계사적 입장에서 불교의 이념을 크게 보면 불교의 역사는 대승 쪽으로 기울어지지 않을 수 없다. 그렇다고 대

---

29 대승이란 큰 수레를 의미한다. 대승 쪽의 주장은 불교는 재가 신자를 포함한 모든 불자를 구원하는 것이지 출가자만을 위한 종교는 아니라는 것이다. 대승 쪽에서는 반대쪽을 비하하여 소승이라고 부르는데 이 호칭을 상좌부가 좋아할 리 없다. 그래서 대개의 논자들은 대·소승이라는 호칭 대신 남방불교·북방불교라고 부른다.

30 서북 방면으로 발전하던 불교는 중앙아시아까지 확산되어갔다. 그러나 8세기 이후 지금의 아프가니스탄으로 침입한 이슬람교 터키계의 가즈니왕조가 북인도에 침입하여 힌두교 사원을 파괴했다. 그 뒤 왕조의 교체에도 인도 침입과 힌두교 탄압은 더 심화되었다. 이 때문에 불교 전파의 맥이 중간에서 끊겼다. 아프가니스탄과 파키스탄은 지금 이슬람교 국가다. 그 이전에 이미 서북 방면으로 전파된 불교는 1세기 이후 서역의 안식국(安息國)과 대월씨국(大月氏國) 등을 거쳐 실크로드를 타고 중국으로 들어와서 한국과 일본으로 확산되었다. 바다를 통해 남중국으로 들어간 불교도 있다. 티베트의 불교는 7세기경 중국(唐)에서 들어간 것이다.

승불교가 원시불교를 멀리한 것은 아니고 도리어 원시불교에 뿌리를 깊게 두고 있다.

아비달마 불교 부파불교 시대의 불교를 아비달마(阿毘達磨) 불교라고 한다. 아비달마란 탁월한 다르마(法)에 대한 연구를 의미한다. 부파불교의 주도권은 붓다의 가르침과 계율을 온전하게 전수한다고 자부하는 상좌부 쪽에 있었으므로 아비달마의 경전도 대개는 상좌부에 속했으며, 따라서 뒷날 특별한 관심을 가지고 연구하지 않는 한 아비달마 불교에 대한 연구는 거의 소승 쪽에서 행해졌다.

부파불교 시대에 붓다의 교설을 조직적으로 정리한 것을 '아가마(agama)'라고 하는데 이것을 한자음으로 표현하여 아함(阿含)이라고 한다. 따라서 아함이란 원시 경전을 가리킨다. 아함경은 모든 소승 경전을 총칭한 이름이다. 아함경은 장아함(長阿含), 중아함(中阿含), 상응아함(相應阿含) 또는 잡아함(雜阿含), 증지아함(增支阿含) 또는 증일아함(增一阿含)의 4아함으로 편성되어서 분열된 여러 부파에 전승되고 있다. 뒷날 보유로서 제5아함을 합해서 5부 아함을 가진 부파도 있다. 그러나 오늘날 이 모든 것이 다 전승되고 있지는 않고 일부가 설일체유부(說一切有部)에 실려 있을 뿐이다.

부파불교 시대의 경전으로는 불멸 후 300년 초에 상좌부에서 갈라져 나온 설일체유부에 속하는 것들이 있다. 설일체유부는 일체제법의 실유를 세우고 그 하나하나의 원인을 밝히는 종파에 속한다. 그 철학은 단적으로 삼세실유(三世實有)와 법체항유(法體恒有)다.[31] 그리고 그런 경전에 대한 논 중에서 후세에 크게 영향을 주고 많이 연구된 것이 세친(世親, ?320~?400)의 《아비달마구사론(阿毘達磨俱舍論)》이다. 《성실론(成實論)》도 아비달마에 속한다. 그러나 《구사론》과 《성실론》이 그 자체로 소승인 것

---

31 자세한 것은 졸저 《시간의 철학적 성찰》, 문예출판사, 제3판, 2009, 645~649쪽 참조.

은 아니다. 세친은 대승 연구자로도 유명하며, 《구사론》과 《성실론》은 대승 쪽에서도 많이 연구되고 있다.

위에서 아비달마 연구를 법에 대한 연구라고 했거니와, 그 연구 방법은 장황한 분석과 분류다. 한 예를 들어보자. 우리는 앞에서 사람이 죽어서 전생되는 윤회의 과정을 지옥, 아귀, 축생, 아수라, 인간, 천상의 6취라고 했다. 그런데 천상을 욕계천 6종, 색계천 16종 또는 18종, 무색계 4종으로 나누고 있다. 유정(有情)의 생은 천상 이외의 5취의 세계를 윤회한다. 그리고 한 세계가 천 개 모여서 소천세계(小千世界)가 되고, 이것이 천개 모여서 중천세계(中千世界)가 되며, 다시 이것이 천 개 모여서 삼천대세계(三千大世界)를 이룬다. 이것이 붓다 한 사람의 교화 범위다. 5취의 중생을 유정세간이라 하고, 유정(생물)이 사는 세계를 기세간이라 한다. 그러나 기세간은 상주하지 않고, 그곳에 사는 유정이 없어지면 맨 아래의지옥에서부터 파괴가 일어난다. 이 파괴는 불, 물, 바람의 3재에 의해 이루어지는데 물질은 극미의 상태에서 공중에 표류한다. 그러나 뒤에 유정의 업력에 의해 다시 기세간이 만들어지고 그곳에 유정이 윤회한다. 이세계의 순환은 성겁(成劫), 주겁(住劫), 괴겁(壞劫), 공겁(空劫)으로 윤회한다. 이것이 윤회의 한 코스다.[32]

그러나 윤회에 대한 설명은 이것으로 끝나지 않는다. 유정의 윤회의 생존은 다시 12연기로, 행(업)이 일으킨 결과인 선악으로, 다시 업을 일으키는 것으로서 보고 생각하고 말하고 행하고 살고 노력하고 주의하고 정신을 모으는 여덟 가지로 업의 원인에 따라 또 그 결과에 따라 설명한다.[33]

---

32 엄격하게 말하면 일체개공을 설하는 불교에서 윤회전생을 말하는 것은 모순이다. 윤회전생은 불변의 실체를 인정해야 하기 때문이다. 불교에서 업과 윤회전생을 말하는 것은 사실이다. 이것은 인도의 뿌리 깊은 전통 종교인 힌두교, 특히 베다 성전의 영향이 아닌가 하고 생각된다.

33 平川 彰, 《インド·中國·日本 佛教通史》, 春秋社, 27~29쪽에서는 이런 장황한 설명이 지루하게 계속되고 있다.

이것은 아비달마 불교를 소개함으로써 부파불교 시대 소승계의 한 특징을 보여준 것이다. 소승불교는 주로 계율을 엄격하게 지키고 논의를 철저하게 분석적으로 진행하는 것을 중요한 과업으로 삼아왔다. 아비달마 연구는 여기에서 보이듯이 그 분석이 치밀하고 이론이 체계적으로 짜임새 있게 정립되어 있다. 그러나 그런 현학적 분석과 체계는 실재를 제대로 파악하지 못하고 겉돈다는 느낌을 지울 수가 없다. 아무리 아비달마 연구가 분석과 분류를 위주로 한다고 하더라도 이것은 희론(戲論)에 불과하다. 그러기에 재가 불자를 비롯한 일반 대중에게는 환영받지 못했던 것이다. 그럼에도 계율을 엄격하게 지키는 소승불교는 현재 남방불교로서 번성하고 있다.

4. 대승불교의 경전과 교리

대승불교는 재가 신자들의 종교적 열망에서 출발했다. 그들의 불교는 모든 중생의 구제라는 기치를 내걸었다. 그들은 상좌들의 고답적 출세간적 명상을 거부하고, 장자들의 지원을 받아 대중 구제에 나선 것이다. 열반정적보다는 현실 구원에 힘을 모았다.

이런 대중운동을 주도한 것은 보살이었다. 보살이란 깨달음을 구하여 노력하는 자를 가리키는 산스크리트어를 한자음으로 표현한 것이다. 깨달음을 위해 결의하고 애쓰는 자는 곧 보살이다. 부파불교에서 보살은 상좌들이 지향하는 바로서 보현, 관음, 문수, 미륵 등이 있다. 이들은 성불이 보증된 자로 그 수가 제한되고 수행의 방식도 상당히 까다로웠으나, 대승불교에 이르면 일반 명사가 될 정도로 그 수도 확대되고 수행 방식도 완화되었다. 보살은 범부의 보살이 된 것이다. 그것은 재가 신자로서도 충분히 가능한 일이다. 그런 이념을 담아낸 것이《유마경(維摩經)》과《승만경(勝鬘經)》이다. 전자는 유마힐(維摩詰)이라는 장자가 붓다의 제자들 앞에서 그들을 능가하는 설법을 편 것이다. 후자는 승만 부인이 설법한 것인데 여성을 하대하는 인도 사회의 분위기에서 여성 보살로서 여성을 돋보이게 한 것이다. 이런 사상은 모든 존재에는 불성이 있다는 사상으로 발전했다. 이와 함께 붓다, 즉 깨달은 자도 석가모니 한 사람에 국한되지 않고 다수화되었다. 물론 부파불교에서도 미래불인 미륵불에 대한 신앙이 있었지만 대승불교에서처럼 수많은 부처를 말하고 신앙하는 일은 없었다.

붓다 입적 후 (특히 부파불교 시대) 재가 신자들 사이에서는 석가모니가 진리를 깨우쳐서 붓다가 되기까지 윤회전생하는 동안 엄청난 선행을 했음이 틀림없으니 그 이야기들을 모아 본생담(本生譚) 또는 전생담(前生譚)이라고 해서 크게 유행했다. 이 본생담 속에는 정상인으로는 도저히 이룰 수 없는 온갖 영웅담이 담겨 있어 붓다를 신격화하는 이야기가 포함되어 있었다. 우리나라의 《심청전》을 위시한 많은 불교계 설화와 《삼국유사》에 실린 이야기들은 이런 본생담의 영향일 것이다. 본생담은 남방불교에서 더 성행했다.

대승불교에서는 불탑 신앙이 성행했다는 것을 간과할 수 없다. 불탑은 재가자가 지어서 절간에 기부한 것이지만, 그 탑 앞에 꽃이나 향료, 음식 등을 공양하고 탑을 돌면서 경문을 외우며 소원을 비는 것은 반드시 돈이 많아야 하는 것도 아니므로 재가 신자들이 선호하는 바가 되어 불탑 신앙은 대승불교의 한 기원이 되기도 한다. 붓다의 사리를 모신 탑에 대한 신앙이 흥행했음은 능히 짐작된다. 이와 함께 불상 제작이 크게 진작되었다. 어느 종교에 있어서나 창교자의 상을 그림이나 조각으로 제작하여 대중 앞에 세워두는 것은 직관적 호소력으로 인해 그 신앙의 선교에 큰 힘이 된다. 소위 우상을 통한 선교의 확산인 것이다. 이 점에서 불상의 조각은 필수품이다. 특히 간다라의 불상은 알렉산더 대왕의 침략 이래 헬레니즘의 영향을 받은 것으로, 부처를 서구형 인물로 표현하여 그 아름다움을 돋보이게 했다. 간다라 미술이 그것이다. 우리나라 석굴암 불상에도 헬레니즘의 영향이 보인다고 한다. 이런 불상 숭배만이 아니라 불경에 대한 숭배도 유행하여 예컨대 경문을 필사하는 것도 큰 공덕으로 간주되었다. 나라마다 대장경을 제작하여 불교 신앙을 높여서 국태민안을 기원하는 것은 그 대표적 예다.

대승불교는 재가자들, 특히 보살을 자처하는 이들이 주체가 되어 일으킨 종교 운동이거니와, 출가자는 가족을 거느리지 않아 단출해서 수도하고 여행하기도 쉽지만 재가자는 자기를 돌보기에 앞서 처자식을 먼저 돌봐야 하는 책임을 지므로 수행이 쉽지 않다. 그들이 깨닫기 위해서는 부처님의 도움에 의존할 수밖에 없다. 말하자면 자력과 함께 타력에 힘입어 성불하자는 것이다. 그 타력 신앙의 한 표현이 불탑 신앙인 것이다. 자력에 의존할 때는 수도자의 노력이 필수적이지만 타력에 호소하게 되면 그만큼 열렬한 신앙심이 요구된다. 자력 위주의 소승불교에서보다 대승불교 쪽이 신앙심에 있어 승한 이유도 여기에 있다.

대승불교의 주요 경전은 반야계(般若系) 경전이다. 이것은 주로 제행무상·제법무아 사상에 의거해서 만유가 공(空)임을 보여주는 문헌들이다. 《법화경(法華經)》, 《화엄경(華嚴經)》, 《무량수경(無量壽經)》 등이 거기에 속하는 것은 물론이지만 저 위의 두 경전(《유마경》과 《승만경》)도 마찬가지다.

5. 대승불교의 발전: 학승들의 논장 저술

인도의 중기 불교는 대승불교 전반기이고 후기는 대승불교 후반기를 가리킨다. 이 시기에 학승들의 저술에 힘입어 불교 교리가 체계화되었다.

중관파 원시불교 이래 제법무아는 불교의 기본 사상이 되었거니와, 무아는 곧 공을 가리킨다. 대승불교의 중심 개념은 공이다. 공 사상은 모든 것은 인연소생이라는 연기설과 통한다. 공 사상은 인도의 중기 내지 후기 대승불교에서 특히 중요한 역할을 담당하는데, 그것을 가장 정치하게 이론적 체계로 완성하여 그 뒤 대승불교의 사상 전개에 결정적 영향을 끼친 사람은 용수(龍樹, ?150~?250)다. 그 이후의 대승불교는 용수의 영향 아래 있게 되었고, 그리하여 용수를 제2의 석가모니, 중관파의 시조라고 일컫게 되었다. 중국 불교에서는 그를 팔종(八宗)의 조사라고 할 만큼 높이 평가하는데, 그것은 그의 영향이 그만큼 크다는 뜻이다. 그는 대승불교의 발전에서 잊을 수 없는 대학승이다.

용수는 남인도에서 태어나 바라문의 학문을 두루 익힌 뒤에 불교에 입교하고는 북인도로 이주하여 당시의 부파불교와 초기 대승불교를 배웠다. 그리고 대승불교에 경도되어 많은 경전에 정통하고 특히 많은 논 저술을 통해 대승불교의 기초를 제공했다. 그는 《반야경(般若經)》에 의거하는 대승 공관(空觀)의 입장에서 원시불교 이래의 연기설에 독자적 해석을 부여하여 부파불교뿐 아니라 인도 철학 사상 일반을 원리적으로 비판했다. 중관파(中觀派)는 대승불교의 최초 학파인 셈인데 연기설을 공의 입장에서 해명한다. 이것을 중관이라고 하는 것은 팔불중도에 입각해서 연기를 설명하기 때문이다. 중기 불교에서 대승불교를 중흥시킨 것은 중관파와 유식파다. 그의 기초적 교리는 제파(堤婆, ?170~?270)에 의해 계승되었고, 제파는 《백론(百論)》과 《사백론(四百論)》을 저술하여 공의 입장을 옹호하고 외도를 배척했다. 그의 제자에 라홀라가 있다. 이 계통이 중관파의 모태를 이룬다.

《중론(中論)》은 용수의 초기 작품인데 전체가 한역 27장 445게송으로 이루어져 있다. 그것은 철저하게 논리적으로 교리를 추적한 것이다. 서술의 구조를 보면 한 게송은 네 구(句)로 구성되어 있고, 한 구는 다섯 자의 한문으로 구성되어 있다. 예컨대 1장 첫 번째 게송은 "不生亦不滅 不常亦不斷 不一亦不異 不來亦不出"이다. 원문은 산스크리트어 게송인데 그 표현 양식을 살리기 위해 구마라집(鳩摩羅什, 344~413)이 이런 형식으로 번역했을 것이다. 27장 445게송이 모두 이런 표현 양식을 취하고 있다. 여기에서 든 예는 그렇지 않으나 대개의 게송은 1구와 2구를 대립시켜서 그 어느 것도 성립되지 않는다고 단정하고, 3구에서는 그 양자의 결합도 불가하다고 하고, 4구에서는 양자의 모순을 지적한다. 그러니 결론은 늘 공이라는 것이다. 그는 24장 관사제품(觀四諦品)에서 그의 중심 사상을 '연기 – 무자성 – 공'으로 표현하고, 그 18게송에서는 연기를 공성이라 해 이를 중도와 같은 뜻이라고 했다.

유식파 유식파(唯識派)는 요가의 행을 중시했기 때문에 요가행파(瑜伽 行派)라고도 불린다. 그러나 실제로 이 학파는 '인간의 의식 활동(識)에 의해 만유가 만들어진다(一切唯心造)'는, 말하자면 지극히 관념론적 인식론(유심론)을 전개한다. 이 학파의 창시적 논사는 미륵(彌勒, 270~?350)이고, 이를 이어 무착(無著, 395~?470)과 그의 아우 세친에 의해 완성되었다. 세친의 《유식삼십송(唯識三十頌)》이 유식파의 원본 텍스트다. 이것은 유식 사상을 30게송으로 집대성한 것이다. 주제는 식(識)이 전변(轉變)한다는 것인데 이에 따르면 식은 안식(眼識), 이식(耳識), 비식(鼻識), 설식(舌識), 신식(身識), 의식(意識)의 6식과 7식인 말나식, 8식인 아뢰야식으로 구성되어 있는 바, 이 3층의 식은 변전하면서 전개된다. 아뢰야식은 행위의 모든 결과로 이루어지는 가장 깊은 층의 잠재의식이다. 그것은 6식과 말나식으로서의 현실적 행위(현행)가 훈습한 결과이면서, 또한 그것에서 6식과 말나식의 행위가 생긴다. 그래서 말나식을 근본식 또는 종자식이라고도 한다. 말나식은 아뢰야식에 의존하는 것으로서 아뢰야식을 자아(아트만)로 착각하는 염오(染汚)의 식, 즉 자아에 관한 번뇌로 덮힌 식을 가리킨다. 요컨대 유식파는 중관파의 존재론을 인식론의 차원에서 전개한 것이라고도 볼 수 있다. 그러나 유식론은 공론에 비해 논리적 일관성이 떨어진다는 느낌을 갖게 한다. 의식은 반드시 대상 지향적 성격을 가지고 있는데 그 대상이 공일 경우에는 논리 전개가 쉽지 않을 것이기 때문이다.

여래장 사상 여래장(如來藏)이란 모든 중생은 '여래가 될 수 있는 인자를 감춰 가지고 있다'는 것이다. 중생은 가능적 여래인 것이다.《여래장경(如來藏經)》에서는 그 가능성을 아홉 가지 비유로 예시하고 있으나 그 비유가 좀 어색하다. 여래장 사상은 모든 존재는 붓다가 될 수 있다는 사상에 의거해서 전개되지만 이때까지는 아직 초창기의 한계를 벗어나지 못하고 있다.

나. 중국의 불교문화

인도와 중국은 기후·풍토 등의 자연 조건과 인종·언어·풍속·습관·사회 구조·역사적 배경 등의 인문 조건이 서로 달라 교류를 하지 못한 채 각기 고유한 문화를 탄생·발전시켰다.

인도에서는 BC 1500년경부터 베다 문명이 번영했고, 같은 무렵 중국에서는 은·주 문명이 발달했다. BC 6세기경 인도에서는 석가모니의 불교와 자이나교 등 새로운 반브라만적 종교가 등장했다. 그때 중국에서는 춘추전국시대를 맞이하여 공자와 노자가 새로운 사회 질서를 창도하면서 백화제방하는 제자백가 쟁명의 사회를 열었다. 이런 것들은 종교와 언론의 자유를 전제한다. 두 지역은 같은 시기에 같은 분위기를 만들면서 각기 고유한 문화를 창건하여 발전시켰던 것이다.

그럼에도 이 두 문명이 서로 소통하지 못한 것은 티베트 고원과 천산산맥이 두 지역을 가로막고 있기 때문이다. BC 2세기 말 중국의 장안과 로마제국을 잇는 실크로드가 개통됨에 따라 파키스탄과 아프가니스탄으로 전파되었던 불교가 이 길을 따라 중국으로 들어온 것이다.

언제나 문명과 문화를 보유한 측이 먼저 자기를 타자에게 전수하는 데서 교류가 시작된다. 문명과 문화를 전수받은 측이 그것에 익숙해져서 더 깊고 넓게 연구하려는 의욕이 생기면 그 발상지를 찾아 유학의 길을 떠나게 된다. 특히 종교의 전파는 먼저 선교로 시작되고, 이어서 그것을 깊게 이해하기 위해 발상지를 향해 길을 떠나는 것이다. 불교가 중국에 유입되는 과정도 그러했다. 처음에는 서역인들이 불교를 가져와서 역경 사업을 일으켰으나 곧 중국인 자신이 불교 연구에 정열을 불태워 이 실 크로드를 통해 인도로 구도의 길을 떠났다. 이때는 주로 천산남로가 이 용되었을 것이다. 그러나 5호 16국 시대 장강 이북의 땅을 외국 권력에 내주고 남쪽으로 이동함에 따라 이왕에 들어온 불교도 남쪽으로 확산되 었고, 이에 따라 인도와의 교류도 베트남, 말레이 반도, 스마트라 섬을 경 유하는 바닷길을 이용하게 되었다. 최초로 한역된 불전은 소승계 불경이 었으나, 그 뒤 북쪽의 육로로는 주로 대승불교가 유입되고, 남쪽 해로를 통해서는 소승불교가 들어오게 되었다. 그러나 동진 시대 이후 이 두 불 교 사상은 서로 섞였고, 중국 불교의 대세는 대승이 되었다. 북쪽으로 들 어온 경전의 번역 중심지는 주로 장안(낙양)이었고, 남쪽으로 들어온 경 전 연구의 중심은 건강(건업, 지금의 남경)이었다.

1. 불교의 전래와 번역(후한~남북조시대)

불교의 전래 불교는 BC 1세기경 서역에서 중국으로 전래되었다. 서 역은 넓은 의미로는 중국의 서쪽을 가리키지만 좁은 의미로는 중앙아시 아를 의미한다. 전한의 무제(武帝, BC 156~BC 87)가 대모험가 장건(張騫, ?~BC 114)에게 명하여 서역을 경영하게 함으로써 중앙아시아를 통하는 통상로가 열렸는데 이것이 실크로드로 개발되었다. 쿠샤나 왕조는 BC 1세기경 북인도(인더스 강 상류와 갠지스 강 상류 지역)에 대제국을 건설했다. 그 민족이 월씨(月氏)다. 이들은 설일체유부의 불교를 숭상하고 있었다.

돈황은 서안의 서쪽에 있는 도시로 그곳을 지나 서쪽으로 옥문관에 이 르고, 다시 이곳을 지나면 길은 천산북로와 천산남로로 갈라져서 각기 실크로드를 형성한다. 20세기 초 이 두 길 위에 있는 도시들을 발굴함으로써 많은 석굴 사원, 불상, 벽화, 불경 사본, 기타 문서가 발견되었다.[34] 거기에 쓰인 언어를 통해 위그르어를 사용하던 터키인들이 이슬람교로 개종하기 전까지는 약 1천 년에 걸쳐 불교를 신봉함으로써 서역에서 불교가 성행했음을 알 수 있다. 천산남로는 현장(玄奘, 600~664), 법현(法顯) 등의 고승이 구법을 위해 인도로 가던 길이다. 이 길을 통해 주로 네팔 등 북인도에서 성행하던 대승불교가 중국에 들어왔고, 5호 16국 시대에는 북쪽 길이 막혀 해로를 통해 건강 중심의 불교 연구가 이루어졌다.

불경의 한역 후한 말 황건적의 난에 이어 위(魏)·오(吳)·촉(蜀)의 삼국이 정립되고 거기에 이어 위가 장강 이북의 중국을 통일했다. 그 뒤 위의 재상 사마염(司馬炎, 236~290)은 위의 제위를 찬탈하여 낙양에 수도를 정하고는 국호를 진(晋)이라 했다. 진은 오를 멸망시켜 천하를 통일했으나 북방의 이민족에 밀려 멸망했다. 진의 일족이 남쪽 건강으로 옮겨 세운 나라가 동진이고, 앞서 멸망한 진은 서진이다. 이 시대에 장강 이북은 이민족의 지배하에 놓였다. 이것이 5호 16국 시대다. 5호 16국 시대란 북방의 흉노족이 중국의 북부에 침입하여 진을 멸망시킨 후 북방과 서방의 다섯 민족(오호五胡, 즉 흉노匈奴, 선비鮮卑, 갈羯, 적氐, 강羌)이 304년부터 약 130년간 16개 나라를 동시적으로 혹은 계기적으로 일으켜서 장강 이북을 지배하던 시대를 가리킨다.[35] 서진 시대에는 낙양에 사찰이 42개 있을 정도로 불교가 번창했으나 진의 멸망으로 불교도 남하하게 되었다.

한족을 지배하게 된 북방 이민족은 한족을 다스리기 위해 한족 문화에

---

34 혜초(慧超, 704~787)의 《왕오천축국전(往五天竺國傳)》도 그 속에 섞여 있었다.

35 5호 시대 화북(華北)에는 20개가 넘는 작은 나라의 흥망이 반복되었다. 그중에 장안을 중심으로 하는 관중(關中)과 관동(關東, 관동의 중심지는 업鄴, 양국襄國, 중산中山이었다)의 두 지역을 지배한 강한 나라만 16개다. 5호 16국 시대는 한족인 북위(北魏)가 439년 화북을 통일할 때까지 계속되었다.

필적하는 이민족 문화인 불교를 채용하여 신봉케 했다. 5호 16국 시대는 불교가 중국에 정착하는데 중요한 역할을 한 셈이다. 한 예로 후조(後趙, 319~352)의 왕실은 불도징(佛圖澄, 232~348)의 종교적 영험에 크게 의존하여 그로 하여금 900개에 가까운 사찰을 세우게 하고 1만여 명의 문도를 포용하게 했다. 그 제자 중의 하나가 도안(道安, 314~385)이다. 삼국 시대에 주사행(朱土行)이 우전(于闐)에서 낙양에 보낸《방광반야경(放光般若經)》은 축숙란(竺叔蘭)에 의해 번역되어 당시의 수도에 크게 유행해《반야경》연구자를 많이 배출했다.

후한에서 진에 이르는 시대의 불경 번역은 파르티아(安息) 출신의 안세고(安世高)에서 시작한다. 그는 안식국의 태자이지만 불교에 심취하여 왕위를 아우에게 넘기고 출가하고는 여러 나라를 편력하다가 148년 낙양에 와서 굉장히 많은 경전을 번역했다. 그것들은 대개《아함경》을 포함한 소승 경전이었다. 그는 선(禪)에도 조예가 있어 중국 소승 선학의 형성에도 공헌했다. 이에 이어 월씨 출신의 지루가참(支婁迦讖)이 역시 낙양에 와서《반야경》,《반주삼매경(般舟三昧經)》,《수능엄경(首楞嚴經)》의 3경을 포함하여 14부 27권의 대승 경전을 번역했다. 이것은 대승 초기 경전 번역의 효시다. 월씨 출신 귀화인의 자손인 오나라의 지겸(支謙)은 재속 번역가로서《유마힐경(維摩詰經)》을 위시하여 36부 48권을 번역했다. 이 세 사람 외에 발군의 역경자는 특히 월씨 출신으로 돈황에서 태어난 축법호(竺法護, 239~316)다. 그는 여러 나라를 편력하다가 서역에서 많은 불전을 입수해 와서 돈황, 주천, 장안, 낙양 등지에서 266~308년 사이에《반야경》,《정법화경(正法華經)》,《유마힐경》,《무량수경(無量壽經)》등 대·소승에 걸친 150여 부의 경전을 번역했다. 지겸과 축법호는 고역(古譯) 시대의 대표자로 꼽힌다. 축법호의《정법화경》은 인도의 대승계 중요 경전을 처음으로 중국에 전한 것으로, 이로 인해 많은《법화경》연구자들이 배출되었다.《유마힐경》은 청담(淸談)이 유행한 동진의 귀족 사회에 받아들여졌다. 노장사상이 유행하던 서진의 사상계에는 《반야경》이 받아들여져서 《반야경》 연구의 전성기를 이루었다.

구마라집은 후진 요흥(姚興, 394~416)의 국가적 지원 아래 장안에서 중요한 경전을 거의 모두 한역했다.[36] 그는 대·소승의 불교를 구분하고 대승의 우위를 인정했으며, 용수의 중론 계열의 논서[37]를 번역하여 용수계 중관 철학, 즉 삼론종(三論宗)의 기초를 제공하기도 했고, 경전마다 그 역할을 정리했다. 그의 번역을 통해 비로소 번역본만으로 불교를 연구할 수 있게 되었다고 한다. 그의 문하에 3,000여 명의 탁월한 제자가 배출되어 중국 불교에 커다란 영향을 끼쳤고, 그 많은 제자들 중에서도 특히 승조(僧肇, 374~414)는 중국 불교에 큰 업적을 남겼다. 그는 중국인으로서 불교 철학을 처음으로 저술한 사람이다. 구마라집의 제자들은 장안에 불교 발흥의 싹을 틔웠다. 구마라집 이전의 번역을 고역, 구마라집 이후의 번역을 구역(舊譯), 현장 이후의 것을 신역(新譯)이라고 한다.

구마라집이 중론계 논서와 대승 경전 번역에 힘쓰고 있을 때 동진의 불교계에서도 대승 경전의 번역이 이루어졌다. 그것은 불타발타라(佛陀跋陀羅, 覺賢, 359~429)에 의한 《화엄경》 번역과 서역에서 양주에 온 담무참(曇無讖, 385~433)에 의한 《열반경(涅槃經)》 번역이다. 담무참은 이 밖에 《보살지지경(菩薩地持經)》, 《금광명경(金光明經)》 등 20부를 번역했다. 이들 외에 국내외 출신의 숱한 구도자들이 많은 경전을 번역했다. 이들은 남방의 건강을 중심으로 구마라집과는 다른 불교를 일으킨 것이다.

이제까지는 승려와 대중이 확연히 구분되지 않을 정도로 승려의 복식

---

36 그 모두를 여기에서 다 열거하는 것은 별 의미가 없다. 그는 35부 300여 권을 번역했는데 그중 《법화경》, 《아미타경》, 《유마경》 등의 경우 지금도 그의 번역을 암송한다고 한다.

37 《중론》, 《십이문론(十二門論)》, 《백론》. 이 밖에 《대지도론(大智度論)》, 《십주비바사론(十住毘婆沙論)》, 《성실론(成實論)》 등이 있다.

이나 생활 기강이 느슨했으나 법현이 율장을 구하기 위해 인도를 다녀온 뒤로 율장계 경전이 다수 번역되어 계율에 입각한 승려 수행이 유행했다. 그의 14년에 걸친 고난의 여행 기록이자 견문록인《법현전(法顯傳)》은 현장의《대당서역기(大唐西域記)》, 의정(義淨, 635~713)의《대당서역구법고승전(大唐西域求法高僧傳)》과 함께 7세기 전반의 중앙아시아와 인도의 지리, 풍속, 문화, 종교를 아는 데 귀중한 문헌 자료로 이용되고 있다. 수행 불교의 실천가로는 여산의 혜원(慧遠, 334~416)이 유명하다. 그는 남중국의 여산에 들어가 백련사를 설립하고 불교 결사를 한 뒤 30년 동안 하산하지 않고 수도와 교화에 진력했다. 여산은 정토종과 선종의 중심지가 되었다.

중국에서 최초로 유식계 경전을 번역한 사람은 구나발타라(求那跋陀羅, 393~468)로 기록되지만 크게 영향을 끼치지는 못했고, 본격적으로 유식설이 중국에 전래된 것은 북위 때(508) 낙양에 온 보리류지(菩提流支)와 늑나마제(勒那摩提) 등이 무착과 세친의 불교를 소개하면서다. 그들은 무착과 세친 형제의 저술 외에도 유식계 경전을 다수 번역했다. 그러나 아뢰야식에 대한 두 사람의 견해 차이로 인해 제자들이 북도파(北道派)와 남도파(南道派)로 나뉘었다. 유식계 경전의 한역에서 잊을 수 없는 인물은 548년 남조 양무제(梁武帝, 464~549)의 영입을 받아 건강에 온 진제(眞諦, 499~569)다. 그는 서인도의 아반티국 브라만 출신의 학승으로 여러 나라를 편력한 뒤 해로로 중국에 왔고, 양무제의 요청으로 건강으로 왔으나 전란 중이라 여러 곳을 유랑하며 많은 경전을 번역했다. 그의 번역과 저술은 80부 300여 권에 달해 그를 4대 번역가[38]의 한 사람으로 일컫는다.

당대에 역경 사업에 거족을 남긴 현장에 대해 언급하지 않을 수 없다.

---

38 4대 불경 번역가로는 구마라집, 진제, 현장, 불공(不空, 705~774)을 꼽는다. 4대 번역가 중 중국인은 현장뿐이다.

그는 낙양 근방에서 태어나 10세 때 아버지를 여의고 형의 절간에서 자랐다. 처음에는 《열반경》과 《섭대승론(攝大乘論)》을 연구하고 이어서 아비달마 불교와 유식학을 원전으로 연구하기 위해 인도로 들어갔다. 629년 장안을 출발하여 천신만고 끝에 신장성의 천산남로 – 서키르키스탄 – 아프가니스탄을 거쳐 중인도의 나란다 사원에 도착했다. 그곳에서 계현 법사(시라바드라, 戒賢法師)에게 사사하여 유식학을 배우고 인도 각지의 불적을 탐방하여 불상 외에 산스크리트어 원본의 불적(佛籍) 657부를 가지고 645년 장안으로 돌아왔다. 17년에 걸친 긴 유학길이었다. 그때 인도에서 이미 불교는 사양길로 접어드는 시대였다. 귀국 후 칙명으로 세워진 번경원(翻經院)에서 제자들과 함께 역경 사업을 일으켜 《대반야경》 600권을 위시하여 무려 76부 1,347권에 이르는 방대한 경전을 혼자 한역했다.[39] 그것은 경전 한역의 6분의 1이다. 원·명 대에 희곡화된 《서유기(西遊記)》는 현장법사의 구법 대장정을 작품화한 것이다. 당의 산동성 출신 의정은 법현과 현장의 위업을 흠모하여 계율을 연구하기 위해 해로를 통해 인도로 가서 25년간 30여 나라를 순방하고 695년 다수의 산스크리트어 경전을 가지고 낙양으로 돌아와서 56부 230권을 번역했다. 소승계 율장이 그 핵심을 이룬다.

불공은 북인도의 브라만계 아버지와 사마르칸트 지방에 있던 강국(康國)의 여인을 어머니로 하여 서역에서 태어났으나 13살 때 숙부에 이끌려 장안에 와서 금강지(金剛智, 671~741)로부터 수계하여 주로 밀교를 배웠다. 스승이 세상을 떠나자 스스로 인도에 가서 경론 500여 권을 가지고 와서 많은 밀교 경전을 번역했으며, 밀교를 호국 불교로 특성화하여 밀교의 정착에 큰 역할을 했다. 중국의 역경자를 모두 소개하는 것은 이런 유의 책으로는 불가능하다.

---

39 축법호, 구마라집, 진체, 의정, 불공 등 유수한 역경자들이 번역한 경전의 총량은 469부 1,222권이었다. 이와 비교하면 현장의 업적이 어느 정도인가 짐작됨 직하다.

2. 중국의 초기 불교 연구

혼란기의 종교적 상황 중국의 역사는 통일과 분열을 거듭하면서 또 한족과 이민족이 번갈아가면서 중화를 지배하는 과정의 반복이기도 하다. 진·한의 4백여 년이 지난 뒤 위진남북조 360여 년간과 5호 16국 시대는 분열 시기인데, 특히 5호 16국 시대는 이민족 지배까지 겹친 시대다. 이런 분열기는 변혁기이므로 사회가 혼란하고 각종 종교가 기승을 부리곤 한다. 불로장생술, 신선 사상, 오두미도교(五斗米道敎) 등 도교적 신앙과 민간 차원의 주술 등이 유행했거니와, 더러 혹세무민의 유언비어도 잠행하기 일쑤였다.

그러나 이런 때를 당하여 식자들은 학문적 차원에서 이를 승화시키곤 한다. 전·후한 대의 학문 사상은 유학이 지배했으나 후한이 멸망하자 유학 또한 쇠퇴했다. 유학의 권위에 반하여 학문과 사상이 자유를 구하는 새로운 운동이 일어났다. 왕필(王弼, 226~249)과 하안(何晏, 190~249) 등이 이를 대표했다. 그들은 노장의 무가 만상의 근원이요, 도의 근본이라고 보고 무위자연의 도를 체득하는 자가 성인이라고 생각했다. 이 사상은 뒤에 죽림칠현(竹林七賢)을 배출하는 바탕이 되었다. 이런 사유 경향은 불교의 《반야경》과 《유마경》의 공 사상을 노장의 무 사상과 비슷한 것으로 쉽게 받아들이는 기반이 되었다.

어느 시대 어느 사회에서나 생소한 외래 종교 사상이 유입되면 문화 충돌이 일어나기 마련이다. 지금까지 살아온 관성이 충격을 받기 때문이다. 중국의 경우 그 충격은 미약했다. 위에서 보다시피 불교의 초월성과 비슷한 노장사상이 중국에는 이미 완성되어 있었기 때문이다. 한족에게 불교는 노장사상과의 유비를 통해 이해되었다. 그리하여 노장사상을 통합해서 불교를 설명하는 소위 격의 불교(格義佛敎)가 위진 시대에 유행했다. 이것은 구마라집의 제자로서 이후 중국 불교의 발전에 지대한 영향을 끼친 승조에 의해 비판·수정되었다.

그러나 유교와 도교 측에서 불교를 대하는 태도는 이와는 전혀 달랐다. 도교는 후한 말 장릉(張陵, 34~156)이 사천 지방에서 창도한 것으로 신선 사상과 음양오행설에 입각하여 불로장생을 꾀하는 민간신앙이었으나 점차 명문 귀족 사이에서도 신자가 생겼다. 뒤에 갈홍이라는 도사는 《포박자》라는 책을 지어 이를 홍포했다. 이렇게 세력을 얻게 된 도교는 불교의 초월 사상에 대해 관대할 수 없었다. 이런 긴장된 대립 관계 속에서 나타난 것이 《노자호화설(老子胡化說)》과 같은 위경이다. 이 위경은 석가모니가 원래 중국인 노자인데 그가 인도로 건너가서 석가모니가 되어 인도인들을 교화했다는 내용을 담고 있다.

유교는 특히 승려의 출가를 반발할 수밖에 없다. 불교의 초현실주의는 기본적으로 가족을 중심으로 한 유교의 현실주의와는 어울리지 않는다. 특히 가족과 가정은 제가(齊家)의 기본이자 유교의 존재 근거이기도 한데 이것을 버리고 출가한다는 것은 엄청난 불경이요, 배신행위가 아닐 수 없다. 게다가 승려들이 세금을 내지 않고 절간을 지어 국비를 낭비하고 걸식하는 것은 사회 풍습에도 어긋난다고 비난했다. 이런 분위기를 감지한 불교는 부랴부랴 《부모은중경(父母恩重經)》이라는 위경을 만들어 중국인에게 영합했다. 노장사상이나 유가 사상에 입각한 위경뿐 아니라 민속 측에서 또는 불교 자체 안에서 만들어진 위경과 의경도 많이 보인다.[40]

중국 남북 불교의 상황 후한 말 초왕 영(楚王 英, ?~71)이 관할하던 지역은 팽성을 중심으로 한 곳이었는데 그가 좌천되어 간 곳은 남쪽 단양 지방이었다. 그가 옮겨감에 따라 그를 따르던 불교 신자들이 대거 남쪽으로 이동하여 강남 지방의 불교 유포에 도움이 되었다. 그 뒤 오의 손권(孫權, 182~252)은 불교의 영험에 크게 의존하는 터라 위에서 소개한 지겸을 초치하여 역경 사업을 돕고, 현재의 하노이 근방에 살던 강승회(康僧會,

---

40 鎌田武雄, 《中國佛教史》, 岩波全書, 1982, 138~144쪽, 疑經の成立と流行 참조.

?~280)가 오나라에 들어오자 강승회로 하여금 사찰을 짓고 불경을 번역하게 하여 불교를 진작시켰다. 이런 것들은 중국의 남쪽에서 장차 불교가 번창할 소지를 마련했다.

5호 16국 시대의 불교 5호 16국 시대와 남북조시대를 합해 약 300년간은 혼란기다. 후한 말의 전란기를 당하여 낙양과 장안의 주민이 다수 남천한 결과 불교와 승려들도 남하하게 되었다. 초왕 영의 경우가 그 한 예다. 서진의 서귀족들이 동진의 수도 건강으로 모여든 뒤 황하 중심의 중국 문화는 장강 유역의 문화로 백여 년간 꽃피게 되었다. 건강은 불교의 중심지로 발전했다.

앞에서 언급한 바와 같이, 북쪽 중원의 땅을 지배하는 5호는 한족을 지배하기 위해 외래문화인 불교를 진작시켰다. 그리하여 불교는 북쪽이나 남쪽에서 다 같이 적극적으로 연구하는 기운을 맞게 되었다. 남과 북에서는 경쟁적으로 인도에서 오는 승려를 환영하게 되었고, 이것은 중국에 불교가 크게 연구되고 정착되는 계기가 되었다. 그 한 예로 티베트계 저족(氐族, 티베트족)이 장안에 세운 나라가 전진(前秦)인데, 그 왕 부견(苻堅, 338~385)은 우리나라에도 불교를 전한 친불교주의자였다. 도안(道安, 312~385)은 바로 이 부견의 적극적 지원으로 불전의 주석과 번역에 크게 공헌한 거승이다. 구마라집에 관해서는 이미 소개했거니와, 그가 번역한 삼론은 도생(道生, ?~434)에 의해 남방으로 전해져서 승랑(僧朗), 승전(僧詮), 법랑(法朗, 508~581)을 거쳐 수나라의 가상대사 길장(吉藏, 549~623)에 의해 삼론종으로 크게 떨쳤다. 그것은 《법화경》과 더불어 천태종(天台宗)을 여는 근거를 제공했고, 《성실론》은 성실학파의 기초가 되었다. 부견과 요흥은 화북의 불교 발전에 잊을 수 없는 지원을 한 제왕이다. 이 시대에 많은 고승이 나와 경전을 번역하고 연구했음은 물론이다. 전진과 후진의 먼 서쪽은 인도로 가는 천산로의 요충지로서 오늘날에도 석불과 막고굴(莫高窟) 등 많은 불교 유적을 남기고 있다.

강남 동진의 귀족 불교 동진은 105년간 지속되었다. 이 동진 시대에는 노장사상, 청담과 함께 특히 《반야경》과 《유마경》과 같은 불전이 유행하여 건강과 회계(會稽)를 중심으로 귀족 불교가 성행했다. 그 중기에는 강북의 양양을 중심으로 도안 교단이 활약했고, 후기에는 여산을 중심으로 도안의 제자인 혜원 교단이 활동했다.

도안은 불도징의 제자로서 365년 전란을 피해 혜원 등 400여 명과 함께 양양으로 왔다. 하지만 이곳을 공략한 전진 부견이 도안을 데리고 갔기 때문에 혜원과 헤어졌다. 그는 부견의 후견으로 장안에서 지내면서 부견에게 구마라집을 초청할 것을 건의했으나 부견이 곧 죽고 만지라 구마라집은 후진 요흥의 지원을 받게 된 것이다. 도안은 동진 시대 사람이라는 것이지 동진 사람은 아니다.

혜원은 젊어서 유교와 도교를 공부했으나 도안을 만나면서 불교로 돌아섰다. 위에서 말한 전란 때 도안과 헤어진 혜원은 제자 수십 명과 함께 남하하여 형주의 상명사에 이르렀다가 다시 더 남하하여 여산의 동림사에 30여 년간 머물면서 경전 번역과 연구에 전념하여 많은 저술을 남기고 제자를 양성했다. 그는 북쪽 장안의 구마라집과 편지를 통해 서로 연구를 교환하고 제자들로 하여금 서로 가서 배우도록 했으며, 이로 인해 남북의 불교 교류도 이루어졌다. 대·소승의 불교가 구분 없이 연구된 것이다. 그는 123명의 동지와 더불어 염불의 결사(白蓮社)를 맺었다. 그는 중국 정토종의 개조로 일컬어지고 선관에 대한 이해도 깊었다. 특히 그는 '사문은 왕자에 대해 예를 갖출 필요가 없다(沙門不敬王者)'고 하여 중국의 전통적 예의 질서와 외래 불교의 계율과의 충동을 일으키기도 했는데 그 배후에는 그의 신불멸론(神不滅論)[41] 사상이 있다. 여산의 혜원 교단은 강남 불교의 중심지로서 중국 불교 교단의 기초를 닦았다.

---

41 이것은 유가와 불가 사이에 있던 논쟁으로서 유가 측에서는 사후에 영혼이 없다는 입장(神滅論)이고, 불가 측에서는 영혼은 죽지 않는다는 입장(神不滅論)이다.

구마라집의 제자 승조가 북쪽에서 활동할 때 남쪽에서는 혜원의 제자인 도생의 활동이 활발했다. 그는 다른 도반과 함께 장안의 구마라집에게 가서 배우고 돌아오기도 했다. 그는 모든 존재에는 불성이 있으며 단번에 깨우쳐서 부처가 될 수 있다고 주장해 당시에 논란거리가 된 것으로 유명하다. 위진 시대의 불교는 다분히 반야교학(般若敎學)이 중심이었으나 송(宋)과 제(齊) 이후에는 법화와 열반 교학이 성하게 되었는데 그 전환점에는 도생의 《법화경소(法華經疏)》가 있다. 그만큼 이 저술의 역사적 의의는 크다.

남북조시대의 불교 중국의 남북조시대란 5호 16국 시대를 지나 중국에 남조와 북조가 대립하던 시대를 말한다. 이것은 북쪽은 선비족이 세운 북위의 태무제(太武帝, 408~452)가 화북을 통일하고, 남쪽에서는 송(宋)이 동진을 멸하여 남과 북 두 개의 왕조가 대립하는 형세를 갖춘 시대다. 그것은 581년 수가 남북을 통일할 때까지 150년간 지속된다. 그렇다고 남조나 북조에 각기 하나의 왕조만 있었던 것은 아니다. 북조는 북위, 동위, 서위, 북제, 북주의 5대로 이어지고, 남조는 송, 제, 양, 진의 4대로 계속된다.

북위의 태무제는 불교를 억제하고 도교를 숭상했으나 그의 후계자들은 불교를 다시 일으켜서 운강과 용문에 각기 석굴을 만들었다. 그러나 지배자인 선비족과 관료층인 한족 사이에 불화가 끊이지 않아 마침내 선비족이 동위를 다시 세웠다. 그 뒤로도 화북은 5호 시대와 마찬가지로 여전히 이민족의 지배하에 있었다. 문화적으로는 관료를 형성한 한족의 영향으로 점차 한 문화에 흡수되어갔다. 반면 강남은 한족이 통치했다. 북조에서는 한두 차례 억불책을 쓴 일이 있으나, 남조는 대체로 불교를 숭상하는 방향으로 나아갔고 동진 시대와 마찬가지로 계속해서 숭불책을 취해왔다. 이로 인해 남북 모두에서 불교는 융성기를 맞아 크게 발전했다.

북조의 불교 북위를 건설한 태조 도무제(道武帝, 371~409)는 불교를 국가 공인의 종교로 삼고 새 수도를 건설할 때 도시 안에 거대한 사찰과 불상을 세우도록 했다. 왕들의 숭불 정책에 화답하는 듯 불교 지도자들은 제왕을 살아 있는 여래라 하여 부처를 숭상하듯이 제왕을 섬겼다. 도안이 북조에 머무는 동안 그의 제자로 남조에 간 혜원은 이와 반대로 사문의 제왕 불경론을 주장하여 남북조 사이에 제왕에 대한 태도를 달리했다. 이것은 전술한 바 있다.

그 뒤 북위의 위신을 크게 높인 태무제는 처음에는 숭불 정책을 적극적으로 권장했으나 한족 출신 재상이자 군정(軍政)의 최고 고문인 최호(崔浩, ?~450)의 강력한 권유로 도교를 받아들여 불교를 억제하는 정책을 취해서 구겸지(寇謙之, ?~448)를 국사로 삼고 그로 하여금 교단의 체제를 정비하도록 했다. 최호는 태무제를 도교 군주로 삼고 연호를 태평진군(太平眞君)으로 하도록 했다. 최호의 배불 정책은 철저해서 국내의 사찰과 불경은 불태우고 승려는 참살했다. 그것이 지나쳐서 구겸지와 불화를 빚기도 했다. 최호는 북위의 국사(國史)를 기록하여 돌에 새기도록 명을 받았다. 그런데 그 기록에 북방의 호족을 낮추고 한족을 높였기 때문에 태무제의 노여움을 사서 최호 일족과 그 막료 128명이 주살되었다. 구겸지가 먼저 죽고 태무제도 폭살되어 북위의 폐불 바람은 일단 멎었다.

태무제, 구겸지, 최호가 죽자 그 뒤를 이은 제왕들은 다시 불교 신앙을 일으켰다. 특히 담요(曇曜)는 다섯 제왕을 위해 운강석굴 5동(16~20동)을 세우고, 효문제(孝文帝, 467~499)에게 진언하여 빈민 구제 사업을 일으키도록 했으며, 승지호(僧祇戶)와 불도호(佛圖戶)[42] 제도를 두어 승단의 재정적 안정을 기하도록 했다. 효문제는 선비족의 풍습을 버리고 철저히 한화를 시행했으며, 이를 위해 수도를 낙양으로 옮겼다.[43] 그는 친히 불교 강

---

42 승지호는 기근에 대비하여 일종의 세금처럼 걷어서 절간에서 관리하게 한 곡식인데 주로 불사에 쓰였다. 불도호는 중죄인 또는 관노로서 절간에서 사용하도록 한 노예다.

43 이 천도는 옛날을 그리워하는 선비족의 반감을 일으켜 위나라가 분리되는 계기가 되었다.

의에 참석하기도 했다. 그의 후임자 세종 선무제(宣武帝, 483~595)는 스스로《유마경》을 강술하기도 하고, 운강석굴에 준하는 석굴을 효문제와 그 황후 문소황태후(文昭皇太后, 469~519)를 위해 용문에 세우도록 했다. 이 것이 용문석굴이다. 그가 재임하는 동안(512~515)에는 전국의 절간이 13,727개였다고 한다. 불교는 이 시대에 전성기를 맞이했다. 그러나 무리한 천도가 빌미가 되어 북위는 머지않아 망하고 불교의 세도 기울었다.

북제 시대에 불교는 다시 권장되었으나 북주의 무제 우문옹(宇文邕, 543~578) 때 크게 시련을 겪었다. 무제는 부국강병책을 실현할 재원을 확보하기 위해 불교 사찰을 정비하고, 그 장원을 몰수하여 국고로 환수했으며, 타락한 승려를 숙청하여 불교 교단을 정리했다. 그는 국립종교연구소와 같은 통도관을 세워 종교의 중립성을 유지하려 했다. 하지만 내적으로는 불교와 도교를 모두 폐하고 북주를 유교 국가로 만들고자 했다.

남조의 불교 북조에는 동시에 두 개의 나라가 (동위와 서위처럼) 병존하기도 했으나, 남조에서는 송, 제, 양, 진의 네 왕조가 순차적으로 교체되면서 각 왕조가 일관되게 숭불 정책을 계승했다. 송의 시조 무제 유유 (劉裕, 363~422)는 부처님의 영감을 얻어 천자가 되었다 하여 외래 종교인 불교를 공적 종교로 등장시켰다. 그와 그의 뒤를 이은 역대 제왕들은 학덕이 높은 스님들을 찾아 모시고 교화와 연구를 지원했다. 그런 분위기 속에서 외국 승려들도 많이 모여들었다. 그 한 예로 구나발타라를 들 수 있다. 그는 중인도에서 태어나서 스리랑카를 거쳐 해로로 광동에 이르고 건강의 지원사(祇洹寺)와 형주의 신사(辛寺)에 머물면서 대소경전 (《잡아함경》,《승만경》,《능가경》,《과거현재인과경》 등)을 번역하여 불교의 발전에 공헌했다. 그는 강남의 왕후 귀족의 존경을 받았다고 한다. 제의 역대 제왕과 왕자들도 불교의 진흥에 힘을 보태기도 했다. 명망 있는 스님을 초치하여 강론을 듣고 방생과 시약 등 보시를 널리 행하여 자선을 베풀었다. 외국 승려를 환영한 것은 다른 왕조와 마찬가지였다.

양 무제는 48년간(502~549) 재위하면서 내정을 정비하고 문운을 일으켜서 남조 문화의 최전승기를 이룩했다. 불교도 이때 절정에 올랐다. 그런 만큼 불교와 무제에 얽힌 일화도 많다. 무제는 풍부한 시재를 가지고 있어 유학과 문학 방면에도 재능을 보였으나 불교를 신봉하여 스스로 육식을 금하고 종묘의 제사에도 채과만을 올리도록 해서 비난을 사기도 했다. 많은 승려들과 사귀고 그들의 강론을 즐겨 듣고 사찰을 세우게 했으며, 여러 차례의 불사를 일으켜 보시를 하고 부처의 자비를 보여주었다. 불교 교리 연구에도 열심이어서 승려들로 하여금 많은 저술을 남기도록 했다. 그러나 불교에 지나치게 탐닉하는 나머지 나라를 망치는 원인을 제공하기도 했다. 무제 시대의 대덕으로는 승우(僧祐, 435~518)와 진제가 특히 유명하다. 진제에 대해서는 중국 4대 역경가의 한 사람으로 이미 소개한 바 있거니와, 그는 중국 섭론종의 개조로도 알려져 있다. 승우가 지은《출삼장기집(出三藏記集)》과 그의 제자 보창(寶唱)의《명승전(名僧傳)》은 혜교(慧皎, 495~554)가 후한 명제(明帝 永平 10년, 즉 67년)에서 무제(天監 18년, 519)에 이르는 453년간의 고승 257명과 부전(付傳) 243명의 전기를 모아 편찬한《고승전(高僧傳)》의 기본 자료가 되었다. 이것은 중국 불교사의 근원 자료다. 뒷날《속고승전(續高僧傳)》과《송고승전(宋高僧傳)》은 이것을 모델로 한 것이다.

진의 고조 무제는 양의 경제(敬帝, 543~558)의 선양을 받아 제위에 올랐다. 그도 불교를 진작시켰으나 그것은 다분히 정치적 목적을 달성하기 위한 방편이었다는 평가도 따른다.

3. 남북조시대의 불교문화: 석굴

남북조시대에 불교는 비약적으로 발전했다. 전술한 바와 같이, 북위 시대, 즉 512~515년경의 불교 부흥기에는 절간과 승려의 수가 최고에 이르렀다. 그러나 그중 중요한 업적을 든다면 승관 제도의 확립과 불교

예술의 발달, 특히 석굴의 건립일 것이다.

승관 제도의 확립 승관이란 불교 교단을 감독하고 승려를 통괄하기 위해 고명한 승려를 국가가 임명하는 벼슬을 말한다. 승관의 명칭과 수는 시대에 따라 다를 수 있다. 이 제도를 두었다는 것은 승려의 수가 그만큼 늘어나고 사회적으로 승려의 역할이 증가했음을 함축한다. 또 승단의 자치성도 인정한 셈이다. 승지호와 불도호를 국가 기관으로 설치했다는 것도 승단의 재정적 안정과 불사에 대비한 경비 마련을 위해 국가가 보장하는 장치였던 것이다.

석굴 건립 불교의 팽창기에 국가나 재가 신자들이 절간과 불상을 지어 바쳤다는 것은 충분히 짐작되지만, 이 시대에 특기할 사항은 석굴을 건립했다는 것이다. 그중 유명한 것을 열거하면 아래와 같다.

돈황석굴 이 석굴은 돈황현에 있는 것으로 명사산 천불동(鳴砂山 千佛洞) 또는 막고굴이라고도 한다. 4세기(366)에 개창되어 14세기(元代)에 이르기까지 조영·중수되었는데 현재 500개에 가까운 석굴이 발굴되었다. 이들 석굴 속에서 굉장히 많은 옛 사본(소위 돈황 문서)이 발굴되어 현재 대영도서관, 파리국립도서관, 북경도서관, 일본용곡(龍谷)대학도서관, 러시아의 도서관 등에 보관되어 있다.

운강석굴 이 석굴은 산서성(山西省) 대동(大同) 서쪽의 무주천(武周川)에 형성된 단애에 담요가 왕명으로 개창한 것이다(460~465). 담요는 다섯 제왕을 위해 다섯 석굴을 조영했다. 높이는 각기 70척·60척이다. 그뒤 35년간에 걸쳐 용문과 천동산을 위시한 여러 석굴이 이 운강석굴을 모델로 해서 파생되었다. 운강석굴이야말로 불교 미술의 보고를 이루고 있는 셈이다.

용문석굴 이 석굴은 하남성 낙양의 남쪽 12km 떨어진 이천(伊川) 강의 양쪽 언덕에 있다. 북위가 수도를 평성에서 낙양으로 옮기자 운강석굴도 이곳에서 494년에 만들어졌다. 처음에는 그 규모가 너무 커서 완성하지 못했고, 505년에 그 규모를 축소했다. 그리고 거기에 508~512년에 걸쳐 선무제를 위한 것까지 하나 더 만들도록 했다. 이것이 오늘날 밀양동 3굴이다. 북위가 멸망한 뒤에도 석불 조영은 계속되어서 당의 고종 연간(670~680)에 단애에 세 부처, 쌍동·만불동·사자동·혜간동·봉선사동 등에 석불이 조영되어 용문 석불의 전성기를 이루었다. 특히 672~675년 사이에 이루어진 봉선사동의 석불은 그중에서도 가장 큰 것으로 중앙에 노사나불, 좌우에 나한과 보살이 있고, 그 사이에 공양자의 입상이 있으며, 좌우의 벽에 신왕상과 역사상이 있다. 아마 이것은 경주 석굴암의 모델이 아닌가 싶다.

맥적산석굴 이 석굴은 감숙성 천수현(天水縣) 남동의 진영 산맥(秦嶺山脈)의 서쪽 끝에 있는 맥적산(麥積山)의 동남면에 조영된 석굴과 단애불이다. 그 수는 194개 이상에 이르는데 동쪽 언덕과 서쪽 언덕으로 나뉘어 있다. 502년에 시작해서 그 뒤 수, 당, 송에 이르기까지 만들어졌다. 500~503년에 조성된 고현석굴(鞏縣石窟)은 하남성(河南省) 고현성 북서의 망산(邙山)을 뒤로 하고 남쪽으로 낙수(洛水)를 향해 있는 다섯 석불이다. 당대 초 이래 청대에 이르기까지 보수했다.

천룡산·향당산·운문산석불 및 석굴 이 석굴들은 북제 시대에 조영된 석불들이다. 천룡산석불(天龍山石佛)은 태원시(太原市)의 남서에 있는데 동쪽에 8굴, 서쪽에 13굴이 있다. 수 대에 만들어진 것도 있다. 향당산석불(響堂山 敲山이라고도 한다)은 북제 시대의 불교 미술을 대표할 만한 것이다. 태행 산맥(太行山脈)의 지류로 하북성과 하남성의 경계에 있다. 석굴은 남과 북 두 곳에 있는데, 하남성에 있는 북 향당산에는 세 개의 큰 굴이 조성되어 있고, 하북성에 있는 남 향당산에는 7개의 굴이 있다. 산동성에 5개의 석굴로 이루어진 운문산석굴(雲門山石窟)은 수·당 시대에 만들어진 것이다. 그 석굴 가까이에 타산석굴(駝山石窟)이 있다.

4. 중국 불교의 전성기 : 수·당 시대의 불교

중국의 불교는 수·당 시대에 절정에 이른다. 과장해서 말하면 불교 없는 수·당 시대의 중국 문화는 생각할 수 없을 정도다. 이는 불교의 현세주의가 중국인의 현실주의와 어울릴 수 있었기 때문이다. 특히 화엄종(華嚴宗)과 선종의 현재 중심 사상의 영향이 컸을 것이다. 게다가 불교의 초월 사상은 노장사상과 잘 어울려서 이질감을 주지 않는다. 불교의 종교적 의식도 노장의 의식과 크게 어긋나지 않는다. 열반이나 연기 등의 개념은 생소했겠지만 그런대로 독자적으로 소화되었다. 불교에 대한 정권차원의 적극적 지원도 무시할 수 없었다. 다른 문화와의 교류가 전혀 없던 중국으로서는 이국 문화에 대한 지적 호기심도 작용했을 것이다. 불교와 중국의 전통 사상은 통합되면서 수·당 시대의 중국 문화를 형성했다.

5. 수·당의 불교 정책

수·당의 개조들은 다 같이 북주와 혈연관계를 가진 데다가[44] 수도를 장안(지금의 서안)으로 하고 있다. 거기에다 율령 정치 체제를 확립했다는 점에서도 공통된다. 불교를 탄압하던 북주의 무제는 578년 세상을 떠나고 그 장남이 뒤를 이어 선제(宣帝, 559~580)가 되었다. 선제의 황후는 수문제의 딸이었다. 선제는 정제(靜帝, 573~581)에게 양위했다. 선

---

44 북주의 독고신(獨孤信, 502~557)에게는 많은 딸이 있었다. 그중 독고칠녀(獨孤七女)는 수문제의 아내이고, 독고사녀(獨孤四女)는 당 고조(李淵)의 아버지인 이호(李昺)의 아내, 즉 이연의 어머니가 된다. 수와 당은 외가 쪽으로 연결되어 있다.

제가 508년 세상을 떠나자 대승상으로서 정치권력을 손에 쥔 양견(楊堅, 541~604)은 외손자인 정제의 양위를 받아 581년 제위에 올라 수의 개조 문제(文帝)가 되었다. 그는 589년 남조의 진을 병합해서 중국을 통일하고 남북조시대를 막음했다.

정제는 무제의 억불 정책을 해제하고 불교 진흥책을 크게 일으켰다. 수 문제 또한 불교 부흥·보호 정책을 적극적으로 추진했다. 그는 북주의 무제가 폐불한 죄를 참회하는 의식을 거행하고, 불교 부흥을 위해 거금을 희사했으며, 불교를 호국의 일환으로 숭상했다. 그의 장남인 양제(煬帝, 569~618)는 중국 역사에서 폭군으로 알려진 사람이지만 숭불 정책의 면에서는 고승대덕을 예우함으로써 큰 업적을 남겼다. 그때 많은 고승들이 배출되고 이들을 통해 역경 사업도 활발하게 진척되었다. 그러나 수는 운하 건설 등 무리한 토목 공사로 국력을 낭비한 데다 고구려 침입의 실패로 당에게 나라를 넘기고 말았다. 수 정권은 불과 30년간 지속했지만 불교 전성의 기초를 다졌다.

당의 시조 고조(高祖, 566~635)는 아들인 태종 이세민(太宗 李世民, 598~649)의 도움으로 나라를 세우고 제위에 올랐다. 당의 고조 - 태종의 관계는 조선조의 태조 - 태종의 관계와 비슷하다. 태종 대는 소위 정관(貞觀)의 치라는 당대 최고의 정치적·문화적 난숙을 자랑하는 시대다.

당나라도 불교를 크게 진작시켰으나 그에 못지않게 노장의 도교에 대해서도 똑같이 예우했다. 당의 왕족은 이씨(李氏)인데 이씨의 조상은 도교의 시조인 노자, 즉 이씨의 조상인 이담(李聃)이다. 이로 인해 불교와 도교 사이에 어느 쪽을 상위로 하느냐 하는 것을 가지고 티격태격하는 일이 빈번했다. 그러다 보니 당 무종(武宗) 때(즉 회창會昌 연간)에는 대규모의 폐불 사건도 있었다.[45] 이것은 도교의 도사 조귀진(趙歸眞)이

---

45 전 중국 역사를 통해 폐불 사건이 4차례 있었다. 이것을 3무(三武) 1종(一宗)의 법란(法

도교를 깊이 믿는 무제를 부추겨서 일으킨 것인데, 그 이유는 사원 소유 장원의 증가로 인한 세수 감소, 교단 내 승려의 타락 부패, 사승(私僧)과 위승(僞僧)의 횡행 등이었다. 회창 2년(842)에는 승려 중 범법자와 계행을 하지 않은 자를 환속시키고 그 재산을 몰수했다. 회창 5년(845)에는 절간을 부수고 승려를 환속시키는 제도가 발표되어 폐사 4,600여 곳, 환속승 260,500명 등으로 그 규모가 매우 컸다. 이런 갈등으로 인해 도·불 간의 논쟁이 크게 벌어지기도 했다. 그럼에도 이 시대 불교는 현장의 역경 사업을 위시하여 여러 가지로 왕조 차원의 지원을 받아 크게 신장했다.

6. 제 종파의 성립

5호 16국 시대와 남북조시대의 280년을 지나면서 중국의 불교는 크게 팽창했다. 수·당 시대에 이르는 동안에 경전 번역을 거의 마쳤다. 이제 불교에 새롭게 번역해야 할 경전도 연구해야 할 과제도 별로 남아 있지 않게 되었다. 번역 과정에서 심화된 불교 연구는 차츰 분화되어 종파 또는 학파를 형성하는 데까지 이르게 되었다. 사실 남북조시대에 제종파가 일어날 조건은 충분히 갖추어진 셈이다. 제(齊)의 문선제(文宣帝, 529~559), 양의 무제 등은 그 점에서 큰 공헌을 한 제왕이다. 삼론종과 천태종은 이미 수 시대에 형성되었고, 중국 선종의 시조인 보리달마(達磨)도 양 무제 때 이미 중국에 들어와 있었다. 그리하여 수·당 시대의 불교는 제 종파의 형성이라는 특색을 갖게 된다. 중국 불교에는 8종이니 13종이니 하는 종파가 생겨났거니와, 이런 많은 종파의 형성은 중국 불교의 고유성을 갖추어가는 과정이라고 이해된다. 종파의 형성은 불교의 융성에 따른 자연스러운 현상이기도 하다. 붓다의 설법이 4만 8천 갈(喝)이나 되어 연구자의

難)이라고 한다. 3무는 북위의 태무제, 북주의 무제, 당의 무종이고, 1종은 후주의 세종이다. 회창의 법란은 당 무종 때 회창 연간의 폐불을 가리킨다.

입장에 따라 해석이 다양할 수 있고, 불교 연구를 어느 경전에서 먼저 시작하느냐 하는 연구자의 경전 선택 등도 있었을 것이며, 거기에다 연구자의 개성도 작용해서 많은 종파가 생기게 되었을 것이다. 이렇게 심화되고 독자적인 것으로 형성된 당대의 중국 불교는 한국, 일본, 티베트, 몽골 등으로 전파되어 동북아시아 여러 나라의 독자적 문화 성소로 형성되었다.

　수가 남북조를 통일했을 때 활약한 유명한 승려로는 정영사(淨影寺)의 혜원, 가상대사 길장, 천태대사 지의(天台大師 智顗, 538~597) 등이었는데, 이들은 이미 종파를 형성하고 있었다.

　삼론종　삼론이란 용수의 《중론》, 《십이문론》과 그 제자 제파의 《백론》을 가리킨다. 삼론종은 이 세 논에 의존하는 논종이다. 용수의 입론을 중관파라고 한다 함은 이미 언급한 바 있거니와, 삼론종은 용수의 공론을 수용했기로 공종이라고도 하고 무상종이라고도 한다.

　사승　이 삼론을 번역한 사람은 5세기의 구마라집이므로 중국 삼론종의 개조는 구마라집이다. 그 문하에 승조→승랑→길장으로 학맥이 이어지며 길장에 의해 대성되었다. 삼론종은 승랑에 의해 강남으로 전해졌다. 승랑 이전을 고삼론이라 하고, 그 이후를 신삼론이라고 한다. 승랑이 고구려 사람이기도 하지만 길장의 제자에는 고구려인이 많았고 일본에 삼론종을 전한 것도 고구려의 혜관(慧灌)이다.

　길장은 금릉(남경)에서 태어나 법랑에게 사사, 21세에 구족계를 받았다. 수가 중국을 통일한 589년 이후 그는 7~8년간 가상사(嘉祥寺)에 머물면서 가르쳤고(그래서 가상대사라고 한다), 수의 진왕광(晉王廣, 뒷날 隋煬帝, 569~618)의 초청으로 장안에 와서 크게 설법을 펼쳤다. 당대 초에는 10대덕(大德)의 한 사람으로 추앙받았다.

교판[46] 길장은 25부에 이르는 많은 저술을 남겼으나 그중 유명한 것은 《삼론현의(三論玄義)》, 《중관론소(中觀論疏)》, 《백론소(百論疏)》 등이다. 삼론종의 교학은 파사현정(破邪顯正), 진속이제(眞俗二諦), 팔불중도(八不中道)에 기초하여 공 사상을 이론적으로 밝히는 것이다. 파사현정에서 파사는 실아(實我)와 실법(實法)을 주장하는 외도(外道), 실유를 고집하는 소승의 비담(毘曇), 역시 소승이면서 아공과 법공에 집착하는 성실론 및 대승이되 아와 법의 비유비공(非有非空)에 집착하는 입장을 타파한다는 것이다. 그것이 현정인데 파사는 곧 현정이다.

삼론종의 파사현정 정신은 논적을 공격하는 데는 유용하지만 과격한 면이 있고, 용수의 중관 사상과 삼론종은 이념상으로도 차이가 있는 데다 용수의 철저한 논리적 천착은 사변적인 인도인에게는 받아들여졌으나 중국, 한국, 일본 등 동아시아에서는 큰 관심을 끌지 못했다. 종교가 논리적으로 되면 종교성은 그만큼 감멸되기 마련이다. 이런 이유들로 해서 삼론종은 당 이후로는 대중적 관심을 모으지 못한 것 같다. 특히 당초에 현장의 법상종(法相宗, 또는 唯識宗)이 성행하자 삼론종은 급격하게 쇠퇴했다.

천태종 천태종이라는 종명은 천태산에서 유래한다. 이 산은 절강성에 있는 야산인데 예로부터 도교의 도사들이 수행하던 곳으로 알려져 있다. 천태종의 개조 지의가 38세에 천태산에 들어와서 11년간 은거하면서 두

---

46 교판이란 교상판교(教相判教)의 준말이다. 불교가 처음 중국에 들어올 때는 소승과 대승의 구분도, 경전 성립의 선후 순서도 없이 마구 한꺼번에 번역·소개되었다. 구마라집이 처음으로 주요 경전의 위상과 가치를 고려하여 경전을 배열하고 경전 간의 사상적 불일치를 정리했다. 그 이후 여래 일대의 설법과 교화 형식에 순서와 질서를 주려는 노력이 생겼다. 이것이 교판이다. 따라서 교판이란 여래 일대의 교화의 형식과 내용을 시간적 순서에 따라 정리한 것이므로 종파에 따라서 견해가 다를 수 있다.

교판을 더러 종교라고도 한다. 종(宗)은 종지(宗旨)를 가리키고 교(教)는 교의(教義)를 의미한다. 종교란 교의를 가지고 종지를 밝힌다는 뜻이다. 이것이 종교라는 낱말의 근본 의미인데, 이 말은 현재 'religion'의 번역어로 사용되고 있다.

타(頭陀) 수도하고 수선사(修禪寺)를 세웠다. 그는 오시팔교(五時八敎)의 교판을 세워 천태종의 교지로 삼았다. 처음에는 그를 지자대사(智者大師)라고 불렀으나 천태종의 개조라는 점에서 천태대사라고 부른다. 뒷날 그는 또 하나의 절을 세웠는데 이것이 후일의 국청사(國淸寺)로서 천태종의 본산이다.

지의는 엄격하게 말하면 천태종의 제3조인 셈이다. 개조는 혜문선사(慧文禪師)다. 그는 《대지도론(大智度論)》을 통해 일심삼관(一心三觀)[47]을 깨달았다고 하는데 자세한 행적은 전해지지 않고 다만 그 심요(心要)를 제2조 혜사선사(慧思禪師, 515~577)에게 전했다고 한다. 지의는 혜사선사에게서 법화삼매(法華三昧)[48]를 전수받았다. 그런데 저 두 사람은 본디 선사(禪師)다. 이것은 천태대사에게서 완성되는 천태종의 교의에도 면면히 흐르고 있다. 즉 천태종에는 선적 요소가 있다는 것이다.

사승 천태대사는 강술은 많이 했지만 저술은 하지 않았다. 그의 제자에 장안대사 관정(章安大師 灌頂, 561~632)이 있는데 이 사람은 전적으로 스승의 강술을 필록하여 후세에 남겼다. 이뿐만 아니라 그는 스승이 미완성으로 남겨놓은 천태산을 정비하고 진왕광에게 청원하여 천태사를 국청사라고 부르도록 호를 내리게 해서 천태종의 근거를 마련했다. 만일 관정이 없었더라면 천태의 교리도 없을 뻔했다. 그가 필록한 지의의 저술은 《법화현의(法華玄義)》, 《법화문구(法華文句)》, 《마가지관(摩訶止觀)》의 삼부작인데, 거기에다 《지자대사별전(智者大師別傳)》, 《국청백록(國淸百錄)》 등을 편집했다.

---

47 천태의 관법(觀法)으로서 공관(空觀), 가관(假觀), 중관(中觀)을 순차적으로 행하는 것을 차제삼관(次第三觀)이라 하고, 삼관을 동시에 일념(一念) 속에서 보는 원교(圓敎)의 관법을 일심삼관(一心三觀)이라 한다. 일심삼관은 집착하는 마음을 타파하고(空觀) 현상이 헛된 것임을 깨닫고(假觀), 진리의 세계에 체달하는 것(中觀)을 일심 속에서 보는 것을 말한다.

48 37일 동안 일심정진하여 법화경의 진수를 체득하는 삼매를 말한다.

그 사승에 영가현각(永嘉玄覺, 665~713)이 있다. 이는 조계의 혜능(慧能, 638~713)을 만나 하룻밤을 지내면서 돈오했다 하여 일숙각(一宿覺)이라고 하는데《선종영가집(禪宗永嘉集)》을 저술하여 특히 우리나라의 선종과 유식학 연구에 큰 영향을 미쳤다. 천태종은 수 시대에는 왕조의 귀의를 얻어 번창했으나 당 시대에는 현장의 법상종에, 그 뒤에는 법장(法藏, 643~712)의 화엄종에 가려 빛을 보지 못했다.

6조 형계 담연(荊溪 湛然, 711~782)은 묘락대사(妙樂大師)라고 불리는데 지의의 3부작을 주석한 천태학 입문서와 기타 많은 저술을 통해 당 중기에 천태종을 중흥시켰다. 그러다가 당 무종의 회창의 법란을 맞아 천태종의 많은 전적은 분실되었다. 이로 인해 천태종은 제2의 암흑기로 들어간다. 오·송 시대에 의적(義寂, 919~987)은 분실된 전적을 고려와 일본에서 구했는데, 이에 부응하여 고려의 제관(諦觀)은 지의의 3부작과 함께 자기가 지은 저명한 천태입문서《천태사교의(天台四敎儀)》를 가지고 당나라에 갔다. 이 책은 천태교의의 복원에 많은 참고가 되었다. 송대에 천태종은 화엄종과 함께 중국 불교의 양대 주류를 형성했다.

소의경 천태종의 소의경은《법화경》이다. 그러나 오시팔교(五時八敎)의 교판을 보면 법화경에만 의존하지 않고 모든 경전과 모든 논장을 참고한 듯하다. 6조 담연의《지관의례(止觀義例)》에는 다음과 같은 논술이 있다. 천태종의 교리를 교관이문(敎觀二門), 즉 교문(敎門)과 관문(觀門)으로 나누어볼 때 교문에서의 교의 취지의 중심은《법화경》이다. 이것이 천태종의 골격을 이루고 있다. 그러나 교리의 세목에서는《대지도론》을 지남거로 하고 있다.《법화경》으로는 사상의 근간을 서술하고,《대지도론》으로는 그것을 백과전서처럼 자세하게 설명하고 있는 것이다. 게다가《법화경》에서는 소략하게 다루고 있는 실유불성(實有佛性)을《열반경》에 의거해서 보충하고 있다. 나아가서 제법의 공을 설하는《대품반야경(大品般若經)》에 의존해서 천태종의 관법을 제시하고 있다. 이것은 천태의 일심삼관에서 중요한 역할을 한다. 그리하여 천태종의 소의경은 삼경(三經)·일론(一論)이고, 이것이 천태의 교관이문의 중심이라고 말할 수 있다.

교판 교관이문이란 천태종의 종의다. 교문이란 교리이고, 관문은 수행으로서 지관(止觀)의 실천을 가리킨다. 교문에는 사교(四教)와 오시팔교가 있다. 사교는 화의사교(化儀四教)와 화법사교(化法四教)를 말한다. 화의·화법이란 붓다가 중생을 교화한 의식과 방법을 말하는데, 천태에서는 화의와 화법을 각각 사교로 구분한다. 화의사교는 돈(頓), 점(漸), 비밀(秘密), 부정(不定)을 가리키고, 화법사교는 장(藏), 통(通), 별(別), 원(圓)을 말한다. 5시8교의 8교는 이 여덟 가지 가르침을 말한다. 5시란 석존 일대의 설법을 경문과 관련시켜 구분한 것으로 화엄시(華嚴時: 화엄경), 녹원시(鹿苑時: 아함경), 방등시(方等時: 유마경, 승만경), 반야시(般若時: 반야경), 법화열반시(法華涅槃時: 법화경, 열반경)의 각 시기를 말하는데, 거기에 교화의 형식(화의)으로 돈교, 점교, 비밀교, 부정교의 네 가지를 배정하고, 다시 교리 면에서 삼장교(三藏教)를 배정한 것이다. 삼장교란 소승불교, 통교(通教, 대승의 입문), 별교(別教, 보살에게만 가르치는 고급 대승불교), 원교(圓教, 가장 완전한 가르침)를 가리키며, 3장이란 경, 율, 논을 말한다. 이것은 말하자면 천태종이 붓다 일대의 설법과 그 내용을 나름대로 정리한 것으로서 고려의 제관은 이것을 매우 간명하게 요약하여 천태종의 기본 정신을 보여주고 있다.

마가지관(摩訶止觀)에서 마가란 '위대한', '많은', '뛰어난', '상상을 넘어선'이라는 뜻이다. 지(止)는 마음을 외계나 잡상으로 동요하지 않고 정지시키는 것인데 그런 상태에서 지혜를 일으켜 대상을 보는 것이 지관(止觀)이다. 즉 지관은 좌선과 관법이다. 지의가 혜사에게서 전수받은 지관에는 세 단계가 있다. (1) 선정을 수행하여 점차 깊은 선관에 들어가서 진실을 체득하는 점차지관(漸次止觀), (2) 수행자의 성격과 능력에 따라 순서를 정하지 않고 하는 지관법, 즉 부정지관(不定止觀), (3) 행도 이해도 일시에 원만하게 깨닫는 원돈지관(圓頓止觀), 즉 마가지관(摩訶止觀). 천태종에서는 마지막 단계를 대승불교의 극치라고 보았다.

법상종 또는 유식종 천태종에 뒤이어 일어난 것이 법상종과 화엄종이다. 법상종은 현장이 17년간의 인도 구도 여행을 통해 가져온 많은 경전을 번역한 것을 인연으로 해서 시작되었다. 즉 법상종은 현장의《성유식론》번역에 참여한, 현장의 고제 자은대사 기(慈恩大師 基, 632~682)에 의해 창립되었다. 기는 이 번역을 기연으로《성유식론술기(成唯識論述記)》,《성유식론장중구요(成唯識論掌中樞要)》등을 저술하여《성유식론》을 해설했다.

사승 이 종의 사승은 현장의 인도에서의 스승인 계현과 계현의 스승이자《성유식론》의 저자 호법(護法, 530~561)으로 소급해 올라가서 세친→무착→미륵에 이른다. 현장의 번역은 현장의 개인적 명망에 힘입어 당 제국의 적극적 지원을 받은 터라 당 시대에는 크게 현창했으나 중국 불교의 주류가 되지는 못했다. 법상종에는 신라의 고승이 많이 참여했던 바 원측(圓測, 613~696)을 위시하여 신방(神昉), 지신(智信), 순경(順憬), 둔륜(遁倫) 등이 활동했다. 원측은 서명사(西明寺)에 터 잡고 있었으므로 서명대사라고 불리는데 기(基) 중심의 주류와는 견해를 달리했다. 그의 유식학은 티베트에도 영향을 끼쳤다.

교판 법상종은 일체 법(法)의 성(性)과 상(相)을 밝히는 것으로 제법을 곧 마음의 투영이라고 보기 때문에 유식설을 취한다. 이것은 자세하게는 아뢰야 연기설이다. 인간의 의식인 팔식과 객관 세계는 아뢰야식 가운데 축적된 과거 경험의 잠재력(종자)에서 생긴다. 그러므로 우리 마음의 구조를 분석함으로써 그것의 투영인 객관적 현상 세계(法相)를 밝힐 수 있다고 본다. 이 종은 반야경의 공 사상을 받아들이면서 마음의 상(相)을 요가의 실천을 통해 변혁할 때 깨달음에 도달한다고 가르친다. 이 종의 특징이자 공적은 의식 세계를 철저하게 분석하여 심층 의식을 밝혀내는 데 있다. 그러나 논리가 승하면 신앙이 위축된다. 법상종은 성(性)과 상(相)을 분명하게 분리시키는 데 반해 이 양자를 융합해서 보려는 점에서 화엄종과 다르지만 거기에 흡수되고 말았다.

화엄종 화엄종은 당 초기에 형성된 교파로서 천태종과 함께 중국 최대의 종파다. 그 초조가 누구인가에 대해서는 여러 이견이 있다. 종파의 권위를 높이기 위해 인도의 고승(馬鳴, 龍樹 등)을 끌어들이는 사람도 있으나 이 종파는 중국에서 독자적으로 형성된 것으로 보는 것이 일반적이다. 그래서 초조를 두순(杜順, 557~640)으로 하여 그 사승을 지엄(智儼, 602~668) → 법장(643~712) → 징관(澄觀, 738~839) → 종밀(宗密, 780~841)로 한다. 그러나 법장과 징관 사이에는 출생 기준으로 거의 백 년의 격차가 있다. 이것은 징관이 법장에게 직접 배우지는 않았음을 시사한다.

화엄종은 법장이 형으로 존경하는 신라의 의상(義湘, 625~702)에 의해 신라에 받아들여지고 정착되어 한국 불교의 가장 중요한 교파가 되었다. 뿐만 아니라 신라에 유학한 일본의 심상(審祥, ?~742)에 의해 8세기 일본에 전해져서 역시 일본 최대의 교파를 형성하여 동아시아 불교의 가장 영향력 있는 교파가 되었다. 종밀과 장자 이통현(長子 李通玄, 635~730)의 화엄 사상은 선불교에도 큰 영향을 주었다.

교판 화엄종의 교판은 5교 10종(五教十宗)이다.[49] 5교란 소승교, 대승 시교(大乘始教), 대승 종교(大乘終教), 돈교(頓教), 원교(圓教)를 말하고, 10종이란 법아구유종(法我俱有宗), 법유아무종(法有我無宗), 법무거래종(法無去

---

[49] 5교 10종은 제2조 지엄의 교판 중 소승, 초교(初教), 숙교(熟教: 終教), 돈교, 원교를 계승하고, 거기에 《법상종》에서 말하는 8종을 받아들여 10종으로 확충한 것이다.

來宗), 현통가실종(現通仮實宗), 속망진실종(俗妄眞實宗), 제법단명종(諸法但名宗), 일체개공종(一切皆空宗), 진덕부공종(眞德不空宗), 상상구절종(相想俱絶宗), 원명구덕종(圓明具德宗)을 가리킨다.

5교는 여래 일대의 가르침의 형식을 다섯 단계의 교판으로 나누어본 것이다. 소승교는 불교 발전의 초기에 성문승(聲聞乘), 연각승(緣覺乘)의 초보자를 상대로 설법하던 불교, 즉 부파불교 시대의 소승불교를 가리킨다. 대승 시교는 대승불교의 도입 부분, 대승 종교는 대승의 종극의 가르침, 돈교는 단계적 수행을 거치지 않고 일시에 돈오하는 가르침, 원교는 성불 단계의 가르침이다.

10종이란 열 개의 종파를 말한다. 그중 (1) 법아구유종은 법과 아가 다 같이 실재한다고 설하는 독자부(犢子部), (2) 법유아무종은 법의 실재성과 무아를 주장하는 설일체유부, (3) 법무거래종은 현재에서만 법의 실재를 주장하는 대중부, (4) 현통가실종은 현재의 법 속에서도 오온은 실재하지만 12처 18계는 실재하지 않는다고 주장하는 설가부(說仮部), (5) 속망진실종은 세속의 법은 망상이고 출세간의 법은 진실하다고 주장하는 설출세부(說出世部), (6) 제법단명종은 모든 법은 단지 이름에 불과하고 실체가 없다고 주장하는 일설부(一說部), (7) 일체개공종은 모든 법은 본디 공일 뿐이라는 대승 시교의 입장, (8) 진덕부공종은 모든 법은 진리 자체의 발현이라고 주장하는 대승불교의 입장, (9) 상상구절종은 언어와 상념을 떠난 진실의 경지를 나타내는 돈교의 입장, (10) 원명구덕종은 궁극적 진실을 보이는 원교의 입장을 가리킨다. 10종이란 말하자면 제 경전 내용의 전개 단계를 말한다.

대승불교의 여러 종파에서 말하는 원교란 완전한 가르침의 극치, 완전한 교리다. 이미 천태종에서는《법화경》을 원교라고 지칭한 바 있다. 그 이유는《법화경》이 삼제원융(三諦圓融) 일념삼천(一念三千)[50]의 교리를 설하기

---

50 삼제원융은 공, 가, 중의 삼제를 동시에 보고 원융의 진리에 도달하는 것이고, 일념삼천 은 천태종에서 하는 말로 일념 속에 삼천의 제법이 갖추어져 있음을 본다는 것이다.

때문이다. 그러나 법장은 특히 화엄종의 원교가 다른 종파보다 우월하다고 자부하고, 원교라고 하면 곧 《화엄경》만을 가리키는 것으로 여기고 있다. 그 이유로 그는 화엄종에서는 육상원융(六相圓融),[51] 일즉일체(一卽一切), 원융자재(圓融自在)의 교리가 치밀하다는 것을 들고 있다. 일본의 교넹(凝然, 1240~1321)은 원교에 대해 다음과 같이 서술하고 있다.

> 원교는 사사무애(事事無礙)를 밝혀서 제법의 체상(體相)을 궁구한다. 주반무진을 말하고 과상(果相)의 원비(圓備)를 드러낸다. 고로 십현연기는 제법을 융합하여 즉입(卽入)하고, 육상원융을 통해 거리낌이 없다. 일즉다(一卽多)하되 틈이 없고, 다즉일(多卽一)하여 원통한다. 구세(九世)를 거느리고 찰나에 들며, 일념을 펼쳐도 영겁을 섭렵한다. 삼생(三生)의 증과(證果, 즉 성불)는 도리어 본성(本成)을 밝히고, 십신(十信)의 도(道)는 원만하게 과해(果海)에 함께 빠진다. 행포(行布)의 시설은 빠짐없이 많은 겁을 거치고 원융의 묘한 뜻은 현신(現身)에 불과를 증거한다. 행포는 원융을 막지 않고 원융은 행보를 방해하지 않는다. 그리하여 일체는 상즉상융(相卽相融)을 얻는다. 이것이 이 교의 뜻이다.[52]

여기에서 몇 가지를 밝히면 화엄종의 기본 성격이 드러날 것이다.

(1) 사사무애(事事無礙): 사(事)는 현실의 구체적 개별적 현상, 즉 사상을 가리키고, 리(理)는 본질을 의미한다. '사상들이 서로 막힘이 없다'는 것은 붓다의 깨우친 청정심에 비친 세상을 가리킨다. 붓다의 마음에 비추어 보면 나무 하나, 풀 한 포기도 붓다의 마음의 나타남이 아닌 것이 없다. 그런 붓다의 마음에 비친 사상의 세계는 서로 막힘이 없다. 이를 사사무애라 한다. 한 알의 먼지, 한 올의 털에도 붓다의 마음이 나타나므로

---

51 육상은 전체성(總相)과 개별성(異相), 동일성(同相)과 차별성(別相), 생성성(成相)과 파괴성(壞相)을 가리키는데, 이 여섯이 융합 일체화되어 있는 것을 육상융합이라 한다.

52 平川 彰, 《八宗綱要》, 720쪽.

거기에 대우주가 나타날 수 있다. 즉 소우주 속에 대우주가 함유되는 것이다. 이것을 붓다의 과실이 모두 나타나는 법문이라고 한다. 화엄경은 깨달음의 세계를 나타낸 것이지 잡다한 미혹의 현실을 말하는 경이 아니므로 일체가 진리로 나타나는 그 절대적 경지를 드러내 보인다. 이것을 자세하게 설명한 것이 지엄의 《일승십현문(一乘十玄門)》과 이것을 수정한 법장의 《오교장(五敎章)》 또는 《탐현기(探玄記)》다.[53]

(2) 궁제법지체상(窮諸法之体相): '제법의 체상을 궁한다'에서 궁(窮)은 완전히 드러나 있음이다. 붓다의 세계에서는 일체 제법의 체(体, 즉 진여)와 상(相, 즉 진여가 갖춘 공덕성)이 완전히 드러나 있다. 즉 붓다에서는 진여와 진여의 상이 완전히 드러나 있음을 가리킨다.

(3) 주반무진(主伴無盡): 주반은 주인과 동반자다. 붓다의 세계, 즉 사사무애의 세계는 일체가 중중무진(重重無盡)의 인연으로 연계되어 있으므로 한 법을 들어 올리면 일체법이 그 법에 따라온다. 즉 한 법이 주이면 일체법이 수반한다. 다른 한 법을 들어 올려 주로 삼으면 거기에 또 일체법이 수반한다. 붓다의 마음에는 무한 공덕이 있기 때문이다. 이런 현상을 주반무진 또는 주반구족(主伴具足)이라고 한다.

(4) 과상원비(果相圓備): 과상은 붓다의 세계인데 과상원비란 그것을 원만하게 갖추고 있다는 말이다. 역시 붓다의 깨달음의 세계를 나타내는 말이다.

(5) 십현연기(十玄緣起): 사사무애의 세계를 십현연기와 육상원융으로 설명하는데 사사무애의 세계는 주반구족하여 한 법이 생기면 동시에 일체법이 생기며 한 법이 멸하면 동시에 일체법이 멸하는 세계다. 이것은 하나가 곧 일체이고 일체가 곧 하나(一卽一切 一切卽一)인 세계다. 일체법의 차별상이 막힘없이 상즉(相卽)하여 한꺼번에 생기한다. 십현연기는 그것을 심오한 이론으로 보여주는 것으로 십현연기 무애법문이라고 한다.

---

53 같은 책, 722~728쪽 참조.

이것은 두순에서 지엄으로 이어지다가 마지막으로 법장이 《화엄오교장》에서 완성한 연기설이다.

(6) 육상원융(六相圓融): 이것은 앞(주 51)에서 말한 전체성과 개별성, 동일성과 차별성, 생성성과 파괴성의 6상이 융합되어 일체화되는 것을 말한다. 법장은 이것을 가옥의 경우를 들어 설명하고 있다. 법장은 또 이 육상을 십현문에 대응시켜 양자가 동시에 현전하면 거기에 붓다의 세계가 현성한다고 본다. 붓다의 세계에서는 일체가 한 찰나 속에 현전하므로 공간적으로 이곳과 저곳의 구별도 없고, 실체가 없는 시간에는 장단도 없다. 찰나가 곧 영원인 것이다.

(7) 섭구세이입찰나(攝九世以入刹那): 9세는 과거, 현재, 미래의 3세가 또 각기 3세를 갖는 것이다. 이것은 무한한 과거와 무한한 미래가 현재의 한 찰나에 구족하는 것을 가리킨다. 그 현재는 영원한 현재다.

(8) 서일념이해영겁(舒一念而該永劫): 찰나의 일념도 영겁과 같다는 것이다. 이것은 위의 여러 예증과 더불어 화엄종의 독자적 교리를 드러내는 명제다.

(9) 삼생성불(三生成佛): 삼생이란 견문생(見聞生), 해행생(解行生), 증입생(證入生)을 말한다. 이것은 화엄종에 고유한 행위설(行位說)이다. 견문생은 아직 전생의 업을 입고 있는 생이다. 그러나 견문과 과해의 종자를 잉태하여 다음 생에서는 속박을 끊고 자재(自在)하게 한다. 해행생에서는 10신, 10주, 10행, 10회향, 10지의 5위를 거쳐 해행을 완성한다. 그 결과 다음 생에서는 증입생에 든다. 여기에서는 불과보리를 증득하여 과해에 든다. 이 삼생을 거쳐 성불하기 때문에 삼생성불(증과)이라고 한다.

(10) 창본성(彰本成): 본래 성불하고 있으므로 새삼스럽게 불과를 얻는 것이 아님을 나타낸다.

(11) 십신동원 몰동과해(十信同圓 沒同果海): 초발심 때에 이미 문득 정각을 이룬다는 화엄경의 입장인데, 10신의 초발심에 이미 비노사나불의 과덕(果德)을 원만하게 한다는 뜻이다.

⑿ 행포(行布): 주 51에서 말하는 6상 중 총상, 동상, 성상은 원융문으로서 차별을 해소하여 평등으로 들어가는 문이고, 별상, 이상, 괴상은 행포문이다. 행포문은 낮고 깊은 단계를 거쳐 불과에 도달하는 문이다. 삼생성불이 그 행포문의 예다.

화엄 세계 개관 위에서 알 수 있듯이 교넹은 화엄종의 특색으로 사사무애, 주반무진, 십현연기, 육상원융, 삼생성불을 든다. 이사무애(理事無礙)는 더러 다른 종파에서도 말하지만 사사무애는 화엄종 독자의 견해인데 현실적·개별적 현상들이 서로 가로막힘이 없다는 것은 붓다의 세계에서나 가능한 이야기다. 그것은 사물들로 하여금 서로 동떨어지고 가로막히게 하는 공간과 시간을 초월해야 가능하기 때문이다. 다시 말하면 그것은 영원한 현재에서만 가능한 것이다. 시간과 공간을 발무(撥無)하기 때문에 화엄종에서는 초발심에서 벌써 정각을 이룬다. 그런 차원에서야 비로소 일즉일체 일체즉일이나 해인삼매 일시병현(海印三昧 一時炳現)이 가능하다.

애당초 《화엄경》은 붓다가 성불하여 성불 내용을 그대로 표명한 경전이다. 《화엄경》에서 설법의 주체는 붓다가 아니고 보살이다. 보살이 붓다의 광대한 덕행을 말하고 있는 것이다. 《60화엄》에 따르면 《화엄경》은 일곱 곳에서 여덟 번 모임을 갖고 설법한 것인데 처음 두 곳은 지상이고, 그 뒤 네 곳은 천상이다. 설법이 진행됨에 따라 모임의 자리를 옮긴 것이다. 일곱 번째 모임은 다시 지상으로 내려왔고 여덟 번째도 지상(기원정사)이다. 지상 모임 4회, 천상 모임 4회인 것이다. 여덟 번의 모임에는 각기 주제가 있는데 그중 제5회는 십회향품(十廻向品)이고, 제6회는 십지품(十地品)이며, 제8회는 입법계품(入法界品)으로 선재동자(善財童子)의 기나긴 구도 행각 이야기다. 여기에서 알 수 있듯이 화엄경은 지상과 천상을 넘나들며 보살들이 설법한 붓다의 성불 내용이다. 그러므로 지상에 천상계를 끌어온 것이요, 영원의 세계에서 지상을 본 것이기도 하다. 그러기에 일즉일체의 연기라는 말이 가능하다. 여기에서 말하는 연기는 먼저 원인이 있고 결과가 뒤따르는 것이 아니라 양자가 동시에 성립하는 그런 것이다. 이것을 중중무진 연기라고 한다. 마치 방의 위아래와 온 벽을 거울로 설치하고 그 방 한가운데에 촛불을 켜놓으면 거울들에 의해 촛불이 서로 비추고 비쳐서 원인과 결과를 구별할 수 없이 되는 것과 같다. 이것은 다른 경전에서는 보기 어려운 장면이다. 주반무진, 십현연기, 육상원융, 삼생성불도 영원에서 이해 가능한 명제들이다.

화엄의 세계는 순간을 영원화한 세계라고 하지만 구체적으로는 시간을 제거한 세계, 오직 공간만의 세계다. 그렇다고 기하학적 세계는 아니다. 기하학은 공간을 측정해서 보는 것이지만 화엄의 세계에는 측정이 없다. 연기에서 본 무시간적 세계다. 그러나 인과는 먼저인 '인'과 나중인 '과'라는 시간적 간격이 있어야 성립하는데 이곳은 탈시간화되었으므로 인연 개념도 성립되지 않는다.

선종 선종은 가섭존자(迦葉尊者, BC 345~BC 246)의 염화미소(拈花微笑)에서 시작되었다고 한다.《지월록(指月錄)》에 따르면 붓다가 영산에서 대중에게 설법한 뒤에 잠시 꽃 한 송이를 들고 아무 말이 없이 꽃을 만지작거렸다. 가섭존자는 그것을 보고 빙그레 웃었다. 붓다는 자기의 뜻을 이심전심으로 아는 가섭의 그 태도를 보고 정법안장(正法眼藏)을 경전 외의 방법으로 전하는 비법을 가섭에게 위탁했다고 한다. 이것이 불립문자 교외별전(不立文字 敎外別傳)하는 선법의 출발이다. 선법은 직지인심 견성성불(直旨人心 見性成佛)을 도모한다. 그리하여 선종에는 일정한 소의경이 없고, 이심전심 직지인심이므로 사승이 존중된다. 이것을 가장 잘 보여준 예가 6조 혜능이다.

중국의 선종은 초조인 가섭존자로부터 28대에 해당하는 달마가 서쪽에서 와서 세운 종파다. 달마의 서래로 인해 인도에서는 선종의 맥이 끊겼다. 양 무제 때 중국에 온 보리달마가 벽을 향해 9년 참선하는 동안 제자 혜가(慧可, 487~593)를 얻고 이에 이어 승찬(僧璨, ?~606)→도신(道信, 580~651)→홍인(弘忍, 601~674)으로 선종의 사승이 이어졌다. 5조 홍인의 제자에 신수(神秀, 605?~706)와 혜능이 있었다. 홍인선사의 법의 계승을 둘러싼 담론은 소설보다도 드라마틱하다. 그것은 불립문자와 이심전심을 가장 극명하게 보여주기 때문이다.

5조 홍인노사가 나이 들어 법통을 전할 후임자를 정할 생각으로 어느날 문인들을 모이게 하고 각자 깨달은 바를 게송으로 지어 올리도록 했다. 문인들은 상좌인 신수가 당연히 법통을 이을 것이라고 여기고 감히 게송을 지으려 하지 않았다. 신수도 신중하고 겸손한 사람이라 그 지위를 탐해서가 아니라 스승의 명령이니 어길 수 없어 몇 자 적어서 벽에 붙여놓았다.[54] 실로 수신교본 같은 것이었다. 이것으로는 성에 차지 않아 홍인노사는 밤에 신수를 불러 다시 지어보도록 했다. 그러는 사이 어린 사미승이 이 게송을 외고 다니는 것을 듣고 문자에 무식한 혜능이 곁에 있던 관원에게 부탁해서 자기의 게송을 문자로 기록해주길 부탁했다. 그것이 유명한 게송이 되었다.[55] 혜능 나이 23세 때의 일이다. 이 게송을 본 문인들은 놀라움을 금치 못했다. 홍인노사는 몰래 혜능을 불러 네가 정통이라고 이르고 밤에 배에 태워 양자강 남쪽으로 건너게 해주고는 한동안 숨어 살도록 했다. 그리고 이후로는 가사를 전하지 말고 이심전심하도록 당부했다. 3년 뒤 노사는 입적했고, 혜능은 15년 동안 은거했다. 아마 그동안에 문자를 익히고 참선과 불경 공부를 했을 것이다.

이 게송과 법의 전승은 불립문자 견성성불 직지인심 교외별전의 선 정

---

54 몸은 보리수요 마음은 명경대라 수시로 닦고 털어서 먼지와 때 끼지 않도록 하라.(身是菩提樹 心如明鏡臺 時時勤拂拭 勿使惹塵埃)

55 깨달음은 본디 나무가 아니고 명경 또한 대가 아니다. 본래 한 물건도 없는데 어디에 때와 먼지가 이는가?(菩提本無樹 明鏡亦非臺 本來無一物 何處惹塵埃)

신을 너무도 명쾌하게 보여준다. 전하는 바에 의하면 혜능은 본디 문자를 몰랐다. 그런데도 홍인노사에게서 《금강경》의 한 구절[56]에 대한 말씀을 듣고 그 자리에서 돈오했다고 한다. 먼저 깨우치고 난 뒤에 문자를 익힌다는 것은 보통 두뇌로는 불가능한 일이다. 그러나 거기에 깨달음의 선적 본질이 있다. 문자는 몸을 가리는 옷에 불과한 것이다.

남쪽으로 간 혜능이 일으킨 선풍을 남송선이라 하고 신수 계통의 선풍을 북송선이라고 한다. 신수의 게송은 초등학생 수준이지만 그런 신수의 정신을 이은 북송선은 마치 유교의 수신제가하는 선비처럼 온건하게 도를 전했다. 선종의 기초는 계정혜(戒定慧)다. 계는 계율을 지켜서 죄를 짓지 않는 것이고, 정은 마음을 한곳에 모아 정려(靜慮)하는 것이며, 혜는 깨달음의 삼매에 드는 것이다. 북송선은 이것을 교리로 여겨 점수돈오(漸修頓悟)의 선법을 전수했으나 머지않아 소멸되고 말았다.

반면 혜능의 남송선은 돈오 정신에 입각하여 그 뒤 계속해서 크게 융성하여 중국의 선을 대표한다. 그 제자로 남악회양(南嶽懷讓, 677~744), 하택신회(荷澤神會, 684~758), 영가현각, 남양혜충(南陽慧忠, ?~775) 등 유명한 선사가 배출되었다. 남악회양 계통에서는 황벽희운(黃蘗希運, ?~858)과 임제의현(臨濟義玄, 814~890), 위산영우(潙山靈祐, 771~853)와 앙산혜적(仰山慧寂, 814~890)이 출현해서 각기 황벽종(黃蘗宗), 임제종(臨濟宗), 위앙종(潙仰宗)을 형성했고, 청원행사(青原行思) 계통에서는 동산양개(洞山良价, 807~869)와 조산본적(曹山本寂, 840~901)이 나타나 조동종(曹洞宗)을 이루었으며, 동일한 청원행사의 문하에서는 별도로 운문문언(雲門文偃, ?~949)이 운문종(雲門宗)을 개종하고, 청양문익(清凉文益, 885~958)은 법안종(法眼宗)을 열었다. 이 여러 종파를 소위 5가 7종(五家七宗)이라고 하는데 5가란 임제종, 위앙종, 법안종, 운문종, 조동종을 가리키고, 7종은

---

56 그 구절은 '應無所住而生其心'이라고 한다.

여기에 양기(楊岐)파와 황룡(黃龍)파의 두 종을 더한 것이다. 석상초원(石霜楚圓)에서 나온 양기방회(楊岐方會, 992~1049)와 황룡혜남(黃龍慧南, 1002~1069)은 각기 양기파와 황룡파를 형성하여 남송(양기파)과 북송(황룡파)에서 임제종의 선풍을 크게 떨쳤다. 이 밖에도 저명한 선사가 부지기수다. 마조도일(馬祖道一, 709~788)의 제자 백장회해(百丈懷海, 720~814)는 《백장청규(百丈淸規)》[57]를 제정하여 '하루 일을 하지 않으면 하루 먹지 않는다'는 원칙하에 자급자족하는 선원의 생활 규범을 만들어 회창 연간의 폐불의 위기에서도 선종만은 능히 살아남을 수 있게 했다.

선의 원뜻은 선정(禪定)인데 이를 위해 인도 고래의 전통적 수행법인 요가가 불교에 받아들여졌다. 이것은 정신 집중법이다. 중국에 전래된 선에서 가령 무술을 연마하는 것은 이런 정신 집중 때문이다. 선종은 백장청규에서 보이듯이 노동을 결코 기피하지 않고 오히려 그 속에서 제재를 찾아 깨달음의 소재로 삼았다. 그것은 문자나 전통적 교리에 구애되지 않고 사사물물의 본질을 그 개별성에서 파악하려는 노력이기도 하다. 공안(公案) 등 선종 특유의 수행 방식이 발달한 것도 이런 이유 때문이다.

선은 번잡스러운 논리 전개를 싫어하고 직관을 선호하는 일반 대중에게 크게 영합되어 동양인의 생활 양식에 깊이 침투되어 번창했다. 선은 한마디로 말할 수 있는 것이 아니다. 하지만 가령 개별자의 진수를 직재적으로 파악하는 경우를 예로 든다면 이것은 보편 지향적인 언어를 가지고 파악되는 것도 아니지만―그래서 더러는 언어가 아닌 행위로 표현하기도 한다―부득이 언어를 방편으로 하는 경우일지라도 비유, 상징, 반어, 은어 등으로 의사를 전달한다. 선은 진정한 자아를 찾는 작업이기도 하다. 그것은 대상이나 타자를 통해서 찾을 수 있는 것이 아니므로 선사들은 여러 가지 방편을 제시하기도 한다. 선은 평상심을 강조하면서도

---

57 이것은 그 뒤 실전되었다.

차별을 짓지 말라고 한다. 나를 중심으로 인물과 사물을 대상화해서 평가하지 말라는 것이다. 일제평등이기 때문이다.

진언종 당 시대에 가장 늦게 들어온 종파는 진언종(眞言宗)이다. 진언은 만다라이며, 진언종은 밀교다. 진언종의 소의경은 《대일경(大日經)》과 《금강정경(金剛頂經)》인데 《대일경》이 7세기 중반에 서인도에서 성립된 것으로 추정되므로 그 이전의 실존 인물을 사승에 넣는 것은—설사 사상의 숨은 맥은 위로 소급될 수 있다 하더라도—무의미하다. 밀교가 중국에 전래된 것은 선무외(善無畏, 637~735)가 716년 장안에 와서 《대일경》을 번역한 데서 비롯하지만 밀교계 경전의 번역은 그 이전부터 행해졌다. 밀교 관계의 교법과 경전이 한꺼번에 성립된 것은 아니고 대승불교가 행해지던 시대에 대승 경전 속에서 다라니와 진언 등이 설해지고 점차 밀교적 교리로 발전한 것 같다.

사승 진언종의 사승은 선무외→일행(一行, 683~727)과 금강지→불공→혜과(惠果, 746~805)→공해(空海, 구카이, 774~835)로 한다. 선무외는 원래 왕이었으나 승려가 되어 716년 당나라에 와서 밀교를 전했다. 그는 죽을 때까지 20년간 《대일경》을 번역했다. 선무외의 제자에 일행이 있는데 그는 삼론과 천태를 배워 이 입장에서 《대일경》을 주석해서 《대일경소》를 지었다. 선무외가 입당하고 나서 4년 뒤 금강지도 입당했으며 《금강정념송경(金剛頂念誦經)》을 번역해서 금강계(金剛系)의 교리를 전했다. 그의 제자 불공은 스승이 입적한 뒤 인도로 돌아가서 밀교의 경전을 널리 구해 자기도 다시 장안으로 와서 30년간 많은 밀교 경전을 번역하여 4대 역경자의 한 사람이 되었다. 그의 제자가 혜과인데 그가 구카이에게 법을 전했다.

밀교도 당 말 무종의 폐불로 큰 타격을 받았으나 밀교 특유의 종교의식과 기도는 다른 종파에 영향을 주었고, 만다라 등으로 표현되는 미술

과 음악은 중국과 일본 문화에 크게 영향을 미쳤다.[58]

기타 종파: 율종과 정토종 법상종에 의존해서 일어난 것이 율종(律宗)이다. 율종의 소의경은 물론 율장인데 이것은 승려들의 일상 행위의 실천 규범에 관한 석가의 가르침을 모은 것이다. 그런 만큼 불자들은 누구나 관심을 기울이지 않을 수 없다. 인도에서도 승가의 분파에 따라 계율이 여러 가지로 갈라졌다. 소승불교에서는 사분율(四分律)이 존중되었다. 이것은 승려들의 행위 규범이어서 중국에서도 일찍부터 율종에 대한 연구가 있었다. 율종을 하나의 종파로 세운 사람은 도선(道宣, 596~667)이다. 그는 남산율사라고 불리고 그의 율을 남산율이라고 한다. 그는 여러 영역에 걸쳐 많은 저술을 남겼다. 계율 연구에서는 특히 의정을 잊을 수 없다. 그는 계율 연구를 위해 인도에 가서 많은 율종계 경론을 번역하고 교리를 연구했으나 율종 성립 이후의 일이라 율종 자체를 위해서는 크게 영향을 주지 못했다. 그러나 대승불교에서도 소승불교와 다른 마땅한 행위 규범은 있어야 했다. 중국의 대승적 율종의 소의경은《범망경(梵網經)》이다. 중국에서는 이《범망경》에 입각해서 살생 금지와 방생, 사형수의 면죄 등이 행해졌다. 양의 무제, 북위의 효문제 등은 이 입장에서 빈민 구휼의 사회사업을 펼쳤다. 북위의 승기호도 그 일환이다. 의료, 식수, 우물 파기, 다리 놓기 등 자비를 베푸는 사회사업은 이런 율종 정신의 발현이라고 할 수 있다. 우리나라 근대 율종의 대표자로는 백파(白坡, 1767~1852)가 있다.

정토종(淨土宗)에서 말하는 정토는 예토의 반대로 극락을 가리키거니와, 정토종은 정토왕생을 주제로 하는 대승불교 사상이다. 정토에는 아미타불이 사는 서방 극락 정토, 약사불이 사는 동방 정유리 세계(東方淨留

---

58 水野弘元 外 4人 編輯,《佛典解題事典》, 1993, 春秋社, 33~34쪽 참조.

璃世界), 미륵불이 사는 도솔천(兜率天), 관음보살이 사는 보타낙산(補陀落山) 등이 있다. 정토종의 소의경은 정토삼부경《무량수경》,《관무량수경》,《아미타경》)이다. 이것은 특히 일본에서 아미타불의 이름을 염송함으로써 극락왕생하기를 바라는 타력 불교 사상이다.

7. 송대 이후의 불교

문화든 정치든 절정에 이르면 기울기 마련이다. 중국의 불교는 당대에 정점에 이르러 제 종파로 분화되었다. 이 단계에서 중국의 불교도 크게 변신하게 되었다. 변신을 유도한 한 사건은 당 말 무종에 의한 회창의 폐불 정책이다. 이 사건으로 인해 불교의 많은 종파가 크게 위축되었음은 물론이다. 이 시대에 중국 불교가 기울기 시작한 원인으로는 이것 말고 인도에서의 불교의 쇠퇴도 있을 것이다. 이 시각에서 보면 이 시대에 불교의 독자성이 희석되었다고 말할 수도 있을 것이다.

그러나 불교 자체의 입장에서 보면 이 시대의 불교는 전문가들의 치열한 연구 단계를 지나 대중의 손으로 넘어갔다는 것이다. 그만큼 불교는 일반화되었다. 그것은 동시에 선불교가 일반 사회 속에서 생활 문화로 용해되었음을 의미한다. 이것은 또 불교가 유교, 도교 등 중국의 전통 사상과 통합되어 중국의 고유문화를 형성하는 것으로 나아갔음을 함축한다. 중국의 송대는 재래의 것을 융합해서 중국 문화의 독자성을 형성한 시대이기도 하다. 송의 대표적 철학자 주희(朱熹, 1130~1200)는 신유학을 완성했거니와, 거기에는 선불교도 섞여 들어갔다. 당·송 8대가의 일인자인 소식(蘇軾 東坡, 1036~1101)은 무정설법(無情說法) 이야기를 듣고 깨우치고 나서 득도의 게를 지었다.[59] 이런 것들은 선이 철학과 문학 속에 녹

---

59 시냇물 소리는 곧 부처의 장광설이요, 산색은 어찌 청정신이 아닌가? 밤새 들려온 4만 8천 게는 다른 날 어떻게 남에게 보여줄 수 있을까?(溪聲便是長廣舌 山色豈非淸淨身 夜來四萬八千偈 他日如何擧似人)

아들었음을 함축한다.

송대 선종의 흐름은 스승에게서 직접 배워 도를 이루는 방식이 지배적이었다. 불립문자 직지인심으로 득도한 혜능의 선례에 따랐기 때문이다. 그리하여 제자가 스승의 언행을 기록한 어록을 소중히 여기는 풍조가 생겼고, 언행의 간행이 유행했다. 달마의 어록인 《이입사행론(二入四行論)》, 혜능의 《육조단경(六祖壇經)》, 《마조어록(馬祖語錄)》, 《남천어요(南泉語要)》, 《조주록(趙州錄)》, 《조당집(祖堂集)》, 임제의현의 《임제록(臨濟錄)》, 설두중현(雪竇重顯, 980~1052)의 《송고백측(頌古百則)》에 환오극근(圜悟克勤, 1063~1135)이 평창을 붙인 《벽암록(碧巖錄)》, 굉지정각(宏智正覺, 1091~1157)이 고른 《송고백측(頌古百則)》에 만송행수(万松行秀, 1166~ 1246)가 평창을 붙인 조동종계의 《종용록(從容錄)》, 임제계의 무문혜개(無門慧開, 1183~1260)가 48칙의 공안을 설명한 《무문관(無門關)》, 《경덕전등록(景德傳燈錄)》 등은 이 시대의 대표적 언행록이다. 영명연수(永明延壽, 904~975)의 《종경록(宗鏡錄)》도 빼놓을 수 없는 득도자들의 어록이다. 이들 어록은 일상적 언어를 통해 진리를 직재적으로 깨우치도록 한 것으로 일반 교양인들도 선호하는 바가 되었다.

선종 이외에 송대에 활동한 종파로는 천태종을 들 수 있다. 천태종은 6조 형계 담연에 의해 당 중기에 흥성하는 모습을 보였으나 당 무종의 폐불과 오 대의 전란으로 많은 전적을 소실당하는 등 쇠퇴했다. 하지만 의적 때 오월(吳越)의 지원하에 다시 번영했다. 의적은 고론(高論)의 문하에서 나왔는데 같은 문하에서 나온 지인(志因)이 있다. 전자의 문하에 나온 사람들을 산가파(山家派)라 하고 후자의 계통을 산외파(山外派)라 한다. 산외라 하는 것은 정통이 아니라는 뜻이다. 그 뒤 저명한 학자로는 명 대에 활약한 운서주굉(雲棲袾宏, 1535~1615)과 우익지욱(藕益智旭, 1599~1655)이 연이어 나와서 활동한 것 이외에는 특기할 만한 것이 없다. 불교는 천태종의 쇠퇴와 더불어 낙조를 맞이한 것이다.

특히 중국에 공산주의 정권이 들어선 이후 불교는 거의 숨을 죽였다. 불교만이 아니라 전통적 유교를 위시해서 서양에서 들어온 각종 외래 종교도 마찬가지다. 10년간의 문화 혁명으로 전래의 문물이 황폐해진 데다 문화 혁명이 실패하고 모택동이 사망하자 중국은 경제적 개방과 함께 시장경제를 받아들여 새로운 기풍을 열었거니와, 그와 아울러 공자와 유교의 부활도 활발해졌다.

송대에 특기할 만한 것은 대장경의 발간이다. 대장경은 일체경(一切經)이라고도 하는데 모든 불경과 그 해석을 수록한 불교 문헌의 전집이다. 거기에는 파리어 삼장(三藏)을 포함하여 한역 대장경, 티베트어 대장경, 몽골어 대장경 등이 있다. 파리어 삼장은 남방불교인 소승계 대장경으로서 붓다와 제자들의 언행록을 집성한 것이다. 경장, 율장, 논장의 삼장이 포함되어 있으나 대승 경전은 전혀 그 속에 없다. 불교 경전을 총체적으로 간행하려는 시도는 당대부터 있어왔으나 완전한 것으로 이루어지지 않았다. 첫 시도는 언제나 그런 것이다.

대장경의 발간은 불교 경전이 거의 모두 번역되었음을 의미한다. 이것은 동시에 불경을 구하기 위해 인도나 티베트 등 다른 나라로 나가지 않아도 된다는 것을 함축한다. 2세기경 안세고에서 시작한 한역의 역경 사업은 약 800년간에 걸쳐 진행되었다. 그러다가 971년 송 태조(太祖, 927~976)의 명에 의해 12년간의 작업 끝에 마침내 촉지방에서 간행된 1,076부 5,048권의 촉판(蜀版) 대장경(북송 칙판 대장경北宋 勅版 大藏經)이 완성되었다. 이것이 최초의 한역 대장경이다. 그는 역경 사업에도 힘을 기울여 많은 승려를 티베트에 파견한 것으로 알려져 있다. 그 뒤 송대와 원대를 거쳐 여러 대장경이 출판되었다.

고려 성종(成宗, 960~997) 10년(991)에 시작해서 현종(顯宗, 992~1031) 때(1011) 완성된 우리나라의 초조본(初雕本)은 1232년 몽골의 침입으로 불타버렸고, 그 뒤 1251년 고종(高宗, 1192~1259)의 발원으로 제작된 재조본(再雕本)에는 1,512부 6,791권의 불경이 수록되어 지금 해인사에 목판으로 보존되어 있다. 유네스코 세계 기록 문화유산으로 지정된 것은 이 고려 대장경이다. 일본의 대정신수 대장경(大正新脩 大藏經, 총 100권)은 1924년에 간행된 것이다.

그 밖에 티베트 대장경이 있다. 이것은 전체를 불설부(佛說部)와 논소부(論疏部)로 나누어 편찬한 것에 특색이 있으며, 밀교계 경전이 모두 수록되어 있고, 다른 나라에서 보지 못하는 논서까지 많이 수록되어 있어 대장경 중 가장 방대한 것이다. 그 밖에 북원(北元) 시대에 번역하고 청대에 개역한 몽골 대장경이 있다. 그것은 산스크리트어, 티베트어, 위구르어와 한역을 교합한 데 특색이 있다.

다. 동북아시아 제국의 불교문화

1. 티베트 불교

티베트에 불교가 들어온 것은 7세기다. 들어온 경위에 대해서는 당에서 들어왔다는 설과 네팔에서 들어왔다는 두 설이 있다. 중국에서 들어왔다는 설이 역사적 타당성을 갖더라도 그 철학적 사변은 티베트 사람에게는 적합하지 않아 받아들여질 수 없었을 것이다. 티베트에는 예로부터 뵌(Boen)이라는 주술 위주의 샤머니즘적 민족 종교가 있었는데 새로 들어온 불교는 이것을 습합해서 티베트 고유의 밀교를 형성했다. 티베트 불교의 주류는 밀교계다. 티베트에도 여러 학승이 있어 다방면의 경전을 번역하고 사찰을 세워 불교를 진흥시켰다. 왕가 차원의 지원도 많이 받았으며 타락한 밀교에 대한 개혁도 있었다. 역경 사업을 이루어 티베트 대장경도 발간했다. 그럼에도 밀교의 신비적 비의와 성적 쾌락이 티베트인들의 성격에 부합했던 것이다.

14세기에 티베트 최대의 종교가 총카파(宗喀巴, 1357~1419)가 나타나서 계율 중심의 종풍을 확립하여 티베트 불교의 기초를 다졌다. 그는 중관의 입장에서 밀교를 개혁했다. 그의 종파를 게룩파(格鲁派) 또는 신파라 하고 구파인 닝마파(宁玛派)와 구별했다. 전자를 노란 모자파(황모파, 黃帽派)라고 하기도 하고 후자를 붉은 모자파(홍모파, 紅帽派)라고 부르기도 한다. 그 뒤 티베트 불교의 주류는 황모파이고, 이것은 지금에까지 이르고 있다. 그의 제자 게뒨둡파(根敦珠色, 1391~1475)는 달라이 라마 초조가 되었다. '달라이(Dalai)'는 몽골어로 큰 바다를 가리키고, '라마(lama)'란 티베트어로 윗사람, 즉 사승(師僧)을 의미한다. '달라이 라마'는 바다 같은 큰 스승 스님이라는 뜻이다. 티베트인은 자기 나라를 관음의 정토로 간주하고 그 통치자(달라이 라마)를 관음의 화신이라고 생각했다. 1642년 달라이 라마 정권이 성립하여 정치적으로 정통성을 확보했다. 달라이 라마는 전생한다고 생각해서 그가 죽으면 같은 해에 태어난 상서스러운 어린이를 골라 후계자로 정한다. 달라이 라마는 종교와 정치의 지도자다. 티베트는 말하자면 정교일치 체제를 가지고 있는데, 지금의 달라이 라마(1935~)는 중국의 티베트 점령에 맞서 1959년 이래 북인도에 망명 정권을 세우고 독립 투쟁을 계속하고 있다.

5세 달라이 라마는 매우 영매하여 몽골에서 정권을 인수받아 티베트를 통일하고 정치와 종교를 일원화했다. 17세기 전반 로산 초엘키 기알첸(Lobsang Chökyi Gyalsten, 1570~1662)은 5세 달라이 라마에게서 판첸 라마(Panchen lama)라는 칭호를 받아 판첸 라마의 시조가 되었다. 중국 당국은 이 판첸 라마를 티베트의 지도자로 지명하고 있다. 달라이 라마는 영국 측에 기대고 있고, 판첸 라마는 중국을 지지하고 있다.

티베트에는 인도 불교 직계의 게룩파(황모파) 또는 신파 이외에 카규파(噶举派), 사카파(萨迦派), 닝마파 불교가 있다. 카규파는 인도의 밀교, 중관 사상, 선종적 명상을 받아들여 밀교 수행을 중심으로 하는 종파이고,

사캬파는 중관 사상을 받아들여서 사유 없는 실천을 비판한다. 이 파는 몽골 제국과 원의 지원하에 13세기 후반~14세기 전반 실질적으로 티베트를 지배했다. 닝마파는 인도의 밀교에 중국의 선종, 각종 토속 신앙의 다양한 요소를 습합하여 하층민에 영향력이 크다.

16세기에는 티베트의 세력이 몽골에까지 미쳐 그 후반에는 몽골로 티베트의 밀교가 들어가고 17세기에는 이것이 내외 몽골, 만주, 화북 등지에까지 전파되었다. 이 밀교는 현재 시베리아 각지에서 동으로는 캄차카로부터 서로는 돈 강, 우랄 강에까지 퍼져 있다. 라마교라고 하면 흔히 이 밀교를 가리키는 것으로 알려져 있다.

라마교라는 명칭은 18세기 전반에 그리스도교의 발자취를 찾아 티베트에 들어온 수도사들의 보고에 의거해서 불교에 관한 소양이 전혀 없는 게오르기 신부가 티베트 불교를 라마교라고 지칭한 데서 연유한다. 즉 19세기 전반에 서구 학자가 라마로 상전(相傳)하는 후기 인도 불교 일반의 경향을 티베트 불교의 특색인 양 잘못 인식한 데서 유래한다. 오늘날 티베트 불교도들은 자기네 불교를 라마교라고 부르는 것에 대해 불만이 많다. 그냥 티베트 불교라고 불러야 한다는 것이다. 그러나 나는 티베트가 아닌 내외 몽골과 만주 일대, 화북 지방, 시베리아 일대에 퍼져 있는 샤머니즘적 밀교를 티베트 불교와 구별해서 라마교라고 부르는 것은 그 특색을 드러낸다는 점에서 나쁘지 않다고 생각한다. 라마교라는 명칭의 본래성과는 일치하지 않겠지만 이미 그렇게 알려진 것을 받아들이는 것이 무리인 것 같지는 않다는 것이다.

2. 한국 불교

지금부터 1천 7백여 년 전 삼국정립 시대에 불교에 심취한 전진(前秦)의 왕 부견이 372년 순도(順道)라는 승려를 고구려에 파견하여 불교를 전했다. 12년 뒤인 384년 중국의 동진에서 온 인도 승려 마라난타(摩羅難陀)

는 백제의 궁중에 불법을 전했다. 그때부터 두 나라의 불교는 융성하기 시작했다. 약 150년 뒤에는 고구려에서(또는 중국에서) 신라에 불교가 전해졌다. 거의 기성 종교가 없다시피 한 텃밭에 이식된 불교는 크게 융성했다. 고구려는 주로 중국의 북부와 연결되었고, 백제와 신라는 남중국과 교류하면서 불교의 꽃을 피우며, 고구려와 백제는 이것을 다시 일본에 전수하기도 했다. 삼국정립 시대에 삼국과 일본 사이에서 이루어진 불교의 교류는 매우 활발했던 것으로 알려져 있다.

신라가 당의 힘을 빌려 백제와 고구려를 멸망시켜 삼국을 통일하고 멸망할 때까지(669~935) 260년간 신라의 불교는 고려(936~1392)의 불교와 더불어 한국 불교를 대표한다. 처음에는 화엄종이 번창했다. 그것은 원효(元曉, 617~686)와 의상의 영향일 것이다. 그들은 함께 당으로 가려고 길을 떠났으나 원효는 중도에 돌아와서 무려 40부 이상의 중요(宗要)와 소를 저술했는데 그중에서도《화엄경소(華嚴經疏)》와《대승기신론소(大乘起信論疏)》는 해동소(海東疏)라 하여 중국에서도 중요시했다. 의상은 입당하여 지엄에게서 화엄학을 배웠다. 의상은 귀국해서 해동 화엄종을 개창했다. 신라 출신 원측과 대현(大賢)은 유식학에 공헌이 많다. 원측은 당에 유학하여 문하에 도증이 있다. 신라의 승려 대현은 해동 유가(瑜伽)의 시조로 알려져 있고, 원효 다음으로 저술이 많다. 특히 혜초는 당에 유학하여 남인도의 밀교승 금강지의 제자가 된 뒤 그의 권유로 인도의 여러 성지를 순례하고 돌아왔다. 그 순례기가 유명한《왕오천축국전》이다. 이것은 1908년 돈황 명사산(鳴砂山) 천불동(千佛洞)에서 펠리오(Paul Pelliot, 1878~1945)에 의해 발굴되어 당시 인도 사정을 연구하는 데 귀중한 자료로 평가되고 있다.

9세기에는 선불교가 들어왔다. 이 선은 신수의 북송선으로서 신라의 신행(神行, 704~779)이 처음으로 입수하여 해동 선종을 열었다. 남송선을 처음 받아온 승려는 도의(道義)와 혜소(慧昭, 774~850) 등인데 전자는 마조(馬祖)계이고 후자는 신감(神鑒)의 제자다. 이들을 중심으로 선법이 이어져서 9개의 선 사찰이 세워져 소위 구산선문(九山禪門)을 이루었다. 신라 말기에는 선 사상이 주류를 이루었다. 어느 시대에나 말기에는 늘 인심 불안이 있기 마련이지만, 거기에 도선(道詵, 828~898)의 음양오행설이 가미된 도참사상이 유행하기도 했다.

화엄 세계와 선 사상은 한국인의 현세 긍정 의식에 영합되어 무리 없이 받아들여졌다. 그러나 삼론종의 지나친 논리적 전개는 한국인의 기질에는 잘 먹혀들지 않았던 것 같다.

고려의 태조 왕건(877~943)은 숭불 정책을 국시로 삼았다. 많은 사탑을 세우고 팔관회와 연등회 등 불교적 의식 법요를 국민으로 하여금 즐기도록 했다. 그 자신은 선종에 귀의했으나 교종에 대해서도 배려했다. 국가 기관으로 승과를 설치하여 선종에 7등급, 교종에 7등급의 위계를 정하여 등용했는데 선종의 최고위자를 대선사(大禪師)라 하고 교종의 최고위자를 승통(僧統)이라고 했다. 나라에 왕사와 국사를 두었는데 국사는 왕사 중에서 한 명을 모셨다.

고려 중기에 간행된 대장경에 대해서는 전술한 바 있다. 지금 해인사에 보관되어 있는 고려 대장경은 오자가 없는 것으로 유명하거니와, 일본 명치 시대의 축쇄 대장경과 대정 신수 대장경의 대본이 되었다는 것도 기록해두고자 한다.

고려 11대 문종의 넷째 아들 대각국사 의천(義天, 1055~1101)은 천태종으로 개종했다. 그는 송에 가서 불교 연구를 심화시키고자 했으나 왕들이 허락하지 않다가 늦게야 허락을 받아 14개월간 유학하는 동안 화엄학과 천태학을 배웠다. 그에게는 《대각국사문집(大覺國師文集)》이 있다. 그로부터 80~90년 뒤 보조국사 지눌(知訥, 1158~1210)이 나와서 한국 선종인 조계종을 확립했다. 그는 《육조단경》을 읽고 선에 입문했으나 또 한편 화엄학에도 정통하여 선교를 아우르는 정혜쌍수론(定慧雙修論), 즉 동오점수론(頓悟漸修論)을 제창했다. 그의 저술로는《직심직설(直心直說)》, 《수심결(修心訣)》등 10여 종이 있다. 이 조계종이 오늘에 이르기까지 한국 불교의 주류를 이루고 있다.

　고려 후대에 주자학이 들어와서 배불의 분위기를 일으켰다. 마침 그무렵 묘청(妙淸, ?~1135)이라는 괴승이 나타나서 불교에 도교를 도입하고 정치를 어지럽힘으로 인해 유학자들에 의해 척불 운동이 강하게 일어났다. 그것을 수용하여 고려 왕조를 무너뜨리고 새로 나라를 세운 것이 조선조 태조 이성계(1335~1408)다.

　조선조 시대는 불교로서는 역사상 최대 치욕의 시대다. 숭유억불 정책으로 불교를 탄압했기 때문에 불교는 전반적으로 민간 속에 숨어들어 샤머니즘의 무교와 어울려 지낼 수밖에 없게 되었기 때문이다. 태조 자신은 무학대사 자초(自超, 1327~1405)와 친하게 지내 그를 왕사로 모시고 여러 가지로 조언을 구하고는 했으나 조선조의 이데올로기를 만든 중신들의 강력한 헌책으로 억불책을 취하지 않을 수 없었다. 고려 말에 도입된 억불책 도첩 제도를 강화하여 승려가 되는 출가를 제한하고 사원을 돕는 기부를 금하여 경제적으로 사찰을 압박했다. 그럼에도 성종 때까지 불교는 합법적으로 존속하여 정부 차원에서 불서를 언해(諺解)하여 발간하기도 했다. 그러나 전반적으로 불교는 억제의 대상이었고 승려는 푸대접을 받았다.

　보우(普雨, 1509~1565)가 문정왕후(1501~1565)의 힘을 입어 잠시 불교 부흥의 꿈을 키웠으나 문정왕후가 죽자 유림들의 배불 상소가 빗발치듯 하여 그 꿈도 깨지고 그도 제주도로 귀양 갔다가 암살당했다. 임진왜란 때 서산대사 휴정(休靜, 1520~1604)과 그의 제자인 사명대사 유정(惟政, 1544~1610) 등이 승병을 이끌고 궐기하여 전공을 크게 세워서 불교의 호국성을 환기시켰다. 휴정의 저술로는 유명한《선가구감(禪家龜鑑)》이 있다. 그러나 그 뒤로 억불책은 강화되어 일반 과거 시험에서도 불교 냄새가 나는 답안은 불합격 처분을 받았고 불교 서적은 전혀 읽을 수 없는 책으로 격리되었다. 불교는 쇠퇴하여 재기하지 못하고 승려는 거의 거지 취급을 받았다. 사문난적(斯文亂賊)은 나라가 망하기에 썩 좋은 정책이다.

그럼에도 의식 있는 인사들은 산간에 숨어 불서를 읽고는 했다. 조계종은 화엄의 교리를 선종 속에 수용했다. 계율로서의 화엄경의 정행품(淨行品)을 실천하는 것은 조계종이 중히 여기는 바다. 1910년 조선조가 일본에 강제로 병합된 뒤 일본의 불교승인 대처승이 조선에도 속출했다. 33인 중의 한 사람인 한용운(1879~1944)은《조선불교유신론》을 지어 불교 정화론을 제시했다. 특히 2차 세계대전을 전후해서 조선에는 일본의 황도라고 하는 신도(神道)가 들어와서 신사참배를 강요하여 한국의 모든 종교는 위기를 맞게 되었다.

1946년 남북으로 갈린 채 각기 독립국가를 세운 남북은 각기 종교 정책을 달리했다. 북의 공산주의 조선에서 종교는 인정되지 않았고, 자유주의의 한국에서 불교는 정화의 기회를 갖게 되었다. 그리하여 대처승은 조계종에서 분리되어 태고종(太古宗)을 만들어 고려 말의 선승인 태고 보우(普愚, 1301~1382)의 전통을 잇는다고 하나, 대처인지라 계율성이 부족한 데다 대처는 별로 대우받지 못한다. 전라도에서 새로 일어난 불교 운동으로 원불교가 있다. 이것은 소태산 박중빈(1891~1943)이 1916년 대오 각성하여 개창한 것으로, 개벽을 선언하고 교화·교육·자선 운동을 일으켜 크게 교세를 떨쳤다. 이 불교 운동은 원불교라고 이름을 고쳐서 현재에 이르고 있다. 조계종의 맥은 동국 대학이 잇고, 원불교의 맥은 이리의 원광 대학이 계승하고 있다.

지금 한국에는 외래 종교인 그리스도교와 불교가 큰 세를 이루고 평화 공존하고 있다. 한국인은 외래 종교를 가지고 다투는 짓은 하지 않는다. 게다가 현실 긍정적 태도로 인해 정치권력이 장난치지 않는 한 웬만하면 외래의 것을 수용하는 아량을 갖고 있다. 민족 고유의 종교가 없는 탓인

지도 모른다. 그러나 그리스도교든 불교든 경제적으로 지나치게 부유해
졌다는 것은 타락의 징조가 아닐 수 없다.

3. 일본 불교

538년 일본에 처음으로 불교를 전수한 것은 백제의 성명왕(?~554)이
었다. 그 이후로 삼국과 일본 사이에는 불교 교류가 활발해져서 일본의
"초기 불교는 조선 승려가 지도했다."[60] 그것은 문화가 중국 대륙에서 일
어나 주변으로 확산되던 고대의 문화 전파 양식상 불가피한 것이었다.

어느 나라에서나 외래문화는 수입국의 정치적 상황에 알맞아야 저항
없이 환영받고 받아들여질 수 있다. 불교는 집착을 버리는 것을 궁극의
목표로 삼는지라 고집을 세우지 않고 그 나라의 형편에 따라 호국적 성
격을 띠기도 하고, 심지어 위경을 만들어 굴신하기도 했다.

일본 불교 초기에 쇼토쿠타이시(聖德太子, 574~622)는 섭정을 위임받아
유교, 도교와 더불어 불교를 삼보(三寶)의 하나로 존숭했다. 그는 스스로
《법화경》,《유마경》,《승만경》에 대한 의소(義疏)를 저술하고, 불교 정신
에 입각하여 구제 사업을 일으켰으며, 법흥사와 법륭사 등을 세우고 불
교를 위해 사신을 수나라에 파견하는 등 불교의 기초를 다졌다. 그가 죽
은 뒤, 즉 대화개신(大化改新)이 반포된 이후에 불교는 국가를 엄격하게
통제하기 시작했다. 승관 제도를 두어서 승려를 계급으로 나누어 자율적
으로 승려들을 통제하도록 했다. 승려가 되려는 자는 나라의 허락을 받
아야 하며, 승려는 절간 외에 함부로 도량을 만들어서 일반인을 교화하
지도 못하고 병서(兵書)를 읽어서도 안 된다. 길흉을 점치거나 무술을 이
용해서 병자를 치료할 수도 없었다. 일반인들이 지켜야 하는 윤리 이외
에 음식과 음악 등에 승려가 지켜야 할 계율이 부과되었음은 물론이다.

---

60 中村 元·平川 彰 外 2人,《佛典解題事典》, 春秋社, 1993, 37쪽.

일본의 사찰은 미적 감각을 첨가하여 초기부터 불교와 예술을 결합시켰다. 이것은 일본 불교의 특색이다. 백제의 승려 관륵(觀勒)과 고구려의 승려 혜관은 승정으로 임명받았다. 특히 후자는 일본에서 입당하여 길장에게서 삼론을 배워가지고 돌아가 일본에 삼론종을 홍포했다. 고구려의 승려 담징(曇徵, 579~631)은 법륭사의 벽화를 그린 것으로 유명하다.

8세기 이후 13세기 중엽(710~1260, 즉 일본의 나라 시대, 헤이안 시대, 가마쿠라 시대 중엽)까지 약 550년간은 일본 불교의 요람기라고 할 만하다. 나라 시대 이후에는 많은 승려들이 한반도를 거치지 않고 직접 입당하여 제 종파의 교리를 연구하고 수입하여 일본에 정착시켰다. 많은 사찰이 세워지기도 했다.

나라 시대에는 특히 제 종파 중 남도육종(南都六宗)이라 하여 나라를 중심으로 삼론종, 성실종, 법상종, 구사종, 화엄종, 율종의 6종이 국가 불교의 종파로서 공인되었다. 성실종은 삼론종에, 구사종은 법상종에 부속하는 우종(寓宗)이었다. 이들 종파들은 서로 도와서 교리 연구에 열중했다. 그중에서도 법상종이 융창했다. 구사종은 법상종의 우종으로서 법상종 교리를 이해하는 수단으로 연구되었다. 도처에 사찰을 건립한 것은 말할 것도 없거니와, 특히 교기(行基, 668~749)는 도처에 우물을 파고 다리를 놓고 무료 숙박소를 짓는 등 사회사업을 하고 산업을 개발했다. 아래에 나와 있듯이, 이 시대에 불교는 일본 문화 형성에 공헌했지만 불교의 일본화도 간과할 수 없다. 성실종과 삼론종은 중국에서나 일본에서나 그다지 큰 발전을 보지 못한 것 같다. 동양 사람은 인도인만큼 논리적이지 못한가 보다. 오 대의 계율승(戒律僧) 감진(鑒眞, 688~763)은 일본의 초청을 받아 온갖 방해와 난파를 무릅쓰고 다섯 번 실패한 끝에 여섯 번째에 실명한 채로 일본에 왔고, 《사분율(四分律)》에 입각해서 국가 차원의 수계 제도를 세우고 구족계를 수여하여 일본 율종의 전통을 확립했다. 신라의 심상은 법장의 《화엄경탐현기(華嚴經探玄記)》를 강설하여 일본 화엄종을 열었다. 그 제자에 양변(良弁, 689~773) 등이 있었으나 아직 활발하게 연구되지 못하는 단계에 있었다.

　헤이안 시대(794~1185) 초기에는 사이쵸(最澄, 766~822)와 구우카이(空海, 774~835)가 나타나서 각기 천태종과 진언종을 열어 일본 불교를 크게 일으켰다. 칸무천황(桓武天皇, 773~806)은 수도를 교토로 옮기고 인심을 모아 교토를 수호할 불교를 일으키기 위해 이 두 사람을 발탁했다. 사이쵸는 선을 수행하다가 화엄학을 배우고 천태학에 전향했는데 왕의 요청을 받아 입당해 천태산에서 천태학을 배우고 다시 선종, 밀교, 계율을 배운 뒤에 보살계를 받고 귀국했으며, 히에이 산(比叡山)에 4종 합1의 천태법화종을 창립했다. 천태종은 남도육종에는 없던 것이다. 그는 독자적으로 천태승을 양성할 목적으로 남도육종과는 별도로 대승의 계(戒)만을 수계하고자 했으나 법상종과 논쟁을 일으켜서 뜻을 이루지 못하다가 죽은 뒤에 그것이 허가되었다. 그가 주장하는 계를 원돈계(圓頓戒)라고 한다.

　구우카이는 31살 때 견당사 일행과 함께 당의 장안에 가서 밀교를 배우고 밀교식 수계인 관정(灌頂)을 받았다. 귀국하여 교토에 진언 밀교의 법등을 밝히고 진언종을 발전시켜 그 기초를 다졌다. 그는 진언종의 교리에 관해 많은 저술을 남겼거니와, 글재주가 있어 문학 방면에도 글을 남기고, 글씨도 잘 썼으며, 육영 사업에도 공헌이 크다. 진언종은 인도와 중국에서는 그다지 번창하지 못했으나 일본에서는 당당히 독자적 종파로 대접받고 있다.

　헤이안 시대의 불교는 귀족 불교이자 기도 불교다. 이 시대의 불교는 황실의 지원에 힘입어 남도육종을 위시하여 천태종과 진언종 등이 활발하게 발전했다. 조금 뒤 가마쿠라 시대에는 정토종이 일어나기도 했다. 종교에 귀족들이 개입하거나 종교가 귀족화되면 특권을 향유하게 되어 부패하기 마련이다. 그들은 사찰을 사유화하고 이것을 지키기 위해 사병을 기르고는 했는데 이것이 뒷날 승병이 되어 횡포를 부리기에 이른다.

세상이 어지러우면 민심이 해이해져 도처에 지진, 기근, 화재 등이 발생하고 말법사상이 횡행한다.

그러면서 또 한편으로는 불교가 민중 속에 스며들어, 예컨대 무라사키시키부(紫式部)의 《겐지 이야기(源氏物語)》에는 불교의 숙세(宿世) 사상과 정토 사상이 짙게 배어 있다. 이것은 천태종과 법상종의 영향을 받은 작품이라고 생각된다. 이 밖에도 이 시대의 시가, 설화에는 불교의 영향이 강하게 작용하고 있다.

가마쿠라 시대 전반부를 대표하는 불교는 호넹(法然, 1133~1212)의 정토종과 그 제자 신랑(親鸞, 1173~1262)을 중심으로 하는 정토진종이다. 사실 정토 사상은 이미 헤이안 시대 말기의 말법적 상황에서부터 일기 시작했다. 호넹의 정토 사상도 그 무렵 출발했는데 현실 부정의 정토 염불을 주장했다. 그로부터 정토종이 시작된다. 그의 정토종은 오직 염불만을 하도록 해서 일반 서민과 황족 및 귀족에도 유행하여 정토종이 크게 번성했으나 이것은 남도(나라) 쪽과 북의 히에이 산의 질시를 받아 염불 중지의 법란을 당했다. 그도, 제자 신랑도 각기 유배되었다. 헤이안 시대 중기를 지나면 정치도 타락하고, 히에이 산의 불교도 진부해져서 수행자들은 수행의 장소를 찾지 못하고 하산한다. 불교의 진면목이 사라진 것이다. 새로운 종교에 대한 갈구가 일어나지 않을 수 없었다. 가마쿠라 시대의 불교에 대해서는 일본 학계에서도 그 해석이 엇갈린다. 신랑은 대처승으로 비승비속의 입장을 지키면서 정토진종을 일으켜서 독립했다.

가마쿠라 시대의 불교는 크게 보아 선종이 주류를 이룬다. 선종도 이미 나라 시대에 들어왔으나 일반적으로는 에이사이(榮西, 1141~1215)를 일본 임제종의 개조로 삼는다. 그는 입송하여 황룡종의 법을 받아 귀국해서 선을 선양했으나 히에이 산의 압력으로 크게 떨치지 못하다가 교토와 가마쿠라를 중심으로 황실과 막부 등 귀족 사회에 많은 신자를 얻어 점차 번창하기 시작했다. 일본의 선종에서 잊을 수 없는 것은 도겡(道元,

1200~1253)의 조동종(曹洞宗)이다. 그는 처음 에이사이에게 배웠으나 입송하여 천동여정(天童如淨)의 인가를 받아 귀국해서 영평사(永平寺)에 도량을 열어 일본 조동종의 개조가 되었다. 그는 지관타좌(只管打坐, 마음을 한곳에 모아 좌선하는 것)의 선법을 지켜《정법안장(正法眼藏)》과《영평청규(永平淸規)》등 많은 저술을 남겼거니와 일본 조동종을 발전시키는 데 크게 공헌했다. 선종은 사려분별을 거두고 공안을 참구하며 좌선에 열중한다. 이런 정신 집중의 방법은 무사 사회에 받아들여져서 진검 승부하는 무사도의 형성에 영향을 미쳤으며, 시 문학과 서예, 수묵화의 발달 등 일본의 정신 형성에도 영향을 주었다. 일본의 정원과 다도의 형성에도 선적 영향은 크게 작용했다.

　가마쿠라 후기에는 니치렌(日蓮, 1222~1282)이 니치렌종(日蓮宗)를 일으켰다. 그는 처음에 진언종을 배웠으나 오직 법화경만을 소의경으로 삼았기로 법화종(法華宗)이라고도 한다. 몽골의 침입을 당하여 법화경만을 믿어 외적을 물리쳐야 한다고 막부에 강하게 건의했다가 도리어 막부의 지탄을 사서 여러 번 법란을 당했다. 후계자들은 모두 일(日)자를 돌림으로 하여 이름을 지었는데 관동과 교토 지방에 민간 차원의 신자가 많다.

　그 뒤 일본의 불교계에는 크게 기록할 만한 거장이 없다. 시대는 내란과 전쟁으로 영일이 없다가 도요토미(豊臣, 1537~1598)가 통일을 이루었으나, 그 통일 전쟁의 여세로 조선 침략을 감행했다가 별 성과 없이 전쟁은 끝나고 정권은 도쿠가와가(德川家)에 넘어가 소위 막부 시대를 열었다. 종교의 면에서는 이 시대에 그리스도교가 들어왔으나 금지되어 진전을 보지 못했다. 정토종이 도쿠가와가의 종지가 되어 비교적 활발했으나 그것도 명치 시대의 폐불 정책으로 시들해졌다. 명치 시대 이후 많은 전쟁을 치르는 동안 전사자의 영혼을 신사에 모시고 참배하는 토속 신앙 신도(神道)를 국교화한 뒤 불교는 더욱더 쇠락했다. 여기서 특기할 만한 것은 대정 시대에《대정신수대장경(大正新脩大藏經)》을 간행했다는 것이다.

　일본 불교의 특색은 불교를 전체로 이해하지 않고 종파로 분단해서 받아들였다는 것, 승려도 아내를 얻는 대처승이라는 것, 그만큼 세속에 기울어져 있다는 것이다. 그러나 정치에는 간여하지 않는다. 그럼에도 현재 동양 삼국 중에서는 일본이 가장 활발하게 불교를 학술적으로 연구하고 있다. 최근세에 스즈키 다이세스(鈴木大拙, 1870~1966)라는 학자는 선사상을 영어로 저술하여 유럽에 선을 널리 소개했다.

보유의 결론 : 종교적 지혜의 한계

나는 세계적 차원의 종교로서 그리스도교, 이슬람교, 힌두교, 불교를 간략하게 소개했다. 전 세계 인구 중 약 45억 이상이 종교를 가지고 있다. 앞의 두 종교는 유대교와 함께 셈계의 이스라엘 종족이 만든 성서에 의존하고, 뒤의 두 종교는 아리안계의 인도족이 창안한 것이다.[61] 전자는 서쪽에서 태어났고 후자는 그 동쪽 인도 아대륙의 산물이다. 전자는 아라비아의 북쪽 끝 사막 지대에서 태어나고, 후자는 남러시아의 초원 지대에서 살던 인도족이 창안했다. 두 종족의 공통점은 그들이 유목민이었다는 것이다. 이스라엘 민족은 강대한 이민족 사이에서 일정한 주거지 없이 떠돌이로 살면서 자기의 정체성을 지키기 위해 부단히 이민족들과 투쟁하면서 살아왔고, 후자는 남쪽의 비옥한 평야 지대로 이동하여 정착 생활을 하면서 원주민과 습합하여 비교적 안정된 삶을 영위했다. 전자는 단일 민족으로 생존해왔고 후자는 혼합 종족을 이루어왔다. 전자는 강인한 성격으로 형성되었고, 후자는 유순한 편이다. 유목민은 늘 앞을 향해 나아가는 생활을 해야 하기 때문에 특히 유대교와 거기에서 파생된 그리스도교와 이슬람교는 미래 전망적 의식이 강하다. 그만큼 진취적이기도

61　정확하게 말하면 석가모니는 인도인이 아니라 네팔인이다. 그러나 그가 불법을 설하고 불교가 자라고 번창한 곳은 인도다.

하다. 종말론적 세계관은 이런 데서 태어난다. 인도인의 산물인 힌두교와 불교는 미래를 전망하면서도 현재에 안주하는 편이다. 정착민의 산물로서 안정감이 있다. 전자가 다분히 집단 지향적인데 반해 후자는 개인의 득도와 해탈을 위주로 한다.

이 4대 종교 외에 황하문명의 산물로 유교가 있다. 이것은 애초부터 정착적 농경 사회의 씨족 중심 문화에서 태어났다. 정착하는 농경 사회는 보수적이지 않을 수 없고 씨족 사회는 가족 중심적이기 마련이다. 효가 존중되는 이유는 거기에 있다. 이것이 유교의 보수성과 가족 중심 문화(예를 들면 수신 제가 치국 평천하)를 형성하는 기반이다. 나라도 집의 연장, 국가(國家)다. 보수적 분위기에서는 과거 지향적 의식이 지배적이다. 온고지신으로 역사가 존중된다. 나는 유교가 현실 운영을 존중하는 윤리와 정치를 가르칠 뿐 사후 세계를 신봉하지 않는다는 이유로 종교의 범주에서 제외했다.

종교는 좁게는 개인으로 하여금 안심입명의 지혜를 갖게 하고 넓게는 인류의 안녕과 평화를 기원하는, 인간 정신의 총체적 산물이다. 종교는 더러 사후 세계까지도 보증하지만 지금 그것을 믿는 사람은 그다지 많지 않다. 종교는 권선징악을 본질로 하고 인성의 도야를 도모한다. 세계 평화에 대한 종교의 기여라는 데 초점을 맞추어보면 아직도 각종 종교 사이에서 갈등이 끊이지 않는다. 종교적 대립과 갈등은 인류의 삶과 역사에 깊은 상처를 내고 있는 게 사실이다. 특히 구약성서와 그것을 근원으로 해서 태어난 종교들이 그렇다. 이제까지의 종교는 인간의 심성을 순화하여 인류 평화를 보장하는 데 기여한다고 말하면서도 실제로는 거기까지 미치지 못하고 있다.

유대인, 여기서 내가 말하는 유대인은 12지파의 하나로 고대 이스라엘이 남북으로 분열할 때 남쪽 유대왕국을 세웠다가 BC 597년과 BC 586년의 두 차례에 걸쳐 바빌로니아의 습격을 받아 예루살렘 신전을 파괴당하고 멸망해서 바빌로니아에 유수된 후, 50년 만에 풀려나 귀환해서 여러 해에 걸쳐 신전을 복원하고 유대교를 창설, 신봉한 유대인을 가리킨다. 그들에게는 이웃 사랑이라는 개념이 거의 없다. 유대인들에게는 이웃보다는 피를 나눈 친척이 더 중요하다.

원조 유대인 아브라함은 이삭의 아내를 그가 사는 가나안에서 구하지 않고 하인을 친척들이 사는 먼 고향 하란으로 보내서 리브가를 데려오도록 해서 야곱을 낳았다. 야곱도 그곳에 가서 아내를 구해 와서 요셉을 낳았다. 지금도 유대인들은 근친혼을 기피하지 않는다. 그들은 유대인과 이스라엘인을 가른다. 유대인 여부를 결정하는 것은 어머니다. 가부장적 사회이면서도 어머니가 유대인이면 아버지가 비유대인이라도 그 자식은 유대인이고, 아버지가 유대인이고 어머니가 비유대인이면 그 자식은 유대인이 아니고 이스라엘인이다. 이들의 결혼에는 랍비도 오지 않고 본인들이 관청에 신고하는 것으로 끝난다. 그들이 낳은 자식에게 특별히 유대계 이름을 지어주지 않으면 다른 종족이 될 수도 있다. 그만큼 피를 중요시한다. 그들에게 이웃이란 같은 부족, 같은 신앙인, 같은 직종 종사자에 불과하다. 다른 종족과 섞이는 것을 철저하게 기피하니 그 다른 종족들에게서 미움을 사는 경우가 많다. 다른 부족과의 관계는 대개 적대적이라고 해도 과언이 아니다. 이것은 타종족에 대한 배타성을 내포한다. 이 점에서는 구약성서에 뿌리를 둔 이슬람교도 마찬가지다. 구약의 민족신 여호와와 코란의 민족신 알라는 자기 외의 신을 믿으면 벌을 내렸고, 이는 이로 눈은 눈으로 갚으라고 가르쳤다. 그런데 이슬람의 코란은 신구약 성서는 받아들이면서 유대인에 대해서는 적대적이다. 그 씨앗은 무함마드가 메디나로 와서 움마를 건설하는 데 성공했을 때 이미 뿌려졌다.

예수의 그리스도교는 처음에는 유대교의 율법에 따라 기도했고, 예수는 율법을 폐하려고 온 게 아니라 그것을 완성하러 왔다고 공언했다. 그럼에도 그 예수를 죽이고 그의 제자들을 박해하며 순교로 몰아넣은 것은 유대인들이었다. 그런 유대교의 율법과 결별을 단행한 것은 바울이다. 하기는 바울 자신도 유대인에 의해 살해될 위기를 몇 차례 넘겼다. 그런 바울에 의해 그리스도교가 비로소 세계 종교로 나아가는 기본 방향이 제시되었다. 이슬람교에까지 전승된 유대교의 DNA를 끊은 바울의 공적은 크게 현창해야 할 것이다.

종교의 가장 큰 목적은 신앙인 개인의 의식 정화다. 나는 이 자기 정화가 종교의 가장 큰 역할이라고 생각한다. 이것은 절대자에 대한 신앙을 통해 자기의 유한성을 철저히 깨달음으로써, 즉 절대자 앞에서 자기가 지극히 무력함을 자각함으로써 자기완성을 가다듬는 것이다. 그리스도교의 자기희생, 불교의 공 사상, 힌두교의 출가를 통한 고행 등은 다름 아닌 깨달음과 자기완성의 계기이자 그 과정이다. 그리스도교에서 말하는 신에 대한 절대적 믿음과 사랑은 먼저 자기를 정화함으로써 가능한 것이다. 마찬가지로 불교의 공 사상은 자기 부정을 통해 자기를 돌아볼 수 있는 행위의 기초 이론이다. 이렇게 자기를 무화함으로써 각자는 새로운 자기로 다시 태어날 수 있다. 힌두교는 자기 부정이 너무 철저하여 현실성이 희박하다. 불교와 힌두교는 참된 자아를 깨닫는 것을 궁극적 목표로 한다. 그것이 지나쳐서 현실을 소홀히 하는 경향이 적지 않다. 인도의 종교는 자기 정화에 힘쓸 뿐 남의 일에 함부로 개입하지 않는다. 특히 힌두교와 불교는 개인의 해탈과 득도에 전념하여 초월적이고 탈세속적이다. 불교는 어느 나라에 들어가든 분쟁을 일으키지는 않았다. 오히려 그 나라의 안녕과 평화에 도움을 주려고 노력했다. 힌두교는 집단화된 힘을 기르지 않는다. 오직 자기 개인의 삶의 구원의 길을 찾을 뿐이다.

그러나 이 계기가 유대교와 이슬람교에는 매우 희박하다. 유대교는 이민족과의 부단한 전쟁에서 자기네 민족의 수호신 여호와의 지원과 보호로 승리를 보장받았고, 이슬람교는 개인의식의 정화가 없고 공동체 건설에 알라의 도움을 필요로 한다. 개인의 완성보다는 움마의 완성이 중요하다. 그것은 정교일치와 통한다. 유대교와 이슬람교는 정교일치라는 점에서 공통된다. 이처럼 자기 민족과 움마를 위해 여호와와 알라를 끌어들이고 고수하는 것은 세계 평화에 결코 도움이 되지 않는다.

종교가 인간의 가장 깊은 심정과 의지에 뿌리박고 있는 데다 제각기 독자적 교의를 가지고 있기 때문에 그 한계는 쉽게 극복되지 않을 것이다. 종교 간의 소통을 도모하려는 시도는 결코 쉽지 않다. 솔직히 말하면 이 점에서 나는 종교보다는 인간 이성을 믿는 편이다. 종교에는 독선과 아집이 묻어 있지만 이성은 그것을 극복해야 가능하다. 독선과 아집에는 싸움이 따르지만 이성의 길은 싸움이 아니라 타협이다. 그 현대적 예를 나는 EU에서 발견한다. EU는 가입국의 어려움을 서로 도와서 해결하고 있다. 그리스의 경제 위기를 해결하기 위해 협조하는 것이 그 예다. 더 나아가서 이슬람교 국가인 터키를 가입시킨다면 종교적 갈등도 이성의 힘으로 해결할 수 있을 것이다.

이성은 과거를 용서하라고 가르친다. 사람은 누구나 과거의 잘못을 용서하기 마련이다. 과거에 종교가 저지른 범죄에 대한 지적도, 자본주의적 제국주의가 저지른 엄청난 범죄에 대한 규탄도, 이데올로기가 범한 죄악에 대한 용서도 그런 역사적 회고를 통한 관용의 표현이다. 이성적 존재로서 인간은 지난날의 모든 범죄와 허물을 훌훌 벗어던지고 내일을 지향해야 한다. 이성을 계발하는 일은 교육이 맡아야 한다. 교육의 중요성을 감안하면 학교 교육에만 의존할 게 아니라 사회 교육도 적극적으로 개발해야 할 것이다. 그 핵심에는 올바른 인성의 계발과 도야가 있어야 한다.

종교에는 종교로서의 역할이 있다. 인간 심성의 정화가 그것이다. 이 일에 최선을 다하는 것이 세계 평화를 위해 종교가 기여하는 것이다.

(끝)

발문

　이 저술은 나의 존재론 연구의 일환으로 쓰인 것이다. 그 1권은 기간의 《자연 존재론》(2008)이고, 이것은 그 2권이다. 3권은 《자아 존재론》으로 구상하고 있다. 이 나이에 마지막 3권까지 마칠 수 있을지 걱정되지만 최선을 다할 뿐이다. 이 책의 상재로 나는 팔순을 자축하게 되었다. 이 정도로 저술을 마칠 수 있게 된 데는 서울대학교 인문대학 철학과 박찬국 교수의 도움이 컸다. 박 교수의 도움으로 한국학술재단의 저술 지원을 받을 수 있었기 때문이다. 그 지원은 나에게 많은 도움이 되었다. 박 교수와 학술재단에 감사한다.

　여기에 더하여 나는 문예출판사의 전병석 사장님께 감사한다. 채산성 없는 책을 번번이 출판해주셨기 때문이다.

九峰齋 芸汀 蘇光熙

찾아보기

416

지은이 **소광희 蘇光熙**

충남 대전에서 출생하여 서울대학교 철학과에서 학부와
대학원 과정을 마치고(철학박사), 서울대학교 철학과 교수로 재직했다.
한국철학회 회장과 서울대학교 인문대학장을 역임했으며,
서울대학교 명예 교수와 대한민국학술원 회원으로 있다.
지은 책으로는《시간의 철학적 성찰》,《자연 존재론》,
《하이데거〈존재와 시간〉 강의》등이 있고,
옮긴 책으로 하이데거의《존재와 시간》,《시와 철학》등이 있다.

인간의 사회적 존재 의미

지은이   소광희
펴낸이   전병석·전준배
펴낸곳   (주)문예출판사
신고일   2004. 2. 12. 제 312-2004-000005호
         (1966. 12. 2. 제 1-134호)
주 소   서울특별시 서대문구 충정로 2가 184-4
전 화   393-5681   팩 스   393-5685
이메일   info@moonye.com

제1판 1쇄 펴낸날 2013년 2월 25일

ISBN 978-89-310-0725-1 03300
책값은 뒤표지에 표시되어 있습니다.

이 도서의 국립중앙도서관 출판시 도서목록(CIP)은 e-CIP 홈페이지
(http://www.nl.go.kr/ecip)에서 이용하실 수 있습니다.
(CIP제어번호 : CIP2013000559)